学風嚴謹　崇尚實踐

Vigorous in Learning & Researches Venerating Practice

YEARBOOK OF UNIVERSITY OF SCIENCE AND TECHNOLOGY BEIJING

北京科技大学年鉴

2006

《北京科技大学年鉴》编辑委员会

中国大百科全书出版社

图书在版编目(CIP)数据

北京科技大学年鉴·2006/《北京科技大学年鉴》编委会编.－北京：中国大百科全书出版社，2006.11

ISBN 7-5000-7587-1

Ⅰ.北…　Ⅱ.北…　Ⅲ.北京科技大学－2006－年鉴　Ⅳ.G649.281-54

中国版本图书馆 CIP 数据核字（2006）第133028号

书　　名：北京科技大学年鉴·2006
编　　者：《北京科技大学年鉴》编辑委员会
责任编辑：梁云福　李　静
责任印制：乌　灵　李　静
封面设计：丽　达　董英华
标准书号：ISBN 7-5000-7587-1
出　　版：中国大百科全书出版社
地　　址：北京阜成门北大街17号　　邮编：100037
网　　址：http://www.ecph.com.cn　　Tel:88390634
印　　刷：高等教育出版社印刷厂
印　　数：1-800
印　　张：19.75　彩插14页
开　　本：787毫米×1092毫米　1/16　476千字
版　　次：2006年11月第1版　2006年11月第1次印刷
定　　价：80.00元

11月25日，全国政协副主席、中国工程院院长、北京科技大学校友徐匡迪回母校看望师生

10月20日，中共中央候补委员、时任北京市委副书记龙新民来校就学校的发展规划和保持共产党员先进性教育活动进行调研

3月16日，教育部与中央部门（单位）共建相关高校工作座谈会在北京科技大学召开，教育部副部长吴启迪出席会议，并发表重要讲话

10月27日，北京市委常委、教育工委书记朱善璐来校调研保持党员先进性教育活动和学生思想政治教育工作

照片提供：田实

9月1日，召开保持共产党员先进性教育活动动员大会

12月8日，保持共产党员先进性教育活动历时三个月，圆满完成各项任务

6月6～10日，召开第六届教职工暨第十四次工会会员代表大会

6月9日，召开大学生思想政治教育工作会议

5月11日，召开2005年本科教学工作会议，研讨本科2005版培养计划的制订工作

4月22日，与太原钢铁（集团）有限公司签订全面合作协议

6月29日，与中国石油集团科技发展部签订合作协议

9月23日，举行首钢总公司——北京科技大学全面合作签字暨汽车用钢联合研发中心启动仪式

10月11日，与顺义区人民政府签订全面合作协议

10月20日，举行北京科技大学国家大学科技园专家评审会。12月20日，科技部、教育部正式认定北京科技大学科技园为国家大学科技园

3月28日，与河南纳士科技股份有限公司签署“纳米复合稀土特种功能材料制备技术产业化”合作协议

4月20日，举行中关村留学人员企业精品项目推介会——北京科大留创园新材料专场

4月28日，与北京冠亚时代科技研发中心签署“高海拔变压吸附制氧技术产业化”合作协议

12月15日，依托北京科技大学建设的“新材料北京市技术转移中心”成立

1 月 31 日，与香港科技大学签订合作协议

11 月 15 日，美国明尼苏达州私立大学委员会访问团来校访问，并探讨合作事宜

11 月 15 日，澳大利亚拉筹伯大学校长奥斯本和副校长佩雷斯来校访问

11 月 22 日，加拿大麦克麻斯特大学校长 Peter George、副校长 Luke Chan 和 Andrea Baumann 一行来校访问

11 月 24 日，举行“北京科技大学与北海道大学互设国际交流办公室协议”签字仪式

3月21～23日，牛津大学高级学术代表团来校访问，并与师生进行交流

7月，举行海峡两岸青年学子经济与管理论坛

5月31日，英国学术院院士、剑桥大学柯林·伦福儒受聘为北京科技大学名誉教授

11月10日，韩国国立顺天大学金在基博士受聘为北京科技大学名誉教授

6月17日，美国宾夕法尼亚州立大学陈龙庆教授受聘为北京科技大学"教育部长江学者讲座教授"、北京科技大学杨槐教授受聘为"教育部长江学者特聘教授"

9月19日，原冶金工业部副部长、钢铁研究总院名誉院长、中国工程院殷瑞钰院士主讲"中国材料名师讲坛"第九讲

6月9日，"全国大学生素质拓展计划网络管理系统管理与服务中心"依托北京科大建立

5月20日，北京科技大学学生创业中心成立

3月26日，北科大女篮代表队在第七届CUBA联赛东北赛区半决赛中，战胜中国人民大学女篮代表队，首次进军全国总决赛

5月25日，北科大男篮代表队以不败战绩荣获北京大学生篮球联赛（甲组）冠军

8月22～23日，北科大机器人代表队再次荣膺全国大学生机器人电视大赛冠军。
8月27日，代表中国参加亚太地区机器人大赛总决赛获得亚军

4月7日，举行北京科技大学2005届春季研究生毕业典礼暨学位授予仪式

6月30日，举行北京科技大学2005届本科生毕业典礼暨学位授予仪式

9月15日， 举行2005级新生开学典礼

10月21日，举行美国德克萨斯阿灵顿大学——北京科技大学2005届EMBA毕业典礼暨美国德克萨斯阿灵顿大学EMBA中国校友会成立大会

3月30 日，机电信息楼竣工并投入使用

9月10日，学生公寓二期4–7号楼竣工并投入使用

10月18日，北京科技大学体育馆暨2008年北京奥运会柔道、跆拳道比赛馆开工建设

编辑说明

《北京科技大学年鉴》(2006)全面反映了北京科技大学2005年度在学科建设、教学改革、科学研究、人才培养、对外交流、校园建设等各方面的发展进程和最新成就。

《北京科技大学年鉴》(2006)以文章和条目为基本体裁。全书分《特载》、《学校概况》、《机构与干部》、《院系情况》、《教育教学与学科建设》、《科学研究与产业开发》、《重点实验室和工程研究中心》、《管理与服务》、《党建与思想政治工作》、《人物》、《2005年党发校发文件目录》、《2005年大事记》、《2005年毕业生名录》及《附录》等基本栏目。

本年鉴选题的时间范围为2005年1月1日~2005年12月31日，根据实际情况，部分内容在时限上前后略有延伸。

2005年，学校开展了保持共产党员先进性教育活动，这是学校政治生活中的一件大事。在整个先进性教育活动中，学校各级党组织和党员以学习实践"三个代表"重要思想为主线，严格按照目标要求，紧密联系学校实际，圆满完成各项任务，并着力解决了一些影响学校发展和教职工切身利益的突出问题。此外，年内学校大学科技园被认定为国家大学科技园，为学校科技产业的发展创造了更为优越的环境。本年鉴为此设置特载一栏加以记述。

本年鉴收录的各学院的资料基本上按照概况、学科建设、教学改革、科研活动、党建与学生工作等条目编写。收录的各职能部处、直属单位的资料根据各自工作性质和特点，条目及内容安排相对灵活。本年鉴有关统计资料附在相关内容之后。

本年鉴所刊内容由各单位确定专人负责提供，并经本单位负责人审定。

《北京科技大学年鉴》(2006)由北京科技大学党委办公室、校长办公室组织编写，在编写过程中得到了学校领导和全校教职员工的大力支持，在此谨表衷心感谢。

《北京科技大学年鉴》编辑部

2006年4月

目录

特　　载

北京科技大学圆满完成保持共产党员先进性教育活动 ……………………（1）
综述 ……………………………………………………………………（1）
附录：
学习贯彻党章，永葆共产党员先进性 ……………………………（4）
罗维东同志在北京科技大学保持共产党员先进性教育活动
总结大会上的讲话 ……………………………………………（15）
北京科技大学共产党员保持先进性的具体要求 ……………………（22）
北京科技大学科技园被科技部、教育部认定为国家大学科技园 …………（23）
综述 ……………………………………………………………………（23）
附录：
科技部、教育部《关于认定北京科技大学科技园等8个大学科技园
为国家大学科技园的通知》 ……………………………………（24）
北京科技大学科技园发展历程 ……………………………………（24）

学校概况

北京科技大学概况 ……………………………………………………（26）
附录：
二〇〇五年主要工作 ……………………………………………………（27）

机构与干部

学校领导 ……………………………………………………………（35）
中共北京科技大学第九届委员会常务委员会委员名单 ……………………（35）
中共北京科技大学第九届委员会委员名单 ………………………………（35）
中共北京科技大学纪律检查委员会组成人员名单 ………………………（35）
北京科技大学工会第十四届委员会组成人员名单 ………………………（36）
共青团北京科技大学第二十一届委员会组成人员名单 …………………（36）

学校党群系统组织机构及负责人 …………………………………… (36)
学校行政机构及负责人 ………………………………………………… (37)
学校直属机构及负责人 ………………………………………………… (38)
学院行政机构及负责人 ………………………………………………… (38)
学院系、所、中心设置及负责人 ………………………………………… (39)

院系情况

土木与环境工程学院 …………………………………………………… (42)
冶金与生态工程学院 …………………………………………………… (44)
材料科学与工程学院 …………………………………………………… (47)
机械工程学院 …………………………………………………………… (50)
信息工程学院 …………………………………………………………… (54)
管理学院 ………………………………………………………………… (56)
文法学院 ………………………………………………………………… (58)
应用科学学院 …………………………………………………………… (60)
外国语学院 ……………………………………………………………… (63)
天津学院 ………………………………………………………………… (64)
管庄校区 ………………………………………………………………… (65)
延庆分校 ………………………………………………………………… (68)

教育教学与学科建设

本科生教育 ……………………………………………………………… (70)
　概况 …………………………………………………………………… (70)
　本科教学评估准备工作 ……………………………………………… (70)
　制定本科2005版培养计划 …………………………………………… (70)
　教育教学改革 ………………………………………………………… (70)
　教育研究与管理 ……………………………………………………… (71)
　免检课堂 ……………………………………………………………… (71)
　教材建设与管理 ……………………………………………………… (71)
　精品课程及优秀课程建设 …………………………………………… (72)
　实践教学 ……………………………………………………………… (72)
　毕业设计(论文)结业 ………………………………………………… (72)
　校内转专业及免试推荐研究生 ……………………………………… (72)
　双学位、第二专业、辅修专业 ………………………………………… (72)

高职生升本科 …………………………………………………………… (73)
四级外语考试 …………………………………………………………… (73)
教学奖励 ………………………………………………………………… (73)
教学督导与质量监控 …………………………………………………… (73)
教学管理平台建设 ……………………………………………………… (73)
学科竞赛 ………………………………………………………………… (73)
附录：
北京科技大学“本科教学质量年度考察指标” ………………………… (74)
2005届本科生毕业设计(论文)情况统计表 …………………………… (75)
北京科技大学本科专业目录 …………………………………………… (75)
2005～2006学年度课程表 ……………………………………………… (76)
高等教育教学成果奖 …………………………………………………… (90)
北京市精品课程 ………………………………………………………… (91)
北京市实验教学示范中心 ……………………………………………… (91)
北京高等教育精品教材 ………………………………………………… (91)
北京科技大学第三届本科教学优秀奖 ………………………………… (92)
北京科技大学第六届优秀教材 ………………………………………… (92)
北京科技大学第十届优秀讲义 ………………………………………… (93)
2005年度获得免检资格的教师及课程统计表 ………………………… (93)
北京科技大学2005年本科生各科竞赛结果 …………………………… (94)
研究生教育 …………………………………………………………… (97)
概况 ……………………………………………………………………… (97)
招生工作 ………………………………………………………………… (98)
两年制培养硕士研究生试点工作 ……………………………………… (99)
《研究生手册》修订及证书电子注册管理 ……………………………… (99)
全国考试考务工作 ……………………………………………………… (99)
学位授予工作 …………………………………………………………… (99)
博士生导师队伍建设 …………………………………………………… (99)
教育基地建设 …………………………………………………………… (99)
学科授权点申报和学科评估 …………………………………………… (100)
“研究生教育发展基金”项目验收 ……………………………………… (100)
博士后工作 ……………………………………………………………… (100)
MPA学员邓俊毕业论文被评选为2005年度全国MPA示范论文 ………… (100)
附录：
北京科技大学2005年优秀博士学位论文获得者名单 ………………… (101)
北京科技大学2005年优秀硕士学位论文获得者名单 ………………… (101)

高等职业教育 …………………………………………………………… (102)
综述 …………………………………………………………………… (102)
教学工作 ……………………………………………………………… (102)
继续教育 …………………………………………………………………… (103)
继续教育学院 ………………………………………………………… (103)
管庄校区继续教育工作 ……………………………………………… (104)
留学生培养及对外汉语教学 ……………………………………………… (105)
概况 …………………………………………………………………… (105)
留学生教育与管理 …………………………………………………… (106)
对外汉语教学 ………………………………………………………… (106)
附录：
北京科技大学历年接收外国留学生统计表 ……………………………… (106)
体育工作 …………………………………………………………………… (107)
概述 …………………………………………………………………… (107)
课程建设 ……………………………………………………………… (107)
学科及师资建设 ……………………………………………………… (107)
竞技体育 ……………………………………………………………… (107)
群体竞赛活动 ………………………………………………………… (107)
社会体育工作 ………………………………………………………… (108)
附录：
2005 年北京科技大学体育代表队主要竞赛成绩 ……………………… (108)
2005 年北京科技大学学生参加的其他大型体育竞赛成绩 …………… (111)
北京科技大学田径最高纪录 ………………………………………… (112)
“211 工程”建设工作…………………………………………………………… (113)
工程建设进度 ………………………………………………………… (113)
项目竣工验收 ………………………………………………………… (113)
“十一五”“211 工程”启动的准备工作 …………………………………… (114)

科学研究与产业开发

科研工作 …………………………………………………………………… (115)
概况 …………………………………………………………………… (115)
科研项目与经费 ……………………………………………………… (115)
科研水平与成果 ……………………………………………………… (115)
科研基地建设 ………………………………………………………… (116)
科技交流与合作 ……………………………………………………… (116)

科研组织与管理 …………………………………………………… (117)
学术交流与成果推介 ………………………………………………… (118)
人才、团队培育 ……………………………………………………… (119)
附录：
北京科技大学 2005 年科研获奖项目一览表 …………………………… (119)
北京科技大学 2005 年科研鉴定项目一览表 …………………………… (122)
北京科技大学 2005 年专利申请、授权数统计表 ……………………… (123)
北京科技大学 2005 年授权发明专利项目明细表 ……………………… (124)
北京科技大学 2005 年授权实用新型专利明细表 ……………………… (126)
产业工作 ………………………………………………………………… (127)
概况 ……………………………………………………………………… (127)
资产经营公司 …………………………………………………………… (127)
大学科技园建设 ………………………………………………………… (128)
企业管理工作 …………………………………………………………… (128)
孵化工作及平台建设 …………………………………………………… (128)
留学人员创业园 ………………………………………………………… (128)
附录：
北京科技大学企业一览表 ……………………………………………… (129)

重点实验室和工程研究中心

新金属材料国家重点实验室 ……………………………………………… (130)
高效轧制国家工程研究中心 ……………………………………………… (132)
固体电解质冶金测试技术国家专业实验室 ……………………………… (133)
教育部金属电子信息材料工程研究中心 ………………………………… (136)
环境断裂教育部重点实验室 ……………………………………………… (137)
北京市先进粉末冶金材料与技术重点实验室 …………………………… (140)
北京市腐蚀、磨蚀与表面技术重点实验室 ……………………………… (142)
高效零件轧制技术研究推广中心 ………………………………………… (143)
科技部材料模拟设计实验室 ……………………………………………… (144)
生态与循环冶金教育部重点实验室 ……………………………………… (145)
新材料北京市技术转移中心 ……………………………………………… (146)
金属矿山高效开采与安全教育部重点实验室 …………………………… (147)

管理与服务

发展规划工作 …………………………………………………………… (148)

完善实施学校三个规划 …………………………………………………… (148)
"十五"规划的完成情况 …………………………………………………… (148)
编制"十一五"规划 ………………………………………………………… (148)
人事管理 ………………………………………………………………… (149)
概况 …………………………………………………………………………… (149)
人事分配制度改革 ………………………………………………………… (149)
人事制度建设 ……………………………………………………………… (149)
"422"高层次人才工程建设和学科带头人培养 ………………………… (150)
长江学者奖励计划工作 …………………………………………………… (150)
教师培训及青年教师工作 ………………………………………………… (150)
专业技术职务聘任及教师资格认定 ……………………………………… (151)
高级专家事务及奖教金、津贴的评审与发放 …………………………… (151)
劳动工资和福利 …………………………………………………………… (151)
社会保险缴纳情况 ………………………………………………………… (151)
人才交流中心工作 ………………………………………………………… (152)
附录：
北京科技大学在职教授及正高级专业技术职务人员名单 ……………… (152)
财务工作 ………………………………………………………………… (159)
概况 …………………………………………………………………………… (159)
总体财务状况 ……………………………………………………………… (159)
财务管理 …………………………………………………………………… (160)
实验室管理 ……………………………………………………………… (160)
概况 …………………………………………………………………………… (160)
实验室管理 ………………………………………………………………… (161)
设备管理 …………………………………………………………………… (161)
专项建设项目管理 ………………………………………………………… (162)
附录：
北京科技大学实验室一览表 ……………………………………………… (162)
房产管理 ………………………………………………………………… (164)
概况 …………………………………………………………………………… (164)
住房制度改革 ……………………………………………………………… (164)
职工住房管理 ……………………………………………………………… (164)
公共用房管理 ……………………………………………………………… (164)
招生与就业指导 ………………………………………………………… (165)
招生工作 …………………………………………………………………… (165)
就业工作 …………………………………………………………………… (166)

附录：
北京科技大学2005年在全国31个省市自治区
录取考生人数以及最高分、最低分、平均分一览表 …………（167）
审计工作 …………（168）
概况 …………（168）
队伍建设 …………（168）
主要工作 …………（168）
国际及港澳台交流与合作 …………（169）
概况 …………（169）
校际交流与合作 …………（169）
国际学术交流与访问 …………（170）
港澳台地区交流 …………（170）
引智工作 …………（171）
日中友好高龄者大学 …………（171）
附录：
2005年来北京科技大学交流项目及来访人次一览表 …………（172）
历年短期来北京科技大学讲学及访问的国别及地区人数统计表 …………（172）
北京科技大学历年派出人员数字统计表 …………（173）
北京科技大学2005年因公出国统计表 …………（173）
北京科技大学2005年因公赴港澳台情况表 …………（174）
安全保卫与校园综合治理 …………（174）
概况 …………（174）
校园综合治理 …………（174）
治安防范 …………（174）
消防安全 …………（175）
交通安全 …………（175）
保密工作 …………（175）
政保工作 …………（175）
户籍管理 …………（176）
科技创安 …………（176）
后勤与基建管理 …………（176）
概况 …………（176）
基建管理 …………（176）
后勤管理 …………（177）
后勤服务 …………（177）
概况 …………（177）

党建工作 …… (178)
财务管理 …… (178)
饮食中心 …… (178)
动力修建中心 …… (179)
物业中心 …… (179)
生活中心 …… (179)
会议中心 …… (180)
幼教中心 …… (180)
产业部 …… (180)
图书馆 …… (181)
概况 …… (181)
文献资源建设 …… (181)
"211 工程"建设 …… (181)
对外服务 …… (181)
内部建设 …… (182)
附录：
2005 年各种文献资源的订购情况 …… (183)
2005 年图书馆读者服务情况 …… (183)
2005 年图书馆部分数据库的使用情况 …… (183)
档案馆 …… (184)
概况 …… (184)
内部建设 …… (184)
综合档案管理 …… (184)
人事档案管理 …… (184)
网络中心 …… (185)
概况 …… (185)
网络建设、维护及服务 …… (185)
电化教育中心 …… (186)
概况 …… (186)
教学工作 …… (186)
设备建设及维护 …… (186)
校医院 …… (187)
概况 …… (187)
先进性教育活动 …… (187)
规范制度与管理 …… (187)
预防保健 …… (187)

培训与医疗服务 …………………………………………………………（188）
附属小学 ………………………………………………………………（188）
概况 ……………………………………………………………………（188）
德育工作 ………………………………………………………………（188）
教学及师生竞赛 ………………………………………………………（189）
附录：
2005 年北京科技大学附属小学师生获奖一览表 ……………………（189）
社区居委会 ……………………………………………………………（192）
概况 ……………………………………………………………………（192）
社区党建 ………………………………………………………………（192）
创建和谐社区 …………………………………………………………（192）
精神文明建设 …………………………………………………………（192）
社区服务 ………………………………………………………………（193）
中国教育经济信息网 …………………………………………………（193）
概况 ……………………………………………………………………（193）
项目建设 ………………………………………………………………（193）
监理机制建立 …………………………………………………………（194）
应用拓展 ………………………………………………………………（194）
内部建设 ………………………………………………………………（194）
业务开展 ………………………………………………………………（195）

党建与思想政治工作

组织工作 ………………………………………………………………（196）
概况 ……………………………………………………………………（196）
干部工作 ………………………………………………………………（196）
组织工作 ………………………………………………………………（197）
党校工作 ………………………………………………………………（197）
宣传工作 ………………………………………………………………（198）
概况 ……………………………………………………………………（198）
理论学习与教育 ………………………………………………………（198）
新闻宣传工作 …………………………………………………………（198）
校刊工作 ………………………………………………………………（199）
网络宣传 ………………………………………………………………（199）
广播电视 ………………………………………………………………（199）
对外宣传 ………………………………………………………………（199）

附录：
北京科技大学2004年12月1日至2005年12月31日对外宣传情况统计表(电视、广播报道部分) …………（200）
北京科技大学2004年12月1日至2005年12月31日对外宣传情况统计表(报纸、网络报道部分) …………（201）
纪检监察工作 …………（208）
概况 …………（208）
党风廉政建设 …………（208）
宣传教育 …………（209）
制度建设 …………（209）
信访举报工作 …………（209）
统战工作 …………（209）
概况 …………（209）
民主党派和党外代表人物工作 …………（209）
民族宗教工作 …………（210）
港澳台侨工作 …………（210）
开展活动 …………（210）
工会工作 …………（211）
概述 …………（211）
教代会、工会换届 …………（211）
校务公开工作 …………（211）
教职工之家建设 …………（212）
工会自身建设 …………（212）
文体活动 …………（213）
生活福利 …………（213）
女工工作 …………（213）
表彰奖励 …………（213）
学生工作 …………（213）
概况 …………（213）
学生党建 …………（214）
学生教育 …………（214）
学生管理 …………（216）
学生工作队伍建设 …………（217）
科研学术及实践活动 …………（217）
学生工作调研与宣传 …………（218）

共青团工作 …………………………………………………………………… (219)
概况 ……………………………………………………………………………… (219)
思想教育与组织建设 …………………………………………………………… (219)
科技创新与学术实践 …………………………………………………………… (219)
社会实践和志愿服务 …………………………………………………………… (220)
文化艺术与身心发展 …………………………………………………………… (220)
社团活动与社会工作 …………………………………………………………… (221)
宣传工作与网络建设 …………………………………………………………… (221)
素质拓展与团学评优 …………………………………………………………… (222)
学生会与研究生会 ……………………………………………………………… (222)
离退休干部工作 ……………………………………………………………… (223)
概况 ……………………………………………………………………………… (223)
组织及思想建设 ………………………………………………………………… (223)
落实两项待遇 …………………………………………………………………… (223)
文体活动 ………………………………………………………………………… (224)
关心下一代工作委员会 ………………………………………………………… (224)

人　　物

知名专家学者 ………………………………………………………………… (225)
人大代表、政协委员 …………………………………………………………… (229)
校友风采 ……………………………………………………………………… (229)

2005 年党发校发文件目录

2005 年北京科技大学党发文件目录 ……………………………………… (236)
2005 年北京科技大学校发文件目录 ……………………………………… (237)

2005 年大事记

北京科技大学 2005 年大事记 ……………………………………………… (240)

2005 年毕业生名录

2005 年本科毕业生名单 ……………………………………………………… (249)
2005 年毕业并获得博士学位的研究生名单 ……………………………… (257)

2005 年毕业并获得硕士学位的研究生名单 …………………………………… (259)
2005 年获得学位的研究生或毕业的研究生名单 ……………………………… (270)
2005 年以同等学力获得硕士学位的在职人员名单 …………………………… (270)
2005 年获得硕士专业学位的在职研究生名单 ………………………………… (271)

附　　录

北京科技大学校董会组成 ……………………………………………………… (281)
北京科技大学校友会组织机构及人员组成 …………………………………… (285)
北京科技大学校友分会及联系人 ……………………………………………… (285)
与北京科技大学建立合作关系的国外及港澳台学校及科研机构 …………… (287)
与北京科技大学建立全面合作关系的国内政府机关、企事业单位 ………… (288)

Contents

Specials

USTB "Maintaining the Progressive Nature of the Communist Party Members" Educational Activities ······ (1)
Overview ······ (1)
Appendices:
Study the Communist Party Charter, Forever Maintain the Progressive Nature of the CP Members ······ (4)
Speech by Luo Weidong at the USTB "Maintaining the Progressive Nature of the Communist Party Members" Educational Activities Closure Convention ······ (15)
Detailed Requirements of the USTB "Maintaining the Progressive Nature of the Communist Party Members" ······ (22)
USTB Science Park Confirmed as National University Science Park by the Ministry of Science and Technology/ Ministry of Education ······ (23)
Overview ······ (23)
Appendices:
Ministry of Science and Technology/ Ministry of Education "Notice on Confirming 8 National University Science Parks including USTB Science Park" ······ (24)
History and Development of the USTB Science Park ······ (24)

USTB Survey

USTB: A Brief Sketch ······ (26)
Appendix:
Main Efforts in 2005 ······ (27)

Organization and Leadership

University Leaders ······ (35)
Members of the USTB Standing Committee of the 9th CCPC ······ (35)
Members of the 9th CCPC of USTB ······ (35)

Members of the USTB Discipline Inspection Committee ······ (35)
Members of the 14th Committee of the Education Union of USTB ······ (36)
Members of the 21st Committee of the Youth League of USTB ······ (36)
Bodies of Party and Mass Organizations and Their Leaders ······ (36)
University Administrative Bodies and Their Leaders ······ (37)
Directly Subordiate Organizations and Their Leaders ······ (38)
Administ rative Bodies of Schools and Their Leaders ······ (38)
Departments, Research Centers and Their Leaders ······ (39)

Schools and Departments

School of Civil and Environmental Engineering ······ (42)
School of Metallurgical and Ecological Engineering ······ (44)
School of Materials Science and Engineering ······ (47)
School of Mechanical Engineering ······ (50)
School of Information Engineering ······ (54)
School of Management ······ (56)
School of Humanities and Social Sciences ······ (58)
School of Applied Sciences ······ (60)
School of International Communication ······ (63)
Tian jin Campus ······ (64)
Guanzhuang Campus ······ (65)
Yanqing Branch School ······ (68)

Teaching and Disciplinary Build-up

Undergraduate Education ······ (70)
A General Survey ······ (70)
Preparations for the Undergraduate Education Evaluation ······ (70)
The Making of 2005 Undergraduate Education Plan ······ (70)
Educational Reform ······ (70)
Educational Research and Administration ······ (71)
Courses Exempt from Examination ······ (71)
Textbook Construction and Management ······ (71)
Construction of Top-quality and Excellent Courses ······ (72)
Practical Teaching ······ (72)

Completion of Graduation Projects (Papers) ······ (72)
Change of Undergraduate Majors and Recommendation of Graduates ······ (72)
Double Degrees, Second Degrees and Undergraduate Minors ······ (72)
Admittance of Higher Vocational School Graduates ······ (73)
CET-4 Examination ······ (73)
Teaching Prizes ······ (73)
Supervision and Direction of Teaching & Quality Control ······ (73)
Construction of Teaching Management Platform ······ (73)
Competition between Disciplines ······ (73)
Appendices:
USTB "Inspection Indexes of Annual Undergraduate Teaching Quality" ······ (74)
Class of 2005 Graduation Project (Paper) Statistical Chart ······ (75)
Catalogue of USTB Undergraduate Majors ······ (75)
2005 ~ 2006 Academic Year School Schedule ······ (76)
Higher Education Teaching Achievement Prizes ······ (90)
Courses Qualified for "Beijing Top-quality courses" ······ (91)
Beijing Experimental Teaching Demonstration Center ······ (91)
Beijing Higher Education Top-quality Textbooks ······ (91)
The 3rd USTB Undergraduate Education Excellent Prizes ······ (92)
The 6th USTB Excellent Textbooks ······ (92)
The 10th USTB Excellent Lecture Sheets ······ (93)
The Chart of Teachers and Courses Exempt from Examination in 2005 ······ (93)
Results of Various Competitions of Undergraduates in 2005 ······ (94)
Graduate Education ······ (97)
A General Survey ······ (97)
Admission ······ (98)
Two-Year Graduate Programs Pilot Project ······ (99)
Revision of Graduate Students' Manual & The Management
of on-line Certificate Registration ······ (99)
National Tests ······ (99)
Degree Conferment ······ (99)
Build-up of Ph. D Candidate Supervisors ······ (99)
Teaching Bases Construction ······ (99)
Application for Authorization to Confer Degrees and Discipline Appraisal ······ (100)
Checking and Acceptance of the "Graduate Education
Development Fund" Project ······ (100)

Efforts on Post Doctoral Studies …… (100)
MPA student Deng Jun's Degree Thesis awarded "2005 National MPA Model Thesis" …… (100)
Appendices:
Excellent Doctor's Dissertations of VSTB in 2005 …… (101)
Excellent Mater's Themes of USTB in 2004 …… (101)
Higher Vocational Education …… (102)
A General Survey …… (102)
Teaching …… (102)
Continuing Education …… (103)
School of Continuing Education …… (103)
Continuning Education in Guomzhuang Campus …… (104)
Overseas Students Education and Teaching Chinese As A Foreign Language …… (105)
Overview …… (105)
Overseas Students Education and Administration …… (106)
Teaching Chinese As A Foreign Language …… (106)
Appendix:
Lists of Overseas Students Admitted by USTB in Past Years …… (106)
Physical Training Education …… (107)
A General Survey …… (107)
Curriculum Construction …… (107)
Discipline and Faculty Strengthening …… (107)
Athletic Sports …… (107)
Mass Competition …… (107)
Efforts on Social Sports …… (108)
Appendices:
Competition Performance of USTB Sports Team in 2005 …… (108)
USTB Students Performance at Other Major Athletic Sport Events in 2005 …… (111)
USTB Records of Track and Field Events …… (112)
Construction of 211 Project …… (113)
Progress of Project Construction …… (113)
Project Completion, Checking and Certification …… (113)
Preparatory Work for the Launching of the 10th Five-Year Plan "211 Project" …… (114)

Academic Research and Enterprise Development

Scientific Research ...... (115)
A General Survey ...... (115)
Research Projects and Funds ...... (115)
Research Capabilities and Achievements ...... (115)
Research Base Construction ...... (116)
Exchanges and Cooperation in Science and Technology ...... (116)
Research Organization and Management ...... (117)
Academic Exchanges and Achievements Popularization ...... (118)
Talents and Team Cultivation ...... (119)
Appendices:
List of Awarded Projects in 2005 ...... (119)
List of Appraised Projects in 2005 ...... (122)
List of Patents Applied and Authorized in 2005 ...... (123)
List of Invention Patents Authorized in 2005 ...... (124)
List of Patents with Practical and New Features Authorized in 2005 ...... (126)
Hi-tech Enterprises ...... (127)
A General Survey ...... (127)
Asset Management Company ...... (127)
Construction of Science park ...... (128)
Enterprise Management ...... (128)
Incubation and Platform Construction ...... (128)
Park for Returnees to start an Enterprise ...... (128)
Appendix:
List of USTB Hi-tech Enterprises ...... (129)

Key Research Labs and Engineering Centers

State Key Lab of New Metal Material ...... (130)
State Engineering and Research Center for Efficient Steel Rolling ...... (132)
State Specialized Lab of Solid Electrolyte Testing Technology ...... (133)
Engineering and Research Center of Metal Electronic Information Materials, MOE ...... (136)
MOE Key Lab of Environmental Fracture ...... (137)

Beijing Key Lab of Powdered Metallurgy Materials and Technology ········ (140)
Beijing Key Lab of Corrosion, Abrasion and Surface Technology ············ (142)
Research and Popularization Center of Efficient
Machine Parts Rolling Technology ·· (143)
Material Simulation Design Lab of Minister of Science and Technology ······ (144)
MOE Key Lab of Ecological and Recycling Metallurgy ························ (145)
New Materials Beijing Technology Transference Center ······················ (146)
MOE Key Lab of High-Efficient Mining and Safety of Metal Mines ········ (147)

Administration and Service

Development Planning ·· (148)
Perfection and Implementation of the Three USTB Development Plans ········ (148)
Completion of the 10th Five-Year Plan ·· (148)
The Making of the 11th Five-Year Plan ·· (148)
Personnel Management ·· (149)
A General Survey ·· (149)
Distribution System Reform ·· (149)
Construction of Personnel Regulations ·· (149)
Construction of "422 High-level Innevation Personnel Project"
and training of Discipline Leaders ·· (150)
Yangtze Scholar Rewarding Plan ·· (150)
Faculty Training and Young Teachers ·· (150)
Appointment of Professional and Technical Posts and Teacher Certification ··· (151)
Advanced Experts Affairs & the Evaluation and Provision of
Teaching Grant and Allowance ·· (151)
Wages and Welfare ·· (151)
Social Insurance ·· (151)
Personnel Exchange Center ·· (152)
Appendix:
List of Professors and Researchers Appointed in 2005 ·························· (152)
Financial Management ·· (159)
A General Survey ·· (159)
Overall Financial Affairs ·· (159)
Financial Management ·· (160)

Lab Management …… (160)
A General Survey …… (160)
Lab Management …… (161)
Equipment Management …… (161)
Management of Specially-funded Projects …… (162)
Appendix:
List of labs in USTB …… (162)
Real Estate Management …… (164)
A General Survey …… (164)
Reform on Housing System …… (164)
Management of Teachers' Housing …… (164)
Management of Fixed Assets …… (164)
Admission and Employment …… (165)
Admission …… (165)
Employment …… (166)
Appendix:
Highest, Lowest and Average Scores of Students Admitted by USTB in 2005 …… (167)
Audit Work …… (168)
A General Survey …… (168)
Personnel Construction …… (168)
Major Tasks …… (168)
International Exchanges and Cooperation including Hong Kong, Macao and Taiwan …… (169)
A General Survey …… (169)
Inter-University Exchanges and Cooperation …… (169)
International Academic Exchanges and Visits …… (170)
Exchanges with Hong Kong, Macao and Taiwan …… (170)
Foreign Experts …… (171)
Sino-Japan Friendship Elder University …… (171)
Appendices:
Exchange Programs and Visits in 2005 …… (172)
Short-term Lectures and Visits From Foreign Countries and Regions …… (172)
List of Overseas Assignments over the Years …… (173)
List of USTB Overseas Assignments in 2005 …… (173)
List of USTB Assignments to Hong Kong, Macao and Taiwan in 2005 …… (174)

Safety and Overall Managerment of Campus ······ (174)
A General Survey ······ (174)
General Campus Management ······ (174)
Safety Precautions ······ (174)
Fire Control ······ (175)
Traffic Safety ······ (175)
Confidentiality ······ (175)
Peace Maintenance ······ (175)
Household Registration ······ (176)
Safety Measures provided by New Science and Technology ······ (176)
Service and Basic Construction ······ (176)
A General Survey ······ (176)
Basic Construction ······ (176)
Rear Management ······ (177)
Rear Service Provisions ······ (177)
A General Survey ······ (177)
Party Affairs ······ (178)
Financial Management ······ (178)
Catering Center ······ (178)
Power Building Center ······ (179)
Neighborhood Administrative Center ······ (179)
Center for Living Affairs ······ (179)
Conference Center ······ (180)
Children Education Center ······ (180)
Enterprise Department ······ (180)
Library ······ (181)
A General Survey ······ (181)
References and Resources ······ (181)
"211 Project" Construction ······ (181)
External-oriented Service ······ (181)
Internal Construction ······ (182)
Appendices:
Orders of Various References and Resources in 2005 ······ (183)
Reader's Service in 2005 ······ (183)
Database Use in 2005 ······ (183)

Archives …… (184)
A General Survey …… (184)
Internal Construction …… (184)
General Management of Archives …… (184)
Management of Personnel Files and Documents …… (184)
Network Center …… (185)
A General Survey …… (185)
Network Construction, Maintenance and Service …… (185)
Audio-Visual Education Center …… (186)
A General Survey …… (186)
Teaching …… (186)
Equipment Purchases and Maintenance …… (186)
School Hospital …… (187)
A General Survey …… (187)
Maintaining the Progressive Nature of Communist Party Members Activities … (187)
Standardization and Management of Regulations …… (187)
Prevention and Health Care …… (187)
Training and Medical Service …… (188)
Affiliated Primary School …… (188)
A General Survey …… (188)
Moral Education …… (188)
Education and Teacher & Student Competitions …… (189)
Appendix:
List of Prizes Awarded to Teachers and Students of
Affiliated Primary School of USTB, 2005 …… (189)
Neighborhood Committee …… (192)
A General Survey …… (192)
Neighborhood Communities Party Work …… (192)
The Building of Harmonious Communities …… (192)
Neighborhood Spiritual Civilization Construction …… (192)
Neighborhood Service …… (193)
China Educational and Economic Information Network …… (193)
A General Survey …… (193)
Project Construction …… (193)
The Building of Supervisory Mechanism …… (194)
Application and Expansion …… (194)

Internal Construction …… (194)
Launching of Businesses …… (195)

The CCP Construction and Ideology Education

Organization …… (196)
A General Survey …… (196)
Cadres …… (196)
Organizations …… (197)
Party School …… (197)
Propaganda and Publicity …… (198)
A General Survey …… (198)
Theoretical Study and Education …… (198)
News Publicity …… (198)
University Journals …… (199)
Network Propaganda …… (199)
Radio and TV Broadcasting …… (199)
External Propaganda …… (199)
Appendices:
Chart of USTB External Publicity from December 1st, 2004 to December 31st, 2005(on Radio and TV) …… (200)
Chart of USTB External Publicity from December 1st, 2004 to December 31st, 2005(in Newspapers and Magazines) …… (201)
Discipline Inspection and Supervision …… (208)
A General Survey …… (208)
CCP Work Style and Clean Government Construction …… (208)
Publicity and Education …… (209)
System Construction …… (209)
Complaint Letters and Visits …… (209)
United Front …… (209)
A General Survey …… (209)
Democratic Parties and Non-party Personages …… (209)
Ethnic and Religious Affairs …… (210)
Overseas Chinese Residing in Hong Kong, Macao and Taiwan …… (210)
Activities …… (210)

Labor Union ······ (211)
A General Survey ······ (211)
Reelection of Faculty Representative Congress and Labor Union ······ (211)
Publicity of Administrative Affairs ······ (211)
Home of Faculty and Staff Construction ······ (212)
Labor Union Self Construction ······ (212)
Recreational Activities ······ (213)
Welfare ······ (213)
Welfare for Women Workers ······ (213)
Awards ······ (213)
Student Management ······ (213)
A General Survey ······ (213)
Party Work among Students ······ (214)
Student Education ······ (214)
Student Management ······ (216)
Construction of Student Management Personnel ······ (217)
Research and Practice ······ (217)
Investigations, Surveys and Propaganda to the Outside ······ (218)
Communist Youth League ······ (219)
A General Survey ······ (219)
Ideological Education and Organization Construction ······ (219)
Scientific Innovation and Academic Practice ······ (219)
Social Practice and Volunteer Activities ······ (220)
Culture, Arts and Mental Development ······ (220)
Societies, Clubs, Associations and Social Work ······ (221)
Publicity and Network Construction ······ (221)
Expansion of All-round Development and League Work Prizes ······ (222)
Student Union and Graduate Student Union ······ (222)
Management of Retired staff ······ (223)
A General Survey ······ (223)
Organization and Ideological Building ······ (223)
Implementation of Two Policies ······ (223)
Recreations ······ (224)
"Caring for the Next Generation" Working Committee ······ (224)

Profiles

Distinguished Experts and Scholars ······ (225)
Representatives to People's Congress and Political Commissars ······ (229)
Distinguished Alumni ······ (229)

Catalogue of USTB Party Documents and School Documents in 2005

Catalogue of USTB Party Documents in 2005 ······ (236)
Catalogue of USTB Administrative Documents in 2005 ······ (237)

Events Chronicles in 2005

USTB Events Chronicles in 2005 ······ (240)

Lists of Graduates in 2005

Undergraduates ······ (249)
Ph. Ds ······ (257)
Masters ······ (259)
Graduate Students or Students with Degrees ······ (270)
Masters with Equivalent Qualifications ······ (270)
Masters in Employment ······ (271)

Appendices

USTB School Board of Directors ······ (281)
Organization Setup and Staff Makeup of Alumni Association ······ (285)
Branches of Alumni Association and Contact ······ (285)
Universities and Scientific Research Organizations which Have Established Collaboration with USTB from Abroad, Hong Kong, Macao and Taiwan ······ (287)
Government Bodies, Enterprises and Institutions at Home which Have Comprehensive Cooperation with USTB ······ (288)

特　　　载

北京科技大学圆满完成保持共产党员先进性教育活动

综　述

根据《中共中央关于在全党开展以实践“三个代表”重要思想为主要内容的保持共产党员先进性教育活动的意见》，按照中共北京市委教育工委《关于在北京高校开展保持共产党员先进性教育活动的实施方案》的总体安排和要求，北京科技大学于 2005 年 8 月底至 12 月初全面开展了保持共产党员先进性教育活动，全校 15 个二级党委（党总支）、直属党支部，312 个基层党支部，6002 名党员参加了教育活动。保持共产党员先进性教育活动是学校政治生活中的一件大事，学校党委高度重视，精心组织，扎实工作，圆满完成了先进性教育活动的各项目标和任务，为学校各项事业的进一步发展奠定了坚实的思想和组织基础。

一、做好前期调研和准备工作，准确掌握学校基层党组织和党员的实际情况

2005 年 2 月，学校开展保持共产党员先进性教育活动前期调研工作，下发了《关于开展“保持共产党员先进性教育活动”调研工作的实施意见》和《关于在学校层面开展“保持共产党员先进性教育活动”调研工作的通知》，提出了具体工作方案。3～5 月，在各二级党委调研的基础上，学校组织召开学院党委书记、党支部书记、青年教师代表等座谈会，多层面了解基层党组织和党员的实际情况，并对各学院党委书记逐一进行访谈，深入分析了现状，交流了看法。5 月中下旬，学校参加由中组部组织的关于高校开展先进性教育活动的调研。调研会上，了解了上级领导及北京试点高校介绍的开展先进性教育活动的情况，并认真学习了其他高校好的经验和做法。为进一步理顺基层党组织关系，上半年学校还完成了对学院党委、系所党支部的调整工作。

7 月 26 日，学校党委成立“北京科技大学保持共产党员先进性教育活动领导小组”，党委书记罗维东担任组长，校长徐金梧、党委副书记李宝林、陈曦担任副组长。领导小组下设办公室，办公室主任由李宝林副书记兼任，办公室设综合、秘书、宣传、联络指导四个组。学校抽调 16 名党性强、有党务工作经验的离退休老同志，组成联络指导组，加强学校对各基层党组织开展先进性教育活动的指导、联系和督查。学校党委还制定了《中共北京科技大学委员会关于开展保持共产党员先进性教育活动的实施方案》、《中共北京科技大学委员会保持共产党员先进性教育活动领导责任制》以及第一阶段实施计划等一系列文件，以规范指导先进性教育活动的开展。

二、学习动员，统一全校党员的思想，提高党员的党员意识和党性观念

8月底，学校保持共产党员先进性教育活动第一阶段正式开始。学习动员阶段共有三个环节，一是做好动员部署、二是认真组织学习、三是开展大讨论。8月31日，学校党委对全校近1 000名支委以上党员干部进行了培训，并邀请北京理工大学相关同志介绍了开展先进性教育活动的经验。会上，学校党委对开展先进性教育活动工作进行了具体部署。各二级党委（党总支）也进行了骨干培训。通过动员部署和培训，中层以上干部、党支部书记和支部委员明确了开展先进性教育活动的重要意义、指导思想、目标要求和工作安排，明确了党支部书记作为具体责任人和支部委员在先进性教育活动中的职责与要求。培训工作覆盖了全校所有党支部，党支部书记和支部委员培训覆盖面达到100%。9月1日，学校党委分别召开了学生党员和教职工党员先进性教育活动动员大会，全面启动北京科技大学保持共产党员先进性教育活动。会上，党委书记罗维东同志作了动员报告，市委督导组组长毕孔彰和副组长张希文分别作了讲话。会后，各二级党委（党总支）、党支部也结合本单位实际情况分别召开了多种形式的动员会。经过层层动员，全校广大党员思想重视，认识统一，精神振奋，以饱满的政治热情投入到先进性教育活动中。

在学习动员阶段，各基层党组织采取集中学习和分散自学相结合，通过电化教育、网络手段、送学上门等灵活多样的方式，组织党员学习了《中国共产党章程》、《保持共产党员先进性教育读本》、胡锦涛同志的专题报告等相关材料，提高党员的党员意识和党性观念。在开展新时期保持共产党员先进性具体要求的大讨论中，全校党员明确了北京科技大学共产党员保持先进性的具体要求，即“坚定理想信念，明确奋斗目标；牢记党的宗旨，服务师生员工；勤奋学习钻研，实践‘三个代表’；忠诚教育事业，坚持育人为先；增强党员意识，建设和谐校园；勇于求实创新，争创一流业绩”。同时教师党员、学生党员、机关党员、后勤产业党员、离退休党员等也明确了符合自身岗位实际的先进性标准。

9月26日，罗维东书记作了“学习贯彻党章，永葆共产党员先进性”的党课报告，各二级党委（党总支）、直属党支部书记也分别为党员上了党课，在全校引起了广泛的反响，使广大党员的学习热情得到进一步提升。9月30日，学习动员阶段各项工作顺利完成。

三、分析评议，全面查找各级党组织和党员存在的问题，明确努力方向

10月1日～11月3日，学校先进性教育活动进入分析评议阶段。分析评议阶段主要分为：广泛征求意见、深入开展谈心活动；认真撰写党性分析材料；开好专题组织生活会和民主生活会；提出并反馈评议意见，做好阶段小结四个环节。在分析评议阶段，学校党委充分发挥各基层党组织的作用，深入查找各级党组织和党员存在的问题，明确努力方向，为进一步做好整改工作提供条件。

在谈心活动中，学校各级党组织和党员、党员领导干部认真对照党章和胡锦涛总书记提出的保持先进性的六条基本要求，积极开展谈心活动，确保活动实效，奠定了学校分析评议阶段工作的基础。学校组织召开各层面人员的座谈会256次，发放征求意见表4000余份，征求到原始意见7302条，梳理归纳为16个方面，真正作到了征求意见范围广、形式多、渠道畅。在开展广泛谈心和征求意见的基础上，全校党员全面总结自己近年来思想、工作和作风等方面的情况，找出存在问题，进行思想剖析，认真撰写党性分析材料，明确今后努力方向，逐级审阅并上报党组织。学校的许多典型经验在北京及全国高校得到推广。

同时，学校党委还在全校范围内开展“我为学校献计献策”活动，向全校师生员工征集促进学校发展的好建议、好方案。活动共收到献计献策有效金点子1771个，校级金点子109个，经过严格评比和筛选，最终选出10个优秀方案。“我为学校献计献策”活动通过充分调动广大师生员工,特别是党员参与学校和单位改革与发展的积极性,进一步激发了广大师生员工爱校爱岗的工作热情,切实解决了许多自身、单位、学校和群众关心的问题。

10月17日~21日,学校各级党组织分别召开了组织生活会和处级以上干部的专题民主生活会。通过组织生活会和专题民主生活会,充分开展批评与自我批评,提真意见促工作改进,做真交流促感情融合。在召开专题组织生活会和专题民主生活会的基础上,全体党员认真修改自己的党性分析材料,并进一步明确了努力方向。11月4日,学校召开领导班子民主生活会情况通报暨整改提高阶段工作部署会,全面总结了在十六大以来三年的时间里,学校工作取得的八项主要成绩及存在的七个主要问题,并从主客观两方面分析了问题产生的原因及对学校发展的影响,提出了学校今后的努力方向。

四、整改提高,探索先进性教育的长效机制,创建群众满意工程

整改提高是整个先进性教育活动的关键。先进性教育活动能否取得实效,关键看整改落实得怎么样。为此,学校党委对各级党组织和党员制定整改措施和整改方案进行了明确的规定。

11月4日~12月2日,学校各级党组织和全体党员紧紧围绕中央提出的先进性教育活动“提高党员素质、加强基层组织、服务人民群众、促进各项工作”的目标要求,针对党员和党组织存在的突出问题;群众反映强烈的党风、行风方面的突出问题;涉及群众切身利益的突出问题;影响学校改革发展稳定的突出问题“四类突出问题”,制定了整改措施和整改方案。学校层面的整改方案共涉及5个方面,37项具体措施,同时明确整改时限和具体负责人。并向群众公布整改情况,做好群众满意度测评和整改教育活动的总结工作。

11月29日,学校召开保持共产党员先进性教育活动满意度测评大会,北京科技大学保持共产党员先进性教育活动的群众满意度为96.45%。12月6日下午,北京科技大学保持共产党员先进性教育活动总结大会举行。罗维东书记作了先进性教育活动总结报告。市教委委员马胜杰、市委督导组组长毕孔彰、副组长张希文等出席了会议。罗维东书记向大会详细汇报了北京科技大学保持共产党员先进性教育活动的有关情况,受到了上级领导和学校广大党员和群众的好评。至此,北京科技大学保持共产党员先进性教育活动圆满完成了各项任务。

在整个先进性教育活动中,学校各级党组织和党员以学习实践“三个代表”重要思想为主线,严格按照目标要求,紧密联系学校实际,圆满完成各项任务,并着力解决了一些影响学校发展和教职工切身利益的突出问题。通过先进性教育活动,全体党员学习实践“三个代表”重要思想、保持先进性的自觉性明显提高,党员意识、党性观念进一步增强;学校基层党组织进一步健全,党支部的创造力、凝聚力和战斗力切实增强;各级党组织和广大党员转变作风、改进工作,争创一流业绩的积极性显著提高,实现了学校中心工作和先进性教育活动的“两不误、两促进”。

附　录

学习贯彻党章，永葆共产党员先进性

罗维东

（2005年9月23日）

在全党开展保持共产党员先进性教育活动，是坚持用“三个代表”重要思想武装全党的一项重大举措，是实现全面建设小康社会宏伟目标的重要保证，是推进党的建设新的伟大工程的一项基础工程。

应当说，党员先进性的标准或要求是具体的，而不是抽象的；是历史的，而不是一劳永逸的；它具有一脉相承的基本内容，又包含了新的时代内涵。党章是最根本的党规党法，集中概括了党的先进性，集中体现了党员先进性的基本要求。因此，先进性教育活动一开始，中央就明确提出，“要组织和引导广大党员认真学习掌握‘三个代表’重要思想，重点学好党章。”把党章作为学习的重点，加以突出强调，充分反映了保持党的先进性的根本要求。学习、理解和认同党章，严格按照党章的规定办事，是共产党员保持先进性的前提条件和根本保证。

一、回顾历次党章修改对党员先进性要求的发展

1. 对党员先进性的基本要求

党章中的党员标准是党员先进性标准的核心内容。这些内容集中在党章第一章的第一、二、三条。十六大党章关于党员先进性标准是这样表述的：“第一条：年满十八岁的中国工人、农民、军人、知识分子和其他社会阶层的先进分子，承认党的纲领和章程，愿意参加党的一个组织并在其中积极工作、执行党的决议和按期交纳党费的，可以申请加入中国共产党。第二条：中国共产党党员是中国工人阶级的有共产主义觉悟的先锋战士。中国共产党党员必须全心全意为人民服务，不惜牺牲个人的一切，为实现共产主义奋斗终身。中国共产党党员永远是劳动人民的普通一员。除了法律和政策规定范围内的个人利益和工作职权以外，所有共产党员都不得谋求任何私利和特权。第三条：党员必须履行下列义务：（一）认真学习马克思列宁主义、毛泽东思想、邓小平理论和‘三个代表’重要思想，学习党的路线、方针、政策及决议，学习党的基本知识，学习科学、文化和业务知识，努力提高为人民服务的本领。（二）贯彻执行党的基本路线和各项方针、政策，带头参加改革开放和社会主义现代化建设，带动群众为经济发展和社会进步艰苦奋斗，在生产、工作、学习和社会生活中起先锋模范作用。（三）坚持党和人民的利益高于一切，个人利益服从党和人民的利益，吃苦在前，享受在后，克己奉公，多做贡献。（四）自觉遵守党的纪律和国家的法律，严格保守党和国家的秘密，执行党的决定，服从组织分配，积极完成党的任务。（五）维护党的团结和统一，对党忠诚老实，言行一致，坚决反对一切派别组织和小集团活动，反对阳奉阴违的两面派行为和一切阴谋诡计。（六）切实开展批评和自我批评，勇于揭露和纠正工作中的缺点、错误，坚决同消极腐败现象作斗争。（七）密切联系群众，向群众宣传党的主张，遇事同群众商量，及时向党反映群众的意见和要求，维护群众的正当利益。（八）发扬社会主义新风尚，提倡共产主义道德，为了保护国家和人民的利益，在一切困难和危险的时刻挺身而出，英勇斗争，不怕牺牲。”

党章对党的干部还提出了更高的要求。其中第三十三条要求：“党的干部是党的事业的骨干，是人民的公仆。党按照德才兼备的原则选拔干部，坚持任人唯贤，反对任人唯亲，努

力实现干部队伍的革命化、年轻化、知识化、专业化。”第三十四条要求:“党的各级领导干部必须模范地履行本章程第三条所规定的党员的各项义务,并且必须具备以下的基本条件:(一)具有履行职责所需要的马克思列宁主义、毛泽东思想、邓小平理论的水平,努力用马克思主义的立场、观点、方法分析和解决实际问题。(二)坚决执行党的基本路线和各项方针、政策,立志改革开放,献身现代化事业,在社会主义建设中艰苦创业,开拓创新,做出实绩。(三)坚持实事求是,认真调查研究,能够把党的方针、政策同本地区、本部门的实际相结合,讲实话,办实事,求实效,反对形式主义。(四)有强烈的革命事业心和政治责任感,有实践经验,有胜任领导工作的组织能力、文化水平和专业知识。(五)正确行使人民赋予的权力,清正廉洁,勤政为民,以身作则,艰苦朴素,密切联系群众,坚持党的群众路线,自觉地接受党和群众的批评和监督,反对官僚主义,反对任何滥用职权、谋求私利的不正之风。(六)坚持和维护党的民主集中制,有民主作风,有全局观念,善于团结同志,包括团结同自己有不同意见的同志一道工作。”

胡锦涛同志在先进性教育专题报告会上强调的六个“坚持”——坚持理想信念,坚定不移地为建设中国特色社会主义而奋斗;坚持勤奋学习,扎扎实实地提高实践“三个代表”重要思想的本领;坚持党的根本宗旨,始终不渝地做到立党为公、执政为民;坚持勤奋工作,兢兢业业地创造一流的工作业绩;坚持遵守党的纪律,身体力行地维护党的团结统一;坚持两个务必,永葆共产党人的政治本色。高度概括了新时期对党员先进性的基本要求。

2. 党的历史上对党员先进性要求的几次重大发展

中国共产党自诞生以来的八十多年间,历经十三次修改,共产生过十四部党章,而每一部党章的产生,每一次条文的改动,都曾经在党内外、国内外引起广泛而强烈的关注。这十四部渗透着历史烟云的党章文本,再现了中国共产党从幼年走到成熟的全部过程,记录着中国共产党思想、理论和政治路线与时俱进的发展轨迹,也记录了对党员先进性要求的认识和发展的过程。

1921年7月,中国共产党在上海召开的第一次全国代表大会宣告了党的正式创立。但是,具有划时代意义的这次会议,只通过了一个500多字、内容简略的《中国共产党纲领》,并没有制定党的章程。在一年以后召开的二大上,制定出党的第一部党章。二大通过的《中国共产党章程》在第一章只用了一句话对党员的条件做了规定:“本党党员无国籍性别之分,凡承认本党宣言及章程并愿忠实为本党服务者,均得为本党党员。”而对于党员义务的规定除了“交纳党费”这一明确要求外,再无另外的规定。从三大到六大,党章的内容只做过局部调整,没有大的改动。六大党章对党员条件和应尽义务的规定较之以前显得具体了一些:“凡承认共产国际和本党党纲及党章,加入党的组织之一,在其中积极工作,服从共产国际和本党一切决议且经常缴纳党费者,均得为本党党员。”

中共七大党章在中国共产党的历史上具有里程碑的意义。修改后的党章总纲中规定:中国共产党以马克思、列宁主义的理论与中国革命的实践之统一的思想——毛泽东思想,作为自己一切工作的指针。这意味着中国共产党在二十四年的艰苦历程中所取得的最重要的理论成果——毛泽东思想,在党的根本大法中得到了最终确认。七大党章关于党员先进性标准是这样表述的:“中国共产党人必须具有全心全意为中国人民服务的精神,必须与工人群众、农民群众及其他革命人民建立广泛的联系,并经常注意巩固与扩大这种联系。每一个党员都必须理解党的利益与人民利益的一致性,对党负责与对人民负责的一致性。每一个党员都必须用心倾听人民群众的呼声和了解他们的需要,并帮助他们组织起来,为实现他们的需要而斗争。每一个党员都必须决心向人民群众学习,同时以革命精神不疲倦地去教育人民群众，启发与提高人民群众的觉悟。中国共产党必须经常警戒自己脱离人民群众的危险性，必须经常注意防止和清洗自己内部的尾巴主义、命令主义、官僚主义与军阀主义等脱离群众的错误倾向。”同时规定了党员的义务：“凡党员均有下列义务：（一）努力地提高自己的觉悟程度和领会马克思列宁主义、毛泽东思想的基础。（二）严格地遵守党纪，积极参加党内的政治生活和国内的革命运动，实际执行党的政策和党的组织的决议，和党内党外一切损害党的利益的现象进行斗争。（三）为人民群众服务，巩固党与人民群众的联系，了解并及时反映人民群众的需要，向人民群众解释党的政策。（四）模范地遵守革命政府和革命组织的纪律，精通自己的业务，在各种革命事业中起模范作用。”

1956年党的八大是党在夺取全国政权后召开的第一次党代会。八大党章对党员的义务是这样要求的：“（一）努力学习马克思列宁主义，不断提高自己的觉悟程度；（二）维护党的团结，巩固党的统一；（三）认真地执行党的政策和决议，积极地完成党分配给自己的任务；（四）严格地遵守党章和国家的法律，遵守共产主义道德，一切党员不管他们的功劳和职位如何，都没有例外；（五）把党的、国家的、也就是人民群众的利益，摆在个人的利益之上；在两种利益发生抵触的时候，坚决地服从党的、国家的、也就是人民群众的利益；（六）全心全意地为人民群众服务，密切同人民群众的联系，向人民群众学习，虚心地听取并且及时地向党反映人民群众的要求和意见，向人民群众解释党的政策和决议；（七）在工作中起模范作用，不断地提高生产技术和业务能力；（八）实行批评和自我批评，揭露工作中的缺点和错误，并且努力加以克服和纠正；向党的领导机关直到党的中央委员会报告工作中的缺点和错误；同党内外一切危害党和人民的利益的现象进行斗争；（九）对党忠诚老实，不隐瞒和歪曲事实真相；（十）时刻警惕敌人的阴谋活动，保守党和国家的机密。”

“文化大革命”期间产生的九大和十大党章中，确立了以阶级斗争为纲的基本路线，以及各种“左”的观点，否定了八大党章中规定的正确路线。而“文革”结束后制定的十一大党章也受到历史条件的局限，未能完成拨乱反正的历史任务。

十二大党章在经历了实践是检验真理的唯一标准的思想大讨论和拨乱反正之后，继承了七大、八大党章的优点，总结了十一届三中全会以来我们所有的经验，进一步明确了对党员先进性的要求。十二大党章第二条要求：“中国共产党党员是中国工人阶级的有共产主义觉悟的先锋战士。中国共产党党员必须全心全意为人民服务，不惜牺牲个人的一切，为实现共产主义奋斗终身。中国共产党党员永远是劳动人民的普通一员。除了制度和政策规定范围内的个人利益和工作职权以外，所有共产党员都不得谋求任何私利和特权。第三条规定了党员必须履行下列义务：“（一）认真学习马克思列宁主义、毛泽东思想，学习党的基本知识和党的路线、方针、政策和决议，学习科学、文化和业务。（二）坚持党和人民的利益高于一切，个人利益服从党和人民的利益，吃苦在前，享受在后，克己奉公，绝对不得假公济私，损公利私。（三）百折不挠地执行党的决定，服从组织分配，积极完成党的任务，自觉遵守党的纪律和国家的法律，严格保守党和国家的秘密，坚决保卫党和国家的利益。（四）维护党的团结和统一，坚决反对派性，反对一切派别组织和小集团活动，反对阳奉阴违的两面派行为和一切阴谋诡计。（五）对党忠诚老实，言行一致，不隐瞒自己的政治观点，不歪曲事实真相；切实开展批评和自我批评，勇于揭露和纠正工作中的缺点、错误，支持好人好事，反对坏人坏事。（六）密切联系群众，向群众宣传党的主张，遇事同群众商量，虚心听取并及时向党反映群众的意见和要求，帮助群众提高觉悟，维护群众的正当权利和利益。（七）在生产、工作、学习和社会生活中起先锋模范作用，带头维护社会秩序，发扬社会主义新风尚,提倡共产主义道德。(八)为了保卫祖国和人民的利益,在一切困难和危险的时刻挺身而出,英勇斗争,发扬一不怕苦、二不怕死的精神。”十二大党章还第一次对党的干部提出了要求。第三十四条规定“党的干部是党的事业的骨干,是人民的公仆。党按照德才兼备的原则选拔干部,坚持任人唯贤,反对任人唯亲,并且要求努力实现干部队伍的革命化、年轻化、知识化、专业化。”第三十五条要求:“党的各级领导干部必须模范地履行本章程第三条所规定的党员的各项义务,并且必须具备以下基本条件:(一)有一定的马克思列宁主义、毛泽东思想的理论政策水平,能够坚持社会主义道路,同破坏社会主义的敌对势力作斗争,同党内外各种错误倾向作斗争。(二)在自己的领导工作中,认真调查研究,坚持从实际出发,正确地执行党的路线、方针和政策。(三)有强烈的革命事业心和政治责任感,有胜任领导工作的组织能力、文化水平和专业知识。(四)具有民主作风,密切联系群众,正确地执行党的群众路线,自觉地接受党和群众的批评和监督,反对官僚主义。(五)正确运用自己的职权,遵守和维护党和国家的制度,同任何滥用职权、谋求私利的行为作斗争。(六)在坚持党的原则的基础上,善于广泛地团结同志,包括团结同自己有不同意见的同志一道工作。”

从十三大到十六大,随着我们党对建设中国特色社会主义市场经济认识的深化和国际国内形势的变化,每次党代会都对党章进行了必要的修改。在党员先进性的要求方面,十六大党章与十二大党章相比,主要有三点变化。首先是在第一条里加入了学习邓小平理论和“三个代表”重要思想的内容。其次,将原来第七条中的“在生产、工作、学习和社会生活中起先锋模范作用”扩充为“贯彻执行党的基本路线和各项方针、政策,带头参加改革开放和社会主义现代化建设,带动群众为经济发展和社会进步艰苦奋斗,在生产、工作、学习和社会生活中起先锋模范作用”,并提升到第二条。其三是增加了“坚决同消极腐败现象作斗争”的要求。

3. 党员先进性的要求是一脉相承、逐渐深化、与时俱进的

回顾历届党代会对党章的修改,我们可以清楚地看出,党员先进性的要求具有一脉相承的基本内容;我们党对党的先进性、党员先进性的认识有一个逐渐深化的过程;每一次马克思主义与中国实际的结合,党对马克思主义的发展,必然带来我们党对党的先进性、党员先进性要求的发展;党的先进性、党员先进性要求具有明显的时代特征,是与时俱进的。

第一,党员先进性的要求具有一脉相承的基本内容。回顾党的历史,我们党发生了很大的变化,从建党初期的50多名党员发展到今天的6700万名党员,从一个领导人民夺取政权的党到掌握政权的党,我们党的党章也从二大第一部2400字的党章发展到十六大15000多字的党章。党章中对党员先进性的要求也更加具体、更加明确。但是,我们党有一样东西始终没有变,那就是党的奋斗目标和党的宗旨。从建党第一天起,我们党就明确宣布,党的最终目标是实现共产主义,党的宗旨是为人民服务。而历届党代会通过的党章的第一条就要求党员必须承认党的章程并在党的组织中积极工作。所以我们说党员先进性的要求具有一脉相承的基本内容,也是对党员先进性的最根本的要求,即为共产主义奋斗终生和为人民服务。

第二,我们党对党员先进性的认识有一个逐渐深化的过程,每一次马克思主义与中国实际的结合,党对马克思主义的发展,必然带来我们党对党的先进性、党员先进性要求的发展。在我们党的历史上,曾经历了两次大的思想解放运动,一次是1942年的延安整风运动,一次是1978年的实践是检验真理唯一标准的大讨论。1942年到1945年在全党范围内进行的整风运动,通过反对主观主义以整顿学风,反对宗派主义以整顿党风,反对党八股以整顿文风,在全党树立一切从实际出发,理论

联系实际,实事求是的马克思主义的思想路线。在整风运动达到思想认识高度一致和全党空前团结的基础上,对党的历史上的若干重大问题作了结论,同时高度评价了毛泽东在把马克思列宁主义理论和中国革命实际相结合方面所作出的贡献。党的七大进而确立毛泽东思想在全党的指导地位,并将学习毛泽东思想、坚持理论和实践相结合的作风,和人民群众紧密地联系在一起的作风以及自我批评的作风写入了党章对党员的要求。而1978年在全党展开的真理标准大讨论则揭开了我们党领导的新时期伟大思想解放运动的序幕,冲破了“左”的错误思想束缚,打碎了“两个凡是”和个人崇拜的精神枷锁,重新恢复了党的解放思想、实事求是的思想路线,为党的指导思想和各条路线实际工作的拨乱反正,为具有重大历史意义的十一届三中全会的召开和开创中国特色社会主义的伟大事业奠定了坚实的思想理论基础,为我国进入新的历史时期作了重要思想理论准备。党的十二大党章对党员先进性的要求充分反映了大讨论的成果,继承了七大、八大党章的优点,总结了十一届三中全会以来我们所有的经验,奠定了社会主义建设时期党员先进性要求的基本框架。

第三,党的先进性、党员先进性要求具有明显的时代特征,是与时俱进的。国际共产主义运动的历史实践证明,当生产关系和上层建筑成为生产力发展的桎梏时,马克思主义政党的先进性集中体现在通过集结一支团结战斗的坚强的无产阶级先锋队,向代表旧的生产关系和上层建筑的反动阶级进行坚决的斗争,推翻其反动统治,来达到为生产力的发展开辟道路的目的。当生产关系和上层建筑基本适应生产力的发展要求时,马克思主义政党的先进性则体现为通过发展经济、政治和文化,同时通过改革不断调整生产关系和上层建筑中不适应生产力发展环节来推动生产力的持续发展。这说明,尽管党的工人阶级先锋队的内在本质不可移易,但它的具体含义是随着时代的发展和党的任务的变化而变化的。这也就决定了作为党的先进性具体表现的党员先进性内容不可能一成不变,必须随着党的先进性所反映的时代要求和内容的不断变化而不断变化。因此,在不同的历史时期,马克思主义政党根据所处的时代特点和党的任务对党的先进性要求的变化,对党员先进性的具体要求也在不断变化。

在革命战争年代,由于党的先进性集中体现在领导工人阶级和人民大众打破旧的生产关系和上层建筑,为解放生产力开辟道路。因此,党员的先进性集中体现在在艰苦的战争环境中冲锋在前,退却在后,不怕困难,不怕牺牲,争取胜利。在抗日战争期间,毛泽东针对当时的时代特点和党的任务,认为共产党员的先进性应该表现为:“共产党员在八路军和新四军中,应该成为英勇作战的模范,执行命令的模范,遵守纪律的模范,政治工作的模范和内部团结统一的模范。共产党员在和友党友军发生关系的时候,应该坚持团结抗日的立场,坚持统一战线的纲领,成为实行抗战任务的模范;应该言必信,行必果,不傲慢。诚心诚意地和友党友军商量问题,协同工作,成为统一战线中各党相互关系的模范。共产党员在政府工作中,应该是清正廉洁、不用私人、多做工作、少取报酬的模范。共产党员在民众运动中,应该是民众的朋友,而不是民众的上司,是诲人不倦的教师,而不是官僚主义的政客。”这就是抗日战争时期对共产党员先进性的要求。

在新的历史时期,由于党的先进性已体现在领导工人阶级和广大人民群众通过发展经济和调整生产关系、上层建筑中不适应生产力发展的环节以进一步解放和发展生产力,因此,党员的先进性要体现新的时代要求。主要体现在在解放和发展生产力中吃苦在前,享受在后,做努力工作、好学上进的模范;做不尚空谈、多于实事的模范;做坚持改革、勇于开拓的模范;做维护群众利益、带领群众勤劳致富的模范;做遵纪守法、与不正之风和违法犯罪行为作斗争的模范。党的十六大报告进一步指出，共产党员必须发挥先锋模范作用，牢固树立共产主义远大理想和中国特色社会主义坚定信念，脚踏实地地为实现党在现阶段的基本纲领而奋斗。强调新时期保持共产党员先进性要以实践"三个代表"重要思想为主要内容，这就是改革开放和社会主义现代化建设时期对共产党员先进性的要求。

二、党的先进性和党员的先进性，党员先进性基本要求的内涵

党的先进性和党员的先进性是两个不同的概念，但是党的先进性与党员的先进性又是一致的。党的先进性主要体现在党的指导思想、纲领、代表的社会发展方向、组织制度的先进性上。党的理论和指导思想是马克思主义、毛泽东思想、邓小平理论和"三个代表"重要思想；党代表了中国先进生产力的发展要求，代表中国先进文化的前进方向，代表中国最广大人民的根本利益；党的最高理想和最终目标是实现共产主义；党坚持民主集中制。党员的先进性是党的先进性的具体体现，党的先进性要通过广大党员先锋模范行为来体现。所以，应该从三个方面把握党的先进性与党员的先进性的关系。

首先，党的先进性与党员先进性是相互联系、有机统一的整体。在这个有机统一体中，二者相互影响、相互作用、相互制约。党的先进性与党员先进性作为有机的统一整体，都是由党的阶级性所决定的。党的阶级性不是抽象的，它必须通过党所代表的阶级的利益和愿望来体现。工人阶级是人类历史上最先进、最革命的阶级，它与先进的社会化大生产相联系，是先进生产力的代表，在社会化大生产中又培养成了高度的组织纪律性和大公无私、团结协作、相互帮助的思想道德品质，代表着人类社会进步的思想道德，决定了它是最先进的阶级、最有前途的阶级。唯有这个阶级能够代表广大人民群众的利益，团结人民群众为自己的目标奋斗。而作为工人阶级先进分子所表现出的先进性，是与工人阶级的阶级性相联系的，如果党的先进性离开了它所代表的阶级，就会变成无源之水、无本之木。

其次，党的先进性与党员先进性两者本身是一致的。党的先进性与党员先进性作为有机的统一整体，从两者的内涵上看，相互依存、相互渗透，存在着同一性。党的先进性本身就涵盖党员先进性。共产党员的党性在实践中的本质反映与党的本质特征、属性在实施活动过程中的反映是一致的。党性在实践中的本质就是要求党必须始终代表人民利益和要求，因此，人民群众的根本利益就是党的利益，离开了人民利益，党也就失去了先进性。看一个政党和一个党员是否先进，没有其他标准，根本上就是看是否始终代表最广大人民群众的根本利益，归根到底就是看它是否做到了"三个代表"。

再次，党的先进性与党员先进性反映时代的要求。党的先进性最终要体现在使党走在时代前列，领导工人阶级及广大人民群众，推进社会发展和全面进步，这就决定了党必须把握并代表时代发展的要求，这就是要代表先进生产力的发展要求。党员先进性与推动时代发展的要素相结合，才能更加系统地把握党的先进性的内涵。实际上，我们强调与时俱进，恰恰是为了体现党的先进性的时代内涵。执政的中国共产党，不体现出时代的要求，不致力于发展社会生产力，就根本谈不上先进，而会被时代发展潮流所淘汰。从这个意义上说，党的先进性与党员先进性实质上都是推动时代发展的动力，只要我们把握它们之间的辩证统一关系，始终走在时代前列，就能立于不败之地。

共产党员的先进性在不同的时期有不同的内涵。在全面建设小康社会、加快推进社会主义现代化的新时期，保持共产党员的先进性主要包括：一是思想理论上的先进性，即用马克思列宁主义、毛泽东思想、邓小平理论和"三个代表"重要思想武装党员头脑；二是觉悟上的先进性，就是坚持马克思主义的世界观，具有共产主义远大理想，对社会主义的前途具有坚定的信念，在大是大非问题上头脑清醒，对党的事业忠诚执著；三是实践上的先进性，就是要成为“三个代表”重要思想的坚定实践者，脚踏实地地为实现党在现阶段的基本纲领而奋斗，紧跟世界发展进步的时代潮流，始终走在时代发展的前列。

具体来说，党章第一章的第二条有三项规定，这是党员标准中最核心也是最具根本意义的内容。而党章第一章的第三条规定的党员必须履行的八条义务，则是第二条三项规定的具体化阐释。第二条的这三项规定是，“中国共产党党员是中国工人阶级的有共产主义觉悟的先锋战士。中国共产党党员必须全心全意为人民服务，不惜牺牲个人的一切，为实现共产主义奋斗终身。中国共产党党员永远是劳动人民的普通一员。除了法律和政策规定范围内的个人利益和工作职权以外，所有共产党员都不得谋求任何私利和特权。”为什么说这三项规定是党员先进性标准的核心内容呢？

“中国共产党党员是中国工人阶级的有共产主义觉悟的先锋战士”。共产党的力量和作用，主要不在于党员的数量，而在于党员的素质。正因为我们的党员是工人阶级中最有觉悟的先进分子，因此，我们党才能成为工人阶级先锋队组织，从而也才能承担起中国革命和建设的历史重任，成为领导全国各族人民建设社会主义事业的核心力量。所以，作为一名共产党员，不仅要成为学习、工作和业务上的模范，同时还必须具有共产主义的觉悟，成为有共产主义觉悟的先锋战士。

“中国共产党党员必须全心全意为人民服务，不惜牺牲个人的一切，为实现共产主义奋斗终身”。工人阶级政党的干部和每个共产党员都是人民的公仆，这是马克思主义的一个基本观点。我们党一直声明自己除了中国工人阶级和最广大人民的利益，没有自己的私利。全心全意为人民服务是我们党唯一的根本宗旨。作为这样一个政党的成员，自然应该把为人民利益而奋斗作为自己的人生追求，为了人民的利益不惜牺牲个人的一切。共产党的一切干部，不论职务高低，都是人民的勤务员，我们所做的一切，都是为人民服务的。中国共产党一切党员必须把人民群众的公共利益，即党的利益，摆在个人利益之上，党员的私人利益必须服从人民的即党的公共利益。一切自私自利的人，不肯为人民的公共利益而牺牲自己利益的人，都不能成为党的干部和共产党员。

“中国共产党党员永远是劳动人民的普通一员。除了法律和政策规定范围内的个人利益和工作职权以外，所有共产党员都不得谋求任何私利和特权”。这句话包括两层意义：其一，要求党员要时刻警惕脱离人民群众现象发生。密切联系群众是我们党的一大优良传统，也是我们党获得力量的源泉。我们的党员必须永远保持同人民群众的血肉联系。这样的要求在当前具有特别重要的意义。其二，要求每一名党员不能有任何特权思想。社会主义事业是千百万群众的事业，需要作为劳动人民普通一员的共产党人团结和发动人民群众去共同完成。因此，共产党员在任何时候都要相信和依靠群众，和群众打成一片，一刻也不脱离群众。

党章规定党员义务共有八项。各项义务之间是互相关联、具有严密逻辑性的。党章关于党员义务的规定，党员合格不合格，主要是看能不能履行义务。党员义务，也可说是党员责任，是党员对党的承诺和不可推诿的天职。每一个党员当自己面向党旗进行入党宣誓时，已经明确表示拥护党的纲领，遵守党的章程，履行党员义务，执行党的决议，这也就是向党作出了承诺或约定。共产党员当然不能负约，不应该违背自己的承诺。因此，党员履行义务，可说是天经地义的事情。否则，就不能认为是合格的党员，严重的话，还要按照党章规定受到党的纪律制裁。

在我们担负崇高历史使命的大党中，不讲党员义务，或者不做义务规定，并督促党员认真地履行，那是绝对不行的。不讲义务，也就是不讲责任，这等于是容忍党员为所欲为，可以不负责地说话办事。那么,党就无法统一思想、统一行动,党的组织就会成为一片散沙。不讲义务,也就分不清党员谁合格、谁不合格,党就无法保证党的纯洁性、先进性。不讲义务,党员享有的权利也就变成空谈。

党员的义务首先是学习的义务,为什么把学习列为首要的义务呢?包括学习马克思列宁主义、毛泽东思想、邓小平理论和"三个代表"重要思想,学习党的路线、方针、政策以及各种有益于为人民服务的知识等等。因为这是每一个党员能否正确地为人民事业而奋斗的基本环节。刘少奇曾经说:"我们在党内,是强调党员的自觉性,党的一切工作,主要地都是依靠党员的自觉性和积极性去进行,党也采用一切办法去提高党员的觉悟,但是每一个党员必须自己努力,自己学习,不断提高自己的觉悟程度,弄通自己的思想。因此,这就规定为党员义务的第一项。"

党员义务第二项和第三项属于工作和实践方面的要求,即贯彻执行党的路线和各项方针、政策,带头参加改革开放和社会主义现代化建设,把党的事业和人民利益放在高于一切的地位,吃苦在前,享受在后,克己奉公,多作贡献。

党员义务第四项和第五项,属于组织方面的要求,强调遵守纪律和国家法律、执行党的决议,服从组织分配,对党忠诚老实,维护党的团结和统一。

党员义务第六、七、八项,属于道德、作风、品格,特别是同群众联系方面的要求。每一个党员都有作群众工作、向群众宣传党的主张、维护群众正当利益的不可推诿的责任。党员要在道德作风方面做表率,发扬社会主义新风尚,提倡共产主义道德,同一切不健康的腐朽的作风及腐败现象作斗争。

如果说以上第一项义务是前提和基本环节,第二、三项则是核心和重点要求,第四、五项是保证和必要条件,第六、七、八项则是前几项义务的自然延伸和具体表现。综合起来就构成了一个衡量党员是否合格的基本标尺。

三、我校党员在先进性方面存在问题的主要表现

党章是最根本的党规党法,集中概括了党的先进性,集中体现了党员先进性的基本要求。学习、理解和认同党章,严格按照党章的规定办事,是共产党员保持先进性的前提条件和根本保证。这次先进性教育活动把党章作为学习重点,就是根据党章的这一特点和党员队伍的实际状况,立足于从最基本的要求入手,有的放矢地引导党员以党章为思想武器,增强党性,提高素质。

学校开展先进性教育活动以来,广大党员认真学习"三个代表"重要思想,学习党章,学习胡锦涛同志的重要讲话,学习中央有关文件,开展党员先进性要求的大讨论,对照党章对党员先进性的基本要求,初步分析了学校党员在先进性方面存在问题的主要表现。这些问题可以归纳为四个意识淡化或不足,即党员的目标意识、学习意识、宗旨意识和党员意识淡化。

1. 目标意识淡化。党的最高理想和最终目标是实现共产主义,我们每个党员在入党的时候都曾在党旗下庄严宣誓,要为共产主义事业奋斗终身。但是我们确有一部分党员,对共产主义的实现信心不足,认为共产主义是渺茫的;有些同志对建设中国特色的社会主义,对中国必须坚持走社会主义道路认识不足;还有些同志只埋头于自己的业务,对学校的发展、学科的建设没有目标,不闻不问;更有些同志,对自己的工作也没有目标要求,得过且过。

2. 学习意识淡化。学习是党员的第一项义务。只有通过学习,才能把握社会发展的规律,树立共产主义理想,真正成为有共产主义觉悟的先锋战士;也只有通过学习,才能掌握为人民服务的本领,全心全意为人民服务。但是,我们确有一部分同志学习的积极性、主动性不够,总以为马克思主义的基本原理、党的重大方针政策距离自己的实际工作太远;也有些同志不善于把理论和自己的工作结合起来,缺乏对工作规律的深入研究,满足于就事论事;还有些同志局限于具体业务学习,不善于把握大局;更有个别同志,既不学习理论也不学习业务。

3. 宗旨意识淡化。党章总纲郑重宣布:党代表中国先进生产力的发展要求,代表中国先进文化的前进方向,代表中国最广大人民的根本利益,坚持全心全意为人民服务,党在任何时候都把群众利益放在第一位。党从成立的第一天起,就始终把为人民服务作为党的根本宗旨。而高等学校贯彻党的这一根本宗旨,实践"三个代表"重要思想就是要实现教育为人民服务,办让人民满意的教育。但是,我们确有一部分党员同志宗旨意识淡漠,不是把培养人、解决国家行业的重大需求放在第一位,而是把挣钱放在第一位;有些部门和同志出台政策、做工作,不是把群众利益、事业发展放在第一位,而是把部门利益、个人利益放在第一位,还美其名曰"调动积极性";更有个别部门和同志,为人民服务的意识极其淡漠,"门难进、脸难看、事难办。"

4. 党员意识淡化。党章要求党员"密切联系群众,向群众宣传党的主张,遇事同群众商量,及时向党反映群众的意见和要求,维护群众的正当利益",而我们的一些党员却严重脱离群众,高高在上,有事不听取群众意见,主观主义严重;另有一些党员则自以为是群众的一员,完全忘记了自己是一名党员,既不宣传群众,也不及时向党反映群众的意见和要求。党章要求党员"切实开展批评和自我批评,勇于揭露和纠正工作中的缺点、错误,坚决同消极腐败现象作斗争",而我们的一些党员一方面不能开展批评和自我批评,另一方面则将批评庸俗化。党章要求党员"自觉遵守党的纪律和国家的法律,执行党的决定,服从组织分配,积极完成党的任务",而我们的一些党员缺乏组织观念,纪律涣散,不服从党分配的工作,甚至把党的工作视为负担。

四、对我校党员先进性要求的几点认识

胡锦涛在新时期保持共产党员先进性专题报告会上的讲话中提出了新时期共产党员先进性的基本要求,即:"坚持理想信念,坚定不移地为建设中国特色社会主义而奋斗;坚持勤奋学习,扎扎实实地提高实践'三个代表'重要思想的本领;坚持党的根本宗旨,始终不渝地做到立党为公、执政为民;坚持勤奋工作,兢兢业业地创造一流的工作业绩;坚持遵守党的纪律,身体力行地维护党的团结统一;坚持两个务必,永葆共产党人的政治本色。"这次我校党员先进性教育的一个重要内容就是根据党章和胡锦涛同志代表中央提出的共产党员先进性的基本要求,结合学校改革发展的实际,结合学校党员思想和工作的实际,明确北京科技大学共产党员保持先进性的具体要求。20多天来,全校广大党员在认真学习理论的基础上,围绕党员保持先进性的具体要求展开了大讨论,提高了对保持先进性具体要求的认识。结合大家讨论的结果和自己学习的体会,是否可以把北京科技大学共产党员保持先进性的具体要求归结为以下6条:

坚定理想信念,明确奋斗目标;

牢记党的宗旨,服务师生员工;

勤奋学习钻研,实践"三个代表";

忠诚教育事业,坚持育人为先;

增强党员意识,建设和谐校园;

勇于求实创新,争创一流业绩。

1. 坚定理想信念,明确奋斗目标

崇高的理想信念,始终是共产党人保持先进性的精神动力。共产主义理想和社会主义信念,是建立在马克思主义揭示的人类社会发展规律的基础之上的,因而是科学的理想信念。共产主义有两方面的含义:一方面指的是在共产主义思想体系指导下的共产主义运动;另一方面指的是共产主义的社会制度。当然,共产主义社会制度彻底实现,是需要经过若干代人的不懈努力的,是一个远大的奋斗目标。但是,作为在共产主义思想体系指导下的共产主义运动,作为一种亿万人民在共产党领导下改造社会的革命实践,则是实实在在地、每日每时地存在于我们的现实生活中。今天,我们的一切革命工作都是伟大的共产主义运动的具体体现和组成部分。社会主义社会是共产主义社会的初级阶段,我们今天正在建设的中国特色社会主义,符合中国国情,符合全国各族人民的利益,因而是中国发展、走向富强的正确道路。共产党员有了这样的理想信念,就能眼界宽广,心胸开阔,就能自觉为党和人民的事业而奋斗。

坚定理想信念,不仅是一个理论问题,更是一个实践问题。我们必须把建设中国特色社会主义的理想与学校的建设目标紧密结合起来,与办让人民满意的教育结合起来,才能使理想信念落在实处。在去年(2004)召开的学校第九次党代会上,提出了建设高水平研究型大学的奋斗目标,提出了要走精品化、特色化、国际化的办学道路。学校的这一发展战略,是国家培养一大批拔尖创新人才的需要,是国家科技创新、不断增强国力的需要,是广大人民群众要求接受高水平高等教育的需要,也是学校自身发展的需要。因此,我们每个党员在不断坚定理想信念的同时,一定要树立为实现学校发展目标而努力工作的思想。我们的每个党员、每个学院和每个职能部门都应该认真思考,在建设高水平研究型大学的过程中,我本人、我所在的单位应该做什么,都应该明确自己的工作目标。只有目标明确,我们的理想和信念才能落到实处。

2. 牢记党的宗旨,服务师生员工

全心全意为人民服务是我们党的根本宗旨。能不能坚持全心全意为人民服务的根本宗旨,是衡量一名党员是否合格的根本标尺。坚持党的宗旨,首先是要树立人民群众是历史创造者的观念。我们学校发展到今天,依靠的是广大师生员工,要实现学校的发展目标仍然离不开全体师生员工的参与和支持。与广大师生员工的力量和作用相比,任何个人都是渺小的。其次是要牢固树立群众观点,密切联系群众,真心依靠群众,倾听群众呼声,反映群众意愿,集中群众智慧,忠实地贯彻执行党的群众路线,努力使我们制定和实施的各项措施更好地体现广大师生员工的利益。再次,党员干部无论职务高低、权力大小,都要当好人民的公仆,切实把立党为公、执政为民的要求具体、深入地落实到各项工作中去。必须牢记,我们手中的权力是人民赋予的,只能用来为人民谋利益,而绝不能用来为自己或小团体谋私利。要时刻把群众的安危冷暖挂在心上,为群众诚心诚意办实事,尽心竭力解难事,坚持不懈做好事。特别是对学生、青年教师和离退休老同志遇到的实际问题,一定要带着深厚的感情去帮助解决,让他们感受到学校大家庭的温暖。

3. 勤奋学习钻研,实践“三个代表”

勤奋学习,是共产党员增强党性、提高本领、实践“三个代表”的前提。加强学习,首先要加强理论学习。马克思主义政党的先进性首先表现在理论上的先进性。坚持用马克思主义的科学理论武装全党,是我们党不断保持党的先进性的根本经验。当前,特别要把马克思主义中国化的最新成果——“三个代表”重要思想学习好。在新世纪新阶段,广大党员干部保持先进性,关键是要深刻理解和掌握“三个代表”重要思想并自觉付诸实践,努力成为“三个代表”重要思想的坚定实践者。通过学习,努力提高政治理论水平和思想觉悟,自觉与党中央在政治上、思想上和行动上保持一致。要学习党的路线、方针、政策及决议,深入钻研,提高科学认识和分析形势的能力,不断把握机遇,促进学校事业的发展。要提高理论与实际相结合的能力,紧密结合国家对高等教育的新要求,结合学校改革发展稳定面临的新情况新问题,结合师生员工的利益和愿望,理清工作思路,提高工作本领,解决突出问题。同时,要努力钻研业务,不断提高为人民服务的实际本领。

4. 忠诚教育事业,坚持育人为先

教育事业是一项光荣高尚的事业。百年大计,教育为本,国家经济的发展和社会的进步说到底都要依靠良好的教育来实现。高等学校肩负着培养人才、科研创新、“人才强国”、“科教兴国”的历史使命。作为教育工作者,虽然我们每个党员所处的岗位不同,但我们都承担着一个共同的责任，就是要忠诚党的教育事业，做到为人师表，教书育人。

为了贯彻党的十六大关于"加强教师队伍建设，提高教师的师德和业务水平"的要求，2003年学校对师德状况进行了调查和讨论，提出了"忠诚教育，严谨治学，为人师表，团结创新"十六字方针，作为全校教师从事教学、科研工作的行为准则。结合这次先进性教育，如何进一步加强教师队伍建设，提高教师的师德和业务水平，还需要我们在认识上不断深化，在实际工作中认真去贯彻落实。希望我们的全体教师在思想上要热爱祖国，忠诚党的教育事业；工作上要勤奋敬业，严谨治学，以建设高水平研究型大学、培养拔尖创新人才为己任，真正做到教书育人，为人师表。同时我们也要求学校机关、后勤等其他岗位的教职员工同样要以培养人才为宗旨和目标，一切从学生的成长成才出发，做到管理育人、服务育人。

5. 增强党员意识，建设和谐校园

党员是群众的一员，但不是普通群众的一员，而是有共产主义觉悟的先进群体的一员。这就要求我们要在增强党员意识上下功夫。通过学习党章对党员和党员领导干部条件、党员权利义务和发挥先锋模范作用的规定，牢记党员身分，铭记党员标准，自觉对照检查，克服缺点错误，认真履行义务，正确行使权利，时时处处发挥先锋战士的作用。同时又要积极宣传群众，组织群众，带领群众一道前进。

要在批评与自我批评上下工夫。批评与自我批评是党的三大作风之一，是保证党永远联系群众，党的肌体永远健康的有力武器。要深入群众，认真倾听他们的批评意见，同时要勇于自我批评，努力纠正自己身上和工作中的不足。

要在增强纪律意识上下工夫。党的纪律是全党意志的体现，是党的各级组织和全体党员必须遵守的行为准则。只有纪律严明，才能保证党的理论和路线方针政策的贯彻落实，才能维护党的团结统一。特别是在建设高水平研究型大学的过程中，我们面临的考验是严峻的，面对的挑战是巨大的。全校党员要发挥纪律严明这个优势，不断增强我们的创造力、凝聚力和战斗力，努力构建和谐校园，从而形成学校改革发展的合力。

6. 勇于求实创新，争创一流业绩

共产党员的先锋模范作用发挥得怎么样，经常地、大量地反映在本职工作岗位上。立足岗位、勤奋工作、忠于职守是党员先进性最实际的体现，也是广大群众对党员合格与否最实际的检验。争创一流的工作业绩，首先要求我们必须坚持和落实科学发展观和正确政绩观。要按照客观规律和科学规律来谋划发展，一切从实际出发，立足当前，着眼长远，积极进取，量力而行，不搞主观臆断、违背客观规律的"拍脑袋"决策，不喊哗众取宠的空口号，也不能没有目标的走到哪算哪；要求真务实，埋头苦干，扎实工作，要察实情、讲实话、办实事。通过自己的勤奋工作，促进学校的进步，促进校园和谐，使师生员工得到切实利益。在学校规模已经基本稳定的今天，更要强调内涵发展，在苦练内功上下工夫，在提高培养质量和学科水平上下工夫。工作中要树立超前意识，做到敢于领先，走在潮流前面，创造一流工作成绩；敢于竞争，求得在事业上有新的突破；敢于标新立异，不因循守旧；敢于冒风险，不畏首畏尾、停止不前。由于每个党员面临的环境、任务不同，共产党员先进性的实现形式也就不同。保持共产党员先进性，要求党员自觉带头创造性地执行党的路线、方针、政策，通过不同职业岗位、在不同的组织、社会群体中反映其先进性的本质要求。真正做到"一个党员一面旗"，做到"平时能认得出来，困难面前能站得出来，生死关头能豁得出来"，在社会生活的各个方面发挥先锋模范作用。

罗维东同志在北京科技大学保持共产党员先进性教育活动总结大会上的讲话

（2005年12月6日）

同志们：

按照中央和北京市委教育工委的统一部署，自8月31日开始，学校全面开展了以学习实践“三个代表”重要思想为主要内容的保持共产党员先进性教育活动。三个多月来，在教育部、北京市委、市委教育工委先进性教育活动领导小组的领导下，在市委督导组的指导下，全校15个二级党委（党总支）、直属党支部，312个基层党支部，6 002名党员紧紧抓住学习实践“三个代表”重要思想这条主线，严格按照“提高党员素质、加强基层组织、服务人民群众、促进各项工作”四个目标要求，紧密联系实际，做到谋划积极，部署周密，措施得力，推进有序，不仅做到规定动作有亮点、自选动作有特色，而且做到中心工作不耽误，促进发展出成绩，善始善终，顺利完成了学习动员、分析评议、整改提高三个阶段的各项任务，取得了明显成效。经群众满意度测评，总体满意率达96.5%。此次先进性教育活动能够取得成功，不仅是全校各级党组织、全体党员共同努力、创造性地开展工作的结果，而且也是党内党外、广大群众积极参与和大力支持的结果。

一、北科大先进性教育活动主要做法和经验体会

（一）加强组织领导、精心安排部署，是搞好先进性教育活动的前提条件

在开展保持共产党员先进性教育活动期间，学校党委和各级党组织高度重视，始终加强领导、精心组织、周密部署，保障了先进性教育活动的顺利进行。一是加强组织领导，落实责任制。学校成立了先进性教育活动领导小组，下设办公室，指导协调全校的先进性教育活动；各二级党组织按照学校党委的统一要求，健全工作机构，全校自上而下形成一级抓一级，层层抓落实的教育活动体制，认真履行“第一责任人”、“直接责任人”和“具体责任人”的职责，确保各项工作落实到位。二是紧扣高校特点，精心制定方案。学校党委紧密联系高校工作的特点和学校党组织、党员队伍的实际，精心设计，通盘筹划，先后出台了一系列相关措施和文件，实行“三级”工作计划，即学校根据整体实施方案制定阶段计划和每周安排，各二级党组织制定具体到日的日程安排，党支部制定具体到时间、地点的学习计划。各院系、各系统基层党组织还结合自身特点，制定了符合本单位实际的学习计划。三是规范工作制度。一方面建立了联络指导员制度，抽调16名党性强、有党务工作经验的离退休老同志，成立联络指导组，加强学校对各基层党组织开展先进性教育活动的指导、联系和督查；另一方面建立起检查督促制度，制定对先进性教育活动检查、督促的办法；同时形成了多层次例会制度。每周召开领导小组例会、领导小组办公室例会、各二级党委书记例会和各单位宣传负责人例会，及时汇总情况，交流经验，探讨问题，布置工作。

（二）深入进行思想发动，坚持把学习贯彻始终，是先进性教育活动不断深入开展的强大动力

一是坚持抓实抓好思想发动。学校党委和各级党组织一直把提高思想认识，打牢思想基础作为先进性教育活动的重中之重，通过一系列的动员部署活动，激发党员参加教育活动的积极性。9月1日学校党委分14个会场召开了全校党员先进性教育活动动员大会，全面安排部署了此次活动的内容和程序，提出了目标和任务，明确了责任和要求。在每一阶段工

作结束、下一阶段工作开始之前，学校都组织召开总结暨转段动员大会，对广大党员和各级党组织进行再动员、再部署，进一步统一思想、坚定信心、鼓足干劲，不断促进先进性教育活动深入开展。

二是创新形式抓好学习。学校党委和各级党组织严格搞好规定动作，创新自选动作，通过“五个结合”抓好学习，即：“集中学”与“分散学”相结合，“自主学”与“交流学”相结合，“书本学”与“辅导学”相结合，“理论学”与“实践学”相结合，“面上学”与“示范学”相结合，使学习内容丰富，形式多样，收效显著。与此同时，还开展“向身边的优秀共产党员学习”活动，用身边的先进典型激励广大党员。

三是把学习贯穿始终。以学习实践“三个代表”重要思想为主线，每个阶段各有侧重。在学习动员阶段，要求党员重点学《中国共产党章程》、学《保持共产党员先进性教育读本》，切实提高对开展先进性教育活动重大意义的认识，提高党员的理论修养和政治素质，并明确新时期共产党员保持先进性的基本要求和具体要求。在分析评议阶段，要求党员在深入进行分析评议的基础上，按照“缺什么补什么”的原则加强学习，做到在查找问题中深化学习，在学习中找准和解决问题，增强了学习的针对性。进入整改提高阶段后，组织广大党员认真学习十六届五中全会精神，把学习贯彻五中全会精神融入到先进性教育活动中去，认真领会，吃透实质，增强学习的时效性。

（三）充分发扬民主、坚持走群众路线，是搞好先进性教育活动的基本途径

在先进性教育活动中，我们坚持开门搞教育，紧紧抓住诚心广泛征求意见、真心查摆现存问题、全心解决突出问题等重要环节，充分相信群众，紧紧依靠群众，密切联系群众，主动与不同层面的党员群众交心谈心，自觉接受党外人士和广大群众的评议和监督，帮助领导班子、领导干部和广大党员切实找准问题、解决问题。一是校党委在准备工作阶段，深入开展调查研究，多次召开座谈会，倾听群众呼声，制定反映师生意愿、切实可行的实施方案。二是在先进性教育活动正式开展以后，学校党委和各级党组织充分发扬民主，采取发放征求意见表、个别谈话、召开座谈会、设置征求意见箱、深入开展谈心活动以及“我为学校献计献策”活动等多种方式，广泛征求师生意见。共计组织召开各层面人员的座谈会256次，发放征求意见表4 000余份，征求到原始意见7 302条，梳理归纳为16个方面，真正做到了征求意见范围“广”、形式“多”、渠道“畅”。三是专题组织生活会和民主生活会后，专门召开会议，向党员群众通报情况，接受广大师生员工的监督。四是认真制定整改方案，并在一定范围内征求群众的意见，及时加以修改和完善。学校党委领导班子整改方案制定后，以文件形式予以印发，并通过多种形式予以公布，广泛听取意见并接受监督。五是集中整改结束后，及时向群众公布整改情况，接受群众满意度测评。

实践证明，充分发扬民主，坚持走群众路线，把自身努力与群众帮助结合起来，把党内监督与群众监督结合起来，是我们搞好先进性教育活动最可靠的途径和保证，是加强党的自身建设的必由之路。

（四）坚持边学边改、边议边改、边整边改，是先进性教育活动取得实效的关键所在

在先进性教育活动中，学校党委始终坚持把整改贯穿到每个阶段，努力做到边学边改、边议边改、边整边改。发现问题，有条件整改的，不论在哪个阶段，抓紧时间整改，确保先进性教育活动取得实实在在的成效。

学校党委充分认识到，把存在的突出问题找准是制订整改方案的一个主要前提和基础，而查找突出问题决不能等到整改阶段。为此，我们在先进性教育活动前期准备阶段就调查摸底发现问题；在学习动员阶段，结合理论学习，联系实际查摆问题；在分析评议阶段结合征求意见、深入谈心、撰写党性分析材料、认真查摆问题。这样一来，对存在的突出问题的查摆就充分、准确，为整改阶段集中精力研究整改方案和整改措施奠定了坚实的基础。

我们相信，通过各方面的共同努力，我们有能力在发展中逐步理顺各种关系、妥善解决各种矛盾和问题。学校党委和各级党组织将以奋发有为的精神风貌、务实进取的工作态度，全面落实整改方案和措施，推进学校各项工作。同时我们也深刻体会到，学校党委在先进性教育活动中始终把为师生员工办实事办好事作为出发点和落脚点，下大力气抓落实，这是先进性教育能取得好的成效的根本原因，值得我们在今后的工作中始终牢记。

（五）坚持领导带头、率先垂范，是搞好先进性教育活动的重要保证

搞好先进性教育活动，关键在领导，重点在落实。学校党委领导班子把先进性教育活动作为加强党的建设、加快学校发展的良好机遇，作为提高和检验党委领导班子治校能力的实际锻炼和考验，坚持发挥示范带头作用。在学习动员阶段，领导干部带头学、带头记、带头写、带头讲、带头实践，为教育活动发挥示范作用；在分析评议阶段，领导干部带头征求党员和群众意见、带头开展谈心活动、带头进行自我剖析、带头开展批评与自我批评、带头边议边改，以自身的实际行动为广大党员树立了榜样。在整改提高阶段，学校党委和基层党组织高度重视并认真研究整改方案的制定，精心组织实施，领导干部带头研究存在的问题、带头制订可行的整改方案、带头落实整改措施，为广大党员作出了表率。

尤其是学校领导干部在转变工作作风方面以身作则，亲历亲为，通过落实联系点制度，深入到基层干部党员和师生员工中，积极开展调研活动，掌握第一手资料，做到了解情况到一线、体察民情到一线、解决问题到一线、服务群众到一线、先进性体现在一线，转变了工作作风，受到干部、党员和群众好评。

（六）强化教育活动宣传、营造浓郁舆论氛围，是搞好先进性教育活动的重要保证

坚持舆论导向、加强宣传工作是我们搞好先进性教育活动中的重要保证。校党委和各单位高度重视先进性教育活动的舆论宣传工作，充分利用校报、广播站、校园网、墙报、宣传栏等多种形式，大力宣传先进性教育活动的重大意义、方法步骤和目标任务，及时宣传、交流各基层党组织活动、经验，推广先进典型，营造了浓厚的氛围。据统计，在先进性教育活动过程中，除开设了专门的校先进性教育红色宣传网站外，校先进性教育活动领导小组办公室针对各阶段的重要工作共编发简报78期，校园网先进性教育活动专栏共发布动态信息490多条，校报、校内广播共报道活动信息150多条，各二级党组织制作宣传板500多块、宣传橱窗220余期，各基层党组织开设的先进性教育活动网站（网页）53个。

同时，学校还注重对外宣传，把我们的相关工作情况、典型事例、工作经验和特色亮点，及时宣传推介到校外，其中在北京市委教育工委保持共产党员先进性教育活动专题网站上刊登典型经验6篇，被教育部、北京市委、北京市委教育工委保持共产党员先进性教育活动简报整篇采用5篇、部分采用4篇，被《北京日报》先进性教育活动专栏采用1篇，可以说产生了良好的效果，引起了很好的反响。

（七）加强检查督导、严格把关，是搞好先进性教育活动的有力保障

先进性教育活动开展以来，市委督导组与学校党委紧密配合，采取多种形式、分不同层次对学校的先进性教育活动进行了全程督导。在制定工作方案、及时启动教育活动、进行思想动员、检查活动进度、把握活动重点、提高活动效果、能否按时转段等关键时刻、关键环节，市委督导组提出了具体、明确意见。市委督导组的扎实工作对学校整个活动的顺利开展起到了关键作用。同时，学校党委和校先进性教育活动领导小组高度重视校内检查督导工作，一方面身体力行深入基层加强检查和指导，另一方面选优配强学校联络指导组队伍，充分发挥督促指导作用。先进性教育活动开展以来，学校联络指导组成员始终以高度的责任感和敬业精神，认真履行职责，坚持原则，敢于直言，主动当好参谋和助手，并提出了不少好的意见和建议，确保了学校先进性教育活动不出偏差、不走形式、取得实效。

二、先进性教育活动取得的初步成效

学校先进性教育活动，始终坚持以“三个代表”重要思想为指导，按照“规定动作有亮点、自选动作有特色”的要求开展工作，努力做到了“思想认识到位、部署安排到位、组织领导到位、程序环节到位、工作落实到位”，取得了明显成效。

（一）党员学习实践“三个代表”重要思想、保持先进性的自觉性明显提高，党员意识、党性观念进一步增强

在开展先进性教育活动期间，学校广大党员通过政治理论学习、撰写党性分析材料、开展广泛深入的谈心活动、开展批评与自我批评等一系列工作，经历了思想碰撞和灵魂洗礼，查找了缺点和不足，明确了努力方向，经受了党性锻炼，提高了党性修养和党员素质，体现在理论水平提高了，理想信念端正了，党员意识增强了，思想境界升华了。

首先是对“三个代表”重要思想的认识提高了，增强了学习实践的自觉性。通过先进性教育活动形式多样、内容丰富的政治理论学习，广大党员加深了对“三个代表”重要思想时代背景、实践基础、科学内涵、精神实质和历史地位的理解，学习实践“三个代表”重要思想的自觉性、坚定性进一步增强，学习风气日益浓厚。

其次，对党的先进性建设的重要意义的认识更加深刻，进一步明确了新时期党员保持先进性的基本要求和具体要求。广大党员通过学习《教育读本》，学习十六届五中全会精神，认真开展新时期北京科技大学共产党员先进性具体要求的大讨论，进一步明确了党的先进性建设的重大意义。对于新时期学校共产党员保持先进性的基本要求和具体要求，广大党员在反复学习中逐步内化为衡量自己、查找不足、积极奋进的标尺。广大党员认真按照党委的要求，在学习阶段明确了“党员应该做什么”，分析评议阶段明确了“做得怎么样”，整改提高阶段明确了“今后怎么做”。

第三，受到了一次严格的党性锻炼，找出了自身存在的问题，分析了原因，明确了努力方向。通过先进性教育活动，尤其是通过分析评议阶段深入开展谈心活动、撰写党性分析材料和召开专题组织生活会，广大党员在既严肃认真又和谐融洽的氛围中，自觉地拿起了批评与自我批评的武器。无论是谈心活动，还是专题组织生活会，都达到了沟通思想、交换意见、共同进步的效果。党员普遍认为，通过分析评议，经受了一次严格的党性考验和党内生活锻炼。在整改提高阶段，广大党员通过自己制定整改措施，明确努力方向，增强了自我解决问题、自我提高完善的能力。

总之，通过三个阶段的活动，党员的学习主动性和组织纪律性增强了，对党组织工作部署的贯彻落实更加迅速有力，对支部安排的工作认真完成，组织观念和履行义务的自觉性有了明显提高。同时，团队精神加强了，工作中讲协作、讲贡献多了，推诿、扯皮的事情少了，全体党员的大局意识、责任意识、先进意识和服务意识有了明显提高，党员的先锋模范作用得到充分体现。

（二）基层党组织进一步健全巩固，党支部的创造力、凝聚力和战斗力进一步增强

开展先进性教育活动，对于学校基层党组织来说，也是一次考验。通过先进性教育活动，学校各基层党组织的战斗堡垒作用得到增强，基层党建工作得到加强，基层党组织的创造力、凝聚力和战斗力都有很大提高。

一是党员教育管理明显加强，党内生活进一步活跃。先进性教育活动是对党员的一次集中教育。在教育活动中，通过组织党员集中学习讨论、参观实践、组织生活会、民主生活会、分析评议、群众监督、党组织和党员之间的“双找”活动等形式，对党员的教育管理明显加强，党内生活进一步活跃。

二是基层党组织及基层党员干部经受了锻炼。通过先进性教育活动，基层党组织结合分析评议阶段征求到的意见，对存在的问题进行了明确，并严格按照学校党委的要求，研究制订了整改方案，明确了今后的努力方向。另一方面，这次先进性教育活动时间紧、任务重、标准高、要求严，各级党员干部以认真负责的态度、加班加点的工作、科学有效的方法，圆满完成了各项任务，积累了丰富的经验，经受了一次严格锻炼。

三是支部凝聚力和战斗力进一步增强。在先进性教育活动中，各基层党组织以高度的政治责任感担负起具体组织实施职责，将业务工作和教育活动统筹起来，一同研究，一同部署，一同检查，较好地完成了两个方面的工作任务，本着立足本职、创新求实、服从大局、开拓奋进的精神，努力开创了基层组织的工作新局面，支部的凝聚力和战斗力得到大大加强。基层党组织展现出的活力吸引了党外的先进分子，他们对加入党组织表现出了强烈的愿望。学校将基本具备了入党条件的党外积极分子吸收到本次先进性教育活动中来，让他们列席参加基层党支部组织的一些学习活动。自从开展先进性教育活动以来，全校共有近2000名师生向党组织递交了入党申请书，326名先进分子被发展成为预备党员，党员队伍不断得到发展壮大。此外，部分基层党组织还对创新支部设置方式进行了探索，对个别党支部进行了调整。

（三）党员的群众观念、宗旨意识明显增强，工作作风得到进一步改进，党群、干群关系进一步密切

通过前期调研和在先进性教育活动中征求意见，反映出部分党员尤其是机关党员干部深入基层、深入学校教学科研、学生生活一线不够，在转变职能、转变作风、转变工作方式和提高工作效率方面还有一定差距。在先进性教育活动实践中，学校各级党组织、全体党员一切依靠群众，诚心诚意征求群众意见，自觉接受群众的评议和监督，围绕党员、群众最关心的问题，围绕与学校建设与发展最密切的问题，围绕与群众切身利益紧密相关的问题进行了深入的分析和探讨，认真制定了整改措施，并深入基层、深入实际，尤其是深入教学、科研和管理工作一线，帮助普通教师、职工和学生解决了诸多实际问题，党组织的影响力、凝聚力提高了；党员深入基层、服务群众的自觉性和主动性明显增强，形象在群众中得到了普遍提升；党群关系、干群关系进一步密切，党的威信得到增强。据不完全统计，先进性教育活动期间，全校各级党组织已经整改问题240多个；走访慰问困难党员、群众380多名；为困难党员、群众办实事500余件。

（四）进一步激发了各级党组织和广大党员争创一流业绩的积极性，各项工作稳步推进，实现了“两不误、两促进”

通过先进性教育活动，学校广大党员、群众的积极性得到了充分调动。学校党委紧紧围绕改革发展稳定的大局和学校的中心工作，统一谋划，统筹安排，精心组织，相互促进，扎实推进先进性教育活动。学校和各单位制定学习方案时，充分考虑学校和各单位的实际情况，做到了统筹兼顾、科学安排。一方面保证了学习质量和效果，防止了走过场和形式主义倾向，另一方面又没有脱离中心工作，紧紧抓住关系到改革和发展与内涵建设的大事不松懈，保证了学校各项工作的扎实推进：

在学科建设方面，全国第十批学科点申报取得重要进展；在教育教学改革方面，取得多项国家教学成果奖；在校园建设方面，学生公寓4～7号楼按时竣工，冶金生态楼、管理楼以及2008年奥运会柔道、跆拳道比赛馆（北京科技大学体育馆）顺利开工；在加强与企业的合作方面，全面落实教育部与四大钢的共建协议，合作取得重大进展；在科技园建设方面，顺利通过国家级大学科技园专家评估；在实验室建设方面，北京市物理实验教学示范中心和北京市新能源材料与技术重点实验室顺利通过评审。此外，新成立的天津学院开始招生，并运行顺利；学校“十一五”规划编制、新一轮人事分配制度改革、机关处级岗位干部竞聘等各项工作也都按照学校年初工作计划有条不紊地展开。总体来看，按照2005年学校工作计划确定的“加强四项建设，推进三项改革，做好几项重要工作”的年度工作重点，目前学校各项工作都稳步推进，进展顺利，切切实实实现了先进性教育活动和学校工作的“两不误、两促进”。

三、巩固扩大教育成果，探索建立长效机制，努力开创学校各项工作新局面

尽管学校先进性教育活动取得了明显成效，过程实在真切，测评结果群众总体满意度比较高，但也有少数支部工作落实不够、创新不够，个别支部出现了前紧后松的现象；尽管集中整改取得了一些成效，但有些很好的整改措施还未来得及落实或体现成效。为此，各级党组织和广大党员不仅要进一步总结先进性教育活动取得的成功经验，更要充分认识到存在的各种实际问题和不足，进一步探索建立保持共产党员先进性的长效机制，把先进性教育活动的成功做法和经验用制度的形式固定下来，坚持下去，使先进性教育的成果得到长期巩固和不断扩大。

（一）切实抓好整改方案的落实工作，着力解决好存在的突出问题

先进性教育活动的成效，主要体现在整改上。巩固先进性教育活动的成果，也主要是看整改。抓好整改是一项长期的任务，要有长远的安排。按照中央和北京市委教育工委的要求，在集中学习教育阶段基本结束以后，我们还要切实做好巩固和扩大整改成果的“回头看”工作，这是完全必要的。虽然前期的先进性教育活动我们坚持边学边改、边议边改、边整边改，解决了一些问题，但这只是初步的，下一步深入抓好整改、真正解决问题的任务将更加艰巨。

广大党员和各级党组织一定要充分认清抓好整改落实工作的重要性，继续保持高昂的斗志，以高度的政治责任感，着力抓好整改措施的落实，要结合学习和工作实际，一个问题一个问题地改，一件实事一件实事地抓。要进一步落实整改责任制，建立和完善监督检查机制，经常检查整改措施的落实情况，适时通报整改进展情况和整改成果，主动接受群众的监督。各级党员领导干部要始终做学习的表率，做整改的表率，学校领导班子成员和各单位都要严格按照方案的要求，拿出足够的精力和魄力抓好整改方案的落实工作，充分发挥广大师生关心、支持、参与整改的积极性，善于调动各方面的力量；学校先进性教育领导小组还要继续加强指导、宏观调控，保证整改工作的协调性、各项制度的配套性，使整改工作与建立科学的制度体系相互配套、紧密衔接，共同完成好各项整改任务。

（二）巩固和扩大先进性教育活动的成果，探索建立保持党员先进性的长效机制

这次先进性教育活动，是党的建设新的伟大工程的一次成功实践，必将对我们党的先进性建设产生深远影响。通过这次集中教育，探索和积累了许多宝贵的经验。各级党组织和广大党员焕发出高度的积极性、主动性和政治热情，这是一笔极其珍贵的财富和资源。我们要把先进性教育活动的结束，作为加强党的先进性建设的新起点，充分挖掘和利用这笔财富和资源，保持和维护好各级党组织和广大党员的政治热情，把党的先进性建设提高到一个新的水平，使我校各级党组织和全体党员，为学校的改革、发展与稳定，发挥更大的作用。

我们要总结以往好的经验和做法，用完善制度、健全机制来巩固和扩大这次先进性教育活动的成果，探索和建立使党员“长期受教育、永葆先进性”的长效机制：一是要建立长效的党员学习机制。要按照建设学习型党组织的要求，完善《校院两级中心组学习制度》，提高学习质量；要制定党员学习培训规划，严格落实各项检查考核措施；要以学习来促工作、促研究，促进学校和本单位各项事业的发展。二是要建立长效的党员教育机制。要围绕保持先进性，加强能力建设，不断提高学校党员干部、职工的整体素质。三是要建立长效的党员管理机制。要加强对党员管理中新情况、新问题的研究，实现对各类党员的分类管理、科学管理和有效管理。四是要建立长效的党员联系群众、接受群众监督的机制。要把在这次学习教育活动中创造的密切联系群众的新方法、新形式、新经验坚持下去,使之在联系群众、服务群众、"凝聚群众共同奋斗"方面长期起作用。五是要建立长效的党内民主参与机制和学校民主管理机制。使党员在受到严格的党内生活锻炼的同时,也为党内民主建设、为校园民主管理贡献智慧和力量,切实提高学校依法治校、民主理校的能力。

(三)以党的先进性建设为动力,积极推动学校各项事业快速发展

加强党的先进性建设,是新时期党的自身建设的深化与发展,是提高党组织的创造力、凝聚力和战斗力的根本途径,是为学校党建工作和事业发展注入新的生机与活力的客观需要。我们要以此为动力,乘势而上,在新的起点上全面推进学校各项事业的快速发展。

第一,要坚持科学发展观,走特色办学的道路。正确处理规模、结构、质量、效益和速度的关系,始终把质量放在第一位,坚持外延发展和内涵发展并举,以内涵发展为主。不仅要不断巩固以冶金、材料为特色的学科体系,更要培育和形成新的特色学科和特色学科方向。

第二,要坚持实施人才强校战略。积极吸引人才、用好人才和为人才成长创造良好的环境。要制定优惠政策,广纳年轻才俊,充实师资队伍;要采取更有力措施,加强人才特别是青年学术带头人的培养;努力营造优秀拔尖人才脱颖而出的环境,坚决克服论资排辈和内耗现象。

第三,要坚持以改革为动力,促进学校的发展。要以转变观念为先导,从实际出发,总体设计,统筹安排,逐点突破,深化改革,促进发展。

第四,要坚持抓机遇,使学校在激烈的竞争中赢得主动。机遇是跨越式发展的推进剂。抓机遇首先要发现机遇、认识机遇,一旦出现机遇必须紧紧抓住不放松,更要变坐等机遇为争取机遇、创造机遇。

第五,坚持"以人为本"的办学理念,建立和谐向上的办学氛围。要不断强化服务意识,畅通上下沟通渠道,坚持校务公开,加强民主管理,自觉接受监督。想方设法努力改善教师和学生的学习、工作和生活条件,充分调动广大教职工和学生参与学校工作的积极性。

第六,加强和改进党对学校工作的领导和党建思想政治工作。坚持和完善党委领导下的校长负责制。不断加强领导班子能力建设。用改革的精神加强党建和思想政治工作,不断探索新形势下党建和思想政治工作的新途径和新方式,确保学校改革、发展和稳定的大局,为学校各项工作快速发展保驾护航。

同志们,加强党的先进性建设是一个永恒的课题,也是一项长期的战略任务。我们要以这次先进性教育活动为契机,在"三个代表"重要思想的指引下,坚持以科学发展观统领学校改革发展稳定全局,进一步巩固发展先进性教育活动的成果,充分发挥基层党组织的政治核心作用和党员的先锋模范作用,团结带领全校师生员工,主动适应新形势,自觉追求高水平,紧紧抓住新机遇,努力再上新台阶,为创建高水平研究型大学而努力奋斗!

北京科技大学共产党员保持先进性的具体要求

一、北京科技大学共产党员保持先进性的具体要求

坚定理想信念，明确奋斗目标；
牢记党的宗旨，服务师生员工；
勤奋学习钻研，实践“三个代表”；
忠诚教育事业，坚持育人为先；
增强党员意识，建设和谐校园；
勇于求实创新，争创一流业绩。

二、北京科技大学教职工党员保持先进性的具体要求

忠诚教育事业，做到政治合格；
谨记为人师表，坚持教书育人；
刻苦钻研业务，求实开拓创新；
恪守学术道德，注重团结协作。

三、北京科技大学学生党员保持先进性的具体要求

坚定理想信念，立志成才报国；
刻苦钻研学习，铸就严谨学风；
勇于投身实践，崇尚诚信协作；
模范遵纪守法，自觉服务奉献。

四、北京科技大学机关党员保持先进性的具体要求

加强学习，坚定理想信念；
爱校爱岗，争创一流业绩；
严于律己，保持清正廉洁；
以人为本，热心服务师生；
精通业务，严谨求实创新。

五、北京科技大学后勤与产业党员保持先进性的具体要求

无私奉献讲大局，提高素质勤学习；
坚定理想和信念，党的宗旨要牢记；
勤奋工作树形象，维护团结有正气；
优质服务做表率，带头实现三满意；
廉洁自律严要求，一名党员一面旗。

六、北京科技大学离退休干部党员保持先进性的具体要求

强化党员意识，牢记宗旨，坚定信念；
不断学习理论，跟上时代，思想常新；
参加党的活动，严于律已，规范言行；
关心学校发展，老有所为，尽其所能；
建设和谐社会，身心健康，乐观生活。

北京科技大学科技园被科技部、教育部认定为国家大学科技园

综 述

北京科技大学科技园成立于20世纪90年代中期,2001年3月被北京市科委、教委认定为"北京市大学科技园"。此后,学校在北京市的指导和帮助下,按照"依托学校、面向社会、服务教育、统筹规划、科学发展"的指导方针,努力加快大学科技园的建设步伐,科技园各项工作全面展开,进入了快速发展阶段。多年来,北京科技大学科技园始终坚持以"新材料和制造业信息化"为特色,以科技部、教育部国家大学科技园发展规划为指导,以服务行业和区域经济发展为宗旨,以体制创新和制度创新为保证,紧紧围绕科技成果转化、高新技术企业孵化、人才培养三大功能规划、建设、发展园区,已基本建设成为以"新材料研究和制备技术、制造业信息化技术"为鲜明特色的科技园,创造了明显的经济效益和社会效益。

为使北京科技大学科技园持续快速发展,创造出更大的经济效益和社会效益,北京科技大学于2003年1月向科技部、教育部正式递交了国家大学科技园评估申请。2005年4月,科技部、教育部通知我校准备参加大学科技园评估工作。

2005年,学校积极加快筹备工作步伐,对申报工作的全过程进行了周密、精心的部署,做了大量扎实、具体的工作。有关部门紧紧围绕国家大学科技园迎评这项重点工作,在短短几个月的时间里圆满完成了大量支撑材料的收集整理和汇编、参评报告撰写、多媒体汇报材料制作和完善等准备工作,并多次走访其他高校借鉴成功经验。

2005年10月20日上午,北京科技大学国家大学科技园专家评审会在北京科技大学建龙报告厅举行。科技部高新司调研协调处处长徐禄平、教育部科技司高新处处长付恒升、北京市科委副主任李石柱、张国华等科技部、教育部、北京市领导,以西安交通大学国家科技园总经理田惠生为组长的七人专家组,北京科技大学党委书记罗维东,副校长谢建新、谢辉及相关部门负责人参加了评审会。

会上,谢辉副校长代表学校向与会专家和领导作了北京科技大学科技园工作汇报,报告从北京科技大学科技园建设依托的综合优势、科技园概况、科技园发展规划、政府及学校对科技园的支持四个方面详细介绍了科技园的建设和取得的重要成果。专家组在听取汇报后,对科技园的各项工作进行了认真质询,并与科技园在孵企业、孵化器、研发机构、中介机构和创业师生代表进行了座谈,进一步了解了科技园工作的相关情况。

当日下午,专家组对时光科技有限公司、新金属材料国家重点实验室、高效轧制国家工程研究中心、高效零件轧制技术研究推广中心等科技园入园企业和专业孵化器进行了实地考察,并最终形成了评估意见。专家们一致认为:北京科技大学科技园坚持"依托学校、面向社会、服务教育、统筹规划、科学发展"的办园方针,注重园区环境与创业环境协调发展,为入园企业创造了良好的服务环境和孵化环境;园区在孵企业销售收入逐年增长,取得了良好的社会经济效益;园区创新能力稳步提高,为学校的科技成果转化和学科建设起到了积极的促进作用。科技园承担的"北京市留创企业新材料共性技术支撑体系"、"北京材料分析测试服务联盟"、"北京市新材料技术转移中心"等建设项目,在新材料的研发与应用以及用高新技术改造传统产业等方面形成

了特色，显示出大学科技园与中关村科技园区协调发展的良好前景。专家组希望北京科技大学科技园在今后的发展建设中加强科学规划，积极探索符合社会主义市场经济规律的运行机制和管理模式，充分利用各种社会资源，进一步提高北京科技大学科技园的发展水平。评估组专家一致同意北京科技大学科技园通过评估，建议科技部、教育部认定北京科技大学科技园为国家大学科技园。

2005年12月20日，科技部、教育部印发《关于认定北京科技大学科技园等8个大学科技园为国家大学科技园的通知》，正式认定北京科技大学科技园为国家大学科技园，标志着学校科技园的建设和发展又迈上了一个新的台阶。

附　录

科技部、教育部《关于认定北京科技大学科技园等8个大学科技园为国家大学科技园的通知》

科学技术部　教育部　文件

国科发高字[2005]501号

有关省、自治区、直辖市科技厅(科委)、教育厅(教委)，有关高等学校：

根据科技部、教育部印发的《国家大学科技园管理试行办法》和新拟定的《国家大学科技园绩效评价办法(试行)》(以下简称《评价办法》)，全国大学科技园工作指导委员会办公室对2003年以来申请的15个大学科技园进行了初步筛选。按照《评价办法》，经初选和专家现场评估，北京科技大学科技园等8个创新环境好、创新资源聚集、成果转化和科技企业孵化绩效显著、地方政府高度重视的大学科技园通过了国家大学科技园考核评估。根据专家评估意见，经过全国大学科技园工作指导委员会研究，科技部、教育部决定认定上述8个大学科技园为国家大学科技园。

请你们进一步加强对国家大学科技园的指导和支持，推动国家大学科技园在培育创新创业人才、科技成果转化、科技企业孵化和提高我国自主创新能力等方面做出更大的贡献。

2005年12月14日

北京科技大学科技园发展历程

20世纪末，北京科技大学在贯彻实施科教兴国战略，推进科技成果转化、高新技术产业化和创新创业人才培养的进程中，开始了大学科技园的探索与建设。2000年1月，在北京市科委的大力支持下，学校成立了北京科大方兴科技孵化器有限责任公司。科技园以方兴科技孵化器为核心，一方面积极开展科技成果孵化和企业创业服务工作，另一方面在学校的支持下积极吸引研究机构、中小高新技术企业和中介服务机构进驻学校科技园区。到2001年初，学校科技园已拥有了一定的规模和实力，具备了大学科技园的基本条件。2001年3月被北京市科委、教委认定为“北京市大学科技园”。

2001年6月，学校根据《“十五”国家大学科技园发展纲要》的具体要求，提出了“依托优势学科，建设具有鲜明特色的一流大学科技园”的发展目标，并采取了一系列有力措施推动学校大学科技园建设，其中包括：(1)理顺管理体制，健全运行机制：学校成立了由校长任主任的“北京科技大学科技园管理委员会”，投资组建了“北京科大科技园有限公司”。(2)加快科技园核心功能建设：方兴科技孵化器被北京市科委认定为“高新技术产业孵化基地”，8个二级专业孵化器相继成立。(3)加强制度建设，完善配套管理办法：积极营造创新、创业氛围，为教师入园创业提供政策保障。(4)制定科技园发展规划，逐步形成产、学、研相互支持、相互促进、共同发展的良好局面。

2003年1月，北京科技大学向科技部、教育部正式递交了国家大学科技园评估申请。此后，学校进一步加大了对科技园建设的支持力度；制定下发《关于加快发展北京科技大学科技园的若干意见》；进行产业调整，拓展科技园的发展空间；重点强化科技园核心功能建设，一大批科研成果得到孵化及产业化，各类人才培养工作全面展开；设立专项基金，加大风险投资；重视科技园队伍建设，为优秀毕业生和各类人才进入科技园工作创造条件；与中关村管委会共建北科大留学人员创业园，将中关村科技园区已有的创业体系、服务体系、政策体系、技术服务体系融入到学校科技园中。2004年，学校科技园承担了“北京市留创企业新材料共性技术支撑体系”项目建设，与北京新材料发展中心等8家单位共同发起成立“北京材料分析测试服务联盟”。2005年，学校科技园又承担了“北京市新材料技术转移中心”建设项目，并与学校团委共同建立了“北京科技大学学生创业中心”。

到2005年底，北京科技大学科技园园区建筑总面积112000平方米，入驻企业及各类机构181家，累计毕业企业41家，园区从业人员超过3000人，当年企业实现产值超过10亿元。

学校概况

北京科技大学概况

北京科技大学于1952年由北洋大学等5所国内著名大学的部分系科组建而成，现已发展成为以工为主，工、理、管、文、经、法等多学科协调发展的教育部直属全国重点大学，是全国首批正式成立研究生院的高等学校之一。1997年5月，学校首批进入国家“211工程”建设高校行列。

建校50多年来，学校逐步形成了“学风严谨，崇尚实践”的优良传统，为社会培养各类人才10万余人，大部分已成为国家政治、经济、科技、教育等领域尤其是冶金、材料工业的栋梁和骨干。党和国家领导人罗干、刘淇、徐匡迪、黄孟复等都曾在校学习，另有31名校友当选为中国科学院或中国工程院院士，一大批校友走上了省长、市长的领导岗位，一大批校友担任鞍钢等国家特大型企业以及北大方正等大型高新技术企业的董事长和总经理。学校被誉为“钢铁摇篮”。

学校现有2个国家级重点（专业）实验室，1个国家工程研究中心，7个部委级重点实验室，4个部委级研究中心。图书馆藏书126万册。定期出版《北京科技大学学报》、《Journal of University of Science and Technology Beijing》、《Rare Metals》、《物流技术与应用》等重要学术刊物。

学校由土木与环境工程学院、冶金与生态工程学院、材料科学与工程学院、机械工程学院、信息工程学院、管理学院、文法学院、应用科学学院、外国语学院，以及研究生院、体育部、管庄校区、天津学院、继续教育学院、延庆分校组成。现有9个一级学科博士授权点，48个博士学科点，109个硕士学科点，另有MBA（含EMBA）、MPA和17个领域的工程硕士专业学位授予权，7个博士后科研流动站，40个本科专业。学校在冶金、材料、机械、矿业等领域的7个全国重点学科学术水平蜚声中外；管理、科技史等学科享有盛誉；控制、热能、力学等学科具有雄厚实力；一批新兴学科，如计算机、电子信息、环境工程、土木工程等焕发出勃勃生机。

2005年10月，各类在籍学生总数3万人，其中本专科生12016人，各类研究生7765人（其中博士生1705人、硕士生4549人、专业学位研究生1511人），外国留学生138人，成人教育学院学生6195人，远程教育学生3906人。在站博士后52人。已形成研究生教育、全日制本科、高职教育、成人教育、继续教育和远程教育多层次、较完整的人才培养体系。

学校拥有一支治学严谨的师资队伍。教职工总数2587人，其中专任教师1088人。专任教师中有中国科学院院士7人，中国工程院院士3人，国务院学位委员会委员1人，国家学科评议组成员4人，国家级有突出贡献专家16人，部级有突出贡献专家13人，“长江学者奖励计划”特聘教授8人、讲座教授1人，国家杰出青年科学基金获得者11人次，国家“百千万人才工程”入选8人，教育部新世纪优秀人才支持计划46人，具有正高级专业技术职务的287人，具有副高级专业技术职务的396人。人才梯队正在壮大，一大批中青年学者脱颖而出。

学校的科研实力十分雄厚。1978~2005年底，共申请专利955项，授权专利490项；有1000余项科研成果获国家、省、部委级等各种奖励，其中国家级奖励100余项。1999年教育部编辑的《中国高等学校科技50年高校获奖重大成果一览表》中收录北京科技大学12项重大科研成果，在全国高校中名列前茅。据教育部的“2000~2004年高校获国家科技进步奖统计排序”，学校名列第11位。学校重视科技成果转化，“九五”期间应用成果平均转化率达到72.8%，为社会创造直接经济效益30多亿元。近几年学校“青藏铁路风火山隧道制氧系统研制与应用”、“岩土工程特大塌方预防与治理综合技术研究及工程应用”、“薄板坯连铸连轧工艺基础及材料性能特征研究”、“宝钢高等级汽车板品种、生产及使用技术的研究”等大批科研成果在国民经济建设中发挥了重要作用，获得了巨大的经济效益和社会效益。据2005年发布的数据，2004年学校师生发表论文被“EI”、“SCI”收录数量分别居全国高校第25位和31位。

学校不断拓展社会服务领域和发展空间，与国内50多个省市区政府、大型企事业单位签署了全面合作协议。同时，学校瞄准世界前沿，加强国际合作，先后与德国亚琛工业大学、美国橡树岭国家实验室、英国牛津大学等20个国家和地区的49所著名大学和科研机构建立了合作关系，并开展了实质性的合作。

以培养社会主义现代化事业的建设者和接班人为根本任务，学校注重学生综合素质的培养和提高，学校学生在历年国家及北京市的各种竞赛中多次获得殊荣，特别是学校每年被评为全国高校社会实践先进单位，学生代表队在全国第一、二、三、四届机器人电视大赛中稳居前三甲，两次获得冠军，于2005年参加亚太地区大学生机器人大赛获得亚军。学校同时高度重视学生思想品德教育，努力营造培养学生爱国主义、集体主义和社会主义精神的校园文化氛围，先后被授予“北京市文明校园”和“北京市党建和思想政治工作先进普通高校”等光荣称号。

学校的体育竞技水平和群众性体育活动在北京乃至全国享有盛誉，涌现了一批以李敏宽、楼大鹏为代表的国家优秀运动员、教练员和体育官员。学生田径代表队在全国及北京市高校竞赛中数度摘桂；女篮代表队在北京市高校联赛中连续12次夺冠，并于2005年挺进CUBA全国八强；学校目前拥有约7万平方米的现代化体育场地，并正在建设2008年北京奥运会柔道（跆拳道）比赛场馆。

面向新世纪，学校的发展目标是：把北京科技大学建设成为以工为主，工、理、管、文、经、法等多学科协调发展，规模适度，特色突出，国内一流，国际著名的高水平研究型大学。

附　录

二〇〇五年主要工作

2005年，北京科技大学以邓小平理论和“三个代表”重要思想为指导，以科学发展观统领全局，稳步实施学校发展战略规划，大力加强党的建设、干部队伍建设、基础设施建设、学科和“211工程”建设四项建设，积极推进教育教学改革、科技体制改革、人事分配制度改革三项改革，学校各项工作都取得了新进展。

一、以学习实践“三个代表”重要思想为主线，圆满完成保持共产党员先进性教育活动

按照中央和北京市委教育工委的统一部署，自9月1日~12月6日，学校全面开展了以学习实践“三个代表”重要思想为主要内容的保持共产党员先进性教育活动。全校15个二级党委（党总支）、直属党支部，312 个基层党支部，6002 名党员紧紧抓住学习实践“三个代表”重要思想这条主线，严格按照“提高党员素质、加强基层组织、服务人民群众、促进各项工作”的四个目标要求，紧密联系学校实际，积极谋划，周密部署，有序推进，圆满完成了学习动员、分析评议、整改提高三个阶段的各项任务，并着力解决了一些影响学校发展和教职工切身利益的突出问题。通过先进性教育活动，全校党员学习实践“三个代表”重要思想、保持先进性的自觉性明显提高；学校基层党组织的创造力、凝聚力和战斗力切实增强；各级党组织和广大党员转变作风、改进工作、争创一流业绩的积极性显著增强，实现了学校中心工作和先进性教育活动的“两不误、两促进”。经群众满意度测评，学校先进性教育活动总体满意率达 96.5%。同时，学校进一步巩固和扩大先进性教育活动的成果，探索建立保持共产党员先进性的长效机制，为推动学校各项事业快速发展提供了有力保障。

二、加快“211 工程”建设步伐，学科建设实现跨越式发展

2005 年是学校“十五”“211 工程”建设的收尾年，学校所有二、三级项目均进入实质性建设阶段。学校通过严格执行倒计时工作计划、中期检查等形式，督促建设项目的设备招投标采购、设备安装调试、总结验收等关键步骤按时完成，并切实解决制约项目进展的资金、场地等关键问题。根据上级主管部门的总体安排和学校“十五”“211 工程”整体建设进展情况，学校于 2005 年 11 月底启动了收尾和验收工作。其中，公共服务体系建设一级项目所含的校园网二期建设、图书馆二期建设、现代教育技术中心建设三个二级项目，师资队伍建设一级项目所含的高水平人才培养与资助体系建设工程、高层次创新人才引进工程两个二级项目如期完成建设任务，并完成了校内验收工作。重点学科一级建设项目所含的现代冶金工程、先进材料与制备科学、大型工业机械制备与控制、现代矿产资源开发技术与工程、计算机软硬件及应用技术五个二级项目也做好了校内验收准备工作。在做好“十五”“211 工程”收尾和验收工作的同时，学校还积极筹备，着手进行了“十一五”“211 工程”建设的准备工作。

学校以“211 工程”重点学科建设为核心，大力推进学科建设整体发展步伐。特别是在第十批全国博士学位授权学科申报中取得了喜人的成绩，新增力学、动力工程及工程热物理、控制科学与工程 3 个博士学位授权一级学科和计算机系统结构、环境工程、减灾防灾工程及防护工程、企业管理、思想政治教育等 18 个博士二级学科，实现了学科点建设的跨越式发展。同时，学校还获得硕士学位授权一级学科点 11 个、二级硕士点 36 个，增设项目管理 1 个工程硕士专业学位授权点。截至 2005 年底，学校共有 9 个博士学位授权一级学科，48 个博士学位授权二级学科，109 个硕士学位授权学科，另有工商管理（MBA、EMBA）、公共管理（MPA）和 17 个工程硕士专业学位授予权，40 个本科专业，基本形成了可持续发展的学科体系。

三、大力推进教育教学改革，人才培养质量稳步提高

2005 年，学校录取本科生 3300 人，专科生 100 人。毕业本科生 2212 人，授予学位 2190 人；毕业专科生 459 人。招收博士研究生 455 人，硕士研究生 1798 人，专业学位研究生 339 人。全年授予博士学位 137 人，授予硕士学位 969 人，授予专业硕士学位 414 人。在校本、专科生 12016 人；研究生总数 7705 人，其中博士生 1714 人、硕士生 4567 人、专业学位硕士生 1424 人。截至年底，毕业生总体就业率为 96.04%，其中本科生就业率 95.30%，研究生就业率 98.43%。学校以提高育人质量为目标，不断深化教学改革，改善育人模式，为学生成长成才提供更为广阔的空间，推进了学校教育教学工作的稳步发展。

本科生教学方面，以迎接本科教学评估为契机，积极开展迎评促建各项工作，稳步推进本科教育教学改革。年内，完成了 05 版本科培养计划的修订工作；启动了 21 门校级优秀课程建设、16门校级精品课程建设,其中“大学物理实验”被评为北京市精品课程;增设学校第五批教改项目12项,并成功申报北京市教委教改项目4项。进行了学校“十五”教材建设总结工作,共有5种教材被评为北京市高等教育精品教材;评选学校第六届优秀教材15种、第十届优秀讲义11种;结题验收学校“十五”教材研究项目9项;推荐教育部“十一五”教材建设规划,共申报选题72项,向有关出版社推荐65项。同时,积极作好教育部2005年国家级教学成果奖的评奖工作,“岩石力学与工程(教材)”、“机电类学生科技创新体系的建设与实践”、“机械基础课堂教学与实践教学的研究与实践”3项获得国家教学成果二等奖。

研究生培养方面,不断完善“研究生管理信息系统”,加强研究生课程管理和监督工作的信息化建设。同时,通过进一步改革招生制度、加强研究生导师队伍建设、实施研究生教育创新工程、完善质量保证体系等,狠抓研究生培养质量。从2005级开始,学校在管理、应用、文法、外语四个学院的管理学、理学、文学、法学、经济学、教育学等学科门类试点两年制培养硕士研究生,并对课程体系与课程设置、论文要求等方面做了相应调整。学校继续加强产学研合作培养研究生工作,在鞍钢、包钢、宁波北仑区人民政府等地相继建立了12个教育基地,8个基地已正式挂牌并开始实质性合作。年内,《产学研合作招收和培养高层次人才的研究与实践》项目获得北京市教育教学成果奖一等奖、《新编研究生综合英语教程》(教材)获得北京市教育教学成果奖二等奖;曹富国副教授指导的MPA学员邓俊撰写的硕士学位论文《北京市城市生活垃圾处理产业的市场机制研究》被评为8篇“首届全国MPA示范论文”之一;于亚伦教授培养的博士后林大泽被评选为120名全国优秀博士后之一。

管庄校区继续以成人函授教育、远程教育和高层次的继续教育为重点,加强教学、管理工作,努力提高社会效益和经济效益。2005年,成人教育共有函授站31个,当年新增1个;远程教育校外学习中心共26个,当年新增2个。年末,在籍成人教育学生6195人、远程教育学生4300人。年内,继续与中国企业联合会、中国钢铁工业协会合作,相继在北京、上海、鞍山等地成功举办6期钢铁行业职业经理人资格认证培训班,在北京和部分钢铁企业举办多期专业技术培训和讲座。年内,学校还成立了继续教育学院,以市场为导向,以培养技术应用型人才为目标,积极开展冶金高新技术领域继续教育,发展势头良好。

天津学院经过两年筹建,于2005年4月18日正式获得教育部批复,5月25日完成注册登记,9月份招收本科生1300多人,学院基本建设已日臻完善,教学工作开展顺利。

体育教学方面,以培养学生体育锻炼的意志和技能为目标,通过建立健全激励机制、稳定体育教学秩序、加强师资队伍建设等措施,为推进体育工作提供了有力保障。年内,学校竞技体育连创佳绩,特别是女子篮球队在CUBA东北赛区的比赛中获得第二名,挺进CUBA全国八强(第七名);男子篮球队在北京高校篮球联赛中勇夺冠军;在第43届首都高校田径运动会上,获得女子团体总分第一名、男女团体总分第二名、金牌总数11枚的好成绩。同时,群众体育蓬勃开展,各单项体育协会日趋成熟,并成立了北京市大学生跆拳道、柔道、摔跤协会,单项体育协会在群体活动中发挥着越来越大的作用。

四、深化人事分配制度改革,师资队伍建设成效明显

2005年,学校在科学设岗与定编的基础上,启动了新一轮人事分配制度改革。按照强化岗位、淡化身份的原则,不断完善“按劳分配,优劳优酬”的激励机制。同时在相关文件中规定,对高水平教学科研人员的考核将以定性评估为主,淡化量化考核。新一轮人事分配制度改革,进一步合理构建了校院两级人事管理机制,达到了管理重心下移,责、权、利相统一的目的。

学校以重点学科梯队建设为核心，坚持高水平人才引进和现有教师培养提高相结合的方针，努力建立合理的师资队伍。2005年，“422高层次创新人才工程”引进9位高层次人才；资助一支教育部“创新团队”进行重点建设，资助现有高水平中青年学科带头人8人。同时，选派23人分赴美、澳等国家留学，提高外语教学和双语教学教师的英语水平和教学能力。高层次人才工作成绩显著，杨槐、姜勇、邢献然三位教授受聘为教育部长江学者特聘教授，陈龙庆受聘为教育部长江学者讲座教授；17人入选教育部新世纪人才培养计划；新增教育部创新团队一个。学校继续实施“北京科技大学特聘教授计划”，年内，朱鸿民、郭占成、吴爱祥、苏庆泉四位教授受聘为2005年度“建龙讲座教授”。

依据师资队伍建设规划，学校积极补充教师数量，全年共补充人员133人，其中教学、科研人员92人。截至2005年12月，学校在职教职工总数为2587人，其中教学、科研人员1088人。教师结构进一步改善：教授287人，占教师总数的26.4%；副教授397人，占教师总数的36.6%；45岁以下的教师825人，占教师总数的75.9%；具有博士学位的教师459人，占教师总数的42.2%；具有硕士学位的388人，占教师总数的35.7%。

五、狠抓科技创新平台建设，科学研究和成果转化能力不断增强

2005年，学校下大力气狠抓科技平台建设，努力提升自主创新能力。年内，国家基础条件平台“材料科学数据共享网”、“生态与循环冶金教育部重点实验室”、“新能源材料与技术北京市重点实验室”，以及与中国兵器工业59所共建的“大气环境效应与防护联合实验室”获得批准建设。国家自然科学基金和国防科技项目立项数取得历史性突破，国家发改委“大科学工程”项目申请工作取得实质性进展。同时，学校以教育部与四大钢共建北京科技大学为契机，面向行业需求，组建了冶金工程研究院，开展具有前瞻性和战略性的科学研究，并与鞍钢、首钢、武钢开展了实质性的合作，项目合同额达7000多万元，与宝钢、广钢、马钢也确立了在硅钢、汽车用钢、高强结构钢等领域进行全面合作的方案。此外，学校还成立了“北京科技大学—钢铁企业科技合作组织”，通过该组织的运行，将校企合作纳入了规范化的轨道。2005年，学校科技经费总额5.38亿元；科研经费2.07亿元，其中纵向科研经费到款额6242.66万元，横向课题到款额14503.23万元；全年申报各类项目及建议463项，新增国家自然科学基金项目、军工项目和北京市课题等纵向课题160项，横向课题签订合同数480项；全年申请专利209项，授权专利119项。年内，共有26项科研成果获得省部级以上奖励，其中“宝钢高等级汽车板品种、生产及使用技术的研究”项目获得国家科技进步一等奖。据EI、SCI统计，2004年学校EI在全国高校排名第25位、SCI排名第31位。

产业工作方面，年内，学校全资企业撤、并、改制工作基本结束，并平稳完成了工商注销等手续，对全资企业的债权、债务、税收等不规范问题做了妥善处理。12月，北京科大资产经营有限公司注册成立。截至年底，科技产业集团所属企业25家，所属企业经营收入总额超过5亿元。年内，学校科技园被正式认定为国家大学科技园，留学人员创业园被认定为“北京市留学人员创业园”，标志着学校大学科技园建设迈上了新的台阶。科技园初步形成了以“新材料及制造业信息化”为主导的鲜明特色，并通过积极调配资源及落实优惠政策，营造项目孵化、转化环境，加速了科技成果产业化进程。年内，方兴孵化器新增入孵项目10项，入孵企业21家，留创企业11家；全年实现融资5000余万元，成功孵化项目4个。此外，作为“北京材料分析测试服务联盟”的3个试点之一，成立了“北京兆源永基分析检验技术服务有限公司”，争取到科委建设经费3年累计400万元。年内，学校还申报成立了“北京市新材料技术转移中心”，为学校科技成果转化打造了一个更高层次的新平台。

六、加快国际化进程，对外合作与交流进一步拓展

2005年，按照“增加规模，提高层次，扩大影响，实现目标”的外事工作思路，召开了首届外事工作会议。学校对外合作与交流稳步拓展，年内与德国汉诺威大学、香港科技大学、澳大利亚维多利亚大学以及英国牛津大学材料系分别签订了校际（或学院）合作协议。截至年底，学校已与49所国外及港台地区的大学及研究机构签订了合作协议，并开展了实质性合作。2005年，毕业各类留学生68名。2005年9月新入学学历留学生36名，另外接受专业进修生6名、汉语班学生38名；年底在校外国留学生140名。与比利时鲁汶工程技术学院合作招收第5期硕士生27人，在校生36人；与美国德克萨斯大学阿灵顿商学院合作招收第4期EMBA学员53人，在校生191人。年内，学校还成立了国际学院筹备组，加大对外合作办学力度，各项工作进展顺利。

学校积极做好国外智力引进及管理工作。2005年共申报“教育部直属高校聘请外国专家重点项目”24项、普通项目32项；截至2005年11月完成重点项目7项，执行普通项目26项。同时，继续做好国际学术交流及外事接待工作，全年接待短期来校讲学、合作研究、参加学术会议及参观访问的外国及港澳台专家学者82批，共690人次；来访国际及港澳台学生380名。派出赴国外参加国际会议、学术交流与合作、出国进修、文化考察团组及个人135批，共247人次。特别是以学校党政主要领导为团长的两个出访团分别对香港、韩国的部分院校进行了成功访问，并在许多合作领域达成了共识。

七、学习贯彻落实中央16号文件精神，切实加强和改进大学生思想政治教育工作

2005年，学校党委认真学习中央16号文件和全国工作会议精神，召开了“北京科技大学加强和改进学生思想政治教育工作会议”，出台了《北京科技大学关于进一步加强和改进大学生思想政治教育的实施意见》及其5个配套文件，从加强思想政治理论课教学、做好贫困家庭学生资助、加强心理健康教育、加强学生工作队伍建设、推进大学生素质拓展计划等方面建立长效机制。

学校按照“政治强、业务精、纪律严、作风正”的标准加强学生工作队伍建设，不断严格选聘标准和程序，加强培训和考核。2005年，学生工作干部人均培训54学时，首次实现派送学生工作干部以访问学者的方式出国学习。同时，创立了“北京科技大学高校学生事务研究中心”，开展“辅导员沙龙”活动，采用项目化运行机制，建立学生工作的创新平台。

加强建立“以国家助学贷款为主体、勤工助学为主导，奖、贷、勤、补、免五位一体，联动助学”的困难学生资助体系。讲求实效、简化程序、扩大宣传和咨询，积极推进国家助学贷款在新机制下运行，为学生提供国家助学贷款“一站式”服务。

学校建立了团学工作标准化的质量保障体系，不断加强团学工作的质量平台建设。05届本科毕业生取得了全国首批“大学生素质拓展证书”；学校自主开发的“大学生素质拓展电子认证管理系统”已在全国约200所高校推广；年内，团中央还依托北京科技大学成立了“全国大学生素质拓展计划网络管理系统管理与服务中心”，目前网站建设已逐步完善，并为全国高校提供了较好的技术支持和咨询服务。

2005年，学校建立起学分化的第二课堂学生培养工作机制，将社会实践、志愿服务、科技创新、文艺活动等纳入教学计划；面积为6000多平米的学生活动中心已经交付使用，成为学生素质拓展、个性发展、心灵成长的精神家园。学生科技创新活动、文艺与文化活动、社会实践活动等继续蓬勃开展。年内，学校机器人代表队再创佳绩，在亚太地区机器人大赛国内选拔赛中再次夺得冠军，代表中国参加亚太地区机器人大赛总决赛获得亚军。在第九届全国“挑战杯”课外科技作品竞赛上，学校研究生张欣茹的研究成果引起新闻媒体和社会民众的高度关注。在第三届“挑战杯”首都大学生课外学术科技作品竞赛中,学校代表队获得一等奖3项、二等奖6项、三等奖11项的好成绩。学校再次被评为“全国高校社会实践先进单位”、“首都高校社会实践先进单位”,获“大学生社会实践首都贡献奖”。

八、全面实施发展规划,学校办学条件明显改善

2005年,根据学校发展的新形势和提出的具体要求,在学校《三个规划》的基本框架内继续对规划进行必要的调整和细化,并督促校内各单位认真贯彻实施。同时,根据上级单位要求和学校发展的需要,学校于2005年10月启动了“十一五”教育事业发展规划的编制工作。

2005年,学校积极拓宽收入渠道,通过争取国家政策支持,加强内部管理,合理利用银行贷款等途径,为学校发展提供了有力的资金保证。全年,学校共筹集各项经费60941万元,其中各类拨款34856万元,各项事业收入26085万元,年内新增银行贷款18000万元。年底,学校拥有资产总值235361.27万元。同时,学校不断加强制度建设,坚持科学规划,勤俭办学,保证了资金的合理利用。

年内,学校校园网、图书馆、现代教育技术中心等公共教学设施及服务体系建设日臻完善。校园网建设采用了业界主流技术,实现了新建楼宇的网络连接,基本满足了学校教学科研对网络信息资源的需求。图书馆建设实现了从自动化服务向数字化服务的跨越,充分发挥了为全校教学与科研进行文献信息服务的作用。现代教育技术中心项目建设使学校本科及研究生教育基本具备了现代化教学技术及手段。年内,学校还与中行北京分行签订了校园“一卡通”合作协议,校园“一卡通”建设取得了实质性的进展。同时,学校积极购置各类先进仪器设备,为教学、科研工作提供条件保障。本年度购置各类仪器设备5036台/套,价值5044.45万元;其中教学科研设备2790台/套,价值4152.56万元。年底,全校共有各类仪器设备28841台/套,总价值42484.1万元;其中教学科研仪器设备19869台/套,价值32323.51万元,在仪器设备价值、数量、质量等方面均在北京市高校中名列前茅。

学校基本建设继续保持较快发展步伐。年内,信息机电楼、学生公寓4~7号楼竣工并投入使用,总建筑面积13.6万平方米。至此,学生公寓建设项目已经全面完成,学生住宿条件达到了教育部的标准;机械学院、信息学院搬入信息机电楼,较大改善了办公和教学条件。年内,冶金生态楼、管理楼、体育馆开工建设,总建筑面积5.8万平方米,完工后基本能够达到每个学院拥有一栋相对独立的教学和办公楼的目标。年内还完成了校园弱电管网、家属区换热站、水源井建设或改造工作。同时,进行了学校西南角科技园大厦项目以及学生食堂二期工程前期论证及报批等工作。

学校进一步落实已售公房的相关政策,完成872户职工房改房、集资房产权证申办、制证工作。加快各类补贴的落实进度,累计核算各类住房补贴2340余万元,实发1599万元,涉及职工406人次。此外,核发供暖、物业、交通补贴140.85万元,涉及校外职工1533人次。同时,学校继续多渠道筹集房源,推进校内住房置换工作,出售观澳园商品住房155套,并完成了马坊馨城住房的定购工作。

学校继续加强校园安全保卫和综合治理工作,通过更新和增添消防设备,认真开展安全大检查,及时消除各种安全隐患。进一步落实安全责任制,强化责任意识,努力实现安全保卫工作的规范化、制度化、法制化、科学化管理。加快实施科技创安工程,目前已对校内重点区域及出入口实施完成视频监控和红外报警设备。通过加强校内商业摊点、出租房屋、车辆及交通管理,使校园秩序和各种车辆管理大有改观。以迎接保密资格审查认证工作,认真开展保密工作,购置并完成了计算机防护软件的安装工作,并进一步修订和完善了各项保密规章制度。继续做好与“法轮功”邪教组织斗争工作以及人民内部矛盾纠纷的调处工作，维护了校园的安全和政治稳定。

学校后勤集团积极做好后勤服务实事工作，2005年完成家属区、教学楼通邮工程，为家属楼和教学楼安装邮箱共3000多个；继续做好餐饮、零修、校园美化等工作，同时通过加强对后勤服务人员尤其是外来务工人员管理和培训，使后勤服务人员整体素质有了较大提高，改善了后勤服务质量、提高了后勤服务水平。

九、加强党建和思想政治工作，为学校改革发展提供有力保障

学校通过两级中心组学习、党校教育、举办培训班等形式，以十六大精神和“三个代表”重要思想为指导，紧密围绕学校中心工作，深入开展学习党的十六届四中、五中全会精神和保持共产党员先进性教育活动。通过培训，进一步调动中青年教师的积极性，充分发挥他们在高等教育发展中的重要骨干作用。年内，学校还建立了“北京科技大学干部培训管理系统”和“网上党校”，探索网上学习的党校培训新机制。

年内，学校进行了学院领导班子和机关职能处级干部调整工作。在学院领导班子换届调整中，共提任院长、副院长15人，调任院长、副院长5人，免职院长、副院长8人；各学院党委通过召开党员大会，提任学院党委书记3人，调任学院党委副书记1人，免职学院党委书记2人。在机关处级岗位竞聘工作中，提任处级正职干部5人、处级副职干部9人、取消8位同志的处级待遇，7位原处级干部改任非领导职务。同时，学校还制定了《关于建立机关处级领导干部学术休假制度的意见》和《关于设立处级非领导职务的实施意见（试行）》，对机关处级干部学术休假的适用范围、期限以及考核和待遇做了详细规定，疏通了处级领导干部的出口，同时调动了从事党务、行政管理岗位的领导干部转岗从事教学、科研工作的积极性。

纪检监察工作方面，年内组织召开了纪检监察工作会议，认真传达学习贯彻中纪委五次全会和上级纪检监察工作会议精神，深入学习并广泛宣传中央《建立健全教育、制度、监督并重的惩治和预防腐败体系实施纲要》，并结合学校实际制定了《实施意见》，作为未来几年学校纪委监察工作的指导性文件。继续落实党风廉政建设责任制，与各单位签订党风廉政建设责任书，并于年底对各单位执行党风廉政建设责任制的情况进行了检查。加大监察和审计的力度，做好对招生、教育收费、基建项目、设备采购和干部选拔等工作的监督，以及对财务、基建和修缮工程中资金往来的审计工作。年内还制定了基建项目跟踪审计管理办法，审计工作实现了从结果审计向过程审计的转变。

宣传工作方面，以“内聚人心、外树形象”为目标，全力建设有利于学校事业发展的舆论环境、文化环境和人心工程。年内，围绕保持共产党员先进性教育活动开展了大量的宣传教育活动。围绕学校教学、科研等工作，开展了本科教育工作会、体育馆开工建设、牛津大学来访等专题宣传，为学校发展营造了良好的氛围。同时，通过精心策划和选题，加强外宣工作，展示了学校的发展成果，提高了学校的社会影响力。

工会工作方面，年内成功召开了学校第六届教代会和第十四次工代会，学校工会和教代会圆满完成了换届任务。此外，建家工作成果显著，已经形成了“党政工共建一个家、二级教代会、三级建家”的鲜明特色，并于2005年5月荣获“全国模范职工之家”称号。同时，校工会积极组织了大量丰富多彩的文体活动，丰富了教职工的文体生活。

统战工作方面，认真学习贯彻中央《关于进一步加强中国共产党领导的多党合作和政治协商制度建设的意见》等一系列文件精神，深刻理解新时期中国共产党领导的多党合作的重大意义。组织开好双月座谈会、情况通报会，并通过学院领导班子、机关处级干部调整积极选拔民主党派和党外人士充实到学校的管理岗位，充分发挥民主党派和党外人士在校内民主管理、民主监督等方面的作用。通过保持共产党员先进性教育活动，学校各级党政领导与民主党派及党外代表人士进行了谈心，交流思想，征求意见，起到了增强凝聚力，增进团结的目的。

离退休干部工作继续贯彻落实《北京科技大学离退休干部工作领导责任制》，实行学校和离退休干部原工作单位两级管理方式。抓好老干部"两项待遇"的落实，通过定期组织老干部学习、阅读文件，及时向老同志通报学校情况，坚持每月一次组织活动制度和老同志接待日制度等在政治上关心老同志。通过组织各种丰富多彩的娱乐活动，对老同志开展专场医疗服务、节日慰问等在生活上关心老同志。此外，学校还返聘有条件的老同志担任教学督导员、科技活动顾问等工作，使老同志老有所学、老有所为。

十、2005年工作中存在的不足

2005年，学校的各方面工作都取得了长足的进步，但仍然存在一些问题与不足。表现在：①学校财力仍显不足，自筹经费的能力有待进一步提高；②学科的交叉与融合以及学科的内涵建设仍需进一步提升；③学校的办学条件虽然得到了明显改善，但还不能满足学校长远发展的需要。

机构与干部

学校领导

党委书记　罗维东
校　　长　徐金梧
党委副书记　李宝林　王民忠　陈　曦
副 校 长　权良柱　谢建新　张欣欣　谢　辉　张　跃　武德昆
纪委书记　李宝林(兼)

中共北京科技大学第九届委员会常务委员会委员名单

罗维东　徐金梧　李宝林　王民忠　陈　曦　权良柱　谢建新　张欣欣　谢　辉

中共北京科技大学第九届委员会委员名单

(按姓氏笔划排序)

王民忠　王维才　王新华　尹怡欣　付晨光　权良柱　许纪倩　孙景宏　李　岩　李宝林
张　跃　张　群　张欣欣　陈　曦　武德昆　罗维东　段凤英　徐金梧　谢　辉　谢建新
臧　勇

中共北京科技大学纪律检查委员会组成人员名单

书　记　李宝林(兼)
副书记　李　军　王玉印
委　员　王玉印　石　岩　曲　雁　吕京生　李　军　李宝林　何柏芝　祝利克　贾水库
　　　　曹　勇　薛庆国

北京科技大学工会第十四届委员会组成人员名单

主　席　李宝林
副主席　何柏芝(常务)
副主席　孟　江(专职)
副主席　王金安、曲　雁(兼职)
委　员(按姓氏笔划排序)
万发荣　王金安　申凤霞　包成铭　曲　雁　刘明珠　刘通生　杨树杰　李宝林
李京社　李同宪　何柏芝　张百年　张秋曼　张少军　罗明刚　孟　江　赵利晶
郗安民
工会经费审查委员会主任　涂纪明
副主任　孙亚东
委　员(按姓氏笔划排序)
马桂珍　孙亚东　宋　波　张晓彤　郎晓芳　钱　靖　涂纪明

共青团北京科技大学第二十一届委员会组成人员名单

书　记　石新明
副书记　丁煦生　任玉霞　尹兆华　李丽辉　梁治国　郭玉明　隋　昕
常　委　丁煦生　尹兆华　石新明　任玉霞　孟兆磊　郭玉明　隋　昕　张东平　杨海林
潘小俪　李丽辉　赵立华　梁治国　高小杨　韩绍坤

学校党群系统组织机构及负责人

序　号	单　　位	正　职	副　　职
1	党委办公室	周永源	黄武南　于成文
2	党校办公室	祝利克	
3	组织部	付晨光	刘新军
4	宣传部	章东辉	马永春　郭宇光
5	统战部		刘　晋
6	学生工作部	赵　锋	王建辉
	武装部		曲　涛
7	研究生工作部、研究生工作办公室合署	何　进	丁煦生
8	保卫部	贾水库	马赶年　刘兴德 王文刚(综合治理办公室副主任)
9	土木与环境工程学院党委	倪　文	袁俊芳

续表

序号	单位	正职	副职
10	冶金与生态工程学院党委	薛庆国	张武军
11	材料科学与工程学院党委	孙景宏	万发荣　蒋　韬
12	机械工程学院党委	许纪倩	王　立　洪　亮
13	信息工程学院党委	曾广平	
14	管理学院党委	曹　勇	张　颖(4月13日离任)　王建辉
15	文法学院党委	王维才(4月13日离任) 张　颖(4月13日上任)	李同宪　彭庆红
16	应用科学学院党委	张牧风	张百年
17	外国语学院党委	彭　漪	张秋曼
18	管庄校区党委	李　岩	纪永先
19	机关党委	祝利克	王维才(兼)　曲雁(兼)
20	离退休干部党委	段凤英	赵文志　胡尧和
21	后勤党委	周　雄	赵利晶
22	科技产业集团党总支	王会中	申凤霞

学校行政机构及负责人

序号	单位	正职	副职
1	校长办公室	周永源	黄武南　于成文　杨德斌
2	发展规划 “211工程”办公室	李仲学	林　林
3	人事处	王维才	隋延力　蒋　韬 陈晓玲(人才交流与社保中心主任)
4	教务处	蔡嗣经	杨　鹏　申亚男
5	科技处	孙冬柏	张卫冬　董成文 杨玲莉(知识产权管理服务中心副主任)
6	研究生院	张跃(兼)	李　文　李京社　乔　兰　宁晓钧
7	财务处	何民庆	孙亚东　高　杰
8	监察室 审计室 合署	王玉印	曲　雁
		涂纪明	迟长亮
9	学生处	赵　锋	王建辉
10	招生就业处	韩　经	张俊燕
11	外事处	王　戈	毕惠芳
12	保卫处	贾水库	马赶年　刘兴德
	校园综合治理办公室		王文刚
13	后勤基建管理处	金仁东	刘　伟
14	实验室管理处	刘　云	钱大益
15	房产管理处	汪分田	褚　洪
16	离退休干部处	张文平	李惠珍
17	体育部	王瑞平	章荣江　董　平

学校直属机构及负责人

序号	单位	正职	副职
1	新金属材料国家重点实验室	孙祖庆	张济山　林均品
2	高效轧制国家工程研究中心	唐　荻	刘文仲　陈雨来　杨　荃
3	后勤服务集团	赵　雨	孟祥国　邹华东　张　林
4	科技产业集团	洪家志(主持工作)	刘　临　陆　钢　张卫钢
5	图书馆	陈先霖	季淑娟(常务)　向晓阳　张　涛
6	校医院	王景春	廉晋津
7	中国教育经济信息网管理中心	武德昆(兼)	蒋宏潮(主持工作)　苏立萍
8	天津学院	张文明(兼)	郭景文(常务)　王　斌
9	国际学院筹建办公室		夏德宏
10	电化教育技术中心		牛长山
11	网络中心		刘鸿涛
12	居民管理委员会	张文元(副处)	郭惠敏(正科)
13	档案馆		童惠聪
14	冶金工程研究院	唐　荻(兼)	包燕平(兼)　李　林　米振莉
15	继续教育学院	石　岩	

学院行政机构及负责人

<table>
<tr><th colspan="2">单位</th><th>院长</th><th>副院长</th></tr>
<tr><td colspan="2">土木与环境工程学院</td><td>张文明</td><td>纪洪广　金龙哲　胡乃联　袁俊芳</td></tr>
<tr><td colspan="2">冶金与生态工程学院</td><td>朱鸿民</td><td>张建良　包燕平　王福明　张武军</td></tr>
<tr><td colspan="2">材料科学与工程学院</td><td>曲选辉</td><td>杜振民　于广华　吴春京　李晓刚　马桂珍</td></tr>
<tr><td colspan="2">机械工程学院</td><td>王　立</td><td>于晓红　臧　勇　张　杰　郗安民　王万瑜</td></tr>
<tr><td colspan="2">信息工程学院</td><td>尹怡欣</td><td>刘贺平　郑雪峰　胡长军　杨树杰</td></tr>
<tr><td colspan="2">管理学院</td><td>张　群</td><td>戴淑芬　高俊山　王道平　刘明珠</td></tr>
<tr><td colspan="2">文法学院</td><td>佘元冠</td><td>左　鹏　张北根　李同宪</td></tr>
<tr><td colspan="2">应用科学学院</td><td>邱　宏</td><td>弓爱君　廖福成　陈章华　张百年</td></tr>
<tr><td colspan="2">外国语学院</td><td>张敬源</td><td>刘亚明　何　伟　张秋曼</td></tr>
<tr><td rowspan="5">管庄校区</td><td>成人教育学院</td><td rowspan="3">李　岩</td><td rowspan="3">包成铭(常务)　纪永先　张　健</td></tr>
<tr><td>高等职业技术学院</td></tr>
<tr><td>培训中心</td></tr>
<tr><td>中日经济技术学院</td><td>李　岩</td><td>杨　勇(常务)</td></tr>
<tr><td>远程教育学院</td><td>张欣欣(兼)</td><td></td></tr>
</table>

学院系、所、中心设置及负责人

学院	系、所、中心	正职	副职
土木与环境工程学院	资源工程系	姜福兴	陈广平 徐九华 李克庆
	土木工程系	王金安	李长洪 宋波 谢漠文
	环境工程系	宋存义	林海 孙体昌 王化军
	设备工程系(车辆工程研究所)	刘立	石博强 马飞
	环境(水处理)工程中心	杨天钧(兼)	张文明(兼) 宋存义
冶金与生态工程学院	钢铁冶金系	成国光	吴胜利 刘青
	物理化学系	邢献然	张梅 郭兴敏
	有色冶金系	薛济来	邹兴
	生态科学与工程系	苍大强	李宏 宋波
	冶金研究中心	李京社	杨世山 刘建华
	冶金与材料史研究所	梅建军	李秀辉 潜伟
	科学技术与文明研究中心	权良柱(兼)	梅建军
材料科学与工程学院	材料学系	刘国权(兼)	龙毅 董建新 李长荣
	材料加工与控制工程系	康永林	刘雅政 刘雪峰
	无机非金属材料系	孙加林	曹文斌 仇卫华
	材料物理与化学系	王燕斌	尚成嘉 杨槐 孔祥华
	粉末冶金研究所	郭志猛	何新波 林清
	功能材料研究所	吕反修	唐伟忠 邱宏(兼)
	腐蚀与防护中心	乔利杰	孟惠民 路民旭
	实验测试中心	李晓刚	李春和 胡学晟 王德仁
	教育部金属电子信息材料工程研究中心	谢建新(兼)	曲选辉 赵志毅 吕反修
	固体电解质冶金测试国家专业实验室	张跃(兼)	赵海雷 张波萍
机械工程学院	机械工学系	李威	尹常治
	机械电子工程系	朱超甫	周晓敏
	机械装备及控制工程系	张清东	秦勤 卞致瑞 闫晓强
	机械制造及自动化系	刘北英	唐英
	物流工程系	董绍华	冯爱兰 张庆华
	热能工程系	温治	冯俊小 夏德宏 姜泽毅
	工业设计系	陈键	陶晋 洪华
	工程训练中心	焦让	曲开宏 邹静
	零件轧制中心	胡正寰	张康生 王宝雨
	实验中心	臧勇(兼)	刘柏谦(常务) 崔兴山 范云

续表

学　院	系、所、中心	正　职	副　　　职
信息工程学院	自动化系	穆志纯	付冬梅　徐正光　刘冀伟
	电子信息工程系	王志良	董　平　解　伦
	计算机科学与技术系	王成耀	王昭顺　张晓彤　班晓娟
	教学实验中心	刘贺平(兼)	牟世堂　鲁亿方
	测控技术与仪器系	张朝晖	林　颖　蓝金辉　李希胜
	自动控制研究所	童朝南	杨卫东
	通信工程系		周贤伟　马伍新
	信息基础系	姚　琳	史雪飞　刘蕴洛
管理学院	管理科学与工程系	高学东	武　森
	工商管理系	裴利芳	陈雪松
	经济贸易系	何维达	王宾容
	财务与会计系	肖　明	高　峰
	金融工程系	刘　澄	胡　波
	实验信息中心	王立民	
	电子商务研究所	李铁克	
	企业与产业发展研究所	何维达	
	MBA 办公室	高俊山(兼)	
	公共关系办公室	陈雪松(兼)	
文法学院	社会科学系	陆　宁	孙雍军
	公共管理系	汪大海	何晓前
	社会学与政治学系	陆　俊	时立荣
	法律系	杜晓智	邹平平
	教育管理研究所	毛祖桓	
	艺术教育中心	张　健	
	MPA 教学管理中心	余元冠	
	文科实验中心	李同宪	
应用科学学院	数学力学系	郑连存	汪飞星　尚新春　张志刚
	物理系	潘礼庆	吴　平　马星桥　顾　强
	化学系	李文军	袁文霞　范慧俐
	现代物理研究中心	邱　宏(兼)	潘礼庆　于广华
	生物科学与技术系	闫　海	时国庆　王海鸥
	应用物理研究所	陈难先	申　江
	化学分析中心		张伟光

续表

学　院	系、所、中心	正　职	副　　职
外国语学院	英语语言文学系	张　虹	
	大学英语系	葛　岚	张　怡　曹红晖
	研究生英语系	赵　纬	
	外国语系	庄风英	
	外国语言文学研究所	杨英军	
	培训中心	孙　浩	
	实验中心	赵永利	
管庄校区	经济管理系	马铁民	张满银
	信息工程系	徐新华	台　方
	外语与文法系	徐　屹	王玉杰
	教育技术服务中心	纪永先(兼)	曹建波　艾澎雨

院 系 情 况

土木与环境工程学院

【概况】 2005年，土木与环境工程学院下设土木工程系、环境工程系、资源工程系、设备工程系4个系，矿业研究所和车辆工程研究所2个研究所。学院拥有面积200平方米的科技资料阅览室，拥有专业期刊16136册，研究生毕业学位论文（包括开题和中期报告）2760册，参考书和工具书2378册，其他各类文献5000余册，图书总数26374册。年内，学院共招收本科生14个班411人，外国留学生5人；招收硕士研究生304人；招收博士研究生87人；招收工程硕士研究生58人。毕业本科生258人，其中171人考取研究生，本科生就业率为93.92%；毕业硕士研究生147人；毕业博士研究生54人。

截至2005年底，学院共有在校生2768人，其中本科生1375人，硕士研究生781人，专业学位研究生232人，博士研究生380人。

（袁俊芳）

【师资队伍建设】 截至2005年底，学院共有教师92人，占教职工人数的74%。其中教授（研究员）36人，副教授33人，讲师23人；具有博士学位的教师65人，在读博士12人。年内新增教职工21人（教师20人，实验技术人员1人），新进校20位教师均有博士学位。在引进人才中，第二层次人才1人（谢莫文），第四层次2人（周北海、李子富），正高职2人。

（袁俊芳）

【教学改革】 2005年，学院共开设本科生课程98门次，其中校级公共选修课22门次；共开设本科实验33门次，实验开课率为94.3%。21名教授、18名副教授为本科生开课。

2005年，学院教学改革进一步深入，4项教学研究项目被列入学校教改研究项目。牟在根、谢玉玲、李长洪等老师的校级精品课程全面启动。全年共获得各类教学奖励11项：蔡美峰老师的“岩土力学与工程”课程获得了高等教育国家级教学成果奖二等奖；蔡美峰老师的《岩土力学与工程》和杨慧芬、张强老师的《固体废弃物资源化》两本教材获得北京市高等教育精品教材奖；蔡美峰老师的“岩土力学与工程”和徐九华、谢玉玲、李建平、李克庆等老师的“矿业类专业地质学教材建设”获得了高等教育北京市教学成果奖一等奖；牟在根老师获得北京科技大学第三届“本科教学优秀奖”一等奖；毛市龙、谢振华老师获得北京科技大学第三届“本科教学优秀奖”二等奖；冯雅丽老师获得北京科技大学第六届优秀教材一等奖；谢振华老师获得北京科技大学第十届优秀讲义二等奖；牟在根、金龙哲老师获得北京科技大学第六届“我爱我师——我心目中最优秀老师”；张树泉老师的“计算机网络基础”被学校列入免检课程。

（袁俊芳）

【学科建设】 2005年，学院在学科建设方面取得重大突破，获得力学一级学科博士学位授予权，由此增加了一般力学与基础、固体力学、流体力学3个二级学科博士点，同时还获得减灾防灾与防护工程、环境工程2个二级学科博士学位授权点;获得土木工程和环境科学与工程2个一级硕士学位授权点,由此增加了桥梁与隧道工程、市政工程、供热供气及空调工程3个硕士学位授权点。

在全国第十批博士、硕士学位授权学科申报之后,学院共有18个普通硕士学科点(工程力学、流体力学、一般力学基础、车辆工程、安全技术与工程、采矿工程、矿物加工工程、矿物学、矿产普查与勘探、结构工程、岩土工程、桥梁与隧道工程、市政工程、供热供气及空调工程、减灾防灾工程与防护工程、生物化工工程、环境科学和环境工程),5个工程硕士学科点(环境工程、车辆工程、矿业工程、建筑与土木工程、地质工程)和2个自设硕士点(矿业环境工程和资源经济与管理),12个博士学科点(工程力学、流体力学、一般力学与基础、车辆工程、安全技术与工程、采矿工程、矿物加工工程、岩土工程、防灾减灾工程及防护工程、环境工程、矿业环境工程、资源经济与管理,其中矿业环境工程和资源经济与管理为自设博士点),另设3个博士后流动站(矿业工程、力学以及机械工程,其中机械工程与机械学院联合设站)。学院的采矿工程为国家重点学科,安全技术与工程为北京市重点学科。

(纪洪广)

【科研活动及学术交流】 2005年,学院共有在研项目138项,其中纵向项目19项,横向项目119项。纵向项目中,攻关项目7项,国家自然基金项目4项,教育部重点项目1项,863项目2项,其他科研项目5项。全年科研到款额1963.86万元,其中纵向项目到款额308.07万元,横向项目到款额1655.79万元。2005年新立科研项目104项,其中纵向项目8项,横向项目96项。学院科研获奖项目4项,科研鉴定项目4项,申请专利14项,授权专利8项。学院教师出版著作10部,发表论文432篇。2004年发表的论文被SCI、EI、ISTP、中文论文索引分别收录19篇、2篇、188篇、7篇。

2005年,学院共组织学术交流活动40次,其中国外著名专家学者学术研讨会17次,包括乌兹别克斯坦Akbarov院士,蒙古国科技大学矿业学院Purevl教授、澳大利亚悉尼大学地球物理学家Pter James Hatherly教授、日本筑波大学村尾修博士、日本文部省21世纪COE计划COE研究员川崎昭如博士、日本横滨大学左土原聪教授、日本早稻田大学村上处直教授、德国汉堡大学原水利系主任Stefan Kaden教授、德国亚琛工业大学环境医学研究所所长兼医学院院长Wolfgang Dott、中国农业部规划院特聘德国专家教授Heinz Peter Mang等国际知名专家学者的学术交流活动。年内,学院积极组织教师参加国际学术交流活动。9月,李子富老师参加联合国教科文组织在巴黎举办的学术交流会;5月,金龙哲、林海、孙春宝、刘立等老师出席了韩国顺天大学建校70周年校庆暨国际学术研讨会并宣读了论文;5月,蔡美峰、乔兰、王金安、李长洪、宋卫东、吴顺川、谭卓英等老师前往捷克、瑞典、芬兰、挪威参加欧州岩石力学大会,并进行采矿业科学考察;8月,高永涛、谢漠文老师参加了日本富岗市东亚岩石力学会议。

(贾魅燕)

【党建与学生工作】 2005年,学院党委全面贯彻中央16号文件和学校有关党建和思想政治工作的精神和要求,认真做好党建和保持共产党员先进性教育活动等工作。学院以保持共产党员先进性教育活动为契机,努力做到保持共产党员先进性教育活动和党员发展工作"两不误、两促进",提高党员理论素养,转变工作作风,规范各项制度,增强全体师生对学院发展的信心,促进学院长远发展。年内,学院共培训党校学员479人,发展党员164人,其中学生党员161人,教职工党员3人。

2005年,学院组织并参加了多项学生课外活动,取得了优异的成绩。4月~6月,学院组织了持续6周的"周末大讲堂"系列活动,提高了学生的综合文化素质,加强了师生之间的沟通与交流。在学校举行的文体活动中,学院先后获2005级新生运动会团体第三名,女子团体第二名;"七人制”足球赛冠军；第七届校园定向越野普及赛冠军；“三好杯”篮球赛亚军；纪念“一二·九”火炬接力赛体育道德风尚奖；首都青少年“保护母亲河——青春奥运绿色行动”先进集体；北京科技大学第5届党史知识竞赛最佳组织奖；文明礼仪修养知识竞赛冠军等一系列荣誉。

在学校十佳先进个人和十佳先进集体的评选中，学院共有12个集体和5个个人荣获奖励。在全国英语、高等数学和物理竞赛中，学院19人获奖，孙蕾、徐丛2名同学获得全国大学生英语竞赛一等奖。在首届首都大学生课外科技创新“挑战杯”大赛上，学院梁风同学获得一等奖。年内，博士04班被评为北京市优秀班集体和优秀团支部，2个班集体被评为校标兵班集体和标兵团支部，10个班集体被评为校级优秀班集体和优秀团支部；汪文明、刘丹2位同学被评为北京市优秀学生干部；林景高、徐丛、冯福璋3名同学被评为北京市三好学生；55人获得特种奖学金，9人获得人民一等奖学金，33人获得人民二等奖学金，139人获得人民三等奖学金，141人获得人民四等奖学金；47人被评为校优秀三好学生，92人被评为校三好学生。

（韩雪青、田素兰）

冶金与生态工程学院

【概况】 2005年，冶金与生态工程学院下设4个系、2个中心和1个研究所，即钢铁冶金系、物理化学系、有色金属冶金系、生态科学与工程系；冶金研究中心、实验技术中心；冶金与材料史研究所。

2005年“冶金工程”和“生态学”本科专业继续扩大招生规模，“冶金工程”专业招生177人，“生态学”专业招生60人。学院招收普通硕士研究生133人，其中钢铁冶金学科82人，冶金物理化学学科25人，有色金属冶金学科10人，工业生态学科7人，科学技术史学科9人；招收博士研究生57人，其中钢铁冶金学科39人，冶金物理化学学科12人，有色金属冶金学科2人，科学技术史学科4人。2005年学院授予冶金工程专业工学学士学位114人，工学硕士学位85人，工程硕士32人，工学博士学位19人。

（朱鸿民、王福明）

【学科建设】 2005年，学院设有冶金工程和生态学2个本科专业；冶金工程和科学技术史（工学）2个一级学科博士授权点和冶金工程博士后流动站，其中冶金工程一级学科设有冶金物理化学、钢铁冶金、有色金属冶金、工业生态4个二级学科博士授权点。科学技术史、钢铁冶金、冶金物理化学和有色金属冶金专业可招收硕士和博士研究生，工业生态专业可招收硕士研究生。

（朱鸿民）

【师资队伍建设】 2005年底，学院共有教职工103人，其中教授（研究员）34人，副教授（副研究员）23人；博士生导师32人。年内，邢献然教授入选教育部“长江学者奖励计划”特聘教授，邹兴老师晋升为教授，郭敏、王静松老师晋升为副教授（副研究员）。学院新增薛庆国、梅建军、朱荣、程树森、张家泉和张立峰6位博士生导师；新进青年教师5人，其中4人具有博士学位；聘请包头钢铁公司司永涛为北京科技大学兼职教授，聘请日本东北大学日野光兀教授、瑞典皇家工学院杜嗣琛教授和挪威科技大学张立峰教授为客座教授。2005年6月底，在美国举行的世界第20届钢铁成功战略研讨会上，学院29岁青年教师左海滨一举捧得“威利·科夫杰出青年奖”，这是中国学者第一次荣获该奖项。

（张武军）

【教学工作】 2005年，学院在校本科人数为710人,应届毕业生按期毕业率95%,应届毕业生考研率(含保送)36%,应届毕业生毕业证书获得率95%,应届毕业生学位证书获得率95%。

学院教学工作主要包括以下几个方面的内容:①制定了2005版教学培养计划,对"冶金工程"和"生态学"本科专业教学计划进行完善和补充,更加注重学生综合素质、创新能力和国际意识的培养,积极探索大学本科研究型人才的培养模式。②学院积极创造条件,使学院90%以上的教授和副教授为本科生上课,提高本科生的教学质量。学院大力加强实践教学,加强了对生产实习和认识实习的管理,重点建设了沙钢、宝钢、包钢、太钢等实习基地。2005年12月,学院与天钢签署了协议,共同建设本科实习基地,为本科生实习增加了一个工艺齐全、技术先进的位于北京周边地区的实习基地。③加强教学管理,提高教学质量。学院严格执行教学规章制度,使教学管理有据可依,有章可循;继续完善本科教学文件建档工作。在2001级毕业论文中,有5名同学的论文被评为学校优秀论文。④加强了教材的更新,制定政策鼓励教师编写高质量教材。张家芸教授等编写的《冶金物理化学》和孙淑云教授等编写的《中国古代冶金技术专论》获北京科技大学第六届优秀教材一等奖。⑤学院首次在02级、04级、05级本科生中全部实施了导师制度。导师要求具有副高级职称或者具有博士以上学位。导师职责主要是帮助、引导学生树立正确的世界观、人生观、价值观;对学生进行学习方法、职业生涯发展方面的引导;为学生进行专业介绍、相关课程的学习指导,帮助学生培养专业学习兴趣;培养学生的科研兴趣和能力,为学生提供进入实验室学习的机会。⑥开展了在本科生第六学期开始提前进入专业实验室的工作。在分配学生进入实验室过程中采用教师与学生在一定条件下"双向选择"的办法,将教师的研究方向与学生的学习兴趣结合起来,充分调动学生学习的积极性和主动性,为学生的进一步深造打下良好基础。

研究生教育方面,学院与材料科学与工程学院合作,在首都钢铁公司举办工程硕士研究生班,共招收学员20名。推荐两位同志参评"做出突出贡献的全国百名工程硕士学位获得者。"年内由本学院参加的"产学研合作招收和培养高层次人才的研究与实践"成果获北京高等教育教学成果一等奖。

(张建良、王福明)

【科学研究】 2005年,学院承担科研项目总计151项,其中国家级项目15项(其中国家自然科学基金项目9项),省部级项目4项,企事业单位委托项目132项;科研经费总计3156万元。2005年共获国家、省部级及其他科研奖励7项,获国内外专利授权14项,发表论文300多篇,组织国内外学术交流活动24次。

根据学校"建设世界冶金教育科研中心"的发展目标,学院积极申请建设国家级科研基地,2005年成功申请"生态与循环冶金"教育部重点实验室。同时,学院着力加强国际交流与合作,鼓励教师向国家外专局、教育部、国家自然科学基金委等部门申请交流合作基金。2005年,学院共成功申请3项教育部的交流基金。

2005年,学院与日本、德国、瑞典、美国、韩国等国家的高校与科研院所进行了多次技术交流及科研合作,先后邀请美国俄亥俄州立大学著名冶金学家Sahai教授、英国Leeds大学两位教授、韩国浦项工业大学李海键教授、日本东北大学Hino教授、沟口庄山等30余名专家学者来学院访问与讲学。学院有20多名教授到美国、日本、韩国、欧洲等地参加学术会议和访问。5月,由朱鸿民院长组织举办的熔盐国际研讨会在北京科技大学召开。10月1~7日,朱鸿民院长一行10人访问了日本东京大学、东北大学,考察了世界一流大学和科研院所的教学、研究以及学科发展状况,进一步明确了学院的发展方向。

(包燕平、王福明、张武军)

【实验室建设】 实验室建设是学院工作的重点,2005年学院在实验室建设方面完成了以下工作:①“211 工程”二期项目的建设,目前已基本完成了“超纯精炼制备实验室”和“冶金反应机理实验室”两个三级项目的建设;②利用教育部修购计划资金,重点建设了“工业生态”学科本科教学实验室;③抓住“冶金生态楼”建设的契机,对实验室的设置、实验用房及实验室管理制度进行了重新审定,为实验室深化改革打下了基础;④学院申请的“生态与循环冶金教育部重点实验室”获得批准,正在进行建设;⑤“冶金工程”本科教学实验室争取到教育部修购计划的资助,2006 年完成建设工作。

(包燕平)

【党建与学生工作】 2005 年,学院党委主要抓好四项工作:一是按照学校党委的部署,认真完成了保持共产党员先进性教育活动;二是以“三个代表”重要思想为指导,紧紧围绕学院的中心工作,开展党建和思想政治工作,为学院各项工作的发展提供思想和组织保证;三是加强学院领导班子建设,通过学习和讨论,明确学院的定位和发展思路,统一思想;四是坚持教代会制度,并以教代会为载体,做好院务公开工作。

2005 年底,学院共有党支部 27 个,其中教职工党支部 6 个,本科生党支部 7 个,研究生党支部 14 个。全院共有党员 385 人,其中教职工党员 59 人,学生党员 326 人,本科生党员比例为 12%,研究生党员比例为 39.5%。全年共发展新党员 84 人,其中本科生党员 38 人,研究生党员 46 人。

学院党委不断推进党建工作规范化和科学化,修订“发展会前审批制度”、“导师意见书”、“民主评议”等制度来规范党员发展工作,保证发展党员的质量。2005 年 3 月,冶金与生态工程学院与管理学院联合承办学校第 59 期学生业余党校,101 人结业。11 月举办了冶金与生态工程学院第 17 期学生业余党校初级班,对新入校的本科生、研究生进行党的基础知识教育,265 人结业。

在班风、学风建设中,学院开展了“学长顾问团”、“学生成长卡”、“学术交流会”、“英语之夜”等活动,并通过设立“院长成就奖”、“冶金学子标兵”、“明星学子”和“学习进步奖”等鼓励措施,促进学生养成科学认真、严谨求实的治学态度。

2005 年,学院 2001 级本科生就业率达 96.92%,居全校第二名;2003 级外语四级通过率为 85.19%,居全校第二名,为历年来最好成绩。在学风建设中涌现出一批先进集体和先进个人:冶 023 班荣获“北京市先进班集体、优秀团支部”、“建龙最佳团队”第一名,并荣获“首都高校先锋杯优秀团支部”、“北京市五四红旗团支部”称号;冶研 041、冶 021 班被评为“校优秀团支部、先进班集体”标兵;冶 032 班、冶 045 班、冶研 043 班、冶研 031 被评为“校优秀团支部、先进班集体”;金冶 04 班、生态 042 班、生态 03 班被评为“院先进班集体、优秀团支部”。2004～2005 学年共有 240 人获得各类奖学金,其中 55 人获特种奖学金,24 人获“校优秀三好学生”,48 人获“校三好学生”,24 人被评为“校优秀学生干部”,23 人被评为“校优秀团干部”,52 人被评为“校优秀团员”,29 人被评为“校优秀三好研究生”,62 人被评为“校三好研究生”,21 人被评为“校优秀研究生干部”。

为了丰富学生的文化生活,创造良好的校园文化氛围,学院积极开展各项文体实践活动。2005 年,学院成功举办第 11 届师生综合运动会,促进了师生的联系与交流;举办独具特色的“首届相声小品”综合文艺晚会,为同学和教师提供了交流与展示的舞台。在 2005 年北京科技大学首届研究生学术论坛中,学院获得先进单位称号;在 2005 年暑期社会实践活动中,学院获得“暑期社会实践工作先进单位”称号,生态 03、生态 042、冶 044 班荣获“校暑期社会实践先进班级体”称号。

(薛庆国、郑安阳)

材料科学与工程学院

【概况】 2005年,材料科学与工程学院下设材料学系、材料加工与控制工程系、材料物理与化学系、无机非金属材料系、粉末冶金研究所、功能材料研究所、腐蚀与防护中心和实验测试中心。

学院有固体电解质冶金测试技术国家专业实验室、教育部环境断裂重点实验室、教育部金属电子信息材料工程研究中心、北京市先进粉末冶金材料与技术重点实验室、北京市腐蚀磨蚀与表面技术重点实验室、北京市腐蚀与防护中心、环境材料实验室、高技术金属材料模拟实验室、北京市新能源材料与技术重点实验室。此外,依托北京科技大学建设的新金属材料国家重点实验室、高效轧制国家工程研究中心为材料科学与工程学科发展提供了有力的支持。

学院现有教职工205人。其中中国科学院院士3名,中国工程院院士1名,国家学科评议组成员1人,国家级有突出贡献专家6人,部级有突出贡献专家3人,教授63人(其中博士生导师46人),副教授49人。教育部长江学者奖励计划特聘教授6人,跨世纪人才基金获得者7人,国家杰出青年基金获得者4人,国家人事部百千万人才工程入选者5人,教育部青年骨干教师15人,北京市科技新星计划入选者3人。还聘有包括2名院士在内的国内外兼职教授35人。

2005年,学院招收本科生414人,研究生469人。在院研究生1397人,本科生1493人。2005年毕业本科生297人,授予硕士学位169人,授予博士学位36人。

(马桂珍、郃永红)

【学科建设】 2005年,学院设有材料科学与工程、材料成型及控制工程、材料物理、无机非金属材料工程、材料化学5个本科专业;材料学、材料加工工程、材料物理与化学、材料合成化学4个博士学位授权学科。其中,材料合成化学为2005年新增学科,其余3个博士学位授权学科均为国家重点学科和长江学者计划设岗学科,均设有硕士点、博士点和博士后科研流动站。学院有30个研究方向,其中,材料学系有材料优化与设计、磁性材料及应用、先进材料基础及材料各向异性、高温材料及应用;材料加工与控制工程系有新材料制备与加工、材料成形过程控制与模拟仿真、塑性加工新工艺新技术、材料成型理论及组织控制、金属凝固与控制、晶体生长理论及控制技术、材料先进连接技术;材料物理与化学系有晶体缺陷与新一代结构材料、材料的表面与界面、纳米材料与纳米技术、材料表面化学与技术、高分子材料化学;无机非金属材料系有先进陶瓷材料与技术、无机非金属功能材料、无机非金属结构材料;粉末冶金研究所有先进粉末冶金成型技术与复合材料、粉末冶金结构材料及零件、反应合成与纳米材料;功能材料研究所有高技术薄膜材料、磁性功能材料、生物医用材料;腐蚀与防护中心有环境断裂、腐蚀控制系统工程、电化学工程与材料、材料损伤评估与控制;实验测试中心有相结构与电子显微学。

(曲选辉、孙景宏)

【教学改革】 本科生教学方面,2005年,学院本科生按材料科学与工程大专业招收14个班共414名新生,生源质量明显提高,以材料科学与工程专业作为第一志愿率的达到92%,第一志愿率和录取平均分数均列全校第一位。2005级本科新生按统一的教学计划上课,前四个学期学习所有基础课课程,第五学期按学生个人志愿和学习成绩分五个专业方向进行学习。2005年开始,学院把为新生开设的《名师指引——材料科学与工程入门学术讲座》扩展为《材料科学与工程引论——材料学院名师课堂》课程，特聘请包括校长、院长及教育部长江学者计划特聘教授、国家杰出青年基金获得者等在内的20名知名教授主讲，为新入学本科生提供面对面小班研讨契机，开拓学生的视野，为日后从事科学研究工作构筑“通道”。同时，为大学二年级增设材料科学与工程、无机非金属材料、材料成型与控制工程、材料物理和化学专业概论课程，帮助学生进一步了解并选择真正喜欢的专业方向。年内，学院对2005版本科教学计划进行了全面修订，尤其是对专业选修课程进行了统一安排。为进一步深化教学改革，在加强学风和教风建设方面制定了一系列措施和规定；在加强和改善教学实验条件等方面提出了解决方案和建议；制订了《关于教师新上讲台或讲授新课程审批手续的暂行规定》等一系列青年教师培养措施与方案，为青年教师的成长创造条件。此外，学院积极推动学生科技创新活动，实行导师负责制，安排学生在第三学期进入研究室，参加研究室的学术交流和科研活动；利用广大教师与厂矿企业联系密切的有利条件，建立院级实习基地，提高实习质量。

研究生培养方面，积极开展教学改革，保持材料学科在国内的领先地位，主要包括：①做好全国教育科学规划课题——“研究生教育体制及培养方案改革的研究与实践”，重点做好所承担的“试点专业必修课程教学大纲及试点工作”，从2005年材料学招收的140余名学生中合理选拔68人组成教改试点班，全面进行教学改革的研究与实践。②作为培养材料工程领域工程硕士的牵头单位，承担并积极开展全国工程硕士专业学位教育指导委员会研究课题——材料工程领域工程硕士专业学位标准研究。③组织教师编写《材料近代研究方法（主编：张跃）》、《金属材料的成形与加工（主编：毛卫民）》等材料工程领域工程硕士的核心课程教材。④申报并立项了《金属材料结构与性能（主编：毛卫民）》、《金属材料合成与制备（主编：果世驹）》、《无机非金属材料结构与性能（副主编：徐晓伟）》等材料工程领域工程硕士的核心课程教材。⑤动员广大教师和学生积极参与教学改革，分别召开参与教学改革的全体教师和学生会议，动员、研究和商定教学改革工作；将《科学社会主义理论与实践》、《自然辩证法概论》等课程教师安排到北京现代汽车有限公司、北京燕京啤酒集团有限公司、北京汇源饮料食品集团有限公司、北京东陶耐火材料有限公司等单位进行社会调查和实践；《英语口语》、《英语写作》课程聘请外籍教师授课；《计算机应用与实践》由有经验的教师负责，进行有关计算机应用项目的选题、应用和实践；《材料现代研究方法》、《材料合成与制备》、《固态相变》、《复合材料》、《高分子材料》课程采用英语教学；《材料的物理性能》、《无机材料》、《腐蚀与防护》采用英语教材进行授课；《材料学前沿》采用组织系列学术报告进行等。

（杜振民、吴春京）

【科学研究及学术交流】 2005年，学院共承担各类科研项目535项，其中国家级项目178项，省部级项目101项，厂协项目249项，校基金7项。科研经费到款额达到5726万元。共申请国家自然科学基金91项（其中国家杰出青年科学基金4项），教育部博士点基金8项，北京市自然科学基金30项，北京市科技新星计划A类3项、B类2项，中石油创新基金4项，霍英东教育基金优选资助课题2项，新世纪优秀人才计划5项，长江学者与创新团队发展计划1项，军工项目17项，校基金4项。2005年批准国家自然科学基金23项，教育部博士点基金6项，国防军工配套15项，国防基础研究项目3项，北京市自然科学基金3项，北京市科技新星计划A类1项，霍英东教育基金优选资助课题2项，新世纪优秀人才计划5项，长江学者与创新团队发展计划1项，中石油创新基金1项，校基金4项。2005年，学院申请横向课题96项，总经费4160万元；申请专利127项（其中实用新型8项），授权专利57项（其中实用新型5项）；获国家级科技进步奖2项，省部级奖项8项；发表学术论文837篇，出版专著、译著、教材13部。2004年发表的论文被SCI、EI、ISTP收录606篇。全年共参加或主持国际、国内各种学术交流会议197次。

2005年，学院共申请“国家科技基础条件平台”两项，分别为由刘国权教授负责的“材料科学数据共享网”和由李晓刚教授负责的“材料自然环境腐蚀试验台网”，经专家评审论证全部通过评审。5月20日，“北京市腐蚀磨蚀与表面技术重点实验室”通过专家组验收；5月30日，“北京市先进粉末冶金材料与技术重点实验室”通过该建设计划项目的验收；9月24日，在科技部的组织下，依托北京有色金属研究总院，由首席科学家石力开总工主持的973项目“材料的先进制备、成形与加工的科学基础”课题验收会在北京科技大学召开，本项目中由北科大谢建新教授主持的“固态成形过程中组织性能的精确控制”和曲选辉教授主持的“粉末增塑成形技术的基础问题”两个课题均取得了重要的研究成果，顺利通过验收，并被评为优秀；11月2日，“新能源材料与技术北京市重点实验室”经过专家评审，被增列为北京市重点实验室；12月1日，教育部在北京科技大学组织召开民口配套项目验收、鉴定会。由曲选辉教授和孟惠民教授分别承担的国防科工委民口配套项目均通过验收和鉴定。专家一致认为，两个项目均具有明显创新性，超额完成了合同指标，均被鉴定为国际先进。

2005年，学院继续高规格、高标准举办“中国材料名师讲坛”，年内共成功举办6讲。分别为：3月22日，牛津大学材料系主任、英国皇家科学院院士George D. Smith教授以“The-D Atom Probe: Microscopy and Analysis at Single Atom Level”为主题主讲第六讲；3月22日，英国皇家科学院院士、世界电镜联合会主席David J. Cockayne教授以“High Resolution Electron Microscopy and Electron Diffraction of Nanostructures”为主题主讲第七讲；6月3日，国务院学位委员会办公室主任、中国科学院院士杨卫教授以“多尺度与跨尺度模拟”为主题主讲第八讲；9月19日，原冶金部副部长、钢铁研究总院名誉院长、中国工程院院士、北京科技大学名誉教授殷瑞钰以“钢铁与工程科学”为主题主讲第九讲；11月11日，中国工程院院士陈国良教授以“遵循科学发展观，不断开辟研究新方向”为主题主讲第十讲；11月30日，中国科学院院士柯俊教授以“材料史杂粹”为主题主讲第十一讲。论坛活动的举办，进一步加强了国内外材料科学与工程学术界的交流与合作，扩大了学校的国际学术交流，提高了学校的国际知名度和影响力。

（于广华、李　芊）

【党建与学生工作】 2005年，学院召开学院党代会，选举产生新一届学院党委。学院党委以邓小平理论和“三个代表”重要思想为指导，紧密围绕学校、学院的中心工作，重点开展党员先进性教育活动，并积极做好党员发展、研究生梯队党支部建设、本科高年级以班为单位建立党支部等各项工作。年内，学院党委被授予“北京市先进基层党委”称号。2005年，学院共发展党员234人，其中学生党员231人、教职工党员3人。2005年底，学院有党员1126人，其中学生党员941人，教职工党员185人；党支部57个，其中教职工党支部12个，本科生党支部14个，研究生梯队党支部31个。

年内，学院积极组织学生加强理论学习研究，进一步学习贯彻十六大精神、“三个代表”重要思想、中央16号文件精神和《中共中央关于加强党的执政能力建设的决定》，并在全院范围内开展了“实践社会主义荣辱观”主题党日、“迎接建党85周年优秀党日评选”、“北科大读书节”等主题党日、团日活动。

学院学生工作体现“以人为本”的理念，坚持服务于学生成才，以思想教育为首位，以学风建设为特色，重视全院学生的素质拓展，营造健康向上、积极进取的学习和科研氛围，引导学生的全面成才。学风建设方面，通过多次召开任课老师座谈会，以年级为单位设立年级工作组积极组织特色促学风活动，坚持不懈地抓好“五早”活动等形式，努力创建优良学风。拓宽学生工作领域，树立服务意识，组织丰富的文体活动；重视社会实践与志愿服务工作，营造科研学术氛围，提高研究生学术水平。2005年12月，学院梯队研究生班成立，以研究生所属学术梯队组建研究生梯队班级，旨在推动梯队的壮大与发展、健全梯队育人、导师育人功能，增强研究生群体意识与班级文化的形成与沉淀。4月，学院与清华大学材料系学生科协及北京航空航天大学材料协会联合主办了首届材料科学文化节，活动内容分为材料科学论坛、材料科学知识竞赛、走进实验室三部分，旨在普及材料科学和知识，培养和加深同学们对材料科学的认识和兴趣，为有志于材料科学研究的同学提供信息交流平台，努力实现三所材料强校在学生层面上的学习交流和资源共享。年内，学院还邀请了1名知名校友，以及6名国内外知名专家学者为学生做专题报告和培训，培养广大同学的科研兴趣，促进学生成长成才。此外，学院还成功举办了第8届师生综合运动会、排球赛、“材料杯”篮球赛、足球赛及拔河比赛等活动。

2005年，学院2001级本科学生共有123人考取了研究生；2002级学生有6名学生被清华大学、北京大学录取为免试直接攻读博士学位研究生；有41名学生分别免试推荐到北京科技大学、上海交通大学、北京航空航天大学、北京交通大学、中科院物理所、中科院金属所等院校攻读硕士学位研究生。学院1个班级被评为北京市优秀班集体，1个班级被评为校级建龙最佳团队，3个班级被评为校级先进班集体标兵，11个班级被评为校级优秀班集体，5名学生被评为北京市优秀三好学生及优秀学生干部，1名学生被评为学校十佳学术之星，1名学生获建龙精英奖学金，550多名同学获得奖学金或其他荣誉称号。

（孙景宏、宋景喜、柯红岩）

机械工程学院

【概况】 2005年，机械工程学院设有机械装备与控制工程系、机械电子工程系、机械制造及自动化系、物流工程系、机械工学系、热能工程系和工业设计系7个系，工程训练中心、实验中心和零件轧制研究中心3个中心。学院现有教职工189人，其中教授（研究员、教授级高级工程师）35人，副教授48人。教授中有中国工程院院士2人，博士研究生指导教师20人，兼职博士研究生指导教师5人，特聘教授1人，教育部“跨世纪人才”2人。

2005年，学院招收本科生553人，其中机械工程及自动化、热能与动力工程、工业工程和物流工程四个专业首次按“机械类”统一招生；招收硕士生201人，工程硕士生20人，博士生40人。毕业学生519人，其中本科生394人，硕士生117人，博士生8人。全院在读本科生1847人，硕士生540人，工程硕士生124人，同等学历硕士生23人，博士生170人，机械工程博士后流动站在站博士后1人。

2005年4月，学院搬进了新的机电信息楼，学院师生的教学、科研、办公和学习条件得到了极大改善。

（苏兰海）

【学科建设】 2005年，学院新增物流工程本科专业。学院设有机械工程及自动化、热能与动力工程、工业工程、物流工程、工业设计和艺术设计6个本科专业，研究生学科有机械工程和动力工程与工程热物理两个一级学科，其中动力工程与工程热物理为年内新增一级学科博士点。

学院“十五”“211工程”

重点建设的机械、热能两个学科建设进展顺利。至12月底，国拨经费的合同签订额超过95%，为2006年的全面验收奠定了基础。

（苏兰海）

【教学改革】 2005年，学院开设研究生课程78门，本科生课程165门，其中共有15名教师、17门课程获学校课堂质量调查免检资格。《工程流体力学》和《工程材料及制造基础》被列为学校精品课程建设项目；《机械设计》、《机械制图》、《传热传质学》和《机电系统原理及应用》被列为学校优秀课程建设项目。为使更多的教师参与教学研究，2005年11月21日，学院举办了教改获奖报告会，由学院获得国家级教学成果奖的课题组代表就教学改革的思路和经验作了详细的专题报告，同时也展示了学院教师在改革实践中的创新和奉献精神，对学院的教学起到了积极的推动作用。

2005年，学院尹常治教授等完成的“机械基础课堂教学与实践教学综合改革的研究与实践”和郗安民教授等完成的“机电类学生科技创新体系的建设与实践”两项课题荣获国家级教学成果二等奖；“机电类学生科技创新体系的建设与实践”同时荣获北京市优秀教学成果一等奖。王立教授等完成的“工科专业实习模式研究与实践”和韩建友教授等完成的“机械原理与机械设计系列教学改革研究与实践”两项课题荣获北京市优秀教学成果二等奖。“热能实习基地的研究与开发”和“多回路制冷与空调全工况实验系统”分别获得学校实验技术成果一等奖。此外，学院第五批教改项目顺利通过学校中期验收，并成功申报北京市教改项目“研究型大学创新性人才培养模式的研究与实践”。

2005年，学院积极加强教材建设，优秀教材和主要课程使用近三年出版的教材的比例达到90%以上。同时，学院积极组织申报国家“十一五”规划教材，共申报各类教材17部。在第十届学校优秀教材、讲义评选中，李威教授等编著的《机械设计基础》和邱丽芳副教授主编的《机械原理》分别获得一等奖；热能系冯妍卉副教授等编著的《Heat Transfer》和林林副教授等编著的《动力机械》分别获得优秀讲义奖。王国华副教授参编的《物流学》获北京高等教育精品教材奖。年内，王国华副教授主编的《中国现代物流大全》（五册）出版发行，其全面介绍了现代物流管理的理论、方法与应用实践，充分展示了现代物流作为一种先进的组织方式和管理技术的内涵，是迄今为止涉及面最广、内容最为丰富、实践应用性更强的物流工具参考书。

2005年，学院根据“以人为本、因材施教”的教育理念，对机械工程及自动化、热能与动力工程、工业工程和物流工程四个专业首次按“机械类”统一招生。学生入学后实行宽口径培养模式，一年半后根据学校有关规定和志愿选择专业。为加强对毕业设计（论文）的组织、指导与监控，学院对毕业设计（论文）指导教师进行培训；对毕业设计（论文）的选题、质量和规范性进行严格监控；并完全实行指导教师不参与其所指导学生的答辩和成绩评定工作，即所谓“背靠背”的答辩方式，毕业设计（论文）的质量有了明显提高，学校督导组考察后给予较高评价。

研究生教育方面，学院本着淡化二级学科、强化一级学科的精神，按一级学科的要求修订了2006年的研究生招生简章，简化并统一了考试科目，使得学院的研究生招生工作更加规范、标准更加统一。同时，规范研究生培养，包括开题、中期检查和毕业答辩等各个环节面向全院公开，论文选题、毕业论文题目公开，既可以促进交流，同时也鼓励在研究方向上进行创新。在硕士研究生答辩方面采取了两条措施，一是随机抽取部分学生参加由学院组织的院级论文答辩；二是第一次组织由答辩组推荐的优秀论文作者进行公开报告，由学院各个单位的教师组成的评审组进行现场评议打分，从中评出优秀论文供学位委员会评审。

（王新立）

【科研活动】 2005年，学院签订科研合同75项，其中纵向

15项，横向60项。新增纵向科研课题15项，其中国家自然科学基金5项，军工项目5项，教育部博士点基金1项，北京市课题4项。实际科研合同经费1836.15万元，其中横向合同经费1548.55万元，纵向合同经费287.6万元。

2005年，学院申请国家自然科学基金面上项目14项，批准3项；申请青年基金3项，批准2项。申请专利12项，其中发明专利8项，实用新型4项。授权专利21项，其中发明专利10项，实用新型11项。发表论文329篇，其中核心期刊108篇，国外发表38篇，2004年被SCI、EI、ISTP检索文献72篇。全年共出版专著、教材13部。

【对外交流】 根据学院与意大利达涅利公司和乌迪内大学的协议，学院于2005年10月完成了25名应届硕士研究生的选拔工作，其中5名将赴意大利乌迪内大学学习，一年半后成绩合格者可取得意大利硕士学位；另外20名将到达涅利公司工作。同时，学院于12月接收了2名乌迪内大学机械专业学生来学院进行为期3个月的毕业课题工作。

2005年，学院组织各类讲座78次，其中校外聘请讲座8次。7月10～20日工业设计系邀请国际知名设计师高登．布鲁斯（美国）到学校给学生进行创新设计训练；英国利兹大学丁玉龙博士为热能专业的教师、学生作了“微尺度科学与技术的研究进展”的学术报告。

（刘瑞华）

【人才引进与培养】 2005年，学院把“进一步加大人才引进工作的力度，争取在强势学科方向分布拓展方面有大的推进”作为重点工作。在充分调研的基础上，锁定目标，积极主动和创造条件引进高层次人才。8月，成功引进特聘教授燃料电池系统专家苏庆泉教授。

加强在职教师的培养、加强青年教师培养工作的计划性，新老教师根据不同要求进行目标管理，把学历教育和岗前培训结合起来，国内外进修培训互补，优先考虑新专业、新学科的师资培训，调动和保护青年教师的工作热情和积极性。11月，学院下发《关于进一步加强高层次人才引进和青年教师培养工作的通知》。全年共派出3名青年骨干教师到美国进行双语教学学习和培训；同时，新接收博士后出站教师2名，具有博士、硕士学历的青年教师9名。2005年学院有7名教师晋升为高级职称。学院继续设立青年教师科研基金，以资助青年教师的科研启动、基金申报等。

（刘瑞华）

【党建和学生工作】 2005年，学院新发展党员153人，其中教职工1人、学生152人（研究生59人，本科生93人）。截至2005年底，学院共有党员664人，其中教职工党员108人（退休党员18人）、学生党员556人（研究生党员357人，本科生党员199人）；有47个党支部，其中教职工党支部10个，研究生梯队党支部25个，本科生党支部12个。

根据学校工作安排和有关要求，学院于2005年2月～6月先后完成了学院、系所行政领导班子换届、系所党支部书记选举、学院党委换届选举以及新一届学院工会委员会选举、工会小组调整和学院教职工代表大会代表重新选举等工作。2005年8月～12月，学院党委根据学校党委的决定，组织全院47个党支部的600多名党员参加了保持共产党员先进性教育活动，圆满完成了学习动员、分析评议、整改提高三个阶段的任务，进一步加强了基层党支部的建设。

学院党委深入贯彻落实《中共中央、国务院关于进一步加强和改进大学生思想政治教育的意见》，搭建“辅导员—本科新生班主任—本科生导师—研究生梯队党支部—研究生导师”多层次、全过程、全方位的育人新格局。继续推行从2001年开始试行的“研究生学科梯队党支部”改革工作，到2005年12月，成立了25个梯队或梯队联合党支部，覆盖全体研究生党员；继续实施从2003年开始试行的“从大四保研学生中选拔优秀学生担任新生班主任的制度”，到2005年9月，已在三届学生中推行，取得了很好的效果；继续实施

“本科生导师制”，到2005年11月，推广到全体教授。

2005年10月，学院在新建成的机电信息楼内拿出一间60多平米的房间建成教职工之家，并配备了冰箱、彩电、微波炉、沙发、报刊架、桌椅等设施，成为教职工的娱乐休息室。同时学院充分利用各种方法调动教职工的积极性，提高全院凝聚力和战斗力，为两年后申报“全国模范职工之家”而努力。

此外，学院刘柏谦教授作为校“九三学社”支社主任委员、九三学社北京市委参政党理论研究组成员，2005年末被增补为“九三学社中央参政党思想建设研究中心研究员”。

学院以“优秀个人和先进集体”评比为政策导向，狠抓班风、学风建设。有97名本科生和8名研究生获国家奖学金、宝钢奖学金等特种奖学金；有63名本科生获国家助学奖学金；有456名本科生获人民奖学金；有4名本科生获得“民考民奖学金”；有425名本科生和152名研究生获校“优秀三好学生”、校“三好学生”等荣誉称号；有6名学生被评为北京市“三好学生”、“优秀学生干部”；有9个班级被评为学校“先进班集体”、“优秀团支部”，其中机038班被评为“建龙最佳团队”和北京市“先进班集体”、“优秀团支部”。

学院以“毕业生就业指导和服务”为工作重点，积极研究和落实提高就业率的措施。学院设立专门的就业辅导员岗位，采取年级辅导员和就业辅导员双重推动制度，并设立就业信息员岗位，完善“副书记—年级辅导员—就业辅导员—就业工作助管—班级就业信息员”的服务链条，组建新的就业指导服务体系；积极和全球500强的冶金机械生产企业——意大利达涅利公司以及意大利乌迪内大学合作，为学生和企业双向提供集体就业服务。就业工作取得了很大的成绩，截至12月31日，机械设计及理论、机械电子工程、机械制造及自动化、工程热物理、热能工程、制冷及低温工程等专业的研究生就业率达到100%。本科机械工程及自动化专业就业率96.06%；热能与动力工程专业就业率95.50%；工业设计就业率85.71%，学院总就业率93.19%。

学院以弘扬“严谨、求实、协作、创新”的机械精神为主线，全面搭建科技、体育、文艺、社会实践等素质拓展平台。学院组织学生组建北京科技大学机器人大赛参赛队，参加第四届全国大学生机器人电视大赛，在郗安民、刘鸿飞等老师指导下获得冠军，并代表中国参加亚太地区比赛，获得亚军；推荐张欣茹、穆树亮等同学参加“挑战杯”课外学术科技作品竞赛，获得全国三等奖1项，北京市一等奖1项，三等奖2项；组织学生参加社会实践活动，14支团队获得金、银、铜奖，11个班级获学校“社会实践十佳班级”和“社会实践先进班级”称号，52名同学获学校“社会实践十佳标兵”和“社会实践先进个人”称号，152名同学的社会实践报告被评为学校“社会实践优秀调研报告”；李理同学获全国2005“定向越野锦标赛”第7名和北京高校2005“定向越野锦标赛”第1名，赵扬获北京高校2005“定向越野锦标赛”第6名，张燕获北京2005“博爱杯”大学生跆拳道项目女子72kg级冠军。2005年机械工程学院被学校评为“学生工作先进学院”、“就业工作先进学院”、“体育工作先进学院”和“社会实践先进学院”。

（洪　亮、刘瑞华、郭艳琳、刘金辉）

信息工程学院

【概况】 2005年,信息工程学院设有自动化系、计算机科学与技术系、通信工程系、电子信息工程系、测控技术与仪器系、信息基础科学系和教学实验中心、网络中心、自动控制研究所、机器人研究所、知识工程研究所、智能语言与计算机科学研究所、计算机与系统科学研究所等系所。学院共有教职工175人,其中中国科学院院士1人,教授23人,副教授43人。各类在校学生3347人,其中博士研究生256人,硕士研究生813人,本科生2237人,外国留学生41人,是学校招生人数最多、规模最大的学院。2005年学院本科生首次按电气信息类大类招生,招收657人;留学生11人;硕士研究生341人;博士研究生82人。

经过"211工程"一、二期的建设,学院实验设备和计算机拥有量达到国内先进水平。机电信息楼工程于2005年4月顺利竣工。5月20日,学院机关、系所及相关实验室搬进新楼,实现了办公、教学、科研三位一体,环境、条件都大为改善。

(尹怡欣、吴宗利)

【学科建设】 在全国第十批博士、硕士学位授权学科申报中,学院成功申报控制科学与工程一级学科、计算机系统结构和通信与信息系统两个二级学科博士点,共计增加6个二级学科博士点,实现了学科建设的跨越式发展。在一级学科硕士点申报中,新增控制科学与工程、计算机科学与技术、信息与通信工程、电子科学与技术,同时新增测试计量技术与仪器1个二级硕士点。

学院现有1个一级学科博士点(控制科学与工程),9个博士学位授权点(控制理论与控制工程,检测技术与自动化装置,模式识别与智能系统,系统工程,导航、制导与控制,计算机应用技术,计算机系统结构,通信与信息系统,机电测试技术),4个宽口径培养人才的一级学科硕士点(控制科学与工程、计算机科学与技术、信息与通信工程、电子科学与技术)和1个二级学科硕士点(测试测量技术与仪器),3个工程硕士学位授权点(控制工程、计算机技术、软件工程)和6个本科专业(自动化、电子信息工程、计算机科学与技术、测控技术与仪器、通信工程、信息安全)。

(尹怡欣)

【教学改革】 2005年,为迎接教育部本科教学评估,学院加大了教学管理力度,强化教学工作要树立以人为本的服务意识,确保教学秩序井然有序、教学质量稳中有升。①继续执行院、系领导班子成员听课制度,及时反馈信息,对青年教师进行具体指导,针对问题查找原因,制定整改措施,学院教风进一步好转,学生评价普遍良好。②严格执行教育部2005年1号文件及学校教学工作的部署。学院规定:教授、副教授每年必须独立完成18学时以上的本科生课堂教学工作,1年不满足考核要求者按不合格处理,2年不满足者予以解聘。③成立信息基础科学系,加强公共基础课的教学质量管理。在学校的支持下,基本完成优质课程建设的目标,并获得北京市精品教材一项。④制定并施行《本科生毕业设计论文管理细则》和《信息工程学院本科毕业论文规范性要求》,学生毕业设计论文质量明显提高。⑤试行电气信息大类招生,以宽口径、厚基础、重素质能力的培养原则,制订了05版教学大纲,形成前4个学期的基础课程平台和后4个学期的专业课平台。在专业课平台上,注重新方向、新领域、新技术、新知识,配套合理的实践教学环节。⑥完成国家修购款项目通信工程实验室、信息安全实验室、计算机教学实验中心903教室的新建及804、801教室的调整建设工作;启动2005年修购款建设项目,进行新型传感器实验室初建工作。⑦重视实验室的开发和资源的充分利用,开发了 DSP 试验箱,弥补了市场产品的功能缺陷。全院所有实验室为本科生毕业设计开放,利用率达 80% 以上,也为校内实习、暑期实践等提供了条件。

(刘贺平)

【科研活动】 2005 年,学院的科研工作取得了长足的进步。全年学院签订科研合同 55 项,同比增加 17 项,其中横向课题 39 项,纵项课题 16 项,合同总额 1467.19 万元,到款科研经费 1000.09 万元(横向经费 630.69 万元,纵向经费 369.4 万元)。学院新增纵向科研项目 22 项,其中国家"十五"重点科技攻关项目 3 项,国家重大基础研究项目(973)1 项,国家自然科学基金项目 8 项;申请发明专利 3 项,实用新型专利 1 项,授权专利 1 项;发表论文 312 篇,其中,中文核心期刊 223 篇,国外刊物 35 篇,专著 3 部。尹怡欣教授作为主要完成人的项目《中国旅游目的地营销系统平台》获北京市科学技术二等奖,侯庆文副教授参与的项目《高原制氧系统设计》获山西省科技进步二等奖。

(胡长军)

【师资队伍建设】 2005 年,学院继续加强师资队伍建设,充实和改善教师队伍的力量和结构。学院新进教师 21 名,其中 14 人具有博士学位。年内,徐正光晋升为教授,王志明、王建萍、王粉花晋升为副教授,彭开香晋升为副研究员,鲁亿方晋升为高级工程师。

为了弘扬尊师重教的优良传统,9 月 10 日,学院举办了"涂序彦教授从教 50 周年暨 70 华诞"庆祝活动,并邀请了中国科学院院士、中国自动化学会理事长戴汝为,中国工程院院士、中国仿真学会理事长李伯虎,中国人工智能学会理事长钟义信教授等一大批国内知名专家学者参加庆祝活动。

(尹怡欣、吴宗利)

【合作与交流】 2005 年是信息工程学院的学术年,在全面推动"学术年"建设的过程中,学院邀请了 18 名国内外知名专家学者进行学术交流和讲座活动,营造了浓厚的学术气氛,受到了师生的欢迎。美国加州大学 Riverside 分校电气工程与计算机科学系教授 Bir Bhanu 博士、日本室兰工业大学知名人工心理学专家鱼住超教授、挪威 Oslo University College 计算机系 Frode Eika Sandnes 博士以及瑞典皇家理工学院胡晓明教授先后受邀作了学术报告。知名专家涂序彦教授、中科院院士高庆狮教授、中国工程院院士柴天佑教授、全国教学名师蔡自兴教授、王志良教授、北京邮电大学钟义信教授、西北工业大学何华灿教授、中科院系统所张永光研究员、重庆大学李祖枢教授、清华大学朱小燕教授等国内知名专家学者也相继为学院师生作了高水平学术报告。

3 月,中国自动化学会 ASEA(自动化系统工程师资格认证)培训中心授权仪式在人民大会堂启动,信息工程学院 ASEA 培训中心等四家单位成为中国首批具有自动化系统工程师 ASE 培训资格的权威机构。9 月,学院举办全国第二届"人工智能生命及应用"学术会议暨首届"人工心理与人工情感"学术会议。

(尹怡欣、吴宗利)

【党建与学生工作】 2005 年,学院党委认真学习贯彻党的十六大和十六届四中全会精神,创造性地开展了保持共产党员先进性教育活动,全院 52 个支部 740 名党员参加了保持共产党员先进性教育活动。在确保发展质量的基础上,全年共发展党员 202 人,其中教职工党员 2 人。年内系所党支部顺利换届调整,基层党组织建设得到了加强。

2005 年,学院开展了形式多样的学生活动,加强学生的思想政治教育、提高学生的全面素质。3 月,学院学生会与华硕公司携手成功组织了"Game Face 面对面"活动,联合举办了全国高校电子竞技大赛。为进一步加强学院学风建设,学院还针对专业前景以及考研就业等问题,举办"教授讲坛——展望未来,专业前景与考研就业"系列活动。4 月,学院成功举办第五届师生运动会暨第三届机器人运动会。在学校第 44 届田径运动会上获得团体总分第二名及精神文明奖。11 月,学院举办了北京科技大学第70期学生业余党校，并采取最新的网上教学与网上测评的模式，加强学生党员的培训和考核。11月~12月，学院组织北京高校“网络与我们的生活”平面设计大赛。此外，学院还举办了信息论坛、第五届“腾飞的信息”师生艺术节等活动，丰富学院的文艺、学术氛围。

2005年，学院学生工作成绩突出，学院获得学校学生工作先进集体，校暑期社会实践先进单位，校体育工作先进单位，学院团委被评为“北京市五四红旗团委”；4人被评为北京市三好学生，1人被评为北京市优秀学生干部，699人获得学校各类奖学金，600余人次被授予学校各种荣誉称号。以信息工程学院学生为主力的北京科技大学机器人代表队勇夺全国机器人电视大赛冠军、亚太地区机器人电视大赛亚军。在全国电子设计大赛中，学院选派13支队伍参赛，荣获3个全国二等奖，4个北京市一等奖，5个北京市二等奖的优异成绩。在全国数学建模大赛中，3人获全国一等奖，8人获北京市一等奖，3人获北京市二等奖。在北京市物理竞赛中，1人获一等奖，17人获二等奖。

（吴宗利、路春梅）

管理学院

【概况】 2005年，管理学院下设5系、3所、4办、1个中心，即管理科学与工程系、工商管理系、财务与会计系、经济贸易系、金融工程系；管理科学研究所、电子商务研究所、企业与产业发展研究所；学院办公室、MBA办公室、公共关系办公室、本科研究生教学办公室；实验信息中心。学院现有教职工96人，其中教授19人（博士生导师9人），副教授25人，讲师及以下23人，教辅与党政管理人员29人。

2005年，学院招收本科生360人，硕士研究生206人，博士研究生44人，高级工商管理硕士（EMBA）学生35人。学院共毕业学生627人，其中学士269人，双学士46人，硕士310人，博士2人。截至2005年底，学院在册学生2209人，其中本科生1224人，普通硕士研究生305人，工商管理硕士（MBA）学生244人，高级工商管理硕士（EMBA）春季班学生104人，高级工商管理硕士（EMBA）美国班学生191人，博士研究生141人。

（张　群、谢　湲）

【学科建设】 2005年，管理学院开始实行大类招生，即新生报考和刚进入学院不分具体专业，统一为“工商管理”类，学习两年后根据自愿与学院协调相结合的原则，参考学生两年的成绩进行专业划分。

2005年，管理学院新增“企业管理”博士学科点和“工商管理”与“产业经济学”2个硕士学科点。学院拥有5个本科专业：国际经济与贸易、金融与工程、工商管理、会计学、信息管理与信息系统；10个硕士学科点：管理科学与工程、企业管理、工业工程、技术经济及管理、国际贸易学、金融管理工程、会计学、产业经济学、工商管理，以及工商管理硕士（MBA）；2个博士学科点：管理科学与工程、企业管理。此外，学院还有1项与美国德克萨斯大学阿灵顿商学院合作培养高级工商管理硕士（EMBA）的合作项目。

（张　群、谢　湲）

【师资队伍建设】 2005年，学院在编教师67人，其中，教授19人，副教授25人；具有博士学位的教师26人。学院继续坚持“引进、优化和培养”的方针，引进赵晓、杨海文、杨青、魏钧、牛靖楠、张剑6位具有博士学位的青年教师，其中第三层次人才1人。学院注重青年教师培养，鼓励青年教师攻读博士学位，并为青年教师学习和进修创造条件。2005年，学院有1人在校内攻读博士学位，2人在校外攻读博士学位。为扩大交流和开阔教师眼界，学院还资助教师参加国际、国内学术会议6人次。此外，学院聘请高级工程师李长顺和高级经济师刘如军、王义芳、董晓民为兼职教授。

（刘明珠）

【教学改革】 2005年，学院分别针对教学质量评价与管理体系、经济管理类课程双语教学、网络考试、经营类专业“模拟加案例”的教学模式进行了探索和改革。四项教学改革都在学校立项，均取得了阶段性成果，部分成果已在教学实践中应用。

2005年，学院制定完成了“信息管理与信息系统”、“工商管理”、“会计学”、“国际经济与贸易”、“金融工程”5个本科专业的“05”版教学计划与教学大纲，对相关课程的内容和体系以及实验和教学进行了修改，并通过专家论证。年内，“管理学原理”荣获校级精品课程，“经济与管理”获校级优秀建设课程，“管理学原理”双语教学实践项目获校级教学成果二等奖。为了配合学校硕士生两年制的改革试点工作，学院制定了硕士生学制改革过渡实验方案，对研究生教学和指导进行调整，理顺了学院研究生教学与管理工作。

（戴淑芬、高俊山）

【科学研究】 2005年，学院科研课题22项，科研到账软件经费242.91万元，其中纵向课题到账软件经费24.65万元，横向课题到账软件经费218.26万元。学院教师全年共发表学术论文139篇，出版教材或专著13部，其中在核心期刊发表或被四大检索收录50余篇，有6篇论文发表在学院指定的18种重点期刊上。2005年6月，学院与台湾朝阳科技大学共同举办了第二届两岸管理科学新进展学术研讨会，共收录论文44篇。全年开展学术讲座21次，国家统计局副局长邱晓华、北京现代汽车董事长徐和谊、国务院学位委员会学科评议组成员于立、郭道杨教授等来学院作学术报告，活跃了学院的学术气氛。年内，学院还制定了《管理学院重要期刊目录》，为学院教师、研究生发表论文提供指导。

（王道平）

【合作与交流】 2005年，管理学院与美国德克萨斯阿灵顿大学商学院合作培养的第二期55名EMBA学生毕业。10月，美国德克萨斯阿灵顿大学校长James Spaniolo博士和该校商学院院长Daniel Himarios博士来访，就两校合作交换了意见，并参加了第二期EMBA毕业生毕业典礼。按照与该校的合作协议，学院选送马凤才和鲍新中两位教师赴美进行了4个月的进修与交流。此外，刘明珠副教授赴澳大利亚进行了为期3个月的双语培训。

2005年，学院副院长高俊山等5人出访加拿大，参加了第二届“商务、经济与管理”国际会议，并洽谈了学院承办第三届会议的有关事项，确定2006年6月在北京科技大学管理学院召开第三届“商务、经济与管理”国际会议。年内，学院先后接待国外来访教授与学者12人次。6月，学院组织30多位研究生参加了两岸青年学子“管理与经济论坛”和联谊活动，台湾朝阳科技大学60余位师生到访参加该项活动。

（高俊山）

【党建与学生工作】 2005年，学院以学习和实践“三个代表”重要思想为指导，以开展保持共产党员先进性教育活动为契机，紧密围绕学校和学院的中心工作，积极开展学生入党基本知识教育、积极分子培养、党员发展、支部建设和组织生活。同时，学院努力营造优良学风班风，推进大学生素质拓展计划，开展文艺、体育、科技、学术、志愿者、社会实践等方面活动，取得了良好的效果。

2005年，学院作为学校网上党校的试点单位开办了网上党校，共有130名同学报名参加了网上党校的学习。全年学院共发展党员135人，学院学生党员比例达到17.7%。截至2005年底，学院共有党支部19个（其中教职工党支部4个）。年内，学院积极开展保持共产党员先进性教育活动，先后组织教职工党员到西柏坡参观学习；组织学生党员开展

“保持党员先进性”主题征文和教育活动；开展低年级党支部的“党员联系宿舍”活动；设立“党员时间”等系列活动，提高党员自身素质，加强基层党组织建设。

学院学生工作秉承“以人为本、脚踏实地、讲服务、重修养、创特色、求实效”的工作理念，坚持“管理育人、教育育人、服务育人”的宗旨，坚持以学风建设为核心，以班风建设为保障，在增强学生工作实施的特色性及提高德育效果的普遍性上积极探索，提高大学生的思想政治素质。2005年，学院有7个本科生班级和3个研究生班级荣获了学校优秀班集体称号，国贸041班荣获“建龙优秀团队”和“北京市先进班集体”荣誉称号。鄂旭、邵玉娟和詹璐3位同学荣获“北京市三好学生”荣誉称号；韩少坤同学荣获“北京市优秀学生干部”荣誉称号。2003级学生在全国大学英语四级考试中一次通过率达到87.78%；何显波与何光磊2位同学在第十六届北京市大学生(非数学专业)数学竞赛中荣获甲组二等奖和三等奖；另有11名同学在北京市大学生英语竞赛中获奖。

年内，管理学院举办了第二届学院师生运动会；第二届MBA新年酒会；“管理杯”篮球赛、“一二·九”火炬接力赛、新生辩论赛、新生篮球赛、2005届毕业生文艺晚会、厨艺大赛和卡拉OK大赛等丰富多彩的文体活动。在学校第四十四届运动会中，学院获得男子、女子、团体三项冠军和精神文明奖；在新生运动会中获得男子、女子、团体三项冠军和精神文明奖；荣获“三好杯”篮球赛第三名、“三好杯”足球赛第三名、“一二·九”火炬接力赛第四名。科技学术活动方面，学院组织学生参加了国际企业管理挑战赛，3支队伍进入复赛；举办了管理论坛、大学生职业生涯规划等系列活动；出版《经济潮》第十九、二十、二十一期。社会实践和志愿者方面，学院成立了奥运知识宣讲团，进行奥运知识宣讲；暑期组队前往内蒙古、胜利油田等参观考察。“抗日战争纪念馆实践团”和“松堂临终关怀医院实践团”荣获2005年学校“实践十佳团队”称号。

为了推进校园文化建设，管理学院分团委成立了新闻信息中心、青年志愿者协会和公共关系协会；学院研究生会举办了学术活动“管理大视野”；管理协会成立了“北科大企业管理俱乐部门户网站”(www.emclub.cn)。此外，学院更新了主页，学院学生工作网站(www.5im.cn)建立并步入正轨。

(张东平、陈雪松、曹　勇)

文法学院

【概况】 2005年12月，学校设立“北京科技大学思想政治教育研究中心”、“北京科技大学高校学生事务研究中心”，挂靠在文法学院。截至2005年底，学院有5个系、6个中心、1个研究所，即法律系、行政管理系、社会学与政治学系、教育管理系、社会科学系；艺术教育中心、对外汉语教学中心、MPA教学管理中心、文科实验中心、思想政治教育研究中心、高校学生事务研究中心；高等教育研究所。另外，学院设有《北京科技大学学报》(社会科学版)、《思想教育研究》、《中国冶金教育》三种学术期刊编辑部。2005年，学院资料室新增专业图书5184册，专业期刊253册。年底，学院共有各类文科图书文献刊物36800册。

2005年，学院招收博士生9人(首届)、硕士生131人、MPA学位生55人、本科生217人。毕业本科生239人、双学位学生26人、硕士生44人、MPA学位生59人。2005年底，学院在读博士生9人、硕士生318人、MPA学位生178人、本科生746人,共计1251人。

2005年4月,文法学院调整了领导班子,组成以佘元冠为院长、张颖为书记,李同宪、左鹏、张北根为副院长,彭庆红为副书记的学院新一届党政班子集体。

(李同宪)

【学科建设】 在全国第十批博士、硕士学位授权学科申报中,学院成功申报了思想政治教育二级学科博士点、公共管理一级学科硕士点以及科学技术哲学、经济法学、社会学3个二级学科硕士点。目前,学院共有法学、行政管理、社会工作、思想政治教育4个本科专业;马克思主义理论与思想政治教育、教育经济与管理、行政管理、民商法学、文艺学、高等教育学、科技与教育管理、科学技术哲学、经济法学、社会学、社会医学与卫生事业管理、社会保障、土地资源管理、公共管理(MPA)14个硕士点;思想政治教育、科技与教育管理2个博士点。上述专业涉及文学、法学、教育学、管理学4个学科门类。

(李同宪)

【师资队伍建设】 2005年,学院进一步改善了师资状况,引进政治学、社会学专业博士3人。学院现有哲学、史学、经济学、政治学、法学、文学、教育学、管理学、社会学等学科专任教师79人,其中教授14人、副教授37人、博士生导师3人;81%以上的教师具有硕士及以上学位,33%的教师具有博士学位,63%的教师具有高级专业技术职称。此外,学院有8名教师在职攻读博士学位。

(李同宪)

【教学改革】 2005年,学院对4个本科专业的人才培养过程进行了全面设计,形成文科专业的平台课程,同时对全校本科生的思想政治理论课进行了重新规划,为培养高素质的应用社会科学人才以及政治合格、素质优良、全面发展的各学科高级专门人才服务提供了强有力的支撑。

年内,学院积极组织开展教学研究活动,主要取得了如下成果:①获准立项的学校第五批教学研究项目进展顺利,全部通过学校中期检查;②课程建设取得新的进展,《思想道德修养》和《经济学原理》被列入学校第三批课程建设资助计划;③全部思想政治理论课和70%以上的专业课使用多媒体授课;④青年教师崔英、李婉平去国外进行双语教学培训,提高了双语授课的比例和质量;⑤社会科学信息调查与分析实验室建成并投入使用,社会工作实验室运转正常,国内10多所高校社会工作专业教师前来参观考察;⑥根据《文法学院本科课堂教学质量评价办法(试行)》,建立起一套全员评价体系,对学院教师的课堂教学质量进行鉴定和诊断;⑦陆俊、吴群芳获得北京科技大学第三届“本科教学优秀奖”,许放主编的《国家公务员教程》和刘莉等主编的《思想道德修养》获得北京科技大学第六届优秀教材二等奖,刘静珠、王育杰分别主持的北京科技大学“十五”期间教材研究课题顺利通过验收。⑧陆俊、左鹏、刘勤、吴群芳被评为北京科技大学第六届“我爱我师——我心目中最优秀的老师”;⑨刘勤、左鹏荣获“2003~2004年度北京高校优秀德育工作者”称号。

(左　鹏)

【科研活动及学术交流】 2005年,学院共承担科研项目36项,其中国家级项目1项(彭庆红老师参加的“新形势下巩固马克思主义在高校意识形态领域指导地位的方法与途径研究”),省部级项目13项,校级项目22项,到款经费86.2万元。学院教师发表学术论文177篇,其中核心期刊28篇,普通学术期刊149篇。出版学术著作22部,编写教材21部。

2005年,学院进一步扩大对外合作办学和学术交流。在合作办学方面,学院同美国凯斯-西保留地大学就双方合作开展法学硕士(LLM)的项目达成了共识,教育部现正在对该项目进行审批。与此同时,学院同美国阿拉斯加大学就MPA、对外汉语教学的合作进行了初步协商。在加大教师、学生与国外大学知名教授的学术交流方面,学院先后邀请瑞典、加拿大、美国、日本、巴西等国的知名专家来院讲座、交流，参加师生达千余人次。4 月，瑞典知识产权专家凯瑟林为 MPA 学员作“关于高校技术如何转移”的报告；5 月，美国印第安那大学 Heidi Ross 教授给本科生作“全球化的高等教育——世界更圆了还是更平了”的报告，美国圣地亚哥大学 Judith Liu 教授为本科生作“文化的融合——中国女子学校的教育与文化的交流：1928～1937 的报告”；10 月，美国加州大学 Jong Jun 教授为本科生先后作了“公共管理的发展趋势(上)、(下)”的报告，美国凯斯－西保留地大学 Korngold 教授给本科生作了“美国司法制度”的报告；12 月，日本关东大学教授为本科生作了“日本竞争法的最新发展”的报告。

（李　怡、魏增产）

【党建和学生工作】 2005 年，学院全面贯彻中央 16 号文件精神，落实保持共产党员先进性教育活动各个阶段的任务，紧密结合学校改革、发展、稳定的大局，围绕学生全面发展的目标，深入开展党建和学生工作。

学院以先进性教育活动为契机，深入推进学院的党建工作。①继续坚持新形势下“以组织为主导、以学生为主体”的学生党员培养模式，实行新生党校导师制度、思想汇报书面反馈制度，积极分子自我培养卡制度和党员发展公示制度。②通过开展多种形式的先进性教育活动，提高党员素质，加强支部建设。学院组织入党积极分子担任宣传员，参与宣传先进性教育活动的进展和成效，从而将入党积极分子纳入教育行列，扩大先进性教育的覆盖面。③发挥思想政治理论课优势，邀请陆俊教授等给党员作专题讲座，提高党员的理论水平。2005 年，学院共发展党员 44 名，党员总数 266 名，党员比例为 29.7%。年内，左鹏老师还荣获“北京高校优秀共产党员”称号。

学院努力做好学生的思想政治教育、学风建设、保研、就业、社会实践、文体活动和学生工作队伍建设，取得了一些新的进展。①在“挑战杯”竞赛的 10 个北京市级人文社科类奖项中，8 个由学院学生独立完成，另外 2 个由学院学生参与完成。成功举办首届研究生学术论坛活动，研究生参与率达到 70.4%。②在保研工作方面，取得了数量和质量上的突破，22 名学生保送读研究生，其中 8 名保送到北京大学、清华大学、中国人民大学、北京师范大学、厦门大学等知名高校。③在社会实践方面，研究生暑期社会实践报告团赴内蒙古开展科学知识普及月活动，荣获 2005 年度学校社会实践金奖；社工 02 党支部、法学 03 党支部联合参加“海淀区学院路街道阳光社区服务中心志愿者签约暨授旗仪式”，为政府推进“社区矫正”服务增添力量，在社会上产生了较大影响。④成功举办“感悟大学”征文及宣传推广活动，编辑了 18 万余字的《感悟大学》一书，对于新生适应大学学习生活进行指导。⑤修订了《大学生活战略规划手册》，举办了职业生涯指导月系列活动，进一步规范学生职业生涯规划与职业指导活动。⑥注重培养辅导员队伍的研究能力，组织辅导员以“学生思想行为特点与教育方式方法”为题进行研究，年内选派 3 名学生工作干部参加国家职业指导师资格培训，提高学生干部的工作能力。

（彭庆红、秦　涛）

应用科学学院

【概况】 2005 年，应用科学学院设有 4 个系、1 个所、2 个中心，即数学力学系、物理系、化学系、生物科学与技术系；应用物理研究所；现代物理技术研究中心、化学分析中心。学院还设有“国家科技部新材料模拟设计实验室”和“国家工科物理课程教学基地”。学院共有教职工169人,其中中国科学院院士1人,教授29人,副教授37人,高级工程师5人;教育部长江学者讲座教授1人,教育部新世纪人才1人,北京市科技新星2人。具有博士学位的教师31人,博士生导师13人,硕士生导师48人,国外学成归国的导师所占比例为31%。学院在校学生1403人,其中研究生337人,本科生1066人。

(张牧风、张百年)

【学科建设】 2005年,在全国第十批博士、硕士学位授权学科申报中,学院新增固体力学博士点,获得数学、化学、化学工程与技术3个硕士学位授权一级学科,新增生物化学与分子生物学、理论物理2个硕士点。

截至2006年3月,学院有凝聚态物理、固体力学2个博士点;数学、化学、化学工程与技术3个硕士学位授权一级学科;固体力学、凝聚态物理、物理电子学、理论物理、生物化学与分子生物学5个硕士点;化学工程、生物化工2个工程硕士专业学位授予权;数学与应用数学、信息与计算科学、应用物理、应用化学、生物技术5个本科专业。年内,通过学校“422”高层次引进人才计划,引进美国芝加哥大学宋青博士来生物科学与技术系工作,增强了该学科的师资力量。

(邱 宏)

【教学改革】 2005年,学院依托教育部国家工科物理课程教学基地的建设,积极进行教学改革。基地的教学研究成果继续在郑州大学、山东大学、北京师范大学、北京工业大学、桂林电子工业学院等高校推广,并在全国物理教学会议上进行了基地教学改革经验介绍。吴平教授负责的“大学物理实验课”被评为北京市精品课程,北京科技大学自然科学基础实验中心(物理)成为北京市实验教学示范中心。

2005年,学院教师发表教学研究论文12篇,出版教材1部(吴平教授等主编“大学物理实验教程”,机械工业出版社)。5位教师获得学校第三届“本科教学优秀奖”,6位教师获得学校第五届“我爱我师”我心目中最优秀的教师称号,16位教师获得应用科学学院第三届“本科教学优秀奖”。“概率论与数理统计”、“无机化学B”、“无机化学实验B”、“物理化学B”4门课程获得学校优秀课程,《教学规划及其应用(第二版)》、《大学物理辅导》2部教材获得学校第六届优秀教材奖。

年内,学院聘请国家级名师、华中科技大学物理系李元杰教授为本科生开设“大学物理”课程;聘请瑞士苏黎士大学的Bernd Gutte教授为生物技术系本科生开设“遗传学”课程(36学时、双语教学);聘请美国Montclair州立大学李爱华教授为数学力学系本科生开设“近代数学的进展与应用”课程(16学时、双语教学);邀请国家级名师、“大学无机化学”国家精品课程负责人、吉林大学化学学院副院长宋天佑教授作“建设大学无机化学国家精品课程的经验与思考”专题报告。聘请四名退休老教师作为教学督导员,随机听课,开展本科教学督导工作。组织青年教师座谈会,对青年教师在教学上提要求,并为每位新进校青年教师指定一名指导教师,在教学上对青年教师给予指导。本年度学院还完成了05版本科生教学培养计划和《二年制研究生培养方案》及《二年制硕士研究生发表论文要求》等文件的制订工作,进一步明确了教学改革方向。此外学院还承担了北京科技大学天津学院的部分教学任务。

(廖福成、陈章华、刘杰民)

【科研工作】 2005年,学院共有18个学科梯队。共发表学术论文163篇,其中被SCI、EI、ISTP三大检索收录的学术论文63篇。申请发明专利7项,授权的发明专利3项。科研经费185万元。获2006年度国家自然科学基金资助项目3项,北京市自然科学基金资助项目1项。生物科学与技术系闫海教授获得北京市教委产业化(孵化器)项目,总经费50万元。数学力学系闵乐泉教授获得第三届通信、电路和系统国际会议(ICCCAS-2005)的优秀论文奖。

(邱 宏)

【实验室建设】 2005年,学院设备修购计划三期验收完毕,所购设备已经完全投入实验教学之中;制定了修购计划四期项目,国家和学校共投入资金155万元;四期修购配套计划开始申报。对学院实验室的使用情况、实验教学运行状况进行了深入的分析研究,完成了实验楼和理化楼实验室的规划及实验室面积的分配,为2006年实验室的改造、装修和基础实验室的搬迁工作做了充分准备。

年内,学校对自然科学基础实验中心进行重新调整,其隶属于北京科技大学,依托于应用科学学院。自然科学基础实验中心(物理)于10月通过北京市级实验教学示范中心专家组评审,并于12月获得北京市实验教学示范中心称号。中心下设四个二级中心和一个基地,即物理实验教学中心、化学实验教学中心、电子电工实验教学中心、数学力学实验教学中心和国家工科物理教学基地;有专职人员40人,承担学校9个学院39个本科专业学生的基础实验教学工作,受益学生6000人/年。目前,实验仪器设备4008台套,总价值2298万元。年内,中心还完成了"十一五"发展规划的制订工作,明确了中心的发展目标。

(弓爱君)

【党建与学生工作】 2005年,学院以开展保持共产党员先进性教育活动为契机,贯彻"科学发展观"和"以人为本"的理念,推进党建工作的创新,探索党建工作的长效机制。年内,学院坚持以分类培养、个性指导为原则,努力做好党员发展工作。一年级学生的初级党校培训加强启蒙教育,并以"青年学子如何争取入党"为主题,结合班风学风建设,深入开展讨论,收到良好的成效;二年级学生重在传、帮、带,确立重点培养对象,向着"班班有党员、党员有作用、作用可持续"的目标而奋斗;三年级学生全面推进党员发展工作,在保证质量的前提下,提高党员比例,增加党员在群众中的影响力;四年级学生的继续教育不间断,发挥毕业生党员在毕业班中的作用。在研究生的党员发展方面,改变研究生学生党员发展工作的"无为而治"状态,争取"有所为而慎为之",并努力做到"大有作为"。同时,学院深入个性化指导,做好入党积极分子的培养工作。在党校教育基础上,支部书记带领党员担负起大量具体的"帮扶"工作,逐一与重点培养对象谈心,解决入党积极分子面临的问题。同时,学院帮助党支部优化组织生活模式,坚持党员挂牌制度,加强监督机制,做好党员再教育工作。2005年学院共发展党员90名,其中学生党员89名、教职工党员1名;学院现共有党员364名,其中学生党员271名,教职工党员93名。年内,邱宏、范玉姝两位老师荣获学校优秀共产党员称号,爱新觉罗川荣获学校优秀学生党员称号。

学生工作方面,学院积极采取措施,在党建、团建、学风建设等常规工作上体现创新特点和品牌亮点,在毕业教育、学科竞赛、职业规划、评优体系建设等工作上实现突破。加强就业工作机制、宣传工作机制、党建助推机制等制度建设,学生工作水平得到很大提高。学院获得"学校首届研究生学术论坛优秀组织奖"、"学校暑期社会实践先进单位"、"学校我爱我师评选工作最佳组织奖"等荣誉。学院生技03班获得"北京市先进班集体"和建龙团队等荣誉称号,李靖、蔡欢2名硕士研究生获得北京科技大学"首届研究生十佳学术之星"称号。此外,在学院教师的认真组织和指导下,在2005年度全国"高教社杯"大学生数学建模竞赛中,学院有3人获全国一等奖,3人获全国二等奖,1人获北京市一等奖,1人获北京市二等奖;在全国部分地区大学物理竞赛中,魏忠超同学以总分第一名的好成绩获特等奖,并有1人获三等奖;在北京地区大学物理竞赛中,有2人获一等奖,3人获二等奖,3人获三等奖;另有1人获得全国大学生英语竞赛三等奖,2人获北京市大学生英语竞赛三等奖。

2005届本科生就业率为92.4%,研究生就业率达到100%。

(张牧凤、刘雨芙)

外国语学院

【概况】 2005年,外国语学院有4系、1所、1个中心。即英语语言文学系、大学英语系、研究生英语系、外国语系;外国语言文学研究所;外语培训中心。2005年,学院招收本科生118人,专升本学生13人,硕士研究生34人,毕业本科生78人,2005年底全院在读学生423人,其中本科生365人,硕士研究生58人。

(黄爱霞)

【学科建设与科研活动】 学院有英语、日语2个本科专业;外国语言学与应用语言学、英语语言文学2个专业硕士点。在本科专业建设方面,学院顺利完成了05版教学计划的制定和教学大纲的编写工作,并通过学校验收;研究生招生规模进一步扩大,外国语言文学研究所组建工作基本完成。2005年学院获得外国语言文学一级学科硕士点授予权,同年完成了两年制硕士学位研究生培养方案的修订工作。

2005年学院教师共发表论文119篇,出版国家级规划教材1套(4册),作为主编单位出版高校正式使用教材9部,承担教育部大学英语教学改革项目3项;2005年1月,张敬源、赵纬等10名教师编写的《新编研究生综合英语教程》获北京市优秀教学成果二等奖。同时,学院邀请国内知名学者来学校作学术讲座2次,选派骨干教师赴美参加学术会议1次,并积极开展研究生学术沙龙等活动。

(黄爱霞)

【师资队伍建设】 2005年底,学院共有教职工92人,其中2005年新进教职工9人。目前在岗一线教师有82人,包括英、日、俄、德、法5个语种,其中教授5人,副教授18人,讲师45人,学校"422人才工程"第四层次人才1名。81%的教师具有硕士学位,7%已经获得和正在攻读博士学位。2005年学院还聘请国内著名系统功能语言学专家黄国文教授担任学校兼职教授。

学院十分注重在职教师的培训工作,2005年选派了5名英语教师赴澳大利亚拉筹伯大学学习,1名日语教师赴日本进修。学院鼓励青年教师攻读在职硕士和博士学位,目前全院共有2名教师攻读在职硕士学位,3名教师攻读在职博士学位。2005年学院实行青年教师导师制,选派了教学经验丰富、教学效果较好的教师对新入校的10名青年教师进行指导。学院积极鼓励青年教师参加学校组织的各种培训和青年教师课堂教学评比,精心组织了5次全院的公开课,并推出了由优秀青年教师主讲的首批全校性的示范课3门。

(黄爱霞)

【教学改革】 2005年10月,作为教育部首批参加大学英语教学改革的180所院校之一,北京科技大学成为60所继续进行试点的院校之一。目前,学校参加的全国大学英语教学改革试点项目进入实施的第三个阶段,外国语学院在2004级学生试点的基础上,扩大了2005级学生试点的规模,教学模式更多样、划分级别更精细。

2005年学院的外语教学改革取得了可喜的成绩。除了继续完成学校第五批教改立项的5个项目外,学院还承担了3个教育部大学英语教学改革的扩展项目、"大学英语"校精品课程建设项目。刘亚明和张虹老师合著的论文《大学英语教学面临的压力与对策》在北京科技大学第二届"青年教师教改论坛"活动中荣获优秀论文奖。刘亚明、张虹、梁素芹和郭侃俊老师编写的《大学英语课外辅导丛书》被评为北京科技大学优秀讲义。在北京科技大学第三届"本科教学优秀奖"评选中,张虹获得一等奖,顾巍、杨英年获得二等奖。

外国语学院教师承担着全校本科生、研究生的公共外语课以及英语、日语两个专业的教学工作,2005年全校英语教学工作取得了很大进展。在2005年6月举行的全国大学英语四级考试中,学校2003级学生的四级考试成绩又创历史新高,一次通过率为78.99%;日语专业03级和英语专业03级学生参加的日语专业和英语专业四级考试通过率分别为100%和98.33%,分别高出全国平均通过率64.79和44.6个百分点。

(黄爱霞)

【党建与学生工作】 2005年,学院认真学习贯彻“三个代表”重要思想,顺利完成了学院领导班子调整工作,继续坚持并完善党政联席会制度、中心组学习制度和民主生活会制度。同时,学院紧紧抓住学校开展保持共产党员先进性教育活动的有利契机,以“分层次、多角度、形式灵活、内容丰富”的党员教育指导原则,充分调动党员的主动性和积极性,群策群力、扎扎实实地把提高党员素质和加强党支部建设贯穿到学习动员、民主评议和整改提高的全过程。学院继续坚持规范程序、注重质量、稳步推进的思路,把好党员发展的“入口关”。2005年度,全院共发展1名教工党员、22名学生党员。截至12月底,学院有教工党员43人,占教职工总人数47%;学生党员共76人,占学生总人数的18.01%。

在学生工作方面,学院以学习中央16号文件和开展先进性教育为契机,加强学生党员的发展、教育和学生党支部建设,积极开展新生入学、毕业生教育、心理健康教育、安全教育、诚信教育等。通过对学习情况、班级活动、团队凝聚力、答辩表现等多方面的综合评比,4个班级和104人获得校级奖励和各种荣誉称号。其中,英语032班被评为北京市先进班集体,秦晓惠、赵东海获北京市三好学生,段晓利获北京市优秀学生干部称号。截至年底,学院有30名本科生顺利获得国家助学贷款,5名本科新生通过“绿色通道”领取了学习用品和临时补贴,13名本科生获得助学金,29名家庭经济困难的学生获得“学子返乡爱心助行”补贴。同时,学院依托学生党支部和学生骨干,对毕业生进行调研,专门开辟了就业宣传栏,组织学生参加就业指导课,开展毕业形势、政策及技巧的指导,及时指导和帮助学生参加招聘会、联系单位等。2005年学院59名应届毕业生中,有14名升学读研,40名顺利就业,总就业率91.53%。

2005年,学校外语第二课堂活动蓬勃开展,除了英语角和英语广播外,还定期播放英文和日文电影,举办首次体验英语之夜、英文歌曲大赛、外文电影配音大赛、英语演讲比赛、外教讲座等,并在英语专业学生中开展“经典工程”活动,营造和带动了全校外语学习氛围。在2005年全国大学生英语竞赛中共有55人获奖,其中特等奖2人,一等奖6人,二等奖16人,三等奖31人。

(黄爱霞)

天津学院

【概况】 北京科技大学天津学院是2005年4月经教育部批准,由北京科技大学与广东珠江投资有限公司合作举办的本科层次的独立学院,上级主管部门是天津市教育委员会。

天津学院位于天津市宝坻区新宝白路,规划占地1500亩,建筑面积约320000平方米,投入资金约5.1亿元。2005年,学院完成一期建设,教学楼、实验楼、图书馆、计算机中心、语音室、体育馆、学生公寓、食堂等投入使用,占地375亩,建筑面积72852平方米。学院设有5个系、7个专业。2005年首次在全国12个省市招生,在校生1298人。

学院下设综合办公室、教学事务部、学生事务部、基建后勤部、财务部、体育部和图书馆。目前共有教职员工51人，其中北京科技大学派出人员9人，广东珠江投资有限公司10人，社会招聘32人。

（李　帅）

【专业设置】 2005年，学院设立信息工程、机械工程、经济管理、法律、外语5个系，计算机科学与技术、物流工程、国际经济与贸易、金融工程、会计学、法学、英语7个专业。

（吴　平）

【教学工作】 2005年，学院成立教学工作委员会，负责对学院专业建设、课程建设、教材建设、教学改革、质量监控等提供建设性意见和实施方案；对教师专业技术职务晋升、教学奖励等提供评审意见。年内，学院还编制了《北京科技大学天津学院教学事务规章制度汇编》、《北京科技大学天津学院考试工作手册》，以规范学院教学工作。

2005年，学院共开设19门课程。11月下旬，完成期中教学检查，学生对学院的教学工作比较满意。

（吴　平）

【师资队伍】 2005年，学院共聘请课程主讲教师58人，其中校本部40人，学院15人，外校3人。主讲教师中具有副教授以上职称的19人，占主讲教师的33%。聘自校本部的资深教师是学院办学之初的重要力量，保证了学院的教学质量。

2005年初，启动引进、招聘专职教师工作，由各系主任牵头，聘请相关专业教授、学科带头人组成专家评审小组，通过面试、试讲等方式，确定引进、聘用人选。

（李　帅）

【党建与学生工作】 2005年，完成党支部设立工作，共有5个党支部，其中教职工党支部3个，学生党支部2个；共有党员50人，其中教职工党员25人，学生党员25人。12月，第一期学生业余党校顺利完成800名学员的培训工作。

2005年，完成团委设立工作。建立并完善班级、年级、学院三个梯次的学生干部队伍；通过民主选举，产生学院第一届学生会，组建各系分团委和年级组。组建了伙食、图书馆、宿舍、医务、教学和学生维权6个共建委员会，参与学院建设和管理工作。年内，学院完成《学生手册》的编制工作；指导建立学生会、学生艺术团、求是学会等17个学生社团，组织开展丰富多彩的课余活动，其中新生文艺汇演受到了师生的一致好评。学院定期邀请知名教授为学生开办各类讲座、报告，激发学生的学习兴趣和热情。此外，学院设立42个勤工助学岗位，缓解贫困学生经济困难和学院编制紧张现状。

（李　帅、盛佳伟）

管庄校区

【概况】 2005年，管庄校区以发展为第一要务，以改革为根本动力，进一步稳定教学秩序，积极拓展办学领域，较好地完成了高等职业技术教育、成人教育、远程教育、中外合作办学和其他各类培训任务。同时通过积极开展保持共产党员先进性教育活动，启动新一轮人事分配制度改革，编制“十一五”发展规划等重要措施，有力地促进了校区教学、管理等各项工作的开展。

年底，管庄校区设有31个函授站、26个远程教育校外学习中心，各类在籍生总数11303人，其中成人教育学生6195人，远程教育学生4300人，高职生794人，二学位生14人。

（陆春兰）

【编制“十一五”发展规划】 为突出校区发展重点，确保定位科学性、长远性和前瞻性，校区结合保持共产党员先进性教育活动，通过个别谈话、召开座谈会等形式广泛征求教职工意见。在反复调研、充分考虑学校发展全局和校区实际情况的基础上，拟定了《管庄校区“十一五”事业发展规划草案》，提出“十一五”期间校区发展的指导思想和工作目标是：以邓小平理论和“三个代表”重要思想为指导，坚持科学发展观，按照北京科技大学第九次党代会和“北京科技大学发展战略规划”提出的任务，充分发挥校区的特色和优势，把校区建设成与北京科技大学发展目标相称，学历教育与非学历教育并重、可持续发展的办学基地。“规划草案”同时明确并细化了“十一五”期间管庄校区各项工作的主要任务、具体目标和措施。

（陆春兰、吴　珊）

【人事分配制度改革】　2005年，管庄校区启动新一轮人事分配制度改革。首先根据工作需要，对内部机构设置进行了调整，合并“总务办公室”、“物业管理中心”为“总务办公室”，撤销“物业管理中心”建制；增设“招生就业办公室”，于2006年启动运行；制订《管庄校区岗位聘任和校区津贴制度实施办法》，在机构调整的基础上重新核定岗位和编制，明确岗位职责，实行全员聘任，竞争上岗；调整合并各系（院）专业（课程组），确定了4系（院）共13个专业（课程组）；坚持德才兼备、公开选拔、竞聘上岗、择优聘任和群众公认的原则，实行行政岗位负责人和专业（课程组）负责人竞聘上岗，经竞聘答辩、民主测评、民主推荐、组织考察和党政联席会讨论，重新确定了校区各部门行政负责人和专业（课程组）负责人；重新核定、公布各部门岗位职数和上岗条件，实行所有岗位人员“公开招聘，双向选择，竞争上岗”；建立健全了校区津贴制度，在学校岗位津贴、绩效津贴的基础上增设校区补贴，完善了“按劳分配、优劳优酬”的激励机制，有效地调动了教职员工的积极性。

（陆春兰、曹宏生）

【师资队伍建设】　2005年，校区教师在读研究生27人（博士4人，硕士23人）；教师队伍结构趋于合理，教授、副教授占36.5%，讲师占54.1%；研究生学历占42.4%；35岁以下教师占教师总数47.1%，36～45岁教师占教师总数的40%。年内，11名教职工参加职称评定，有8人通过学校评审晋升职称。校区加强对35名合同制聘用人员的管理和考核，解聘3人，新聘4人；在继续为合同工办理养老、失业保险的同时，还为合同工增办了医疗保险。

（曹宏生、程俊英）

【合作与交流】　校区积极探索中外合作办学途径，不断加强与日本有关大学的合作与联系。2005年9月，与日本东京电机大学情报环境学部续签了《关于接受留学生的备忘录》。按照北京市教委关于对中外合作办学机构和项目进行复核的通知要求，严格对照有关标准认真进行自查复核和硬件软件准备工作。调整了联合办学管理机构，将原中日经济技术学院“理事会”改为“联合管理委员会”；重新签订了《关于设置中日经济技术学院协议书》等。10月17日成功举办中日经济技术学院建院十周年庆典活动，总结了十年来的办学经验，并对学院的未来发展进行了规划。同时积极做好引智和学生交流工作，年内共聘请外籍教师8人，其中英语外教2人，日语外教6人；参加中日合作交流项目的10名学生全部通过日本学校的编入考试。

（杨　勇、郭　静）

【财务管理】　2005年，校区继续按照“立足自给，争取支持，收支相当，勤俭节约”和“保障收入，维持运行”的管理原则，进一步加强财务预算编制、控制与实施管理、严格票据管理、教育收费管理，加强内控制度建设和财务监督。因逐年减招高职生和成教脱产生，校区经费呈下降趋势，但由于合理的财务管理和全体教职工开源节流，增收节支，2005年校区总收入3000多万元。年底，校区固定资产总额约4630万元，同比增加2.4%，净增约110万元。

（严冬梅）

【安全稳定工作】　2005年学

校投入经费46万元完成校区科技创安工程,其中14万元用于安装自动烟感报警器,32万元用于安装视频摄像监控系统;校区自筹经费6万元维修更换消防器材,完善了校区安全、消防等设施。同时,进一步落实安全责任制,以防火、治安、交通等为重点,加强安全教育与检查,并坚持干部值班制度,维护校园的安全与稳定。

(陆春兰、韩玉明)

【条件建设】 2005年,校区顺利通过校园网二期第二阶段验收;完成远程项目修购计划200万元(校区配套40万元),设备安装、调试完毕并已正常运转;按照政府采购流程建设了夜大部机房;新建课件开发小组,基本完成远程教学课件构架,并进一步完善了校区OA办公系统。认真探讨数字化图书馆建设,为远程学生服好务;积极参与天津学院图书馆筹备工作。

年内,校区完成了地下管网和教学楼改造等9项工程决算,审计结算金额805万元;完成了年度基建和维修项目,如饮水2号井工程、锅炉大修、部分入户热力管网支线的维修等项目。取暖用煤首次采取公开招标采购,节省资金十多万元。配合学校房产处完成部分教职工无房补贴、住房差额补贴的核实发放及在职职工住房调查表发放、登记;完成部分外购房物业供暖补贴核定、校区国有土地使用权的申请登记,并取得北京市国土资源局颁发的《国有土地使用证》;完成了固定资产的清查整理。

(曹建波、徐艳玲、武兆生)

【学生工作】 校区注重学生管理工作理念、模式与方法的全面改革,2005年成立校区学生申诉处理委员会,制定《校区学生申诉管理办法》,并修改完善了《校区学生违纪处罚条例》,更加体现了以学生为本的理念。校区积极举办考研辅导、英语讲座等各类培训班,多渠道培养学生学习兴趣;举办"经营、精英与就业"讲座、月末创业论坛和"绿洲行动——首届北京东部高校联合现场招聘会"等活动,为学生了解就业形势、与企业直接交流提供平台和机会。校区不断强化学生的自主管理意识和能力,支持学生会开展各种活动,并完成了学生会换届选举工作。成立"舞指"手工编制社、跃翔轮滑协会等社团组织,并通过举办各类体育比赛、文艺晚会、"纪念一二·九"系列文体活动和青年志愿者服务等,营造良好的校园文化氛围。年内,校区还配合学校圆满完成了冬季征兵工作,光荣退伍的4名校区学生已顺利升入本科学习,其中一名学生被评为海军全军优秀个人。

(孟兆磊)

【党建和思想政治工作】 2005年校区党委认真组织并圆满完成校区保持共产党员先进性教育活动。在保持共产党员先进性教育活动中,校区专门成立了保持共产党员先进性教育领导小组及办公室,制订了各阶段实施计划,调整了支部建制并充实了各支部支委成员。开设"保持共产党员先进性教育活动"网专栏,方便党员学习和群众监督;校区党委书记、副书记带头为师生党员上党课;结合高校特点及岗位类别开展党员具体标准大讨论活动,通过学习、讨论、参观、谈心、撰写党性分析材料和制定整改措施等环节,形成了党员讨论有记录、学习有心得、谈心有诚意、分析有深度、组织生活有实效和整改有措施等学习管理制度,进一步增强了校区党员的党性修养和综合素质。校区先进性教育活动得到了广大党员群众的普遍认可,取得了预期效果。经过满意度测评,满意率63.3%,基本满意率33.3%。年内,校区进一步规范党员培养与发展工作,新发展党员共49名,其中学生党员47名。此外,校区党委积极配合学校党委完成了校区新班子的考察调整工作,并进一步加强了党风廉政建设,对党风廉政建设的分工和责任进行了细化。

(王川让)

延庆分校

【概况】 2005年,延庆分校在校生1346人,拥有英语教育、商务英语、计算机技术及应用、文秘、工程造价和物流管理6个专业。2003级在校生410人;2004级在校生446人;2005级在校生490人。

2005年,分校招收2005级新生490名,且第一志愿高于专科录取线10分全部录满。毕业学生352名,其中续本30人,就业304人,就业率为94.40%,另有2003级英语师资专业6名学生升入本部外国语学院续读本科。

(熊立文、朱凤琴)

【教学工作】 面对高等职业教育的新形势,分校遵循高职教育发展规律,突出高职教育特点,进一步明确了"四个坚持"的办学指导思想:坚持依托北京科技大学本校的教育资源优势,确保教学质量;坚持为区域经济和社会发展服务;坚持以学生为本,一切为了学生的发展;坚持现代教育技术建设,推动教学改革。

2005年,分校积极贯彻落实"培养知识、能力和品格三位一体,富有一定实践能力的应用型高等专业人才"培养目标,从教学计划入手,使原来的基础课、专业基础课、专业课和毕业设计4模块形式转变为现在的公共基础课、专业基础课、专业课、实习课、实训课、职业资格培训课、外聘专家课、就业指导课、社会实践和毕业实习及毕业设计10模块形式,并加大实训课时的比例,突出学生的动手能力和职业技能训练;利用社会和其他兄弟学校的实训资源,分校与北京物资学院和西南物流中心合作,新建了北京西南物流公司实训基地,迈出了"校校合作、校企合作"进行人才培养模式的可喜一步;各个专业都制订了体现专业核心能力和基本技能的三年六学期训练培养计划,使各专业各年级的学生每学期都有较明确的应掌握的基本技能及专业核心能力的阶段性要求。同时,为了适应高职阶段的教学和实训工作,有力地促进分校高职教育教学的发展,分校同科大本校各学院每学期召开两次教学联席会,通过研究沟通适时适度调整教学策略,确保教学质量。

年内,分校组织03级英语师资专业学生到全市近60所中小学进行为期一个月的教学实习;并聘请了延庆县教科研中心德育教研室主任刘明军、英语教研室主任王志云为常年客座教师,负责师资班学生的班主任工作、中小学英语教学工作教学指导并组织系列讲座。分校组织04、05级物流管理专业学生到北京物资学院实验室见习;组织04级物流管理专业56名学生分两批到北京西南物流公司进行了为期10天的实训。此外,还组织参加社会考试、"双证书"培训考试2400多人次,"双证书"取得率达到56.67%。

(熊立文)

【党建与学生工作】 2005年,分校坚持教育领先、管理从严、服务到位的原则,以学风建设为重点,以提高学生综合素质为目的,以校园文化活动为载体,以制度管理为手段,加强和改进学生思想政治教育及校园文化建设。

分校以中国共产党成立84周年为契机,深入开展党的理论知识教育,组织学生听党课1300人次,发展党员31人,实现了"一年级有党员,二年级有党小组,三年级有党支部"的目标。分校坚持正面形象引导的育人原则,开展了"楷模就在身边"的十佳学生评选。评选出2005年度"十佳"大学生:关心集体——于水莲;爱护公物——杨小兰;奉献爱心——王钊;自立自强——祁雪鹏;勇于拼搏——刘墨林;勤奋努力——路丹丹、陈钊;勤俭节约——吴广娜;见义勇为——白冰;扶贫助困——石佳;尊敬师长——崔维维。

在学风建设方面，以英语文化月为契机，开展了丰富多彩、生动活泼、具有特色的学风建设主题教育活动，如学风建设演讲比赛、学风建设师生座谈会、“我与学风建设”主题班会、“争优秀、树新风”图片宣传等活动。在日常管理方面，分校坚持教育从先、管理从严的原则，加大对班会课的组织管理力度，严把考勤关和出勤关，规范请假与批假制度，加强考风考绩教育，与考生签定考试诚信协议。分校还评比表彰了一批优秀党员、优秀共青团员、三好学生、校园十佳学生以及先进党支部、先进团支部集体，形成后进赶先进，先进更先进，齐头并进的良好校风，将学风建设落在实处。

根据教育部要求，分校重新修订了《北京科技大学延庆分校学生管理规定》，规范学生教育管理体制；制定了班级工作千分赛评比细则，积极落实大学生“十要十不要”行为准则，规范家、校联系制度，制定了班主任工作量化考核办法。

在助学服务工作方面，对经济困难的新生，分校设立“绿色通道工作站”，先办理入学手续，然后再根据实际情况，采取相应措施予以资助，确保不让一位新生因家庭经济困难而失学。为准确掌握贫困生情况，以提高帮困助学的针对性和实效性，分校进一步完善了贫困生名单动态更新的制度，从本学年起，贫困生名单每学期更新一次。对孤儿、军烈属和低保户、农村特困家庭子女，可申请减免或缓交学费。分校2005年共为60余名贫困学生提供了30多个勤工助学岗位，通过国家助学奖学金资助了42名贫困学生，班主任走访了20多个贫困家庭，关注贫困学生思想动态，营造了关爱贫困学生心灵的温馨氛围。

在校园文化建设方面，创建了流火翔天社团、诗社，组建了校园礼仪队，开展了“古典剧话剧表演”、“配乐诗朗诵”、书法、绘画、公关礼仪大赛等校园文化系列活动；开展了“节约是美德，节约是品质，节约是责任，节约更是一种境界”的节约型校园活动大讨论。

年内，分校团委、学生会积极组织社会实践活动，推进学生志愿服务及爱心捐助工作，英语师资专业学生坚持义务为贫困儿童、残疾少年补习英语；“爱心服务社”捐助延庆山区3名贫困失学学生，使他们重返校园。此外，由百名学生干部、学生党员组成10个暑期社会实践小分队，对京郊水资源缺乏情况进行了实地考察，撰写了调查报告。

（尤志华、徐留纪、国建民）

【基础建设】 2005年，分校投资20余万元改进物流和工程造价实训教室，使得硬软件设施均达到了较先进的水平；投资110余万元完善校园网、新建8个设备先进的多媒体教室和远程教育接收系统。

（熊立文）

【表彰奖励】 2005年，延庆分校获得多项荣誉，其中包括“北京市精神文明先进单位标兵”、“延庆县先进团委”、“延庆县爱国卫生先进单位”称号。

（吴洪涛）

教育教学与学科建设

本科生教育

【概况】 2005年,学校有本科专业40个。按学科划分:工学18个、理学9个、管理学5个、文学3个、经济学2个、法学3个;按学院分:土木与环境工程学院5个、冶金与生态工程学院2个、材料科学与工程学院5个、机械工程学院6个、信息工程学院6个、管理学院4个、应用科学学院5个、文法学院5个、外国语学院2个。全校共有本科生11156人,其中全日制10898人、专转本258人。根据学校2005版培养计划的原则意见,学校本科专业培养目标为:培养基础知识扎实、善于自主学习、实践能力强、富于创新精神,适应社会、经济和科学技术发展需要的高素质专门人才,优势学科应着力培养高素质研究型人才。

2005~2006学年度第一学期完成1575门次排课任务,其中必修课1191门次、公共选修课94门次、专业选修课283门次、重修班课程7门次;第二学期课程的排课工作量与第一学期大体相当。此外,为学院路地区16所高校教学共同体其他15所高校开设了7门选修课,有1329人次选修。

2005年,北京科技大学被评为北京市普通高等教育(本科)学历证书电子注册管理工作先进集体,同时荣获全国高等教育学历证书"电子注册管理工作先进集体"称号。

(蔡嗣经)

【本科教学评估准备工作】 为迎接教育部2007年上半年对学校的本科教学工作水平评估,根据学校迎评工作整体安排,2005年学校本着"以评促建、以评促改、以评促管、评建结合、重在建设"的指导思想,继续做好各项建设与准备工作。硬件建设方面,加快基础设施建设步伐,同时重点进行新专业实验条件、基础实验条件、多媒体教室和语音室等建设工作;软件建设方面,召开本科教学工作会议以及修订本科05版培养计划,推动国家级、北京市、学校等各层次的教学改革项目取得进展,加大优秀课程和精品课程建设力度,加强教学质量监控工作,进一步优化本科教学管理和服务功能。

(蔡嗣经)

【制定本科2005版培养计划】 2005年5月,学校以研讨本科05版培养计划为主题召开本科教学工作会议。在深入进行教育教学思想研讨的基础上,学校以建设高水平研究型大学的本科生教育为目标,结合学校实际情况和人才培养定位,完成了本科05版培养计划的制定工作。05版培养计划是对99版培养计划的完善和革新,最大特色是在原来课堂教学和实践教学的基础上增加了科技创新的内容,要求每个学生必须完成2~6个学分的科技创新与学术实践活动,秉承并发扬了学校"学风严谨、崇尚实践"的优良传统。

(申亚男)

【教育教学改革】 2005年,依据教育部《普通高等学校学生管理规定》,学校制订和修订了一系列教学文件,进一步推进了本科教学工作的规范化和制度化。其中包括:重新修订了《北京科技大学本科生学籍管理办法》,取消对学生"勒令退学”的纪律处分；对进入毕业设计（论文）阶段资格审定及相关问题提出了处理办法，该办法更加注重以学生为本。重新修订了《北京科技大学本科教学考试违规处理条例》，进一步明确考试过程中违纪、违规行为的认定与处理，并规范了处理程序。进一步完善学士学位授予工作，对学位授予工作作了补充规定，明确以下三种情况之一者不授予学士学位：①未取得本科毕业资格；②有留校察看处分记录；③校学位委员会或学院学位分委员会认定，不具备学士学位授予资格。“补充规定”更加注重“目标”管理，凡达到要求、符合标准均可授予学士学位。重新修订《关于本科进入毕业设计（论文）阶段资格审定及相关问题处理办法》，对延期毕业学生所欠学分问题作了更加明确的解释；对延期学生住宿及缴费等问题也作了明确规定；同时增加了外语四级未通过者可在毕业前参加由学校统一组织考试的条款，该办法从2006届毕业生开始执行。制定了《北京科技大学本科生学习证明管理办法》，明确了学习证明的类别、归口办理单位、基本办理程序、开具成绩单所依据的原则等，进一步规范了开具证明的范围与职责，突出了以学校注册中心学生成绩档案作为提供学习证明依据的唯一性。

根据《北京科技大学关于制定本科05版培养计划的原则意见》文件精神，为落实本科生志愿服务与公益劳动实践课程的教学工作，教务处、校团委联合制定并下发《北京科技大学志愿服务与公益劳动类实践课程教学工作管理办法》，进一步规范了志愿服务与公益劳动类工作的范围和组织管理，将志愿服务与公益劳动纳入到本科培养计划。

此外，学校在机械工程学院开展本科生导师制试点工作，明确每名学生在本科入学时选定一名教授当导师，接受在专业学习、日常生活、心理教育等方面的教育；每名教授每年选定5名学生进行指导，4年共指导20名学生。导师制工作拟从2006年起在机械工程学院全面实施。

（李静洁）

【教育研究与管理】 2005年，学校教学研究会第五批立项研究中65项“面上”立项研究的中期检查已基本完成，第二次拨款正在进行，各项研究进展顺利；第五批“05版教学计划专项”立项研究的11个项目进展顺利；“重点项目”正在启动中。

同时，学校积极组织申报北京市高等学校2005年度教育教学改革立项项目。其中由徐金梧教授负责的“研究型大学创新性人才培养模式的研究与实践”、罗维东教授负责的“以工程训练为主线培养研究型人才的《工程训练课程》的探索与实践”、张欣欣教授负责的“‘以学生发展为本’的研究型大学人才培养模式的探索与实践”和谢建新教授负责的“以科技训练为主线的本科研究型人才培养的研究与实践”4个项目获北京市立项资助，并已启动。

学校还积极组织申报了教育部“高等理工教育教学改革与实践项目”和“大学英语教学改革扩展项目”等。

（裴晶莹、李静洁）

【免检课堂】 为表彰在本科课堂教学评价中成绩优秀的教师，根据校教发[2004]40号文件精神，继第一批68名教师77个讲台的课程获得免检资格后，根据2004～2005学年度“课堂教学质量（全员）调查（学生）”的统计数据今年又有土木与环境工程学院张树泉等35名教师38个讲台的课程进入免检行列，获得免检资格。

（裴晶莹）

【教材建设与管理】 2005年，学校相继修订和完善了《北京科技大学教材建设基金管理办法》、《北京科技大学教材编写启动费和教材编写补助费资助办法》、《教材出版基金管理办法》、《优秀教材和讲义评奖办法》等制度，促进了教材建设和管理的规范化和制度化。

学校加强对“十五”国家级规划教材和北京市高等教育精品教材的质量管理和进度管理。目前“十五”国家级规划教材交稿5种、出版4种；2001～2003年共立项精品教材13种，目前已交稿9种、出版8种。

组织申报教育部普通高等教育“十一五”国家级教材建设规划，共组织申报选题72种，向各出版社推荐选题65种；组织申报北京市高等教育精品教材评审10种，5种教材被评为北京市高等教育精品教材；组织北京科技大学第六届优秀教材和第十届优秀讲义的申报、评选工作，评选出优秀教材15种（其中一等奖7种，二等奖8种），优秀讲义11种。

学校教材科全年入库教材10万余本、总值207万元，出库教材总值226万元，零售教材总值20万元；560多个班级预收款200多万元。2005年底库存教材8万余册，总值110余万元。

（孙玉珍）

【精品课程及优秀课程建设】 2005年，学校制订了《北京科技大学精品课程建设规划》，合理规划精品课程建设工作，构建国家级精品课程、北京市级精品课程、校级精品课程及校级优秀课程、院级优秀课程5个层次的课程体系。同时制订《北京科技大学本科精品课程建设实施暂行办法》，对申报立项、运行管理、资助奖惩、经费使用等都作了明确规定，力求通过精品课程建设形成一批示范性课程。

2005年学校组织推选6门课程申报“北京市精品课程”，其中《大学物理实验》获“北京市精品课程”称号。首届校级精品课程立项建设启动16门。校级优秀课程第三批立项建设共有21门，其中校级课程5门、院级课程16门。

（裴晶莹）

【实践教学】 根据教学计划，2005年，学校组织实施2002级和2003级32个专业、59个队4085名学生、225名指导教师的实习任务，使学生了解了社会，增长了知识，提高了实践能力；安排2004级40个专业113个班3580名学生、110名教师每人40学时的暑期计算机实践工作，提高学生使用计算机的能力；组织、协调5个专业980名学生、45名教师的课程设计以及机类和非机类1100名学生、48名教师的金工实习工作，提高学生的动手能力；组织2004级40个专业近3000名学生中国革命史的教学参观，结合实际对学生开展爱国主义教育。通过各种类型的实践教学活动，提高了学生分析问题和解决问题的能力，为培养高素质的人才奠定了基础。

（王春义）

【毕业设计（论文）结业】 2005届共有2400名学生参加毕业设计（论文）结业，参与指导教师580人，生师比为4∶1。指导教师职称中，教授占33.3%、副教授占39.9%、讲师占25.2%、其他职称占1.6%；从毕业设计题目来源统计，真实题目占43.7%、自拟题目占56.3%；从学生毕业设计（论文）的结业方式统计，设计性题目占31.1%、科研性题目占53.0%、其他题目占15.9%。从毕业设计（论文）中评选出优秀论文109篇并已汇编成册。

2005年6月，学校首次举行本科校级优秀论文公开答辩会，聘请64位专家，分为土木、冶金、材料、机械、信息、应用、管理、文法和外语8个小组（文法和外语为1个组）。在计算机随机抽查的48名学生中，学院答辩成绩最高者94分，最低者70分。校级答辩成绩与学院答辩给出的成绩基本一致，分差在正负5分之内。校级优秀论文公开答辩，为本科毕业答辩程序的规范化，提高本科生毕业论文的答辩质量提供了有益尝试。

（王春义、李静洁）

【校内转专业及免试推荐研究生】 2005年，学校共有66名学生提出转专业申请，经接收学院专业考核同意，15个专业接收了14个专业的32名转专业学生，占同年级在校生总数1.15%，占申报人数48.48%。

年内，学校从2002级2503名本科生中推荐选拔了284名2006年免试攻读硕士研究生，其中校内195人、校外83人、支教团6人，占年级学生总数的11.34%。

（王昌言）

【双学位、第二专业、辅修专业】 学校自2002年5月起试行双学位及主辅修专业制度，连续成功开办四届，涉及工商管理、信息管理与信息系统、法学、英语、国际经济与贸易5个专业，共有314名学生参加学习。2005年7月,第一届2000级100名学生顺利毕业。

（任素美）

【高职生升本科】 2005年,经考核和北京市招生办批准,53名来自管庄校区和延庆分校的专科毕业生转入校本部的会计学、工商管理、信息管理与信息系统、日语和英语专业学习。

（王昌言）

【四级外语考试】 在2005年1月举行的全国大学英语四级统考中,学校2003级快班223名学生参加考试,221人通过,通过率为99.12%,成绩优秀131人,优秀率为57.71%。在2005年全国高等学校英语专业和日语专业的四级考试中,英语03级学生一次通过率98.33%,日语03级学生一次通过率达100%(优秀率为20%)。分别高出全国平均通过率44.60和35.21个百分点。

（刘亚明、黄爱霞）

【教学奖励】 2005年,两年一届的“本科教学优秀奖”进入第三届,秉承“公正、公开、宁缺勿滥”的原则,共评出33名获奖者,其中标兵奖3名、一等奖10名、二等奖20名。

为鼓励教师更好地完成本科教育科学工作,学校决定自2004年开始,针对本科教育教学工作组织专门的“年度本科教育教学表彰会”,以加强表彰、宣传、交流一年来本科教育教学的工作成绩和研究成果。

（裴晶莹）

【教学督导与质量监控】 2005年,学校本科教育教学督导组常规性听课共244门次,占全年总开课门数的24%,占总讲台数的11.4%。两学期听课评价“优良率”分别是82%和80.3%。本年度,督导组共进行11项专题调查研究,特别是学校实践教学状况,先后完成“关于学校实习工作的总体状况调查”、“实习现场调查”、“校内实习基地(金工、电子、计算机应用)状态调查”、“材料、信息两学院专业实验课调查”、“16门公共基础实验课调查”、“本科毕业设计(论文)的现状、问题和建议”等专题调研工作。

此外,督导组还协助外国语学院进行外语教学工作经验总结,积极开展与兄弟院校的交流,共接待和出访6所高校。10月,参加第一届全国高校教学督导研讨会,并向大会提交了交流文章。配合实验室管理处参加多项实验室建设项目的论证和验收;并配合学校参加了青年教师课堂教学评比工作。为解决评价数据和信息的使用,在发放调查问卷进行课堂评价的同时,2005年9月开始启动“网媒评教”工作,试行“课堂教学质量评价的实验课”的评价工作。2005年共对1704个本科教学讲台进行了调查,回收问卷82084(其中包括10943份网评问卷)份。全年课堂评价的平均分为92.05,优秀率23.76%,良好率51.34%,中等率18.73%,差率4.46%,极差率1.71%。年内,学校还对910门次课程进行了试卷分析,占考试课程的87.71%。分析结果显示,目前的考试工作能够起到质量控制的作用,但考试改革工作有待加强。

（熊楚强、裴晶莹）

【教学管理平台建设】 2005年,“本科教学网”共发文840余篇,访问人次达180多万。年内,教务处接收并管理电教中心的课件点播服务器,完成“高等数学教学服务系统”的试用和历年“精品课程”的网上发布工作。

2005年根据教学管理的具体工作,教务处开发并逐渐完善本科教学网的各项功能,大大提高了工作效率。①教师网上成绩录入,可使用多种渠道,既能按讲台录入又能按班级录入,还可以录入每道题的分数,同时完成试卷分析工作。②开发“考试证打印”软件,可直接打印出带照片的考试证,不仅减少了粘贴照片的环节,同时杜绝了个别学生利用更换考试证照片的手段替考的现象,加强了考风考纪。③为单科换证等特殊学生进行后台补选,处理选课数据。④开发完成“成绩单自助打印系统”,学生通过在触摸屏上进行操作可打印出自己的成绩单。⑤开发完成“英文成绩单自动翻译系统”并投入使用,运行良好,2000级以后学生的英文成绩单可一键完成。

（尚新生、李静洁）

【学科竞赛】 2005年,学校学生在校内外各种学科竞赛中均取得了优异的成绩,共有2139人参赛390人获奖。在“全国电子设计竞赛”中,16个队参赛,12个队获奖,获奖率75%。在“全国大学生数学建模与计算机应用竞赛”中,16个队参赛,8个队获奖,获奖率50%,其中全国一等奖2个队。在“第22届北京市大学生物理竞赛”中,127人参赛,77人获奖,得奖率60%;其中魏忠超获得本届竞赛物理专业组第一名(特等奖)。在“全国大学生英语竞赛”中,张思培、梅尤获得特等奖,梅尤同时获得“第六届全国大学生英语演讲赛”一等奖;作为北京队成员参加辩论赛获得二等奖,并获最佳辩手奖。此外,在“北京科技大学物理竞赛”、“北京科技大学高等数学竞赛”等校内各种竞赛中,共有900人参赛,187人获奖。

(王常策)

附　录

北京科技大学“本科教学质量年度考察指标”

序	考察指标	单位	数据				
			01~02学年	02~03学年	03~04学年	04~05学年	均值
1. 应届毕业生质量简况							
1-1	四年按期毕业率	%	93.2	92.9	90.4	95.07	92.89
1-2	应届毕业生毕业证书获得率	%	94.3	94.7	91.4	92.29	93.17
1-3	应届毕业生学位证书获得率	%	91.0	92.4	89.3	99.00	92.93
1-4	应届毕业生考研率(含保送)	%	27.98	35.57	34.44	35.47	33.37
2. 英语四、六级通过率							
2-1	英语四级考试一次通过率	%	67.3	71.38	76.77	78.99	73.61
2-2	英语四级考试一次优秀率	%	4.1	6.4	10.61	-	7.04
2-3	应届毕业生累计英语四级通过率	%	96.37	95.76	91.55	94.84	94.63
2-4	应届毕业生累计英语六级通过率	%	35.98	47.23	36.24	40.87	40.08
3. 在校生参加全国和北京市单科竞赛情况							
3-1	参加人数	人	133	135	314	115	697
3-2	获奖人数	人	43	25	26	20	114
4. 教师授课方式与教材使用							
4-1	使用多媒体授课的比例	%	18.0	27.0	40.1	55.6	35.18
4-2	使用外(双)语授课的比例	%	3.0	4.8	3.6	3.69	3.77
4-3	使用新教材或优秀教材的课程比例	%	36.3	43.5	46.0	60.0	46.45
5. 教授上课与教师获奖简况							
5-1	教授上本科课程的比例	%	66.85	79.38	64.68	70.91	70.46
5-2	副教授上本科课程的比例	%	85.45	86.31	86.11	86.4	86.08
5-3	教师课堂教学质量评价的平均值	分	-	90.76	91.38	91.64	91.26

续表

序	考察指标	单位	数据				
			01～02学年	02～03学年	03～04学年	04～05学年	均值
5－4	教师获得教学类奖项统计： 01～02学年:30项(教学成果14项、教材2项、青年教师课堂评比14项)。 02～03学年:36项(教学优秀29项、教材4项、教学名师3项);1门北京市精品课程。 03～04学年:70项(教学成果18项、青年教师课堂评比22项、北京科技大学基本功大赛26项、北京市基本功大赛4项);11门次课程建设(北京科技大学校级优秀课程9门、北京市精品课程2门)。 04－05学年:51项(国家教学成果3项、北京市教学成果10项、北京市精品教材5项、校教学优秀33项);13门次课程建设(国家精品课程1门、北京市精品课程1门、校优秀课程11门)。						

说明：

(1)应届毕业生毕业证书获得率、学位证书获得率以及考研率,以当年7月毕(结)业离校的人数为基数。

(2)新教材指近三年出版的教材;优秀教材指国家重点教材和北京市精品教材。

(3)多媒体教学比例是指50%及以上课时采用多媒体的讲台数比例。

(4)双语教学比例是指采用外文教材并且外文或双文讲授的讲台数比例。

(冯瑞芳、裴晶莹)

2005届本科生毕业设计(论文)情况统计表

学院	生师比	职称结构(%)				题目来源		题目性质		
		教授	副教授	讲师	其他	真实题目	自拟题目	设计性	科研性	其他
土木学院	5.3	38.8	49.9	16.3		54.7	45.3	62.4	35.3	2.3
冶金学院	3	45	42.5	12.5		100		100		
材料学院	2.9	44.6	37.6	17.8		60.9	39.1		100	
机械学院	6.4	35.5	45.2	19.4		67.1	32.9	52	43	5
信息学院	4.5	27.6	38.1	31.4	2.9	37.5	62.5	70.1	20.6	9.3
应用学院	2.2	32.6	41.3	22.8	3.3	53	47	16.2	32.8	51
管理学院	5.8	24.1	38.9	31.5	5.6	19.6	82.4	4.2	28.5	67.3
文法学院	4.6	22.4	34.5	43.1		100		100		
外语学院	4.3	22.2	38.9	38.9		100		100		

(王春义、王常策)

北京科技大学本科专业目录

(2005年2月)

学科门类	二级类	专业代码	专业名称	授予学位	备注
经济学	经济学	020102	国际经济与贸易	经济学	
		020109W	金融工程	经济学	03年增设
法学	法学类	030101	法学	法学	96年增设
	社会学类	030302	社会工作	法学	00年增设
	政治学类	030404	思想政治教育	法学	兼专升本、二学位
文学	外国语言文学类	050201	英语	文学	
		050207	日语	文学	03年增设
	艺术类	050408	艺术设计	文学	04年增设

续表

学科门类	二级类	专业代码	专业名称	授予学位	备　注
理　　学	数学类	070101	数学与应用数学	理　学	
		070102	信息与计算科学	理　学	00年增设
	物理学类	070202	应用物理学	理　学	
	化学类	070302	应用化学	理　学	
	生物科学类	070402	生物技术	理　学	02年增设
	电子信息科学类	071215W	信息安全	工　学	04年增设
	材料科学类	071301	材料物理	工　学	
		071302	材料化学	工　学	03年增设
	环境科学类	071402	生态学	理　学	03年增设
工　　学	地矿类	080107Y	矿物资源工程	工　学	
	材料类	080201	冶金工程	工　学	
		080203	无机非金属材料工程	工　学	
		080205Y	材料科学与工程	工　学	
	机械类	080302	材料成型及控制工程	工　学	00年增设
		080303	工业设计	工　学	00年增设
		080305Y	机械工程及自动化	工　学	
		080306W	车辆工程	工　学	04年增设
	仪器仪表类	080401	测控技术与仪器	工　学	
	能源动力类	080501	热能与动力工程	工　学	
	电气信息类	080602	自动化	工　学	
		080603	电子信息工程	工　学	98年增设
		080604	通信工程	工　学	03年增设
		080605	计算机科学与技术	工　学	
	土建类	080703	土木工程	工　学	97年增设
		080704	建筑环境与设备工程	工　学	02年增设
	环境与安全类	081001	环境工程	工　学	98年增设
	交通运输类	081207W	物流工程	工　学	05年增设
管理学	管理科学与工程类	110102	信息管理与信息系统	管理学	
		110103	工业工程	工　学	02年增设
	工商管理类	110201	工商管理	管理学	兼二学位
		110203	会计学	管理学	
	公共管理类	110301	行政管理	管理学	96年增设
		110302	公共事业管理	管理学	二学位

（任素美、王春义）

2005～2006学年度课程表

矿物资源工程专业

年　级	课　程　设　置
2005级	思想道德修养，基础外语Ⅰ，体育Ⅰ，军事理论，大学计算机基础，高等数学A(Ⅰ)，普通化学，毛泽东思想概论，基础外语Ⅱ，体育Ⅱ，VB程序设计，高等数学A(Ⅱ)，大学物理AⅠ，工程测量
2004级	马克思主义哲学原理，基础外语Ⅲ，体育Ⅲ，线性代数，工程力学AⅠ，大学物理AⅡ，工科物理实验Ⅰ，机械设计与制图Ⅰ 基础外语Ⅳ，法律基础，体育Ⅳ，工程力学AⅡ，工科物理实验Ⅱ，地质学与矿物学，机械设计与制图Ⅱ，电工技术实验，电工技术

续表

年级	课程设置
2003 级	马克思主义政治经济学原理,概率论与数理统计,数学实验,岩石力学与地下工程,工程流体力学,电子技术实验,电子技术,技术经济学,工程爆破(双语),应用地质学,资源开发与可持续发展概论,矿山运输系统与设计 经济与管理,邓小平理论和"三个代表"概论,物理化学基础,矿床开采工程(双语),结构力学,计算机应用,现代设计方法,工业与民用建筑概论,工业安全系统工程,工业固体废物资源化,矿产经济学
2002 级	微机原理与应用,技术经济学(双语),资源法基础,矿物加工与利用,工程概预算与招投标,工业安全系统工程 毕业设计(论文)

土木工程专业

年级	课程设置
2005 级	思想道德修养,基础外语 I,体育 I,军事理论,大学计算机基础,高等数学 A(I),普通化学 毛泽东思想概论,基础外语 II,体育 II,C ++ 程序设计,高等数学 A(II),大学物理 AI
2004 级	马克思主义哲学原理,基础外语 III,体育 III,线性代数,工程力学 AI,大学物理 AII,工科物理实验 I,机械制图 B 基础外语 IV,法律基础,体育 IV,工程力学 AII,工科物理实验 II,电工技术实验,电工技术,土木工程概论,土木工程制图,工程测量,工程地质学
2003 级	马克思主义政治经济学原理,概率论与数理统计,数学实验,电子技术实验,电子技术,城市规划(双语)I,结构力学,建筑材料,流体力学与热工基础 经济与管理,邓小平理论和"三个代表"概论,城市规划(双语)II,土力学与地基基础,混凝土结构,岩石力学与工程,土木工程施工,土木工程施工(双语),房屋建筑学,道路工程,抗震结构,高层建筑结构,工程爆破,土木工程 CAD
2002 级	微机原理与应用,钢结构,土建工程机械,土木工程项目管理,桥梁工程,工程概预算与招投标,高层建筑结构 毕业设计(论文)

环境工程专业

年级	课程设置
2005 级	思想道德修养,基础外语 I,体育 I,军事理论,大学计算机基础,高等数学 A(I),无机化学 B,无机化学实验 BI 毛泽东思想概论,基础外语 II,体育 II,VB 程序设计,高等数学 A(II),大学物理 AI,无机化学实验 BII,工程测量
2004 级	马克思主义哲学原理,基础外语 III,体育 III,线性代数,工程力学 C,大学物理 AII,工科物理实验 I,机械制图 B 基础外语 IV,法律基础,体育 IV,工科物理实验 II,电工技术实验,电工技术,物理化学 AI,工程制图
2003 级	马克思主义政治经济学原理,概率论与数理统计,数学实验,电子技术实验,电子技术,物理化学 AII,工程流体力学,环境工程微生物学,有机化学基础,城市规划,分析化学基础,生物技术在环境工程的应用(双语) 经济与管理,邓小平理论和"三个代表"概论,物理化学实验 B,大气污染控制工程,水污染控制工程,噪声及其他污染控制,固体废弃物资源化,环境材料学,计算机辅助设计及应用,工业安全系统工程,环境工程仪表与自动控制,环境生态学,环境学导论,废水处理英文选读(双语)
2002 级	微机原理与应用,环境工程研究与设计,环境规划与管理(双语),环境监测与评价,工业安全系统工程,环境与可持续发展,环境工程施工与管理,环境监测技术 毕业设计(论文)

建筑环境与设备工程专业

年 级	课 程 设 置
2005 级	思想道德修养,基础外语 I,体育 I,军事理论,大学计算机基础,高等数学 A(I) 毛泽东思想概论,基础外语 II,体育 II,VB 程序设计,高等数学 A(II),大学物理 AI
2004 级	马克思主义哲学原理,基础外语 III,体育 III,理论力学 A,线性代数,大学物理 AII,工科物理实验 I 基础外语 IV,法律基础,体育 IV,材料力学,工科物理实验 II,流体力学及流体机械,机械原理
2003 级	马克思主义政治经济学原理,概率论与数理统计,数学实验,工程热力学,机械设计(双语),电工技术实验,电工技术,现代建筑概论,建筑自动化,建筑可靠性概论 经济与管理,邓小平理论和“三个代表”概论,传热学(双语),电子技术实验,电子技术,空调与通风工程,供热工程(双语),燃气工程,建筑给排水,土木工程概论,流体输配管网,建筑设备使用与管理,现代物业管理,锅炉房工艺与设备
2002 级	微机原理与应用,建筑环境工程,建筑环境测试技术,液压与液力传动 毕业设计(论文)

车辆工程专业

年 级	课 程 设 置
2005 级	思想道德修养,基础外语 I,体育 I,军事理论,大学计算机基础,高等数学 A(I),机械制图 I 毛泽东思想概论,基础外语 II,体育 II,VB 程序设计,高等数学 A(II),线性代数,大学物理 AI,机械制图 II
2004 级	马克思主义哲学原理,基础外语 III,体育 III,理论力学 A,线性代数,大学物理 AII,工科物理实验 I,工程材料及制造基础 基础外语 IV,法律基础,体育 IV,材料力学,工科物理实验 II,机械原理

冶金工程专业

年 级	课 程 设 置
2005 级	思想道德修养,基础外语 I,体育 I,军事理论,大学计算机基础,高等数学 A(I),无机化学 B,无机化学实验 BI,冶金工程概论 I 毛泽东思想概论,基础外语 II,体育 II,C 语言程序设计,高等数学 A(II),大学物理 AI,无机化学实验 BII,冶金工程概论 II
2004 级	马克思主义哲学原理,基础外语 III,体育 III,工程力学 C,大学物理 AII,工科物理实验 I,机械设计与制图 I 基础外语 IV,法律基础,体育 IV,工科物理实验 II,机械设计与制图 II,物理化学 BI,冶金传输原理(双语),C ++ 面向对象可视化程序设计
2003 级	马克思主义政治经济学原理,概率论与数理统计,数学实验,金属学原理,电工技术实验,电工技术,物理化学 BII,物理化学实验 B,环境工程,冶金物理化学(双语),无机非金属材料,环境化学,纳米材料,功能材料,环境流体力学,冶金过程常用算法分析及设计 经济与管理,邓小平理论和“三个代表”概论,电子技术实验,电子技术,钢铁冶金学 I(双语),钢铁冶金学 II(双语),有色金属冶金学,材料分析方法,数据库原理及应用,人工智能原理及应用,环境监测与评价,能源工程,冶金系统工程,冶金工程新技术,应用表面化学与技术
2002 级	微机原理与应用,冶金工程实验技术,金属材料学,应用表面化学与技术 毕业设计(论文)

生态学专业

年 级	课 程 设 置
2005 级	思想道德修养，基础外语 I，体育 I，军事理论，大学计算机基础，高等数学 A(I)，无机化学 B，无机化学实验 BI 毛泽东思想概论，基础外语 II，体育 II，C 语言程序设计，高等数学 A(II)，线性代数，大学物理 AI，无机化学实验 BII
2004 级	马克思主义哲学原理，基础外语 III，体育 III，大学物理 AII，工科物理实验 I，分析化学，有机化学，有机化学及分析化学实验 基础外语 IV，法律基础，体育 IV，工科物理实验 II，普通生态学，电工技术实验，电工技术，生物化学，工业生态学（双语）
2003 级	马克思主义政治经济学原理，概率论与数理统计，数学实验，机械制图 B，电子技术实验，电子技术，普通生物学，城市生态学，生态工程学（双语） 邓小平理论和“三个代表”概论，传输原理，生态系统热力学与动力学，环境微生物学，生态监测与评价，生态人文社会科学，现代生物工程与技术，生态破坏与恢复，能源工程，资源开发与生态效应，城市规划，钢铁生产与生态环境，有色金属冶金与生态环境

材料科学与工程专业

年 级	课 程 设 置
2005 级	思想道德修养，基础外语 I，体育 I，军事理论，大学计算机基础，高等数学 A(I)，无机化学 B，无机化学实验 BI，材料科学与工程导论 毛泽东思想概论，基础外语 II，体育 II，C ++ 程序设计，高等数学 A(II)，线性代数，大学物理 AI，无机化学实验 BII
2004 级	马克思主义哲学原理，基础外语 III，体育 III，概率论与数理统计，数学实验，大学物理 AII，工科物理实验 I，工程力学 B，材料科学与工程专业导论，材料成型与控制工程专业导论，材料化学专业导论，材料物理专业导论，无机非金属材料专业导论 基础外语 IV，法律基础，体育 IV，工科物理实验 II，机械制图与零件，电工技术，物理化学 BI，理科物理，分析化学
2003 级	马克思主义政治经济学原理，概率论与数理统计，数学实验，冶金概论，材料科学与工程基础 I，材料科学与工程实验 I，电工技术实验，电工技术，物理化学 BII，物理化学实验 B，电化学基础 经济与管理，邓小平理论和“三个代表”概论，材料科学与工程基础 II，材料科学与工程实验 II，电子技术实验，电子技术，材料分析方法，材料性能 I，材料加工学，粉末冶金原理，计算材料学与材料模拟技术，材料的先进制备加工方法（双语），焊接原理与工艺，磁性材料，薄膜材料与纳米技术，金属腐蚀
2002 级	微机原理与应用，材料性能（双语）II，金属材料及热处理，复合材料，功能材料，计算机在材料科学中的应用，锻压工艺学，材料成形计算机辅助工程，金属腐蚀与保护，金属腐蚀实验方法 毕业设计（论文）

无机非金属材料工程专业

年 级	课 程 设 置
2003 级	马克思主义政治经济学原理，概率论与数理统计，数学实验，热工基础与炉窑设计，电工技术实验，电工技术，物理化学 BII，物理化学实验 B，固体材料结构基础，波谱及应用，能源材料（双语），专业发展前沿概述 5 经济与管理，邓小平理论和“三个代表”概论，X 光与电镜，电子技术实验，电子技术，无机材料物理化学，陶瓷工艺学，功能陶瓷，固体电解质（双语），陶瓷材料力学性能（双语），专业发展前沿概述 6
2002 级	微机原理与应用，无机材料研究方法，耐火材料 毕业设计（论文）

材料物理专业

年　级	课　程　设　置
2003 级	马克思主义政治经济学原理,理科物理实验 V,原子物理及量子力学(双语),合金热力学,电工技术实验,电工技术 邓小平理论和“三个代表”概论,统计物理,电子技术实验,电子技术,材料物理实验 I,X 射线晶体学(双语),材料物理(双语),功能材料基础,计算机应用,现代材料研究方法
2002 级	计算机在材料物理中的应用,微机原理与应用,材料物理实验,电子显微学,固体物理基础,固体物理,量子力学 毕业设计(论文)

材料成型与控制工程专业

年　级	课　程　设　置
2003 级	马克思主义政治经济学原理,概率论与数理统计,数学实验,金属材料及热处理,材料科学导论(双语),材料工程传热学,自动控制理论(双语),材料成形理论基础(双语)I,液态成形工艺原理及控制 邓小平理论和“三个代表”概论,材料成形理论基础(双语)II,材料成形自动控制基础,固态成形工艺原理及控制,焊接原理与工艺,轧制工程学,锻压工艺学,轧制设备与车间设计,锻压设备及车间机械化,材料焊接性,铸造设备及车间机械化,铸造合金及制备工艺
2002 级	微机原理与应用,固态成形工艺原理及控制 II,焊接原理与工艺,材料加工车间设计,材料成形计算机辅助工程,新材料制备与加工,铸造工艺学(双语) 毕业设计(论文)

材料化学专业

年　级	课　程　设　置
2003 级	马克思主义政治经济学原理,概率论与数理统计,数学实验,结构化学,材料学基础(双语),材料物理基础,电工技术实验,电工技术,物理化学 BII,物理化学实验 B 经济与管理,邓小平理论和“三个代表”概论,电化学原理,电子技术实验,电子技术,材料分析方法,材料的化学制备,材料化学基础(双语),高分子材料,纳米材料与技术

机械类专业

年　级	课　程　设　置
2005 级	思想道德修养,基础外语 I,体育 I,军事理论,大学计算机基础,高等数学 A(I),普通化学基础 毛泽东思想概论,基础外语 II,体育 II,C ++ 程序设计,高等数学 A(II),线性代数,大学物理 AI,学科导论

机械工程及自动化专业

年　级	课　程　设　置
2004 级	马克思主义哲学原理,基础外语 III,体育 III,理论力学 A,大学物理 AII,工科物理实验 I,工程材料及制造基础 基础外语 IV,法律基础,体育 IV,材料力学,工科物理实验 II,机械原理,电工技术实验,电工技术
2003 级	马克思主义政治经济学原理,概率论与数理统计,数学实验,机械设计(双语),热工学,自动控制理论(双语),电子技术实验,电子技术 经济与管理,邓小平理论和“三个代表”概论,微机原理与应用,现代设计理论及方法(双语),机械制造工程,液气压传动,测试技术,机械优化设计,智能工程,机械创新设计,有限单元法基础,虚拟制造技术的应用,机械系统动态仿真,现代生产管理

续表

年　级	课　程　设　置
2002 级	计算机辅助制造(双语),机电系统原理及应用,机械工程进展概述,汽车构造,测试系统设计与实践,大型机械设备自动化控制,冶金生产工艺及设备,有限单元法基础,有限元实用软件及实践,机械设计参数分析,虚拟制造技术的应用,系统仿真方法,机械系统动态仿真,VB 程序设计及其在机电控制中的应用 毕业设计(论文)

热能与动力工程专业

年　级	课　程　设　置
2004 级	马克思主义哲学原理,基础外语 III,体育 III,工程力学 C,大学物理 AII,工科物理实验 I,机械设计与制图 I 基础外语 IV,法律基础,体育 IV,工科物理实验 II,机械设计与制图 II,计算机辅助设计,工程热力学,电工技术实验,电工技术
2003 级	马克思主义政治经济学原理,概率论与数理统计,数学实验,传热传质学(双语),工程流体力学(双语),电子技术实验,电子技术 经济与管理,邓小平理论和"三个代表"概论,微机原理与应用,工程燃烧学(双语),热工测试技术,制冷与低温原理,工业炉热工基础,热工过程及设备
2002 级	热工自动控制基础,环境工程,空调与供热,热工过程模化与控制,热能转换与节能技术,低温工艺及装置,热能工程进展概论 毕业设计(论文)

工业设计专业

年　级	课　程　设　置
2005 级	思想道德修养,基础外语 I,体育 I,军事理论,大学计算机基础,高等数学 A(I),机械制图 I,素描 I,结构素描,设计概论 毛泽东思想概论,基础外语 II,体育 II,C ++ 程序设计,高等数学 A(II),色彩,素描 II,平面构成,建筑概论
2004 级	马克思主义哲学原理,基础外语 III,体育 III,大学物理 B,色彩 II,平面构成,色彩构成,摄影,计算机辅助设计 I,建筑概论,设计方法学 基础外语 IV,法律基础,体育 IV,工程力学 C,立体构成,效果图,电工电子技术基础,计算机辅助设计 II
2003 级	马克思主义政治经济学原理,计算机网络(双语),基础设计,模型设计与制作,设计工程基础 I,人机工程学(双语),平面设计,消费者行为学(双语),法规与标准 经济与管理,邓小平理论和"三个代表"概论,设计工程基础 II,产品设计 I,界面设计(双语),网络设计,设计管理,空间设计
2002 级	产品开发设计,包装装潢设计,视觉传达设计,设计综合表现,通用设计(双语),网络设计 毕业设计(论文)

工业工程专业

年　级	课　程　设　置
2004 级	马克思主义哲学原理,基础外语 III,体育 III,数据库及其应用,大学物理 AII,工科物理实验 I,机械设计与制图 I 基础外语 IV,法律基础,体育 IV,工程力学 C,工科物理实验 II,机械设计与制图 II,机械制造工程基础,电工技术实验,电工技术

续表

年　级	课　程　设　置
2003 级	马克思主义政治经济学原理，计算机网络（双语），概率论与数理统计，数学实验，应用运筹学，系统工程，电子技术实验，电子技术，管理信息系统 经济与管理，邓小平理论和“三个代表”概论，物流基础，基础工业工程（双语），生产运作与管理，设施规划与设计，工程项目管理，企业信息化技术，先进制造技术，可行性研究，工业工程进展概论，质量管理，人力资源管理
2002 级	现代制造系统，物流技术装备，配送中心系统规划，人机工程学 毕业设计（论文）

艺术设计专业

年　级	课　程　设　置
2005 级	大学语文，思想道德修养，基础外语 I，体育 I，军事理论，大学计算机基础，素描 I，平面构成，色彩 I，艺术设计概论 毛泽东思想概论，基础外语 II，体育 II，立体构成，色彩构成，字体设计，素描 II，色彩 II，建筑概论
2004 级	马克思主义哲学原理，基础外语 III，体育 III，摄影，计算机辅助设计 I，图案设计，字体设计，建筑概论，消费者行为学（双语），设计方法学 基础外语 IV，法律基础，体育 IV，计算机辅助设计 II，标志设计，设计表现，数字摄像

工业设计（艺术类）专业

年　级	课　程　设　置
2003 级	马克思主义政治经济学原理，计算机网络（双语），基础设计，模型设计与制作，设计工程基础 I，人机工程学（双语），消费者行为学（双语），书籍装祯设计，视觉传达设计 I，法规与标准 经济与管理，邓小平理论和“三个代表”概论，设计工程基础 II，产品设计 I，界面设计（双语），网络设计，设计管理，空间设计

电气信息类专业

年　级	课　程　设　置
2005 级	思想道德修养，基础外语 I，体育 I，军事理论，大学计算机基础，高等数学 A（I），线性代数，工程制图基础 毛泽东思想概论，基础外语 II，体育 II，C 语言程序设计，高等数学 A（II），大学物理 AI，电路分析基础 I，电路实验技术 I

自动化专业

年　级	课　程　设　置
2004 级	马克思主义哲学原理，基础外语 III，体育 III，复变函数与积分变换，大学物理 AII，工科物理实验 I，电路分析基础 I，电路实验技术 I 基础外语 IV，法律基础，体育 IV，概率论与数理统计，数学实验，工科物理实验 II，电路实验技术 II，模拟电子技术 A，电网络分析，模拟电子技术实验
2003 级	马克思主义政治经济学原理，数据库系统及应用，数字电子技术实验，自动控制原理，电力电子技术，数字电子技术 B，电机及电力拖动基础，电力电子及电机拖动实验，可视化程序设计语言，自动检测技术 邓小平理论和“三个代表”概论，微机原理及应用，现代控制理论基础，电气传动自动控制系统，电气传动实验，控制系统 CAD 及仿真，常用电器控制设备，工业企业供电，可编程控制器及应用，非线性控制，神经网络及其应用，模糊控制及其应用，人工智能原理及应用，模式识别
2002 级	经济与管理，计算机通信与网络，计算机控制技术（双语），图像处理，单片机及其应用，多媒体技术及应用 毕业设计（论文）

电子信息工程专业

年　级	课　程　设　置
2004 级	马克思主义哲学原理，基础外语 III，体育 III，复变函数与积分变换，概率论与数理统计，数学实验，大学物理 AII，工科物理实验 I，电路分析基础 I，电路实验技术 I 基础外语 IV，法律基础，体育 IV，随机过程，工科物理实验 II，电路分析基础 II，电路实验技术 II，模拟电子技术 A，模拟电子技术实验，信号与系统（双语）
2003 级	马克思主义政治经济学原理，数值分析（双语），数字电子技术实验，数字电子技术 B，通信原理，数字信号处理，通信电子电路，数据库原理及应用，VC ++ 语言与编程，INTERNET 与电子商务，数据结构，现代通信网理论，计算机组成原理（双语） 邓小平理论和"三个代表"概论，电磁场与电磁波，自控原理，微机原理与接口技术，人工智能原理及应用，JAVA 程序设计，嵌入式系统与单片机，现代交换技术，计算机图形学，模式识别
2002 级	经济与管理，数字信号处理，多媒体技术，现代网络通信实用新技术，光纤通信 毕业设计（论文）

测控技术与仪器专业

年　级	课　程　设　置
2005 级	思想道德修养，基础外语 I，体育 I，军事理论，大学计算机基础，高等数学 A（I），线性代数，工程制图基础 毛泽东思想概论，基础外语 II，体育 II，C 语言程序设计，高等数学 A（II），大学物理 AI，电路分析基础 I，电路实验技术 I
2004 级	马克思主义哲学原理，基础外语 III，体育 III，复变函数与积分变换，大学物理 AII，工科物理实验 I，电路分析基础 I，电路实验技术 I 基础外语 IV，法律基础，体育 IV，概率论与数理统计，数学实验，工科物理实验 II，电路分析基础 II，电路实验技术 II，模拟电子技术 A，模拟电子技术实验
2003 级	马克思主义政治经济学原理，数字电子技术实验，自动控制原理，数字电子技术 B，自动检测技术 A，信号处理，参数检测实验 I，工程光学基础，控制电机 邓小平理论和"三个代表"概论，微机原理及应用，单片机及其应用，过程参数检测及仪表，自动控制仪表与装置，近代光学测试技术，参数检测实验 II，控制仪器与控制系统实验 I，现代控制理论基础，控制系统 CAD 及仿真，通信电子电路，仪器与系统可靠性，信号处理与 MATLAB，可编程控制器及应用（双语）
2002 级	经济与管理，计算机通信与网络，过程控制系统（双语），新型传感技术及应用，多媒体技术及应用，智能仪表，总线技术及应用 毕业设计（论文）

计算机科学与技术专业

年　级	课　程　设　置
2004 级	马克思主义哲学原理，基础外语 III，体育 III，数值分析，概率论与数理统计，数学实验，大学物理 AII，工科物理实验 I，电路分析基础 I，电路实验技术 I，模拟电子技术 B 基础外语 IV，法律基础，体育 IV，工科物理实验 II，电路实验技术 II，数字电子技术 A，模拟电子技术实验，汇编语言，数据结构，数据库原理
2003 级	马克思主义政治经济学原理，模拟电子技术实验，计算机组成原理（双语），人工智能原理及应用，多媒体与数字图像处理，计算机图形学，模式识别，面向对象的 C ++ 编程技术 邓小平理论和"三个代表"概论，微机原理与接口技术，操作系统原理，计算机网络（双语），大规模集成电路设计，计算机管理系统，办公自动化技术，Oracle，并行计算导论
2002 级	经济与管理，软件工程，计算机管理系统 毕业设计（论文）

通信工程专业

年　级	课　程　设　置
2004 级	马克思主义哲学原理，基础外语 III，体育 III，复变函数与积分变换，概率论与数理统计，数学实验，大学物理 AII，工科物理实验 I，电路分析基础 I，电路实验技术 I 基础外语 IV，法律基础，体育 IV，随机过程，工科物理实验 II，电路分析基础 II，电路实验技术 II，模拟电子技术 A，模拟电子技术实验，信号与系统（双语）
2003 级	马克思主义政治经济学原理，数值分析（双语），数字电子技术实验，数字电子技术 B，通信电子电路，通信原理，数字信号处理，数据库原理及应用，现代通信网理论 邓小平理论和“三个代表”概论，电磁场与电磁波，现代交换技术，微机原理与接口技术，光纤通信，JAVA 程序设计，嵌入式系统与单片机，数字图像处理，卫星通信，模式识别

信息安全专业

年　级	课　程　设　置
2004 级	马克思主义哲学原理，基础外语 III，体育 III，数值分析，大学物理 AII，工科物理实验 I，电路分析基础 I，电路实验技术 I，模拟电子技术 B 基础外语 IV，法律基础，体育 IV，概率论与数理统计，数学实验，工科物理实验 II，电路实验技术 II，数字电子技术 A，模拟电子技术实验，数据结构，数据库原理，数论基础

应用物理学专业

年　级	课　程　设　置
2005 级	思想道德修养，基础外语 I，体育 I，军事理论，大学计算机基础，高等数学 A(I)，理科物理实验 I，力学 毛泽东思想概论，基础外语 II，体育 II，C ++ 程序设计，高等数学 A(II)，线性代数，理科物理实验 II，电磁学
2004 级	马克思主义哲学原理，基础外语 III，体育 III，概率论与数理统计，数学实验，数理方法，理科物理实验 III，电磁学，理论力学 C 基础外语 IV，法律基础，体育 IV，理科物理实验 IV，光学，模拟电子技术 A，模拟电子技术实验，热力学与统计物理，电动力学
2003 级	马克思主义政治经济学原理，理科物理实验 V，数字电子技术实验，数字电子技术 B，原子物理与量子力学（双语），信息科学原理，物理效应及其应用，单片机测控系统 邓小平理论和“三个代表”概论，微机原理及应用，固体物理（双语），光电子技术（双语），传感器原理与技术（双语），计算机接口技术（双语），无损检测概论，计算物理
2002 级	传感器原理与技术（双语），传感测试技术实验，单片机测控系统 毕业设计（论文）

应用化学专业

年　级	课　程　设　置
2005 级	思想道德修养，基础外语 I，体育 I，军事理论，大学计算机基础，高等数学 B(I)，无机化学 AI 毛泽东思想概论，基础外语 II，体育 II，VB 程序设计，高等数学 B(II)，大学物理 AI，无机化学 AII，分析化学，无机化学实验 AI
2004 级	马克思主义哲学原理，基础外语 III，体育 III，线性代数，大学物理 AII，工科物理实验 I，无机化学实验 AII，分析化学 基础外语 IV，法律基础，体育 IV，工科物理实验 II，物理化学 AI，分析化学实验，复杂物质分离

续表

年 级	课 程 设 置
2003 级	马克思主义政治经济学原理,电工技术实验,电工技术,物理化学 AII,化工原理 I,有机化学 A(双语)I,有机化学实验(双语)I 邓小平理论和“三个代表”概论,概率论与数理统计,数学实验,化工原理 II,物理化学实验 A,有机化学 A(双语)II,结构化学,有机化学实验(双语)II
2002 级	微机原理与应用,仪器分析,环境化学,现代商品学概论,化学文献检索,生物工程,生物技术制药基础,有机波谱分析,有机合成 毕业设计(论文)

数学与应用数学专业

年 级	课 程 设 置
2005 级	思想道德修养,基础外语 I,体育 I,军事理论,大学计算机基础,数学分析 I,解析几何,高等代数 I 毛泽东思想概论,基础外语 II,体育 II,C ++ 程序设计,数学分析 II,高等代数 II,大学物理 AI
2004 级	马克思主义哲学原理,基础外语 III,体育 III,大学物理 AII,工科物理实验 I,数学分析 III,高等代数 II,数据库及其应用 基础外语 IV,法律基础,体育 IV,工科物理实验 II,离散数学,数值分析(双语),微分方程,实变函数
2003 级	马克思主义政治经济学原理,运筹学,概率论,C ++ 与数据结构,数理统计,图形与图象处理(双语),专业发展前沿概述 邓小平理论和“三个代表”概论,微机原理及应用,数学模型,Java 程序设计,复变函数与积分变换 A,泛函分析(双语),编译原理,信息安全与密码学
2002 级	操作系统,数学模型,计算机网络(双语),数学物理方程,软件工程 毕业设计(论文)

信息与计算科学专业

年 级	课 程 设 置
2005 级	思想道德修养,基础外语 I,体育 I,军事理论,大学计算机基础,数学分析 I,解析几何,高等代数 I 毛泽东思想概论,基础外语 II,体育 II,C ++ 程序设计,数学分析 II,高等代数 II,大学物理 AI
2004 级	马克思主义哲学原理,基础外语 III,体育 III,大学物理 AII,工科物理实验 I,数学分析 III,高等代数 II,数据库及其应用 基础外语 IV,法律基础,体育 IV,工科物理实验 II,离散数学,数值分析(双语),微分方程,Web 程序设计
2003 级	马克思主义政治经济学原理,概率论与数理统计,数学实验,信息系统导论,图形与图象处理(双语),C ++ 与数据结构,运筹学,专业发展前沿概述 邓小平理论和“三个代表”概论,微机原理及应用,Java 程序设计,编译原理,信息安全与密码学,复变函数与积分变换 A,泛函分析(双语),数学模型
2002 级	计算机网络(双语),软件工程,操作系统,数学模型 毕业设计(论文)

生物技术工程专业

年　级	课　程　设　置
2005 级	思想道德修养，基础外语 I，体育 I，军事理论，大学计算机基础，高等数学 B（I），无机化学 B，无机化学实验 BI 毛泽东思想概论，基础外语 II，体育 II，C 语言程序设计，高等数学 B（II），大学物理 AI，无机化学实验 BII，植物生物学，动物生物学，现代生命科学导论
2004 级	马克思主义哲学原理，基础外语 III，体育 III，大学物理 AII，工科物理实验 I，分析化学实验，有机化学 B，有机化学实验 BI，动物学 基础外语 IV，法律基础，体育 IV，工科物理实验 II，物理化学 AI，生物化学 I，生物化学实验 I，有机化学实验 BII
2003 级	马克思主义政治经济学原理，物理化学 AII，生物化学实验 II，基础分子生物学，细胞生物学，细胞生物学实验，遗传学（双语） 邓小平理论和“三个代表”概论，物理化学实验 A，基因工程（双语），微生物学（双语），微生物学实验，现代生物技术导论
2002 级	微机原理与应用，遗传学（双语），环境化学，生物工程，生物技术制药基础，免疫学，微生物遗传学 毕业设计（论文）

工商管理类专业

年　级	课　程　设　置
2005 级	大学语文与应用文写作 I，思想道德修养，基础外语 I，英语口语 I，体育 I，军事理论，大学计算机基础，高等数学 B（I） 大学语文与应用文写作 II，毛泽东思想概论，基础外语 II，英语口语 II，体育 II，数据库与 VF 程序设计，高等数学 B（II），化学与社会

国际经济与贸易专业

年　级	课　程　设　置
2004 级	马克思主义哲学原理，基础外语 III，英语口语 III，体育 III，线性代数，大学物理 B，会计学原理 基础外语 IV，英语口语 IV，法律基础，体育 IV，冶金与材料工程基础，概率论与数理统计，数学实验，管理信息系统，宏微观经济学，财政金融学
2003 级	马克思主义政治经济学原理，运筹学，管理学原理（双语），经济法，应用经济统计学，国际金融学，国际贸易原理，企业管理学，国际证券投资 邓小平理论和“三个代表”概论，项目评价与管理，国际贸易实务，国际商法，外贸英语，国际市场营销，生产与运作管理，质量管理，组织行为学，国际商务谈判，统计数据处理技术，国际经济与贸易专业发展前沿概述，国际经济合作
2002 级	外贸书信函电（双语），国际贸易地理，国际投资，国际结算，生产与运作管理，数据库原理，企业管理学，市场营销学，审计学，税收概论 毕业设计（论文）

会计学专业

年　级	课　程　设　置
2004 级	马克思主义哲学原理，基础外语 III，体育 III，线性代数，大学物理 B，管理信息系统，宏微观经济学，财政金融学 基础外语 IV，法律基础，体育 IV，冶金与材料工程基础，概率论与数理统计，数学实验，经济法，会计学原理

续表

年　级	课　程　设　置
2003 级	马克思主义政治经济学原理,运筹学,管理学原理(双语),项目评价与管理,会计电算化原理与实务,中级财务会计 邓小平理论和"三个代表"概论,市场营销学,应用经济统计学,成本会计,审计学,税收概论,财务管理(双语),国际贸易原理,行业会计,高级会计学,投资学
2002 级	管理会计(双语),会计电算化原理与实务,国际结算,会计专题,行业会计,生产与运作管理,数据库原理 毕业设计(论文)

工商管理专业

年　级	课　程　设　置
2004 级	马克思主义哲学原理,基础外语 III,体育 III,线性代数,大学物理 B,管理信息系统,宏微观经济学 基础外语 IV,法律基础,体育 IV,冶金与材料工程基础,概率论与数理统计,数学实验,经济法,财政金融学,会计学原理
2003 级	马克思主义政治经济学原理,运筹学,管理学原理(双语),项目评价与管理,组织行为学,消费者行为学,财务管理,企业管理学,广告学 邓小平理论和"三个代表"概论,市场营销学(双语),应用经济统计学,生产与运作管理,人力资源管理,市场调查与预测,质量管理,商品学概论,价格学,企业形象设计,国际金融学,国际市场营销
2002 级	企业经营战略(双语),市场竞争模拟,Internet 与 Intranet 应用,市场调查与预测,企业形象设计,数据库原理,企业管理学 毕业设计(论文)

信息管理与信息系统专业

年　级	课　程　设　置
2004 级	马克思主义哲学原理,基础外语 III,体育 III,线性代数,大学物理 B,C ++ 语言程序设计,会计学原理 基础外语 IV,法律基础,体育 IV,冶金与材料工程基础,概率论与数理统计,数学实验,离散数学,宏微观经济学
2003 级	马克思主义政治经济学原理,运筹学,管理学原理(双语),项目评价与管理,经济法,应用经济统计学,数据结构,组织行为学,财政金融学 邓小平理论和"三个代表"概论,管理信息系统,操作系统,信息资源管理,ERP 原理与应用,数据库原理,数据仓库与数据挖掘技术(双语),现代通讯概论,质量管理,管理信息系统专业实验,Power Builder 应用技术,国际金融学,国际贸易原理
2002 级	计算机网络,面向对象程序设计,生产与运作管理,Internet 与 Intranet 应用,专业发展前沿技术(双语),企业管理学,市场营销学,审计学,税收概论 毕业设计(论文)

金融工程专业

年　级	课　程　设　置
2004 级	马克思主义哲学原理,基础外语 III,英语口语 III,体育 III,线性代数,概率论与数理统计,数学实验,宏微观经济学 基础外语 IV,英语口语 IV,法律基础,体育 IV,冶金与材料工程基础,随机过程,应用经济统计学,会计学原理

续表

年　级	课　程　设　置
2003 级	马克思主义政治经济学原理，运筹学，管理学原理（双语），金融学原理（双语），经济法，金融工程学，投资学 邓小平理论和“三个代表”概论，管理信息系统，项目评价与管理，计量经济学，财务管理，税收概论，统计数据处理技术，资本运营，信用管理，金融市场，投资基金实务，公司金融，衍生金融工具实务
2002 级	毕业设计（论文）

行政管理学专业

年　级	课　程　设　置
2005 级	大学语文，思想道德修养，基础外语 I，体育 I，军事理论，大学计算机基础，高等数学 C，社会学概论 毛泽东思想概论，基础外语 II，体育 II，数据库与 VF 程序设计，线性代数，概率论与数理统计，政治学原理，普通心理学，行政学
2004 级	马克思主义哲学原理，基础外语 III，体育 III，现代科学技术概论，宏微观经济学 II，行政公文写作，秘书学，比较政治制度，统计与社会调查分析，行政学 基础外语 IV，体育 IV，法学概论，行政法与行政诉讼，管理心理学，公共关系学，信息管理概论
2003 级	马克思主义政治经济学原理，网络与办公自动化，企业管理，管理哲学，专业外语，政府经济学（双语），行政领导与决策，中国特色社会保障研究，行政伦理 邓小平理论和“三个代表”概论，行政组织学，公共财政学，公共政策，人力资源开发与管理（双语），公务员管理，危机管理，行政改革专题研究
2002 级	当代世界经济与政治，地方政府学，城市管理学，人力资源开发与管理（双语），危机管理，当代社会政治问题研究 毕业设计（论文）

法学专业

年　级	课　程　设　置
2005 级	大学语文，思想道德修养，基础外语 I，体育 I，军事理论，大学计算机基础，法理学，宪法学，社会学概论 毛泽东思想概论，基础外语 II，体育 II，数据库与 VF 程序设计，民法学 I，刑法学 I，普通心理学，政治学概论
2004 级	马克思主义哲学原理，基础外语 III，体育 III，国际法，民事诉讼法，行政法与行政诉讼法，现代科学技术概论 经济学原理，基础外语 IV，形式逻辑，体育 IV，刑事诉讼法，婚姻家庭法，侵权行为法
2003 级	马克思主义政治经济学原理，国际私法（双语），经济法概论，行政法与行政诉讼法，商法 I，合同法 邓小平理论和“三个代表”概论，国际经济法，商法 II，中国法制史，知识产权法，证据学，心理学
2002 级	当代世界经济与政治，商法 II，世贸组织法（双语），律师实务，证据学，金融法学，WTO 规则与知识产权诉讼，学术研究方法简论 毕业设计（论文）

社会工作专业

年级	课程设置
2005 级	大学语文,思想道德修养,基础外语 I,体育 I,军事理论,大学计算机基础,高等数学 C,社会学概论 毛泽东思想概论,基础外语 II,体育 II,数据库与 VF 程序设计,线性代数,概率论与数理统计,普通心理学,政治学概论,社会调查方法,社会工作导论
2004 级	马克思主义哲学原理,基础外语 III,体育 III,人类行为与社会环境,社区网络建设与管理,西方社会学理论,社会统计学,小组工作,个案工作 当代世界经济与政治,基础外语 IV,体育 IV,西方经济学,法学概论,家庭社会学,SPSS 软件应用,政治学,社会学与社会工作研究简论,中国社会学史
2003 级	马克思主义政治经济学原理,社区概论,人口社会学,社会福利思想,社区工作,西方社会思想史,伦理学 邓小平理论和"三个代表"概论,发展社会学,科学社会学,社会行政,社会保障,女性社会工作
2002 级	当代世界经济与政治,公共关系学,发展社会学,社会工作专题研究,老年社会学,青少年社会工作,文化人类学 毕业设计(论文)

思想政治教育(专升本)专业

年级	课程设置
2005 级	马克思主义理论专题,世界政治经济与国际关系,政治学,行政公文写作,心理学,社会学,基础外语 I 法学概论,中国近代政治思潮,伦理学,青年学,基础外语 II,大众传播媒介,公共关系学,社会心理学
2004 级	管理概论,社会思潮与青年教育,计算机应用,邓小平理论和"三个代表"概论,社会调查与统计分析,社会历史观,马列思政原著选读,组织行为学 毕业设计(论文)

英语专业

年级	课程设置
2005 级	思想道德修养,体育 I,军事理论,大学计算机基础,初级英语视听 I,英语口语 I,英语泛读 I,英语语音学,英语语法,基础英语 I 毛泽东思想概论,体育 II,数据库与 VF 程序设计,初级英语视听 II,英语口语 II,英语泛读 II,基础英语 II
2004 级	大学语文,马克思主义哲学原理,体育 III,英语泛读 III,高级英语口语 I,基础英语 III,英语高级听力 I,希腊罗马神话,欧洲文化概论 法律基础,体育 IV,英语泛读 IV,高级英语口语 II,基础英语 IV,英语高级听力 II,英语写作,英美散文选读,英语国家概况,日语(二外)I,法语(二外)I
2003 级	马克思主义政治经济学原理,网络与办公自动化,英国文学史与作品选读 I,高级英语阅读 I,高级英语写作 I,德语(二外)II,日语(二外)II,外贸函电写作,英国社会与文化 邓小平理论和"三个代表"概论,英国文学史与作品选读 II,高级英语阅读 II,高级英语写作 II,语言学概论 I,英译汉理论与实践,国际市场营销,德语(二外)III,日语(二外)III,英美报刊选读 I,美国社会与文化
2002 级	当代世界经济与政治,高级英语阅读 III,美国文学史与作品选读 I,语言学概论 I,学术论文写作,汉译英理论与实践,德语(二外)IV,日语(二外)IV,法语(二外)IV 毕业设计(论文)

日语专业

年级	课程设置
2005级	思想道德修养，体育Ⅰ，军事理论，大学计算机基础，基础日语Ⅰ，日语视听Ⅰ，日语会话与实践Ⅰ，基础外语Ⅰ 毛泽东思想概论，体育Ⅱ，数据库与VF程序设计，基础日语Ⅱ，日语视听Ⅱ，日语会话与实践Ⅱ，基础外语Ⅱ
2004级	大学语文，马克思主义哲学原理，体育Ⅲ，基础外语Ⅲ，基础日语Ⅲ，日语视听Ⅲ，日语会话与实践Ⅲ，日语泛读Ⅰ，现代日语语法 法律基础，体育Ⅳ，基础外语Ⅳ，基础日语Ⅳ，日语视听Ⅳ，日语会话与实践Ⅳ，日语泛读Ⅱ，日本事情Ⅰ，日语写作Ⅰ
2003级	马克思主义政治经济学原理，网络与办公自动化，日语视听Ⅴ，综合英语Ⅰ，日本文学史与名著欣赏Ⅰ，日本事情Ⅱ，日语写作Ⅱ，日语精读Ⅰ，日语报刊选读Ⅰ 邓小平理论和"三个代表"概论，日语视听Ⅵ，综合英语Ⅱ，日本文学史与名著欣赏Ⅱ，日语精读Ⅱ，古典日语语法，日语报刊选读Ⅱ

少数语种课程

年级	课程设置
2005级	大学俄语Ⅰ，大学日语Ⅰ 大学俄语Ⅱ，大学日语Ⅱ
2004级	大学俄语Ⅲ，大学日语Ⅲ 大学俄语Ⅳ，大学日语Ⅳ
2003级	科技俄语，科技日语

（任素美、王春义）

高等教育教学成果奖

序号	获奖名称	获奖人	学院	获奖类别
1	岩石力学与工程（教材）	蔡美峰	土木与环境工程学院	国家级二等奖
2	机电类学生科技创新体系的建设与实践	郗安民　刘　颖 王志良　刘鸿飞 牟世堂	机械工程学院、信息工程学院	国家级二等奖
3	机械基础课堂教学与实践教学的研究与实践	尹常治　杨　皓 许纪倩　曹　彤 张苏华	机械工程学院	国家级二等奖
4	岩石力学与工程（教材）	蔡美峰	土木与环境工程学院	北京市一等奖
5	材料科学与工程类人才培养方案的综合改革与实践	孙祖庆　柯　俊 强文江　吴春京 余永宁	材料科学与工程学院	北京市一等奖
6	机电类学生科技创新体系的建设与实践	郗安民　刘　颖 王志良　刘鸿飞 牟世堂	机械工程学院、信息工程学院	北京市一等奖
7	矿业类专业地质学教材建设（教材）	徐九华　谢玉玲 李建平　李克庆	土木与环境工程学院	北京市一等奖

续表

序号	获奖名称	获奖人	学院	获奖类别
8	21世纪初重点院校工科人才培养模式改革的研究与实践(第二申报单位)	强文江	材料科学与工程学院	北京市一等奖
9	机械原理与机械设计课程教学改革与实践	韩建友 于晓红 李威 邱丽芳 王小群	机械工程学院	北京市二等奖
10	工科专业"一段—2+1"实习模式的研究与实践	王立 童莉葛 杨晶 李化治 李珍	机械工程学院	北京市二等奖
11	国家工科物理课程教学基地建设	罗胜 潘礼庆 吴平 尹红 赵雪丹	应用科学学院	北京市二等奖
12	北京学院路地区高校教学资源合理利用和互补性研究与实践	杨鹏 王立民	教务处 管理学院	北京市二等奖

(裴晶莹、李静洁)

北京市精品课程

序号	课程名称	课程负责人	学院	获奖年度
1	机械原理	于晓红	机械工程学院	2004年
2	管理信息系统	高学东	管理学院	2004年
3	大学物理实验	吴平	应用科学学院	2005年

(裴晶莹、李静洁)

北京市实验教学示范中心

名称	负责人
北京科技大学自然科学基础实验中心(物理)	吴平

(裴晶莹、李静洁)

北京高等教育精品教材

序号	精品教材名称	出版社	作者	学院
1	《新编国际贸易理论与实务》	对外经济贸易大学出版社	贾建华 阚宏	管理学院
2	《岩石力学与工程》	科学出版社	蔡美峰	土木与环境工程学院
3	《电子衍射物理教程》	冶金工业出版社	王蓉	材料科学与工程学院
4	《固体废物资源化》	化学工业出版社	杨慧芬 张强	土木与环境工程学院
5	《电子技术实验》	电子工业出版社	董平	信息工程学院

(裴晶莹、李静洁)

北京科技大学第三届本科教学优秀奖

获奖类别	获奖人	学　院	获奖类别	获奖人	学　院
标兵奖	于晓红	机械工程学院	二等奖	包燕平	冶金与生态工程学院
	杨　平	材料科学与工程学院		鲁毅强	应用科学学院
	高学东	管理学院		李长荣	材料科学与工程学院
一等奖	程树森	冶金与生态工程学院		杨　皓	机械工程学院
	袁文霞	应用科学学院		周　宇	体 育 部
	吴　平	应用科学学院		谢振华	土木与环境工程学院
	裴晶莹	教 务 处		毛市龙	土木与环境工程学院
	牟在根	土木与环境工程学院		吕金钟	应用科学学院
	刘贺平	信息工程学院		阚　宏	管理学院
	刘　云	实验室管理处		顾　巍	外国语学院
	张　虹	外国语学院		王未卿	管理学院
	邱丽芳	机械工程学院		吴群芳	文法学院
	李　擎	信息工程学院		杨小玉	冶金与生态工程学院
二等奖	陆　俊	文法学院		王小群	机械工程学院
	胡志兴	应用科学学院		姚　琳	信息工程学院
	冯妍卉	机械工程学院		杨英军	外国语学院
	刘雅政	材料科学与工程学院			

（裴晶莹、李静洁）

北京科技大学第六届优秀教材

获奖类别	教材名称	出版社	作　者	学　院
一等奖	《材料成形理论基础》	国防工业出版社	刘雅政　任学平 王自东　黄继华	材料科学与工程学院
	《冶金物理化学》	冶金工业出版社	张家芸　刑献然 项长祥　宋　波 郭兴敏	冶金与生态工程学院
	《轧制工程学》	冶金工业出版社	康永林　孙建林 刘　靖　洪慧平 陈银莉	材料科学与工程学院
	《深海矿产资源开发与利用》	海洋出版社	冯雅丽	土木与环境工程学院
	《机械设计基础》	机械工业出版社	李　威　王小群 边新孝　邱丽芳	机械工程学院
	《中国古代冶金技术专论》	中国科学文化出版社	孙淑云　李延祥 韩汝玢　李秀辉	冶金与生态工程学院
	《机械原理》	机械工业出版社	邱丽芳	机械工程学院
二等奖	《计算机基础与因特网应用》（第二版）	电子工业出版社	姚　琳	信息工程学院
	《数学规划及其应用》（第二版）	冶金工业出版社	范玉妹　徐　尔 周汉良	应用科学学院
	《经济法教程》（第二版）	经济管理出版社	王宾容　张　颖 范小华	管理学院
	《思想道德修养》	北京出版社	刘　莉　左　鹏 盖　明　鲁春霞	文法学院
	《大学物理辅导》	清华大学出版社	吕金钟　刘柏松 于红胜　尹　红	应用科学学院

续表

获奖类别	教材名称	出版社	作　者	学　院
二等奖	《国际金融学教程》	经济管理出版社	张莲英　雷秋惠 王未卿	管理学院
	《国家公务员制度》	武汉出版社 科学出版社	许　放　吴群芳 张晓明　王育杰 冯　英	文法学院

（裴晶莹、李静洁）

北京科技大学第十届优秀讲义

序号	优秀讲义名称	作　者	学　院
1	《高等代数》	申亚男　李为东	应用科学学院
2	《工程流体力学》	谢振华	土木与环境工程学院
3	《Heat Transfer》	冯妍卉　张欣欣	机械工程学院
4	《大学物理实验》	吴　平　赵雪丹 黄筱玲等 14 人	应用科学学院
5	《动力机械》	林　林　赵立合	机械工程学院
6	《可编程控制器原理及其应用(英文)》	李希胜　舒雄鹰	信息工程学院
7	《无机化学实验》(第三版)	李文军　周花蕾　杜　凌 刘世香　臧丽坤等	应用科学学院
8	《北京科技大学英语课外辅导丛书》	刘亚明　张　虹　梁素芹 郭侃俊	外国语学院
9	《固态成形工艺原理及控制》	康永林　韩静涛　刘　靖 孙建林　王开坤	材料科学与工程学院
10	《现代生产管理》	丁文英　冯爱兰　董绍华	机械工程学院
11	《多元统计分析》	汪飞星	应用科学学院

（裴晶莹、李静洁）

2005 年度获得免检资格的教师及课程统计表

序号	教师姓名	职　称	课程名称	学　院
1	张树泉	副教授	计算机网络基础	土木与环境工程学院
2	王新华	研究员	钢铁冶金(钢 II)(双语)	冶金与生态工程学院
3	周张健	副教授	陶瓷工艺学	材料科学与工程学院
4	杨善武	教　授	原子物理及量子力学(双语)	
5	尚成嘉	教　授	X 射线晶体学(双语)	
6	于晓红	教　授	机械创新设计	机械工程学院
7	尹常治	教　授	机械制图 B	
8	魏　东	副教授	摄影	
9	朱超甫	教　授	测试技术	
10	闫晓强	教　授	测试系统设计与实践	
11	王小群	副教授	机械设计基础	
12	陈　工	副教授	传感器原理及应用	
13	穆志纯	教　授	非线性控制	信息工程学院
14	牟世堂	高级工程师	模拟电子技术 B	
15	韩伯涛	讲　师	FoxPro 及应用	

续表

序号	教师姓名	职　称	课程名称	学　院
16	尹　红	副教授	大学物理 A(Ⅰ)	应用科学学院
17	曹艳秋	副教授	现代商品学概论	
18	殷焕武	副研究员	项目评价与管理	管理学院
19	戴淑芬	教　授	项目评价与管理	
20	陆　俊	教　授	社区管理	文法学院
21	陆　俊	教　授	社区工作	
22	陆　俊	教　授	马克思主义哲学原理	
23	周湘斌	教　授	人类行为与社会环境	
24	时立荣	教　授	社会行政	
25	庄凤英	副教授	日语(二外)	外国语学院
26	田常晖	讲　师	法语(二外)	
27	孙　树	翻　译	大学俄语	
28	李晓东	讲　师	综合英语	
29	李晓东	讲　师	基础外语	
30	李光华	副教授	基础日语	
31	陈鸿雁	副教授	基础外语	
32	白秋梅	讲　师	基础外语	
33	赵海涛	讲　师	体育	体育部
34	宋一涛	讲　师	体育	
35	钱娅艳	讲　师	体育	
36	刘晓云	副教授	体育	
37	宫　平	副教授	体育	
38	董　平	副教授	体育	

（裴晶莹、李静洁）

北京科技大学 2005 年本科生各科竞赛结果

序　号	项　目	参赛人数	获奖人数	奖　项	奖项级别	获　奖　者	指导教师
1	全国大学生数学建模与计算机应用竞赛	48	24	一等奖	国家级	王有华　彭海龙　王正博	魏培君
						王　丹　颜时雨　毛永飞	胡志兴
				二等奖	国家级	龙　飞　张　超　温安国	魏培君
				一等奖	市　级	陈　霖　张　桅　徐　静	李为东
						高　巍　彭海银　孔凡洋	胡志兴
						孙天洋　郭　昱　王昌昊	胡志兴
				二等奖	市　级	戚大华　吴　迪　赵　光	徐　岩
						孙凯军　张利京　孙　静	司新辉
2	全国大学生电子设计竞赛	48	36	二等奖	国家级	E 题　黄通焕　陈　霖　陈　曦 F 题　王兴达　缪庆亮　翁烨辉 E 题　冯　帅　周　珂　马　洲	

续表

序　号	项　目	参赛人数	获奖人数	奖　项	奖项级别	获　奖　者	指导教师
2	全国大学生电子设计竞赛	48	36	一等奖	市　级	E题　冯　帅　周　珂　马　洲 E题　黄通焕　陈　霖　陈　曦 F题　李昆仑　马婧文　徐　静 F题　高　瑞　王　鹏　王　瑞	牟世堂 刘贺平 刘蕴络 谢　仑 鲁亿方 李春雷 王尚君 金　波
				二等奖	市　级	A题　苏　明　徐　林　贺　琳 A题　韩茂琨　刘　佳　韩　璐 E题　刘万鹏　杨晓萌　李文晶 F题　王俊婷　梁　哲　李英才	
				三等奖	市　级	G题　颜时雨　葛　鹏　毛永飞	
3	全国大学生英语竞赛北京赛区决赛	943	55	特等奖	国家级	张思培　梅　尤	刘亚明 刘杰丽 张　怡 武　威 张　虹
				一等奖	国家级	孙　蕾　祝　玲　严文涛　徐　丛 李可及　鄂琳琳	
				二等奖	国家级	王水英　刘　佳　张　赟　林　惠 谷淑娟　徐　航　何田田　唐宁洁 赵　婷　孙　洁　韩　绪　史　怡 王　宁　邱园科　齐振宇　张　驰	
				三等奖	国家级	李　倩　代　仙　沈升杰　高　宇 田　磊　邹雪丁　王正博　丁　飞 陈舒恬　靖　瀛　王昌昊　李青川 王　硕　王　凡　苏永凯　汪　洋 李　海　李　扬　李博通　姚　远 李泽正　韩　锋　唐小彬　徐家刚 烟　征　马云鹏　张　林　温　贤 孙　蕾　杜　立　江　浩	
4	第六届全国大学生英语演讲赛	2	2	一等奖	国家级	梅　尤	
				三等奖	国家级	张思培	
5	第六届全国大学生英语辩论赛	1	1	二等奖	国家级	梅　尤	
					国家级	梅　尤(最佳辩手奖)	
6	北京市第16届大学生(非数学专业)数学竞赛甲组	70	10	二等奖	市　级	何显波	胡志兴 王　辉
				三等奖	市　级	杨晨曦　严骏驰　李　欣　杨宝森 陈慧华　何光雷　蔡文涛　胡朝辉 骆文灿	
7	北京市第22届大学生物理竞赛(非物理专业)	127	75	特等奖	市　级	魏忠超(物理专业组)	校大学物理教研组
				一等奖	市　级	胡朝辉　喻守益　卓　宁　张　健 王　傲　王召磊　陈立翠　时米清	
				二等奖	市　级	何光磊(少学时组)　朱林林 吕振天　张晓羽　刘佳宇　杜朝伟 乔保娟　董　迪　刘　谦　章海明	

续表

序号	项目	参赛人数	获奖人数	奖项	奖项级别	获奖者	指导教师
7	北京市第22届大学生物理竞赛（非物理专业）	127	75	二等奖	市级	蔡颖鹏 郭子义 张寅 王智干 刘京亮 邱增强 赵俊锋 张进 方建 徐锋 谢小兵 江柏红 贾瑞娟 高武斌 张龙飞 周毛毛 姜子涛 丁锐 李橙 刘澜涛 谭志云 覃慧敏 刘敏 姜文雪 李欣 唐世兴 陆丹华	校大学物理教研组
				三等奖	市级	孙法砥（物理专业组） 王少锋（少学时组） 殷琪 于奕 苏斌 程超 许华鑫 张朝磊 何志军 孙志刚 王博 陆进 张敏 魏宗苏 舒木水 何若愚 付伟 荣洁鹏 刘帅 陈静青 刘凯 王华 韩海荣 赵振伟 何洋 宋宇 张慧慧 戴群特 轩运动 邓皇根 马欢	
8	北京科技大学高等数学竞赛	350	93	特等奖	校级	苑锡妮	
				一等奖	校级	慕浩 刘京亮 何显波 高旸 蒋红星 朱林林 胡朝辉 倪挺 杨宝森 孟山 缪庆亮 严峻驰 王锋 刘鸿 丁娇娇 王昌昊 冯骋	
				二等奖	校级	董亮 蔡文涛 程伟 方建 苏斌 于丽娟 任爱玲 李欣 檀傈锰 占涛 郭子义 谭志云 唐世兴 张明华 罗文灿 刘小维 李海鸥 张翠 张明东 龚绍钦 张寅 李萍 张琳琳 荣洁鹏 贾微 周晓蓉 何建勋	
				三等奖	校级	冯志操 谢小兵 卓宁 陆进 韩星峰 张彩红 张建庭 王建波 姜子涛 江波 陈维 宋锦修 张石磊 郑红 张龙飞 李恺 郑晓如 孟燕 何光磊 谢燕群 刘志杰 郑秋月 杨杰 时米清 张良 马杨斌 乔保娟 曾艳军 王召磊 李键 秦秀山 苏昌瑞 罗闻天 苏永凯 魏莹莹 吴永建 董海廷 李聪端 王魏 赵英瑞 杨洋 张晓羽 杨晨曦 张冬 孙志刚 李智峥 李泽正 廖威威	
9	北京科技大学物理竞赛	550	94	一等奖	校级	魏忠超 卓宁 董迪 蔡颖鹏 郭子义 乔保 何若愚 胡朝辉 罗春欢 王超 陈舒恬 郁道宽	

续表

序号	项目	参赛人数	获奖人数	奖项	奖项级别	获奖者	指导教师
9	北京科技大学物理竞赛	550	94	二等奖	校级	张健 张寅 张龙飞 戴群特 赵俊锋 周瑶 余祥 姜文雪 韩海荣 刘佳宇 喻守益 刘帅 朱林林 杨晓鸥 付伟 吕振天 荣洁鹏 郭亚亚 冯志操 陈静青 姜子涛 罗文灿 牛春波 吴斯 李顺兴 张鑫 轩运动 刘凯 殷琪	
				三等奖	校级	于奕 谢小兵 马志强 王锋 苏斌 张朝磊 张强 刘谦 王智干 方建 宋锦修 刘敏 李佳林 张进 杨芳红 吴桂选 陈立翠 刘捷 李肖霞 江柏红 苏经广 时米清 何志军 孙志刚 杜朝伟 何洋 王博 姚炜光 苑锡妮 李欣 赵振伟 王召磊 贾瑞娟 程超 唐世兴 丁锐 李洪佳 宋宇 章海明 邓皇根 张鑫 许华鑫 高武斌 张敏 郭伟 王博乐 徐锋 陆丹华 牛洪勇 张晓羽 周毛毛 王华	
合计		2139	390				

（王常策、李静洁）

研究生教育

【概况】 2005年10月，学校在校研究生7765人，其中博士研究生1705人，硕士研究生4549人，专业学位硕士研究生1511人；与美国德克萨斯阿灵顿大学（UTA）合作培养高级工商管理硕士研究生在校191人，与比利时鲁汶工学院合作培养电子媒体工程硕士研究生在校36人。

2005年，学校毕业博士研究生138人，授予博士学位137人；毕业硕士研究生951人，授予硕士学位969人；授予在职人员硕士专业学位414人。获得美国德克萨斯阿灵顿大学（UTA）合作培养企业高级管理人员工商管理硕士学位54人，获得比利时鲁汶工程技术学院合作培养“电子媒体工程”硕士学位66人。

经过全国第十批学科申报，学校共拥有博士学位授权一级学科9个，硕士学位授权一级学科20个；拥有博士学位授权学科、专业48个（含9个学校自设），拥有硕士学位授权学科、专业109个（含10个学校自设）。授予工程硕士专业学位的工程领域由16个增加到17个。

2005年，学校的“十五”“211工程”三级项目“研究生教学实验中心”建设完成。该项目自2002年9月开始建设，完成经费总额度为300.4万元，其中中央专项资金为200.1万元，学校自筹资金100.3万元。经费用于购置设备243.7万元,用于建筑工程48.9万元,用于软件购置与开发7.8万元。“研究生教学实验中心”的建设,改善了研究生公共教学条件和实验环境,满足了研究生教育规模不断增长后对公共教学及实验设施的需要,促进了高层次创新人才培养质量和教育效益的提高。

(李　文、宁晓钧)

【招生工作】 2005年学校招收博士研究生455人,硕士研究生1798人,专业学位硕士研究生339人,接收在职人员以同等学力申请硕士学位11人,招收与美国德克萨斯阿灵顿大学(UTA)合作培养企业高级管理人员工商管理硕士研究生53人,招收与比利时鲁汶工程技术学院合作培养“电子媒体工程”硕士学位研究生27人,接收国外留学生15人。此外,学校被列入教育部“少数民族高层次骨干人才计划”,计划在内蒙古等12省市招生25名。

2005年,学校不断加强研究生招生制度建设,制定了《北京科技大学关于加强研究生招生考试环境综合整治工作的暂行规定》、《北京科技大学关于做好2005年硕士研究生录取工作的有关规定》,修订了《北京科技大学研究生入学考试命题工作规定》、《北京科技大学研究生入学考试阅卷工作规定》等制度;研究生院招生办公室严格履行保密规章制度,切实做好试卷保密工作,确保命题、印刷、封装、移交、邮寄、收发、保管等环节万无一失。学校成立研究生入学考试领导小组,并培训了一支熟悉考务工作规章制度、尽职尽责、训练有素的监考工作队伍,维护了考试的严肃性。同时,研究生院继续推进招生信息化建设,加强研究生招生网页建设,自行研制开发了博士、硕士网上报名系统,提高了招生工作的信息化管理程度。

(1)博士生招生。学校继续推进博士生入学考试改革,通过资格审查,入学考试,选拔出有相当专业知识水平和培养潜能的考生,择优录取。2005年报考北京科技大学的博士生共830人,比2004年增长12.2%。其中毕业(或在学)于56所研究生院学校的学生443人,占报名总数53%;录取博士生455人,其中毕业(或在学)于56所研究生院学校的学生263人,占录取总数58%。同时,学校加大了提前攻博和硕博连读学生的比例,这部分学生占录取人数的25%。录取的同等学力考生人数比2004年有所下降,占录取总数的2.2%;整体生源质量有所提高。

(2)硕士生招生。学校制定了《北京科技大学2005年硕士学位研究生入学考试复试工作规定》,实行差额复试,录取工作由专家复试小组和学院研究生招生工作领导小组集体决定。冶金与生态工程学院、机械工程学院、信息工程学院、管理学院、新金属材料国家重点实验室按一级学科设置考试科目和招生。2005年,报考北京科技大学的硕士生共4998人,其中毕业(或在学)于56所研究生院学校的学生1740人,占报名总数34.8%;硕士生录取1798人,其中毕业(或在学)于56所研究生院学校的学生860人,占录取总数48%。本校优秀应届生推荐免试名额272人(包括推荐到外校考生),比2004年有所增长;2005年,学校接收推荐免试硕士生共250人。

(3)在职人员攻读硕士专业学位研究生招生。2005年,学校与企业、地方政府、高校、公司联合培养,开办工程硕士、在职攻读工商管理硕士(MBA)、在职攻读公共管理硕士(MPA)共15个班。学校积极贯彻党中央、国务院关于西部大开发战略的精神,为内蒙古包头地区及贵州省贵阳地区培养专业学位研究生。硕士专业学位研究生共报名852人(其中工硕523人、MBA131人、MPA190人、高校教师在职攻读硕士学位8人);录取硕士专业学位研究生464人(其中工硕290人、MBA93人、MPA78人、高校教师在职攻读硕士学位3人)。

另外,2004年录取的硕士专业学位研究生339人(其中工硕241人、MBA35人、MPA62人、高校教师在职攻读硕士学位1人),于2005年3月入学报到。2004年工程硕士录取成绩在180所高校按百分位平均值排序第60名;在职攻读工商管理硕士(MBA)录取成绩在69所高校按总分平均分排序第33名,按总分最低分排序第10名,按外语最低分排序第22名;在职攻读公共管理硕士(MPA)在40所高校按总分平均分排序第35名,按总分最低分排序第20名,按外语最低分排序第28名。

(赵世强、李 文)

【两年制培养硕士研究生试点工作】 为有效地利用学校的教育资源、提高研究生教育效率,使学校的研究生教育质量标准(或培养目标)能够较好地满足社会对不同类型研究生人才的需求,并提高研究生应对国内外竞争的能力,学校决定2005年在部分学院和专业试点两年制培养硕士研究生。试点学院为管理学院、应用科学学院、文法学院、外国语学院4个学院,专业集中在管理学、理学、文学、法学经济学、教育学等学科门类。

为了适应两年学制,同2004年培养方案(2.5年学制)相比,2005年试点专业的培养方案在课程学时、课程完成时间、最低学分要求、开题完成时间及发表论文要求等方面做了相应调整。

(宁晓钧、王 黎)

【《研究生手册》修订及证书电子注册管理】 2005年3月,教育部颁布新的《普通高等学校学生管理规定》,并于2005年9月1日起施行。按照教育部和北京市教委的要求,学校研究生管理规定根据上级新的规定相应进行了增补、删减和局部修订,重新制定《北京科技大学学籍管理规定》(校发[2005]70号),修订了《北京科技大学研究生培养方案总则》、《研究生课程学习及成绩管理办法》、《北京科技大学硕博连读研究生培养工作试行办法》等一系列文件,并重新编印发行《研究生手册》。

研究生院在2005年教育部及北京地区高等教育学历证书电子注册管理工作先进集体评选工作中,荣获"全国高等教育学历证书电子注册管理工作先进集体"和"北京地区高等教育学历证书电子注册管理工作先进集体"两项称号,研究生院刘云清同志荣获"北京地区高等教育学历证书电子注册管理工作先进个人"。

(刘云清、宁晓钧)

【全国考试考务工作】 2005年,学校组织了3次国家级研究生招生入学考试,即北京科技大学2005年全国统一硕士研究生入学考试、北京科技大学2005年全国博士生入学考试和2005年全国专业学位研究生北京考点入学考试,共计5400人,同时完成22000份试卷的封装、整理、加密及阅卷工作。2005年学校继续承担了同等学力人员申请硕士学位全国统一考试的报名、考试组织和阅卷工作,受理了4000多人次的报名,组织3600人次的考试和15000余份试卷的阅卷工作。

(李 文、宁晓钧)

【学位授予工作】 校学位评定委员会分别于2005年3月和6月召开了七届十一次、八届一次全体委员会议,授予博士学位137人,授予硕士学位969人,授予在职人员硕士专业学位414人;评选出校级优秀博士学位论文10篇,优秀硕士学位论文45篇;推荐参评全国优秀博士学位论文3篇;推荐全国百名有突出贡献的工程硕士学位获得者候选人13人。为了保证研究生培养质量,对博士学位论文质量逐步加大了评估力度,把新增博士生导师指导的首批博士生学位论文列为质量评估的重点。

(吴学东、张云仙、姜禾娇)

【博士生导师队伍建设】 2005年,遵循保证导师队伍质量,适应学校学科建设需要,坚持标准、公正合理的原则,学校开展了博士生导师遴选工作。经校学位评定委员会审核并通过无记名投票表决,同意新增31位博士生指导教师,其中本校教师23人,外单位专家8人。

为了加强导师队伍建设,12月9日召开新增博士生指导教师岗位培训会,对近3年新增的博士生导师进行了培训。

(张云仙、吴学东)

【教育基地建设】 为了进一步贯彻党的十六届三中全会提出的"积极推进高等教育和科技创新紧密结合"的精神,学校积极探索研究生教育培养的新模式。近几年,学校在十几个大中型钢铁企业及经济开发区建立研究生教育科研基地，2005年相继在首钢总公司、中钢集团洛阳耐火材料研究院、邯郸钢铁集团有限公司、兴澄特种钢铁有限公司、宁波北仑区人民政府、鞍山钢铁集团公司、包头钢铁集团有限公司、金隅通达耐火材料公司8个单位正式挂牌，开始教育科研基地的进一步建设。目前，基地得到了健康持续的发展，取得了初步成绩，有力地推动了研究生培养模式的改革，深化了校企合作力度。

（李　文、宁晓钧）

【学科授权点申报和学科评估】　2005年5月，国务院学位办开展第十批全国博士、硕士学位授权点的申报工作，同时学校进行自行审核新增硕士点的工作。2006年1月，经国务院学位委员会批准，学校新增力学、动力工程及工程热物理、控制科学与工程3个博士学位授权一级学科；新增思想政治教育、通信与信息系统、计算机系统结构、防灾减灾工程及防护工程、环境工程、企业管理6个博士学位授权学科、专业；自主设置材料合成化学、工业生态、矿山地质工程3个博士学位授权学科、专业；新增外国语言文学、数学、化学、电子科学与技术、信息与通信工程、计算机科学与技术、土木工程、化学工程与技术、环境科学与工程、工商管理、公共管理11个硕士学位授权一级学科；新增科学技术哲学、产业经济学、经济法学、社会学、理论物理、生物化学与分子生物学、测试计量技术及仪器7个硕士学位授权学科、专业。上述学科、专业涉及理、工、管、文、哲、经、法、教8个学科门类，进一步优化了学校的学科结构。

2005年，学校1个一级学科（科学技术史），3个二级学科（工程力学、热能工程、控制理论与控制工程）顺利通过了全国博士学位授权点的定期评估。同时国务院学位办抽查了这些学科共13名博士生的学位论文，评估结果全部合格。

（吴学东）

【“研究生教育发展基金”项目验收】　2003年，为促进研究生教育的发展，加强研究生培养基础条件建设，提高研究生的培养质量，学校设立了北京科技大学研究生教育发展基金（以下称基金）。基金分为学科建设和研究生研究项目基金、研究生教学改革专项基金和研究生教育奖励基金。2003年度的“研究生教学改革专项基金”共计资助“课程及教学改革”项目13项（总计11.4万元），“教材出版”项目8项（总计9.5万元）；2003年度“研究生研究项目基金”资助项目24项（总计27万元），“学科建设基金”项目15项（总计29万元）。

2005年12月，研究生院聘请有关专家成立验收小组，对2003年度的“研究生教育发展基金”项目进行验收。项目申请人分别根据项目申请书和项目完成情况向验收小组进行情况汇报。

（宁晓钧、吴学东）

【博士后工作】　2005年，学校招收博士后38人，有12名博士后工作期满出站，年底在站博士后65人。年内，矿业工程、冶金工程、材料科学与工程、机械工程参加了全国博士后流动站的评估工作。12月7日，学校组织召开了北京市高校博士后工作研讨会，全国博士后管理委员会的有关领导和近20所高校、科研单位的代表出席了会议。此外，学校出站博士后林大泽荣获全国优秀博士后荣誉称号。林大泽博士于1997年7月进北京科技大学矿业工程博士后流动站进行博士后科研工作，其协助指导教师是于亚伦教授，1999年11月期满出站。

（张云仙、吴学东）

【MPA学员邓俊毕业论文被评选为2005年度全国MPA示范论文】　在2005年度全国首届MPA示范论文评选工作中，北京科技大学MPA学员邓俊的《北京市城市生活垃圾处理产业的市场机制研究》（指导教授曹国富）入选为MPA示范论文。在评选过程中，专家对全国首批23篇MPA优秀毕业论文进行了评选。经过认真的评阅和集中审议并投票，共从中评选出8篇MPA示范论文，以供各培养院校MPA研究生撰写论文时阅读参考。

（张云仙）

附　录

北京科技大学2005年优秀博士学位论文获得者名单

学　院	专　业	姓　名	指导教师
土木与环境工程学院	工程力学	袁长迎	于亚伦
		沈立晋	汪旭光
	岩土工程	马芹永	蔡美峰
	采矿工程	僧德文	李仲学
冶金与生态工程学院	科学技术史	铁付德	孙淑云
	冶金物理化学	李　谦	周国治
材料科学与工程学院	材料学	金吉男	陈国良
		苗晋琦	吕反修
	材料加工工程	张志豪	谢建新
机械工程学院	机械设计及理论	戴江波	陈先霖

（张云仙、吴学东）

北京科技大学2005年优秀硕士学位论文获得者名单

学　院	专　业	姓　名	指导教师
土木与环境工程学院	采矿工程	曹　亮	胡乃联
	矿物加工工程	郝娟玲	孙春宝
	安全技术及工程	黎体发	蒋仲安
		魏　巍	金龙哲
	工程力学	于德水	乔　兰
	矿物普查与勘探	杨志明	谢玉玲
	岩土工程	韦文兵	王金安
	生物化工	成喜雨	倪　文
冶金与生态工程学院	钢铁冶金	柳向椿	包燕平
		孙金铎	吴胜利
	冶金物理化学	徐艳坤	乔芝郁
		王丽君	周国治
材料科学与工程学院	材料物理与化学	柏明卓	柳德橹
	材料学	黄大鹏	贾成厂
		蒋　恒	毛卫民
		李发喜	仇卫华
		张　迪	张济山
	材料加工工程	王　伟	任学平
		张向葵	蔡庆伍
	材料工程	王　岚	乔利杰
机械工程学院	机械电子工程	姜延柏	郗安民
		孙克文	张清东
		常宏杰	王长松
	机械设计及理论	张海涛	张　杰
	机械制造及自动化	许　敬	韩蕴秋

续表

学院	专业	姓名	指导教师
机械工程学院	工程热物理	吴祥宇	夏德宏
		张省现	夏德宏
	制冷及低温工程	徐文亮	殷晓静
信息工程学院	计算机应用技术	畅 通	包 宏
	系统工程	张先华	闵乐泉
	计算机技术	王大亮	夏克俭
管理学院	管理科学与工程	金海燕	高学东
		李俊芳	崔建双
		陈 翔	戴淑芬
		崔焕荣	高学东
	企业管理	刘 东	高俊山
	工商管理	陈 宇	瞿国忠
应用科学学院	凝聚态物理	范崇飞	潘礼庆
	分析化学	李诚炜	弓爱君
	固体力学	吴文奇	卢晋福
	应用数学	苏晓红	郑连存
文法学院	教育经济与管理	郭艳琳	毛祖桓
	马克思主义理论与思想政治教育	林喜庆	陆 俊
	公共管理(MPA)	邓 俊	曹富国
外国语学院	外国语言学及应用语言学	徐延飞	彭 漪

（姜禾娇、吴学东）

高等职业教育

【综述】 2005年，北京科技大学职业技术学院毕业学生461人，其中47名优秀高职生通过选拔考试升入北京科技大学普通本科学习。由于教育部高职教育政策调整，2005年高职计划招生100人（实际报到116人），招生专业由2004年的4个减至2个，开设课程151门。2005年底在校生794人。

【教学工作】 学院坚持教学质量第一的理念，严格执行教学检查、教学质量巡视员和学生信息员等教学质量管理制度，采取切实措施狠抓教风、学风、考风，学院教学总体情况良好。

根据教育部2005年3月新颁布的《普通高等学校学生管理规定》文件精神，年内对学籍管理办法等文件进行了修订，修订的主要内容包括：强调“育人为本”，维护学生合法权益，明确了学生的权利与义务；明确规定了学生退学、开除学籍的处理程序及学生对退学处理或违纪处分具有陈述、申辩和申诉权等条款；细化了考试违纪和作弊的种类，并规定了相应的处理办法。

（高 航）

继续教育

北京科技大学继续教育教学的组织工作由继续教育学院及管庄校区承担。

【继续教育学院】 北京科技大学继续教育学院于2005年6月29日成立，本着“从学校大局着眼，为兄弟单位服务，提高学校继续教育整体水平和效益”的原则，开发、整合、规范全校各类继续教育机构及资源，在维护学校利益、保证单位收益的前提下，规范、高效地对外承接各类继续教育培训。

继续教育学院依托学校优秀的师资队伍、雄厚的科研实力、广泛的行业影响力和合作关系，将服务领域定位于以冶金行业技术培训为主，兼顾理、文、法、经、管等培训领域；业务层次包括各类短期培训班、远程课程进修、高级管理层研修班、各种主题论坛、专业性行业年会等；教学形式包括采用现代通信技术的网络教育、面授教育和实践教育相结合等形式。

(1)内部建设。学院成立以来，已初步完成了基础建设，基本满足目前的工作需要。同时，学院先后制定了《学院行政事务管理制度》、《学院办公室工作章程》、《学院领导岗位职责》、《学院人力资源管理办法》、《借款和各项费用开支标准及审批程序》、《合作院校审核规定》、《开展对外合作事宜程序》、《校外教学中心管理规定》、《校外教学中心负责人聘任制度》等，规范了继续教育工作的开展。

(2)宣传工作。学院加强与全国各大冶金企业的联系，通过发放企业内训需求函，进一步了解企业的新需求；通过参加“首届中国培训发展论坛”、钢铁行业职工教育培训工作表彰大会等活动，展开学院宣传工作，扩大学院在企业培训领域的知名度及影响力；通过邀请“学习型组织与系统思考及决策”的有关专家教授在学校组织相关研修班的形式，掀起学校中青年教职工学习系统动力学、结合软件建立学习型组织模型的风尚。同时，学院不断加强对外交流与学习，先后与清华大学、北京理工大学、中国科学院研究生院、北京航空航天大学、北京大学医学部、中国石油大学、北京语言大学、对外经济贸易大学、华中科技大学继续教育学院及机构负责人进行交流，共同探讨继续教育办学的经验和未来发展趋势，不仅宣传了学院也拓展了学院的对外合作关系。此外，还接待了美国麻省理工学院波士顿分校的来宾，共同探讨了两院的合作方向及合作方式。

(3)业务开展。为了加强对学校内部各类非学历教育培训的统筹、监管，提高继续教育的整体水平和效益，继续教育学院先后与学校各学院进行协商，讨论并达成初步合作意向。针对国有大中型企业的需求，继续教育学院自主开展本科后非学历中、高层次教育培训，面向冶金企业主战场，为企业中高层管理人员、专业技术骨干搭建业务提升、素质拓展、情感交流、资源共享的平台，以高质量的教育培训服务凝结一大批企业精英。在此基础上，充分发挥学校各学院、国家重点实验室、国家轧制工程中心、冶金工程研究院在行业中的教育科研优势，强化学校与企业的合作，共同推动国家冶金工业的发展。学院在为企业服务的同时，加强与相关单位合作，面向社会，承办中央部委、国家机关工作人员、事业单位管理技术人员等各类高端教育认证培训，充实学校的社会资源。

2005年，学院先后在太原钢铁(集团)有限公司开展了“安全培训师培训班”、在中国首钢国际贸易工程公司开展了“高级物流经理培训班”、在校内开展了“系统思考与决策(I think软件应用)研修班”。年内，继续教育学院还与机械工程学院物流系共同向国资委下属的国际物流师认证办公室申请了北京地区唯一的国际物流师师资培训基地，并成功承办了“全国首届国际物流师学科建设与师资培训班”。

(4)学院规划。经过充分调研和论证，继续教育学院确定近期发展思路为：①2005年内完成学院基础建设及机构设置；与校内现有培训单位协商，达成整合意向；与部分企业开展常规企业培训；完成与社会相关单位合作意向，研发、运行两个以上的高端项目。②2006年底前完成500人次以上中高端培训，强化学院基础建设；完成全校各类继续教育机构及资源的整合、开发、规划；企业常规培训初具规模；与社会相关单位合作初见成效。③2007年内完成1000人次以上中高端培训；学院基础建设趋于完善；全校各类继续教育高效、有序开展；企业常规培训具有较高显示度；与社会相关单位合作成效显著。④2008年内完成2000人次以上中高端培训；根据前期工作经验以及效益，继续扩大规模寻求更多发展领域、争取更大发展空间；学校继续教育形成特有品牌，在社会和企业中具有较高知名度；有显著的社会效益和经济效益。⑤2010年，继续稳步开展中高端培训的基础上，深入开展继续教育发展模式的研究，形成自有独特继续教育品牌和体系，结合未来社会主义市场经济建设的具体需求，为崭新的终身教育社会体系提供高质量的教育、培训、研讨的平台，为社会各企业特别是冶金相关企业提供从技术支持到管理咨询的全新培训体系和交流平台，为学校带来更大的社会效应及经济效益。

(石　岩)

【管庄校区继续教育工作】(1)成人学历教育。2005年成人教育学院计划招生3600人，实际报到2534人，其中脱产生660人，函授生994人，业余教育学生880人。按照教育部调整压缩成人脱产生的要求，脱产生招生大幅减少，业余教育学生比例迅速上升。2005年学院毕业生2065人，其中脱产生614人，函授生1231人，业余教育学生220人；毕业生中本科生1369人，其中脱产生614人，函授生661人，业余教育学生94人；本科毕业生中，授予学士学位588人，其中脱产生264人，函授生273人，业余教育学生51人。2005年底，学院在籍学生总数6195人，其中脱产生2008人，函授生2784人，业余教育学生1403人。

为适应成人教育办学形式调整，学院加大了函授站点建设和管理力度，考察了7个新站，其中福建闽海、江西新余、黑龙江一重3个站考察合格并在当地省教委备案，新增为函授站。2005年新增的专业(含学历层次、学习形式的变动)有：电子商务专科、物流工程专升本、旅游管理专升本、材料科学与工程专升本、机电工程专升本、冶金工程专升本。

年内，业余教育的教学运行管理工作由北京科技大学培训中心调整至管庄校区教务办公室。根据教学管理内容的变化，教务办公室撤销教研科，增设考务科，统筹管理学院学历教育考试和相关的社会考试考务工作。全面制(修)订了函授、业余教育专业教学计划，注意脱产教育、函授教育、业余教育、远程教育之间的横向沟通和纵向衔接，使教学设计与校区多元发展的总体建设目标协调一致。学院对各函授站使用的大部分教材不再进行统一购买与发行，改由函授站根据教材计划在当地自行采购，从而简化了工作程序，提高了工作效率。2005年教学工作总体运行平稳，教育教学工作质量得到有效保证。

(2)远程教育。2005年，远程教育学院坚持“积极发展、规范管理、强化服务、提高质量、开拓创新”的办学指导思想，新建校外学习中心3个，即萧山学习中心、金华学习中心、唐山学习中心。至2005年底，远程教育学院共有校外学习中心26个，招生专业9个，分别是计算机科学与技术、信息管理与信息系统、工商管理、会计学、法学、冶金工程、机电工程、土木工程、工业工程，并首次在北京经济技术开发区招生，取得较好效果。上半年招生录取1065人，其中专科845人，专升本220人；实际注册1016人，其中专科783人，专升本 233 人。下半年招生录取 708 人,其中专科 441 人,专升本 267 人;实际注册 643 人,其中专科 373 人,专升本 270 人。年内共有 1645 名学生毕业,其中专科 1088 人,专升本 557 人,授予学位 32 人。2005 年底,学院在籍学生总数 4300 人。

2005 年学院完成远程项目修购计划 200 万元,其中校区配套 40 万元,改善了远程教育网络设施和技术条件。下半年新建课件开发小组,着手开发网络课件 21 门,其中自主开发 7 门,同时在总结前两年教学实践的基础上,重新修订了各专业的教学计划。修订后的教学计划体现了以下原则:①以培养应用型和技术型人才为目标;②公共基础课和专业基础课以必须和够用为限;③增加选修课,扩大学生的选课范围。年内还制订和修订了《校外学习中心管理办法》、《校外学习中心工作规程》、《远程教育招生工作管理办法》、《学籍管理办法》等 7 项管理办法和工作规程,进一步规范了远程教育管理工作。

(3)培训。2005 年,北京科技大学培训中心进一步开拓创新,明确了培训工作的定位和发展方向。继续与中国钢铁工业协会、中国企业联合会暨中国企业家协会合作,在北京、上海、鞍山等地成功举办了 6 期钢铁行业职业经理人资格认证培训班,培训来自钢铁、冶建、有色、核工业等行业的 223 名厂长或经理,其中在鞍钢举办的第 7 期培训班是第一次在大型钢铁企业举办的培训班,得到企业和广大学员的好评。2005 年 10 月北京科技大学培训中心被评为"钢铁行业职工教育培训先进单位"。

2005 年北京科技大学培训中心在北京、辽宁、四川、福建、内蒙古等省、市、自治区共 16 家钢铁企业举办轧钢、机械故障诊断、制氧技术、办公系统、市场营销经理助理及人力资源师培训班,并在安阳钢铁集团组织液压炼铁讲座,在攀钢组织精轧板材控制与研究、轧辊前沿技术专题讲座,培训学员 500 余人次。在各类培训中,注重打造学校品牌,精心制定培训方案和选聘教师,课程设置符合企业发展需要,课程内容新颖实用,确保了质量和效果。同时,注重加强与企业人力资源、组织人事、教育培训等部门的密切联系,陆续走访了宝钢、武钢、鞍钢、马钢、太钢、包钢等十多家钢铁企业,认真了解企业的培训需求,并考察了对外合作培训项目的可行性。

(高　航　陈美英　王玉敏)

留学生培养及对外汉语教学

【概况】 2005 年底,北京科技大学在校学习的外国留学生共 140 人,来自 32 个国家,其中享受中国政府奖学金的学生 52 人,校际交流学生 7 人,自费留学生 81 人,留学生总数同比增加 37%。留学生类别为:博士生 8 人、硕士生 17 人、本科生 56 人、高级进修生 4 人、普通进修生 2 人、语言生 53 人。

2005 年毕业、结业的留学生 68 人,其中博士生 2 人,硕士生 6 人,本科生 6 人,汉语班学生 54 人。新入学留学生 80 人,其中博士生 2 人,硕士生 13 人,本科生 21 人,高级进修生 4 人,普通进修生 2 人,汉语班留学生 38 人。同时,学校还接收了国家留学基金管理委员会分配的 2005 年中国政府奖学金学生 32 人,其中本科生 19 人,硕士生 8 人,高级进修生 4 人,普通进修生 1 人,分别安排在北京语言大学补习汉语和天津大学预科补习,将于 2006 年 9 月来校学习。此外,学校还接收了汉语短期班学生 77 人,日中友好高龄者大学学员 23 人,专业短期进修生 4 人,德国亚琛大学大学生实习团成员 12 人、韩国顺天大学工科大学生实习团成员 20 人。

根据北京科技大学与韩国昌原大学的两校协议，2005年9月，学校首次接收韩国昌原大学交流学生3人，在学校对外汉语教学中心学习汉语。外事处积极支持各学院开展国际学生交流活动，先后为土木与环境工程学院、冶金与生态工程学院和机械工程学院邀请的来自德国、瑞典和意大利的硕士、博士生4人来学校作短期专业交流办理了有关手续。

（刘永才）

【留学生教育与管理】 2005年，学校把留学生规模的发展纳入学校学生发展的总体规划，在2005年9月落成的学生公寓中划出270间作为新的留学生公寓，为留学生教育与管理提供硬件保障。学校留学生工作的思路是："扩大规模、提高层次、保证质量、规范管理"，积极做好中国政府奖学金留学生和自费留学生的培养工作，保证质量，扩大影响，抓住机遇，扩大学校的留学生规模。

2005年，学校继续抓好留学生的教育管理及培养工作。外事处主动与任课教师取得联系，详细了解留学生的学习情况，有针对性地开展工作。同时对学习优秀的留学生进行表彰和奖励，对学习表现较差的留学生提出要求和警告，引导留学生加强学习。

外事处组织留学生参加校内外各种业余活动。1月组织留学生参加北京市迎新春联欢晚会和第十届外国人中华才艺大赛晚会；3月组织留学生参加北京科技大学第二届校园饮食文化节暨厨艺大赛，加蓬留学生特里斯当获得二等奖，古巴留学生亚内利斯获得最佳人气奖；7月组织留学生参加世界汉语大会开幕式和"汉语桥"来华留学生朗诵艺术大赛，学校获得"汉语桥"来华留学生朗诵艺术大赛组织奖，孟加拉留学生哈桑同学表现出色，并在中央电视台国际频道"同乐五洲"综艺节目上获得铜奖；10月组织留学生参加北京市2005"来华杯"留学生汉语演讲比赛，阿尔及利亚留学生爱美华获得比赛纪念奖，朝鲜留学生赵成日和孟加拉留学生哈桑获得比赛积极参与奖。

（毕惠芳）

【对外汉语教学】 2005年，外事处积极做好汉语班的招生和宣传工作，和文法学院一起抓好汉语班教师的配备及教学工作，使学校汉语班学生的数量稳步增长。

根据北京科技大学与韩国顺天大学的协议，自2003年起，学校连续三年向韩国顺天大学派遣汉语教师，在韩国顺天大学中文系任教，教师的教学水平得到了韩国顺天大学广泛的认可。2005年，学校共接收85名韩国顺天大学学生参加短期汉语强化班学习，其中10名学生参加为期半年的学习，其余75人参加为期四周的学习。

（毕惠芳）

附　录

北京科技大学历年接收外国留学生统计表

年　份	1974~2000	2001	2002	2003	2004	2005	累计接收人数	累计毕业人数	累计结业人数	目前在校人数
本科生	154	7	13	13	19	21	227	120		56
硕士生	24	6	10	3	1	13	57	29		17
博士生	8	2	2	4	1	2	19	8		8
进修生	96	7	3	3	2	6	117		96	6
汉语生	472	39	79	40	48	68	746		683	53
短期生	876	96	121	0	63	104	1260		1260	
实习生	111	0	5	0	0	32	148		148	
合　计	1741	157	233	63	134	246	2574	157	2187	140

体育工作

【概述】 学校体育工作体系包括体育教学、群体竞赛、运动训练、体育科研等。体育教育和管理工作由体育部承担。2005年,学校体育部将教学机构调整为男生课教研室和女生课教研室,体育部共有教职工39人,其中副教授15人、讲师15人、助教4人、教辅人员5人。在田径、篮球、足球、网球、乒乓球、羽毛球、冰雪等项目上,拥有国家级裁判5人、国家一级裁判18人。2005年2月,学校党委将体育部党支部设定为直属党支部,体育部主任王瑞平兼任党支部书记,于祥任副书记。原工会小组也相应提升为部门工会,罗明刚任体育部工会主席。

(潘建林、王瑞平)

【课程建设】 为了进一步推进健康教育和素质教育,2005年学校在原有体育课设置基础上,又适当增设了几个项目,形成了男生体育课程、女生体育课程、男女生混合体育课程三大比较完整的体系。男生体育课程包括非选项基础课和篮球、足球、排球、网球、散打选项课;女生体育课程包括非选项武术课和艺术体操、健美操、篮球、排球、网球选项课;男女生混合体育课程包括乒乓球、跆拳道、轮滑选项课和体育保健课。同时,为适应高校体育教学发展的形势,保证体育教学规范化、统一化、制度化,体育部结合学校近几年体育教学改革和课程建设经验,组织20余人编写《体育课教学大纲》,将于2006年正式使用。

(潘建林)

【学科及师资建设】 为提高教师的业务素质和科研水平,体育部积极鼓励和支持青年教师学习深造,全年有4名教师参加了北京体育大学硕士学位班的学习。在引进新教师方面,择优录用2名有较强理论教学能力和科研能力的硕士研究生。2005年,体育教师在全国体育核心期刊和专业期刊共发表论文48篇,并完成了2项校级的科研课题。

(潘建林、王瑞平)

【竞技体育】 2005年,北京科技大学竞技体育呈现出历史性的飞跃。3月,学校女子篮球队在第七届CUBA联赛东北赛区比赛中,不畏强手,顽强拚搏,以第二名的战绩进入全国八强决赛,实现了历史性突破,最终在全国八强赛中获得第七名。5月,在北京高校(甲级)篮球联赛中,校男篮以不败战绩夺得冠军,校女篮因主力中锋高国彩严重受伤,屈居第四。11月,在第八届CUBA北京地区选拔赛中,校男篮再次以不败战绩夺魁,校女篮喜获第三名。另外,在4月17日举行的“李宁三对三校园篮球挑战赛”全国总决赛中,由北京科技大学男篮队员组成的北京市冠军队,战胜了各省市劲旅荣膺全国冠军,并在李宁公司的赞助下于8月访问了西班牙。校田径队战绩辉煌。5月,在首都高等院校第43届田径运动会上,学校代表队获11枚金牌,取得甲A组女子团体总分第一名、男子团体总分第三名和男女团体总分第二名的优异成绩,同时打破4项大会纪录,改写10项校纪录。12月,在北京高校室内田径邀请赛上,学校代表队获5枚金牌,列总奖牌榜第三名和男子组奖牌榜第二名。目前校田径队拥有3名运动健将,16名一级运动员。校足球队基本保持原有水平。3~4月,在“李宁杯”北京高校五人制足球赛和“飞利浦杯”北京高校足球联赛中校代表队均获第四名,在11月举行的北京高校足球八强赛中获第六名。

(潘建林、王瑞平)

【群体竞赛活动】 2005年1月,北京科技大学召开体育工作总结表彰会,对2004年学校的体育工作进行了总结,表彰了体育工作先进学院(信息、管理、机械、土环、材料学院)、先进班级和个人。为进一步开展学校群体活动，体育部在做好传统群体竞赛活动的基础上，继续推动各单项体育协会开展活动、壮大力量，除成功举办了第44届学生田径运动会、全校拔河赛、新生田径运动会、“12·9”火炬长跑接力赛等传统赛事外，还通过各单项体育协会成功举办“三好杯”篮球赛、足球赛、排球赛、乒乓球赛等活动，丰富了校园体育文化。年内，校足球协会陆续主办了学校“7人制”、“5人制”和“3人制”足球赛，并在普通学生中组队参加首届北京高校冠军杯足球联赛，取得了第二名的好成绩。7月，校棋牌协会组队参加全国大学生国际象棋赛，获得女子团体冠军、男女团体亚军和女子个人赛冠军的佳绩。10月，校台球协会组队参加北京高校台球联赛，获得团体亚军。12月，校武术协会组队参加首届北京高校跆拳道比赛，取得佳绩。年内，校篮球协会举办了第四届“年级杯”男子篮球联赛、第三届“篮协杯”女子篮球联赛、研究生男子篮球赛，承办“李宁三对三校园篮球挑战赛”全国总决赛等赛事。此外，校篮球协会还举办了第六期篮球裁判学习班，目前拥有国家一级裁判员1人，国家二级裁判员23人，国家三级裁判员30余人。

（潘建林）

【社会体育工作】 经北京市大学生体育协会批准，北京市大学生体育协会跆拳道、柔道、摔跤分会于2005年6月3日在北京科技大学成立，北京科技大学副校长谢辉任名誉会长，体育部主任王瑞平任会长，体育部副主任董平任秘书长。本协会的宗旨是为学校体育服务，为全民健身服务，丰富学生的课余文化生活，增进高校间的体育交往，推动北京市大学生跆拳道、柔道、摔跤运动健康发展。12月，成功举办首届北京市高校跆拳道比赛。

（王瑞平）

附　录

2005年北京科技大学体育代表队主要竞赛成绩

比赛名称、时间、地点	领队及教练	运动员姓名（单项成绩）								总成绩
			姓　名	单　项	成　绩	名次	单　项	成　绩	名次	
首都高等院校第四十三届学生田径运动会 2005年5月 北京师范大学	领队：王瑞平 教练：周振平 董官清 蒋玉跃 章荣江 姜　宏 杨子良 齐　伟 李仕美 王文海 于　祥	田径男队	汪　浩	100米	11.01	8				甲A组 女子团体总分：199分/第1名 男子团体总分：133分/第3名 男女团体总分：332分/第2名 金牌数：11枚 4人打破4项北京高校纪录
			王昊志	110米栏	16.95	8				
			刘宏伟	400米栏	55.55	8				
			公　强	800米	1:52.19	1	1500米	3:50.23	1	
			高月志	5000米	14:23.1	1*	10000米	33:26.3	6	
			李增峰	5000米	15:36.2	8	3000米障碍	10:07.0	7	
			杨一栋	10000米	34:05.6	7				
			刘绪刚	20000米竞走	1:35:47.3	4				
			黄斌斌 张云磊 刘宏伟 汪　浩	4×100米	43.1	5				

续表

比赛名称、时间、地点	领队及教练	队别	姓名	单项	成绩	名次	单项	成绩	名次	总成绩
首都高等院校第四十三届学生田径运动会 2005年5月 北京师范大学	领队:王瑞平 教练:周振平 董官清 蒋玉跃 章荣江 姜宏 杨子良 齐伟 李仕美 王文海 于祥	田径男队	黄斌斌 公强 刘宏伟 汪浩	4×400米	3:24.38	4				甲A组 女子团体总分:199分/第1名 男子团体总分:133分/第3名 男女团体总分:332分/第2名 金牌数:11枚 4人打破4项北京高校纪录
			周亢	跳远	7.50	4	三级跳远	15.14	7	
			张云磊	跳远	7.32	6				
			李书海	撑竿跳高	4.30	2				
			孙佳	铁饼	44.96	3				
			李振华	链球	63.37	1				
			毛耀东	链球	54.94	2				
			连鑫	链球	49.12	6				
			金晓鹏	链球	46.34	8				
			杨玉良	十项全能	5870	4	撑竿跳高	3.20	4	
			刘亚南	十项全能	5647	5	撑竿跳高	3.50	3	
		田径女队	闫姝	100米	12.38	3	200米	26.03	3	
			线红	100米栏	14.21	1				
			王娜	200米	26.13	4				
			裴蕾	400栏	1:06.37	6				
			李志梅	800米	2:13.41	4	1500米	4:50.60	5	
			葛晓燕	800米	2:19.42	7	3000米障碍	12:41.7	7	
			李丹丹	1500米	4:24.76	1 *	3000米障碍	10:59.1	1	
			徐宜娜	5000米	16:08.4	1 *	10000米	33:52.4	2 *	
			谢芳	5000米	16:09.3	2 *	10000米	33:51.9	1 *	
			袁萍萍	5000米	18:27.0	5	10000米	37:39.5	5	
			刘君婵	10000米	36:53.9	4				
			王婷婷	5000米竞走	23:45.0	2	10000米竞走	48:44.6	2	
			闫姝 朱晓琳 王娜 邵春燕	4×100米	47.5	2				
			裴蕾 朱晓琳 王娜 邵春燕	4×400米	4:06.10	5				
			陈少婷	跳远	5.96	4	三级跳远	12.53	6	
			杨芸芸	跳高	1.60	6	三级跳远	12.78	4	
			李晶晶	铁饼	51.77	1	铅球	14.60	3	
			王丽	铁饼	42.39	8				
			许滢	标枪	41.25	7				
			邵春燕	七项全能	4811	1	100米栏	14.25	3	

* 打破北京高校田径运动会纪录

续表

比赛名称、时间、地点	领队及教练	运动员姓名(单项成绩)			总成绩
第十届全国大学生田径锦标赛 2005年7月 山东青岛	领队:王瑞平 教练:全体教练员	田径男队	公　强:800米第3名(1:55.93) 1500米第8名(3:54.79) 李书海:撑竿跳高第4名(4.40)	李振华:链球第6名(57.28) 毛耀东:链球第7名(54.93)	
		田径女队	徐宜娜:10000米第5名(38:00.71) 5000米第8名(17:09.58) 王婷婷:10000米竞走第3名(49:22.14) 线　红:100米栏第7名(14.29)	陈少婷:三级跳远第6名(12.83) 绍春燕:七项全能第4名(4539) 接力队:4×100米第8名(48.94)	
北京市高等院校室内田径邀请赛 2005年12月 北京体育大学	领队:王瑞平 教练:全体教练员	田径男队	公　强:1500米第1名(4:02.5) 高月志:10000米第1名(30:38.3) 李绪刚:10000米竞走第3名(48:30.6) 李书海:撑竿跳高第1名(4.20) 李振华:链球第1名(57.91) 毛耀东:链球第2名(52.44)	吴哲欣:铁饼第1名(48.44) 郭冠华:铁饼第3名(47.13) 铅球第5名(14.52) 孙　佳:铁饼第4名(46.31) 王天叶:标枪第5名(55.96) 于　岩:三级跳远第5名(14.53)	金牌5枚 银牌2枚 铜牌6枚 列男女奖牌榜第3名 男子组奖牌榜第2名
		田径女队	绍春燕:60米栏第2名(9.0) 陈少婷:跳远第3名(5.48) 许春地:跳远第4名(5.46) 刘　斌:跳远第5名(5.34)	钟百卉:铅球第3名(12.07) 铁饼第5名(29.81) 王　丽:铁饼第3名(43.69) 许　滢:标枪第3名(39.23)	
第七届CUBA联赛东北赛区比赛和全国八强决赛 2005年3月/4月 山东泰安/天津	领队:王瑞平 教练:张孔军	篮球女队	高国彩、徐　芳、李　倩、谢　婧、李　阳、李学佳、王　莹、关肖昕、张胜男、刘　佳、陈海云、袁梦茵		东北赛区第2名 全国总决赛第7名
北京高校篮球(甲级)联赛 2005年5月	领队:董　平 教练:李海涛	篮球男队	张　泉、武　冰、李宁宁、石　磊、文　梁、黄　峰、张晓晨、刘　帆、商自强、刘　晨、许晓明、郭一凡		第1名 李海涛获最佳教练员奖
	领队:王瑞平 教练:张孔军	篮球女队	高国彩、徐　芳、李　倩、谢　婧、李　阳、李学佳、王　莹、关肖昕、张胜男、刘　佳、陈海云、袁梦茵		第4名 获体育道德风尚奖

续表

比赛名称、时间、地点	领队及教练	运动员姓名(单项成绩)		总成绩
第八届 CUBA 联赛 北京预选赛 2005 年 11 月	领队:王瑞平 教练:李海涛	篮球男队	石　磊、文　梁、张晓晨、刘　帆、商自强、刘　晨、许晓明、郭一凡、李天超、郭　聪、刘光远、张　虎	第 1 名
	领队:王瑞平 教练:张孔军	篮球女队	徐　芳、李　倩、谢　婧、李学佳、关肖昕、刘　佳、陈海云、袁梦茵、杜　佳、李晔涵、张胜男、申东飞	第 3 名
北京高校飞利浦杯足球联赛 2005 年 4 月	领队:周　宇 教练:刘伟年	足球男队	马晓翔、胡乃良、王　超、韩绍坤、青根木、田惠明、佟　金、邓　波、翟　磊、石国华、柴晓宇、吕昌宇、曲宣丞、田　磊、李　旭、傅　育、胡鹏飞、刘　旭	第 4 名

2005 年北京科技大学学生参加的其他大型体育竞赛成绩

比赛名称、时间、地点	组队单位	竞赛成绩
“李宁三对三校园篮球挑战赛”全国总决赛 2005 年 4 月 北京科技大学	校男子篮球队	冠军
全国大学生国际象棋赛 2005 年 7 月 广东珠海	校棋牌协会	男女团体亚军 杨玉婷:女子个人赛冠军 袁德林:男子个人赛第 4 名 刘　桦:男子个人赛第 8 名
北京“动感地带”高校网球赛 2005 年 5 月 北京	校网球协会	男子团体第 4 名
北京高校冠军杯足球联赛 2005 年 6 月 北京	校足球协会	亚军
北京高校台球联赛 2005 年 10 月 北京	校台球协会	团体亚军
北京高校定向越野锦标赛 2005 年 11 月 北京	校国防体协	男女团体亚军、男子团体亚军、女子团体亚军 男子个人第 3 名、第 6 名 女子个人第 2 名、第 3 名、第 6 名
迎奥运北京大学生越野攀登赛 2005 年 11 月 北京	校体育部	团体第 2 名
北京高校公园定向越野赛 2005 年 12 月 北京	校国防体协	团体第 1 名
第一届北京高校跆拳道比赛 2005 年 12 月 北京	校武术协会	男子团体第 5 名 张　燕:女子 72 公斤以上级第 1 名 石国华:男子 78 公斤级第 3 名 孙　伟:男子 62 公斤级第 3 名 李正华:男子 67 公斤级第 5 名

北京科技大学田径最高纪录

（截至2005年底）

男子：

项　目	成　绩	日　期	地　点	创造者	单　位	比赛名称
100米	10.5	1991.06	国家体委	刘玉刚	机械	北京地区田径邀请赛
200米	21.21（电计时）	1996.08	西　安	扬子江	管理	全国第五届大学生运动会
400米	47.17（电计时）	1996.08	西　安	扬子江	管理	全国第五届大学生运动会
800米	1:50.3	1992.06	国家体委	邹华东	采矿	国家体委田径测验赛
1500米	3:50.23	2005.05	北师大	公　强	管理	北京高校第四十三届田径运动会
5000米	14:23.1	2005.05	北师大	高月志	管理	北京高校第四十三届田径运动会
10000米	29:50.8	1997.04	上　海	鞠成军	文法	全国第八届运动会达标赛
3000米障碍	9:16.6	1989.10	科　大	邴守刚	社科	北京高校第七届田径杯赛
110米栏	13.6	1998.05	体　师	白　勇	文法	北京高校第三十六届田径运动会
400米栏	50.93（电计时）	1990.05	国奥中心	周振平	社科	第十一届亚运会选拔赛
4×100米接力	41.38（电计时）	1999.07	长　春	汤　禹、时宪东 闫二勇、扬子江	校　队	全国第七届大学生田径锦标赛
4×400米接力	3:17.6	1995.06	先农坛	黄　毅、闫大勇 李学桐、扬子江	校　队	北京高校第三十三届田径运动会
10000米竞走	41:59.51	1995.05	先农坛	奚绍辉	社科	北京市第九届运动会
20000米竞走	1:24:54	1995.05	先农坛	奚绍辉	社科	北京市第九届运动会
跳　高	2.05米	1992.10	国奥中心	郑　鑫	压加	北京高校第十一届田径杯赛
跳　远	7.90米	1989.05	合　肥	梁　超	管理	全国田径锦标赛
三级跳远	15.66米	1960.09	呼和浩特	唐东汉	冶金	全国田径运动会
撑杆跳高	4.40米	2005.07	青　岛	李书海	管理	第十届全国大学生田径锦标赛
铅　球	15.67米	2002.05	科　大	尹作为	信息	北京高校第四十届田径运动会
铁　饼	59.14米	1996.05	体　大	李加富	社科	北京高校第三十四届田径运动会
标　枪	66.72米	1990.03	体　大	马　键	管理	北京体院田径邀请赛
链　球	63.37米	2005.05	北师大	李振华	管理	北京高校第四十三届田径运动会
十项全能	6253分	1990.08	南　京	刘传勤	社科	全国第三届大学生运动会

女子：

项　目	成　绩	日　期	地　点	创造者	单　位	备　注
100米	11.70（电计时）	2000.09	成　都	闫　姝	文法	全国第六届大学生运动会
200米	23.8	1998.10	北　体	王　莉	管理	北京高校田径杯赛
400米	56.8	1999.05	首师大	王　莉	管理	北京高校第三十七届田径运动会
800米	2:08.9	2004.05	北　航	李志梅	管理	北京高校第四十二届田径运动会
1500米	4:24.76	2005.05	北师大	李丹丹	管理	北京高校第四十三届田径运动会
3000米	10:12.35	1988.08	南　京	李跃明	热能	全国第三届大学生田径运动会

续表

项 目	成 绩	日 期	地 点	创造者	单 位	备 注
5000 米	16:08.4	2005.05	北师大	徐宜娜	管理	北京高校第四十三届田径运动会
10000 米	33:51.9	2005.05	北师大	谢 芳	管理	北京高校第四十三届田径运动会
100 米栏	13.9	1992.09	武 汉	崔 杰	社科	全国第四届大学生田径运动会
400 米栏	1:02.8	1990.05	北 大	谭金菊	社科	北京高校第二十八届田径运动会
4×100 米接力	47.5	2005.05	北师大	闫 姝、朱晓琳 王 娜、绍春燕	管理	北京高校第四十三届田径运动会
4×400 米接力	3:52.4	1995.06	先农坛	王 莉、宋淑玉 林京晨、刘 霞	校队	北京市第九届运动会
5000 米竞走	24:14.5	1995.06	先农坛	韩善萍	社科	北京市第九届运动会
10000 米竞走	48:44.6	2005.05	北师大	王婷婷	管理	北京高校第四十三届田径运动会
跳 高	1.82 米	1992	北 体	高 燕	社科	全国第四届大学生运动会选拔赛
跳 远	6.20 米	1988.05	清 华	马春霞	社科	北京高校第二十七届田径运动会
三级跳远	12.83 米	2005.07	青 岛	陈少婷	管理	第十届全国大学生田径锦标赛
铅 球	17.36 米	1995.01	广 州	武宪春	社科	亚洲大学生田径邀请赛
铁 饼	57.11 米	1999.05	首师大	王萍萍	信息	北京高校第三十七届田径运动会
标 枪	47.78 米	1995.10	八一队	孙 静	管理	北京高校田径杯赛
七项全能	5189 分	1999.05	首师大	王 琳	文法	北京高校第三十七届田径运动会

"211工程"建设工作

【工程建设进度】 2005 年,学校"211 工程"建设项目共投资 2900 万元,其中中央专项资金 1400 万元,学校自筹 1500 万元,用于重点学科建设、公共服务体系建设和师资队伍建设。2005 年度"211 工程"建设坚持与学校整体发展规划和"两个中心"建设战略相结合,建设过程中强调了"十五"期间重点学科建设的核心地位,并以重点学科和博士点建设为重点;强调以创新思路培养和引进高层次、高水平的拔尖人才;强调标志性成果的取得和总结;强调进一步改善科研、教学条件,提高图书馆和网络数字化、信息化水平。经过努力,学校"十五""211 工程"建设在学科建设、人才培养、科学研究、条件建设等多个方面取得了一批预期标志性成果,确保了工程的建设质量和预期目标。

2005 年初,学校部分项目,特别是重点学科建设项目建设存在滞后现象,影响了学校"211 工程"整体建设进度。学校要求各项目建设单位严格执行确认的倒计时工作计划,并督促建设单位确保设备招投标采购、设备安装调试、项目收尾、总结验收等关键步骤按时完成。6 月,"大型工业机械装备与控制"重点学科建设项目完成开工论证,学校所有二、三级项目进入实质性建设阶段。学校通过调研考察、中期检查、总结汇报、发布简讯、印发信息等形式检查和公布各项目的进展情况和倒计时计划完成情况,学校各建设项目均在规定的时间内完成了规定的任务。

(林 林)

【项目竣工验收】 2005 年 11 月,学校根据"211 工程"部际协调小组办公室《关于"十五"期间"211 工程"建设项目验收工作的通知》(211 部协办[2005]8 号)精神和学校实际情况,下发了《关于"十五"

“211工程”建设项目收尾及验收准备工作的安排》(校发[2005]93号),对验收收尾工作作出具体安排。同时,学校制定了《北京科技大学“十五”“211工程”建设项目验收工作办法》,对“211工程”建设项目校内验收办法作出具体要求和说明。2006年初,公共服务体系一级项目所含的校园网二期建设、图书馆二期建设、现代教育技术中心建设3个二级项目和师资队伍建设一级项目所含的高水平人才培养与资助体系建设工程、高层次创新人才引进工程2个二级项目相继完成校内验收,重点学科一级建设项目所含的现代冶金工程、先进材料与制备科学、大型工业机械装备与控制、现代矿产资源开发技术与工程、计算机软硬件及应用技术5个二级项目也按期完成了校内验收工作。“十五”期间,学校“211工程”各建设项目实现了预期目标,取得了一批标志性成果,圆满完成了建设任务,得到了校内验收专家的较高评价。2006年1月,学校向国家发改委、财政部、教育部报送了《关于申请对北京科技大学“十五”“211工程”建设项目进行验收的请示》。同时,学校启动了“十五”“211工程”建设的收尾总结工作,撰写并呈报了《北京科技大学“十五”“211工程”建设总结报告》。

(林 林)

【“十一五”“211工程”启动的准备工作】 2005年,学校在努力做好“十五”建设的同时,积极着手研究“十一五”建设包括立项、论证、经费匹配、建设过程的监控、建设过程中的调整等一系列问题在内的新的运行机制,确保学校“十一五”“211工程”建设更加有效实施。

(林 林)

科学研究与产业开发

科研工作

【概况】 2005年,学校科技工作坚持科学的发展观,制订了科技工作计划与实施方案,以重大项目、重大基地、重大成果的组织工作为中心,强化多学科的交叉与融合,发挥学科、人才综合优势,促进学校科研、教学、服务社会职能的有机结合与协调发展。通过院、校二级科研管理体系建设,充分发挥学院一级在科研管理方面的作用,动员全校科研人员积极参与,在重视科研项目培育的同时加强过程管理,组织承担了一批重大项目,增强了专利和成果的申报力度,提高学校自主创新能力。重视科研基地建设,大力促进学校与地方、企业合作共建,通过科研基地和产学研平台建设,整合了学校优势资源,使学校承接大型、前沿性和基础性研究项目的能力得到提高。在科技工作中,抓住主要矛盾,科学筹划、合理组织、高效服务,使学校科技工作继续保持了良好的发展势头,圆满完成了年度指标任务。

(杨超华)

【科研项目与经费】 2005年学校科研经费到款额20745.89万元,比2004年增长10.96%。其中纵向科研经费到款6242.66万元,横向科研经费到款14503.23万元。

(1)纵向科研课题。2005年,学校组织申报纵向课题458项,新增课题160项,合同额4103.3万元。在新增纵向课题中,国家自然科学基金、军工和北京市课题占主要部分,三者项目数占总纵向项目数的63.1%,合同经费占纵向总合同额的77%。其中新增国家自然科学基金项目55项(面上项目42项,青年基金项目10项,海外基金项目1项,其他基金项目2项),是历年来立项数最多的一年,合同经费1334万元;新增北京市项目19项,合同经费984万元,比2004年增长了近1倍;新增军工项目27项,主要集中在材料领域,合同额844万元。人文社会科学也取得了较好的成绩,新增项目12项,合同经费72万元,比2004年增长了42.6%,并有1项国家社科基金项目立项。

(2)横向科研课题。2005年,学校签定横向课题合同480项,比2004年增长了9.6%,合同额首次突破亿元大关,为14820.66万元,增长59.1%,经费到款14503.23万元,增长31%,横向课题中10万元以上的大合同数占总合同数的59.58%。尤其是与钢铁企业的科技合作取得实质性进展,先后与鞍钢、首钢等大型钢铁企业签订了千万元以上的批量合同。其中,与鞍山钢铁集团公司共同组建"鞍钢集团公司——北京科技大学冶金技术研发中心",首批确定管线卷板、Trip钢、双相钢、硅钢、高性能结构钢、自动化6个研究项目,项目总经费3205万元;与首钢共同组建的"首钢总公司——北京科技大学汽车用钢联合研发中心",合作金额1500万元。

(杨超华)

【科研水平与成果】 (1)科研成果管理取得良好成绩。2005年学校有18项科技成果通过技术鉴定,其中2项成果达到国际领先水平。26项科研成果获得了各类国家、省部级奖励,其中1项成果获得国家科技进步一等奖,5项成果获得省部级一等奖。

获得国家科技进步奖一等奖的“宝钢高等级汽车板品种、生产及使用技术的研究”项目,由北科大与宝山钢铁股份公司等单位合作完成。该项目通过在冶金、材料、工艺、装备和控制等学科领域上的系统研发,探索出一套高等级汽车钢板的全工序生产技术,具备技术创新性突出、经济效益和社会效益显著、推动行业科技进步作用明显等特点,为我国汽车工业的发展作出了巨大贡献。由材料学院曲选辉教授负责,与安泰科技股份有限公司共同承担的北京市科技计划(重大项目)“粉末注射成形技术研究与产业化”项目,通过在应用开发和产业化方面进行深入系统的工作,创造了一系列具有自主知识产权的新方法、新工艺、新装备,取得了显著的社会经济效益,研究成果达到国际领先水平。材料学院康永林教授由于在汽车领域作出了突出贡献,获得2005年GM中国科技成就二等奖。

(2)知识产权管理进一步完善,专利申请及授权数量有较大增长。经过不断加强知识产权管理力度和提高服务质量,进行大量的知识产权知识普及宣传工作,通过讲座、研讨会等活动和专利管理库建设,有针对性地为学科梯队、研究室、课题组进行咨询式集体讲座,促进在重点领域内形成知识产权战略群。2005年学校专利申请量达到209件(发明专利187件,实用新型22件),比2004年增长23%,在全国高校中排名第21,在北京高校中排名第3;授权量达到122件(发明专利95件,实用新型27件),是2004年54件的2.2倍,在全国高校中排名第17,在北京高校中排名第2。

作为北京市的专利试点单位,学校在北京市知识产权局支持下建立了“专题专利信息数据库”,收纳专利信息32万余条,促进了学校专利战略分析。软件登记工作得到进一步加强,办理计算机软件登记并获准3项。同时有目标的专利许可证贸易宣传取得了良好效果,签定并登记了纯专利许可证贸易合同4项,为历年之最。此外,北京市从2005年开始设立专利创新基金,根据2004年专利授权量对14所高校进行资助,我校获得2项资助,资助额度40万元,位居北京市第2,并当选2005年度北京市先进专利试点单位。

(杨超华)

【科研基地建设】 2005年,科研基地建设巩固与发展并重,取得良好成绩。

(1)“北京市先进粉末冶金材料与技术重点实验室”与“北京市腐蚀、磨蚀与表面技术重点实验室”于2005年5月顺利通过专家组验收,得到较高评价。

(2)2005年学校共申报各类省部级科研基地12个,其中“生态与循环冶金”教育部重点实验室、“新能源材料与技术”北京市重点实验室、“北京科技大学国家技术转移中心(培育)”(主管部门为教育部)等获得建设批准。

(3)军工科研基地建设取得较大进展,首个军民共建实验室——与中国兵器工业59所共建的“大气环境效应与防护联合实验室”于9月成立,为学校承担高水平的军工项目,特别是申报国防重点实验室搭建了良好的平台。另一个由新金属材料国家重点实验室与上钢五厂联合的军工基地建设项目——金属材料-TiAl合金产业化基地已通过评审。

(4)在申请国家、部委各级基地的同时,学校也注重培育新的基地增长点,组建了由机械学院、材料学院、应用学院、信息学院组成的MEMS研发中心。

(杨超华)

【科技交流与合作】 2005年,学校以与钢铁企业科技合作为重点,扩大2004年钢铁年活动成果,推动与钢铁企业的科技合作步入新阶段。同时以点带面,带动学校科技工作全面铺开。

(1)与钢铁企业共建研发中心,打造产学研创新体系。5月15日,“鞍钢—北科大建立冶金技术研发中心及合作项目签字仪式”在鞍钢举行。鞍山钢铁集团公司党委书记、总经理刘玠等集团领导,北科大党委书记罗维东、校长徐金梧、副校长谢建新、科技处及相关项目负责人参加了签字仪式；6月16日，“北科大—石钢汽车用钢冶金技术研究所”正式挂牌，北科大校长徐金梧、石钢公司董事长阎胜科为研究所共同揭牌；9月，与首钢共同组建的“首钢总公司——北京科技大学汽车用钢联合研发中心”成立；至2005年10月，与武汉钢铁集团公司的全面合作协议文本已经基本敲定，双方除了在人才培养等方面开展全面合作外，将重点在氧化物冶金、高强结构钢、汽车用钢、特钢等方面展开科技合作，此外还分别与宝钢、广钢、马钢确立了在硅钢、汽车用钢、高强结构钢等领域进行全面合作的方案。

(2)推动学校科技工作向有色金属、能源等领域拓展。在能源领域，学校与中国广东核电集团共建的“新金属材料国家重点实验室电站金属材料寿命评估实验中心北京科技大学分部”于4月正式成立；5月，与中国石油集团科技发展部签署合作协议，标志着学校与中国石油集团合作迈上了一个新台阶。为了加快拓展有色金属材料领域的发展空间，由谢建新副校长主持，召开了学校有色金属行业合作研讨会，决定与金川镍业、西南铝、洛铜、东北轻合金、凤铝、东方钽业等大型企业建立科研合作关系；9月，与北京伟豪铝业集团继续签订合作协议，新签订5个合作项目，合作金额近200万元，拉开了双方新一轮合作的序幕。

(3)与北京市顺义区政府合作取得进展。10月，“北京科技大学与顺义区人民政府全面合作签约仪式”在顺义举行。顺义区政府区长李平等，学校党委书记罗维东、党委副书记陈曦、副校长谢建新、张欣欣、谢辉，以及相关部门、学院的负责同志参加了签字仪式。

(杨超华)

【科研组织与管理】 (1)2005年，学校加强了对基金项目的管理及引导，精心准备重点项目的预答辩等前期工作，进行校内初审，提高申报项目质量。2005年度申报国家自然科学基金项目223项，批准55项，资助率达到24.7%，继续保持上升势头。其中材料科学与工程科学部获得的项目占76%，一方面反映了学校优势学科在基础研究方面依然占据主导地位；另一方面，这一比例较往年有所下降，在项目总量增长的情况下，反映出学校其他学科的发展速度加快。

(2)为加快整合国内钢铁企业力量，扩大钢铁企业、高校之间的科技合作交流，学校于2005年6月组织召开了“北京科技大学——钢铁企业科技合作组织筹备会议”，徐金梧校长、谢建新副校长、宝钢、鞍钢、武钢、首钢、马钢等14家国内大型钢铁企业的代表参加了此次会议。会议出台了《北京科技大学——钢铁企业科技合作组织章程(讨论稿)》，就成立钢铁企业合作组织达成一致。11月25日，“第二届钢铁冶金新技术发展论坛”如期举行，发改委经济运行局贾银松局长、教育部科技司高新处付恒升处长，北科大党委书记罗维东、校长徐金梧、副校长谢建新等出席了开幕式。来自宝钢、鞍钢、武钢、首钢等20多家国内大、中型钢铁企业的34位企业领导参加了本次论坛，德国蒂森－克努博原能源部部长J. A. Philipp教授应邀作了题为“钢铁工业的环保节能”的主题报告。“北京科技大学——钢铁企业科技合作组织”在此次论坛上正式宣告成立，掀开了学校与国内钢铁企业科技合作的新篇章，标志着一个瞄准我国钢铁工业技术进步，面向国内钢铁企业，开展重大项目研究与开发的产学研科技创新体系已基本确立。

(3)继续推动军工科研工作，在质量认证、国防“十一五”规划项目申报、军品配套项目竞争、国防联合实验室建设等方面取得了较大进展，开展了军工科研生产资质认证工作，建立了10个质量体系研究室，于8月正式启动了学校质量管理体系。军品配套项目竞争也取得了突破性进展，有14个学校牵头的军品配套项目通过评审。至2005年底，学校“十五”民口配套项目数已达99项，超过“九五”以前全部项目数总和(69项)，并已覆盖各民口配套领域。

(4)作为理事长单位和秘书处常设单位，学校通过“首都高校科技信息网”的运营,充分发挥信息网的作用,拓展与北京市政府主管部门的合作关系。2005 年,新发展中国人民大学为信息网理事单位,使信息网的会员增至 34 所高校;成立了由九大理事长单位科技处人员组成的副秘书长工作组,负责计划、落实信息网的具体工作;组织了一次理事大会,两次理事长会议和三次秘书长会议,讨论信息网的工作;组织 34 所高校代表参加浙江省、辽宁省、登封市、焦作市、潍坊市、济宁市等地方科技成果洽谈会。

(5)积极推动科研管理制度的完善和落实,为科研管理工作创造良好的制度环境。先后出台了《北京科技大学及下属单位与企业合作建立研发机构的管理办法》和《北京科技大学院级科研管理工作条例》等相关文件,积极推进校、院两级管理。针对科研管理的新形势、新问题,建立了科研工作例会制,草拟了《北京科技大学项目质量督导章程》,通过建立学校科技项目的质量保证和监控体系,加强对国家各类计划、军工等项目的检查、评价,保障项目的实施和完成质量。严格科研财务管理,改革和调整代价券的使用,严格按照科研代价券管理规定的渠道,顺利完成代价券回收工作。

(杨超华)

【学术交流与成果推介】 (1)重视科技期刊办刊质量,学报影响日趋扩大。2005 年出版《北京科技大学学报》、《北京科技大学学报(英文版)》和《稀有金属(英文版)》共 16 期,收稿 900 多篇,发表论文约 400 篇。2005 年,《北京科技大学学报》作为中文核心期刊和中国科技论文统计源期刊,继续被 Ei Compendex(工程索引)、CA(化学文摘)、MA(金属文摘)、PЖ(文摘杂志)、德国《数学文摘》、美国《剑桥科学文摘社网站》、《中国学术期刊文摘》等 10 余家国内外著名检索刊物、数据库列为收录源刊。同时,《北京科技大学学报(英文版)》和《稀有金属(英文版)》继续被 SCI(科学引文索引)、Ei Compendex(工程索引)、CA(化学文摘)、MA(金属文摘)、PЖ(文摘杂志)、Elsevier ScienceDirect OnSite(荷兰 Elsevier Science 学术期刊出版公司网络全文期刊数据库)、《万方数据——数据化期刊群》、中国期刊网等多家检索刊物、数据库列为收录源刊,两刊被 SCI 收录率 100%。《北京科技大学学报》、《北京科技大学学报(英文版)》和《稀有金属(英文版)》被 EI 收录率达 98%。三刊的国内影响力日趋扩大,《北京科技大学学报(英文版)》的外稿率已近 1/2,《北京科技大学学报》的影响因子稳步上升。据 2005 年公布的 2004 年度《Journal Citation Reports》(JCR),《北京科技大学学报(英文版)》的影响因子为 0.311,在矿业学科位于第 8 名(共 17 种),在冶金学科位于第 41 名(共 71 种),在材料学科位于第 151 名(共 177 种);《稀有金属(英文版)》的影响因子为 0.339,在冶金学科位于第 31 名(共 71 种),在材料学科位于第 130 名(共 177 种)。此外,《金属世界》和《物流技术与应用》两个科技期刊正稳步进入良好的发展轨道。

(2)发挥学科优势,推进交流合作,积极参加地方政府组织的各种科技合作洽谈发布会,组织教师进行企业技术难题的投标,充分宣传、推介学校的科技成果。2005 年共参加浙江、山东、江西、广东、辽宁等地方政府的各种成果发布洽谈会共计 30 多场,走访企业 9 家,接待大型来访单位 14 家,有效地促进了学校的横向科技合作。

(3)学校科协、学会工作以及学术交流。2005 年,学校通过科协组织、参加各种活动,开展学术交流,活跃学术气氛,提高学术水平。校科协先后组织、筹办、参加“科普机器人走进自然博物馆”、“科普机器人夏令营”、“国防(航空)科普展”、“科普报告会”、“大学生进社区”等一系列活动。5 月 15 日,科协组织北京高校大学生开展进社区服务、实践活动,8 所高校 60 余名学生,从食品安全、宠物养护、汽车技术、航模制作、盲人按摩等 15 种活动内容,走进居民社区,进行服务与咨询。5 月 1 日 ~3 日,由校科协牵头,信息学院和自然博物馆一起承办了“科普机器人走进自然博物馆”活动，参观人数2万余人，达到了向社会群众普及机器人知识和宣传学校的目的。8月，组织了“科普机器人夏令营”活动，由参加全国大学生机器人电视大赛的选手给夏令营的学生们介绍了科普机器人的相关知识，展示了学校连续4年获全国大学生机器人电视大赛季、冠、亚、冠军的实力和风采。之后，围绕科普机器人的科普活动，又分别在9月、10月和11月先后走进军事博物馆、深圳全国高教会和中国科技馆，进行展出、演示，取得了很好的社会效果。

10月，在北京市科协主办的“学术活动月”中，科协承办了与意大利三位材料、能源专家的学术交流活动，吸引了近400名师生参加。由校科协、团委协同组织大学生开展社会调研活动，取得了良好成绩，5篇社会调研报告获得北京市科协大学生优秀调研报告三等奖，11篇获得鼓励奖。挂靠在学校的42个学会和专业委员会也在科协主持下正常运转，2005年中，为“第八届冶金年会”征集、上报9篇论文，为北京金属学会主办的“世界材料日”征集2篇论文。

（杨超华）

【人才、团队培育】 坚持“以人才队伍建设为基础，以项目需求拉动为根本”的原则，进一步加强了对人才和团队的培育。2005年，有11人获得教育部“新世纪优秀人才支持计划”资助；5人获得60万元的北京科技新星资助；1名教师被评为第15届北京市优秀工程师；推荐乔利杰教授申报教育部创新团队，已于2005年10月通过评审和实地考察。通过学校科研基金解决中青年科技人员的课题启动经费问题。2005年共资助62个校基金、校自选项目，资助额度为148万元，调动了教师从事科学研究工作的积极性，培育、锻炼了一批中青年学科带头人和优秀教师，越来越多的青年教师成为基础科学研究的主要力量。以2005年国家自然科学基金从受资助人员的年龄结构为例，第一次获得资助的青年教师达25人，占获得资助人员的45.5%。

（杨超华）

附　录

北京科技大学2005年科研获奖项目一览表

序号	奖励名称	获奖等级	项目名称	项目主要完成人及排名	项目主要完成单位
1	国家科学技术奖（科技进步）	1	宝钢高等级汽车板品种、生产及使用技术的研究	王先进(4)	宝山钢铁股份公司、北京科技大学、上海大众有限公司、一汽大众有限公司、东北大学、燕山大学、上海交通大学
2	北京市科学技术奖	1	稀土高强耐候钢、稀土耐磨重轨钢、稀土低合金钢冶金技术	林　勤(2)王福明(5)郭　峰(12)	钢铁研究总院、北京科技大学
3	北京市科学技术奖	1	铜冷却壁制造与应用	杨天钧(2)程树森(9)苍大强(11)	首钢总公司、北京科技大学、汕头华兴冶金备件厂有限公司、中冶京诚工程技术有限公司（北京钢铁设计研究总院）

续表

序号	奖励名称	获奖等级	项目名称	项目主要完成人及排名	项目主要完成单位
4	北京市科学技术奖	2	中国旅游目的地营销系统平台	尹怡欣(2)郭文生(5)	北京工商大学、北京科技大学
5	北京市科学技术奖	2	氧化锰矿微生物还原浸出及综合利用	冯雅丽(2)张文明(4) 卢寿慈(7)陈秀枝(8)	中国科学院过程工程研究所、北京科技大学
6	北京市科学技术奖	2	金属挤压理论与新技术开发应用基础研究	谢建新(1)	北京科技大学、西南铝业(集团)有限责任公司
7	北京市科学技术奖	2	单多轴疲劳寿命统一预测理论与强度评定技术问题研究	王建国(7)王连庆(8) 唐俊武(9)	北京工业大学、东北大学、南京航空航天大学、北京科技大学
8	北京市科学技术奖	3	中厚板热机械控制处理(TMCP)技术	蔡庆伍(1)凌　智(3) 宋　勇(4)张勇军(5) 王邦文(6)	北京科技大学、新余钢铁有限公司
9	北京市科学技术奖	3	火车车轮轧制工艺研究	韩静涛(1)张学峰(3) 秦国庆(5)	北京科技大学、太原重型机械集团公司
10	北京市科学技术奖	3	接近零不合格过程的质量控制	张公绪(2)	清华大学、北京科技大学
11	教育部提名 国家科学技术奖 (自然科学)	2	冶金物理化学模型、工艺设计与应用	王习东(1)周国治(2) 张　梅(3)李文超(4) 包　宏(5)高立春(6) 李　钒(7)张　辉(8) 巴特尔(9)张作泰(10) 董鹏莉(11)刘丽丽(12) 盖鑫磊(13)李玉祥(14) 刘晓丹(15)	北京科技大学
12	教育部提名 国家科学技术奖 (技术发明)	2	稀土铁超磁致伸缩材料及制造工艺	周寿增(1)张茂才(2) 高学绪(3)唐海军(4) 史振华(5)	北京科技大学
13	全国第一届大学生 艺术展演活动 论文奖	3	论音乐阐释	邓双林	北京科技大学
14	冶金科学技术奖	1	以铁水为主原料生产不锈钢新技术开发与创新	包燕平(12)	太原钢铁(集团)有限公司、东北大学、北京科技大学
15	冶金科学技术奖	1	干熄焦引进技术消化吸收“一条龙”开发和应用	张欣欣(5)	鞍山华泰干熄焦工程技术有限公司、中冶焦耐工程技术有限公司、北京科技大学、太原重工股份有限公司、张家港海陆锅炉有限公司、山东鲁耐窑业有限责任公司、武汉钢铁集团

续表

序号	奖励名称	获奖等级	项目名称	项目主要完成人及排名	项目主要完成单位
					焦化有限责任公司、马鞍山钢铁股份有限公司、通化钢铁股份有限公司、沈阳鼓风机通风设备有限责任公司
16	冶金科学技术奖	1	铜冷却壁制造与应用	杨天钧(2)程树森(9)苍大强(11)	首钢总公司、北京科技大学、汕头华兴冶金备件厂有限公司、中冶京城工程技术有限公司
17	冶金科学技术奖	2	矿山技术指标实时、整体、动态优化技术研究与生产经营数据采集处理	袁怀雨(2)李克庆(5)刘保顺(7)	鞍钢集团弓长岭矿业公司、北京科技大学
18	冶金科学技术奖	2	石钢国产50t高阻抗电弧炉炼钢提高生产效率技术研究	李士琦(2)刘润藻(5)刘　冰(8)	石家庄钢铁有限责任公司、北京科技大学
19	冶金科学技术奖	3	原煤场抑尘剂抑尘技术研究	杜翠凤(1)李怀宇(3)	北京科技大学、武汉钢铁集团矿业有限责任公司焦作矿
20	冶金科学技术奖	3	不锈冷轧薄板酸洗线高硅耐蚀合金铸铁电极板研制	赵爱民(3)	太原钢铁(集团)有限公司、北京科技大学
21	2005年GM中国科技成就奖	2		康永林	无
22	中国煤炭工业科学技术奖	2	靖远矿区煤巷锚网支护设计人工智能专家系统研究与应用	纪洪广(2)王金安(4)	靖远煤业有限责任公司、北京科技大学
23	天津市科学技术进步奖	2	电弧炉炼钢综合节能技术开发	李士琦(2)刘润藻(4)李京社(7)	天津钢管公司、北京科技大学、钢铁研究总院
24	山西省科技进步奖	2	高原制氧系统设计	刘应书(2)乐　恺(5)冯俊小(6)候庆文(8)	中铁三局、北京科技大学
25	江西省自然科学奖	3	熔铸—原位合成金属基复合材料机理及相关问题研究	杨　滨(1)	北京科技大学
26	中国物流与采购联合会科学技术奖(科技进步)	2	攀钢集团北海钢管公司生产物流管理系统	丁文英(1)董绍华(4)李苏剑(5)冯爱兰(7)徐　桂(10)何荣春(11)姚文斌(12)贺怡(13)张庆平(14)黄雪强(15)	北京科技大学、攀钢集团北海钢管有限公司

北京科技大学2005年科研鉴定项目一览表

编号	成果名称	鉴定部门	项目完成单位	项目完成人及排名	成果水平
1	矿床及其开采设计的体视化	教育部科技发展中心	北京科技大学、武汉钢铁集团矿业有限责任公司、武汉钢铁集团矿业有限责任公司程潮铁矿	李仲学(2)李翠平(4) 僧德文(6)李春民(8) 余东明(10)王喜富(12) 张顺堂(14)夏　青(16) 赵文广(18)邢久新(20)	国际先进
2	路堑边坡与坡间路基加固综合技术研究	教育部科技发展中心	北京科技大学、河南高速公路发展有限责任公司	吴顺川(1)高永涛(3) 金爱兵(5)孙金海(7) 明士祥(9)张友葩(11)	国际先进
3	祁临高速公路古滑坡及次生滑坡治理综合技术研究	教育部科技发展中心	北京科技大学、山西省祁临高速公路有限责任公司	吴顺川(1)高永涛(3) 金爱兵(5)孙金海(9) 池友良(11)马　飞(14)	国际先进
4	加筋土石坝坝壳料试验及坝体稳定性研究	山东省科学技术厅	莒县青峰岭水库管理处、北京科技大学、山东省水利勘测设计院	蔡美峰(2)王克忠(3) 张延新(7)	国内领先
5	以铁水为主原料生产不锈钢新技术开发与创新	山西省科学技术厅	太原钢铁(集团)有限公司、东北大学、北京科技大学	包燕平(12)	国际先进
6	汽车用钢大方坯连铸冷却控制技术	河北省科学技术厅	石家庄钢铁有限责任公司、北京科技大学	刘　青(2)王良周(8) 白居冰(10)	国际领先
7	攀钢集团北海钢管公司生产物流管理系统	中国物流与采购联合会	北京科技大学、攀钢集团北海钢管有限公司	丁文英(1)董绍华(4) 李苏剑(5)冯爱兰(7) 徐　桂(10)何荣春(11) 姚文斌(12)贺　怡(13) 张庆平(14)黄雪强(15)	国内领先
8	计算机辅助货架集成规划设计分析系统	中国机械工程学会	北京科技大学	王　转(1)程国全(2) 张庆华(3)翁迅(4) 高青风(5)梅宝兴(6) 王乐乐(7)侯发党(10) 令狐克支(11)	国内领先，国际先进
9	630舰炮自动机活塞环的研制	教育部科技发展中心	北京科技大学	曲选辉(1)汤春辉(2) 果世驹(3)何新波(6) 段柏华(7)秦明礼(8) 李　平(9)尹海请(10)	国际先进
10	新型战车零件表面高耐蚀耐磨非晶纳米复合处理技术	教育部科技发展中心	北京科技大学	孟惠民(1)俞宏英(2) 孙冬柏(3)樊自栓(4) 王旭东(5)	国际先进
11	优质高强GH4169合金研制	国防科学技术工业委员会	钢铁研究总院、抚顺特殊钢股份有限公司、宝山钢铁股份有限公司特殊钢分公司、攀钢集团四川长城特殊钢股份有限公司、西南铝业(集团)有限责任公司、	董建新(11)谢锡善(19) 张麦仓(27)胡尧和(33)	国际先进

续表

编号	成果名称	鉴定部门	项目完成单位	项目完成人及排名	成果水平
11	优质高强 GH4169 合金研制	国防科学技术工业委员会	北京科技大学、中国第二重型机械集团(德阳)万航模锻厂、中国科学院金属研究所	董建新(11)谢锡善(19)张麦仓(27)胡尧和(33)	国际先进
12	高强韧超细组织低碳贝氏体钢系列产品及其生产技术	辽宁省经济贸易委员会	鞍山钢铁集团公司、北京科技大学	贺信莱(2)尚成嘉(4)杨善武(10)王学敏(16)	具备批量生产能力,同意转产
13	700MPa 级超低碳贝氏体钢 DB685 的研制	湖北省科技厅	武汉钢铁(集团)公司、北京科技大学	贺信莱(2)王学敏(9)尚成嘉(16)杨善武(17)	国际先进
14	高强韧超细组织低碳贝氏体钢系列产品及其生产技术	辽宁省科学技术厅	鞍山钢铁集团公司、北京科技大学	贺信莱(2)尚成嘉(4)杨善武(10)王学敏(16)	国际先进
15	粉末注射成形技术研究与产业化	北京市科学技术委员会	北京科技大学、安泰科技股份有限公司	曲选辉(1)秦明礼(3)段柏华(5)何新波(7)汤春峰(9)胡学晟(11)郭世柏(12)罗铁钢(13)杜学丽(14)李　平(15)尹海清(16)	国际领先
16	中国旅游目的地营销系统平台	北京市科学技术委员会	北京工商大学、北京科技大学	尹怡欣(2)郭文生(5)	国际先进
17	稀土铁超磁致伸缩材料及制造工艺	教育部科技发展中心	北京科技大学	周寿增(1)张茂才(2)高学绪(3)唐海军(4)李春和(5)包小倩(6)史振华(7)	国际先进
18	中厚板热机械控制处理(TMCP)技术	江西省科技厅	新余钢铁有限责任公司、北京科技大学	蔡庆伍(6)凌　智(7)宋　勇(8)张勇军(9)王邦文(10)李谋谓(14)张少军(15)	国际先进

(蔡爱惠)

北京科技大学2005年专利申请、授权数统计表

单位:项

单位名称	申请专利			授权专利		
	发　明	实用新型	合　计	发　明	实用新型	合　计
材料学院	119	8	127	52	6	58
冶金学院	32	8	40	22	2	24
机械学院	8	4	12	10	11	21
土环学院	10	1	11	5	6	11
应用学院	7		7	3		3
信息学院	3	1	4	1		1
新金属重点室	3		3	1	1	2
轧制中心	3		3		1	1
其　他	2		2	1		1
总　计	187	22	209	95	27	122

北京科技大学2005年授权发明专利项目明细表

序号	申请号	单 位	第一发明人	名 称
1	02120742.9	机械学院	王尚槐	一种用含碳铁矿球团生产直接还原铁的方法
2	03153363.9	材料学院	张丽英	一种纳米铜粉的制造方法
3	03156140.3	材料学院	孙光飞	一种纳米晶稀土永磁的深冷处理方法
4	03123582.4	材料学院	孙加林	一种用于炼铁高炉的氮化硅刚玉质浇注耐火材料
5	03140579.7	材料学院	祝少军	一种燃烧合成制备铝的氮化物和氮氧化物的方法
6	02156863.4	冶金学院	朱 荣	一种电炉炼钢吹氧喷粉氧燃助熔及造泡沫渣工艺
7	200410029001.5	材料学院	曲选辉	一种火炮用活塞环合金及其制备方法
8	03137428.x	材料学院	谢建新	一种非晶合金精密零部件超塑性模锻成形装置及方法
9	03119632.2	莱芜钢铁集团有限公司 冶金学院	李联生	一种含锡易切削钢
10	02121361.5	材料学院	刘柏谦	一种异重流化床烟气脱硫方法及其装置
11	02100110.3	机械学院 上海宝钢集团	王 立	富氧、蓄热式空气预热与烟气再循环技术
12	03150162.1	材料学院	贾成厂	一种用机械合金化制备钐铁氮永磁材料的方法
13	03146134.4	机械学院	束学道	一种精密成形火车车轴毛坯的楔横轧机
14	02146407.3	材料学院	洪彦若	一种用于 CO_2-NOX 气体监测的薄膜型传感器
15	02104348.5	材料学院	龙 毅	具有超大过冷区间的稀土铁基软磁金属玻璃
16	03136601.5	材料学院	田文怀	一种制备大粉末颗粒材料的电镜薄膜样品的方法
17	03100012.6	冶金学院	邢献然	定热膨胀铅锶钛酸盐正阻温系数陶瓷的制备方法
18	03127022.0	材料学院	张泽玉 龙 毅	一种室温磁制冷用缓蚀性热交换流体
19	03146264.2	材料学院	果世驹	一种粉末冶金静电模壁润滑装置
20	03146328.2	材料学院	果世驹	一种不锈钢粉末温压成形方法
21	03137516.2	新金属材料国家重点实验室	林均品	一种高铌 TiAl 合金板材的制备方法
22	03157041.0	材料学院	徐利华	一种含碳耐火材料的胶态成型制备技术
23	03146672.9	机械学院	张康生	一种钻夹头钻体毛坯精确斜轧成形方法
24	03153362.0	材料学院	孙爱芝	一种氢致稀土类磁各向异性磁粉的制备方法及制备装置
25	03109490.2	材料学院	强文江	奥氏体不锈钢管内氧化物的磁性无损检测方法及装置
26	03121530.x	材料学院	毛卫民	有机/无机复合电磁波吸波及屏蔽涂层材料
27	02148673.5	材料学院	孙冬柏	一种在水溶液中用化学还原法制备纳米镍及其合金粉体的方法
28	02131105.0	材料学院 新疆八一钢铁集团	王自东	一种铁合金连续铸造的铸造及方法
29	02100466.8	冶金学院	朱 荣	一种炼钢吹氧设备、工艺及用途
30	03109740.5	冶金学院	李福燊	一种利用蜂窝陶瓷净化烟气中二氧化硫的方法
31	03146265.0	冶金学院	杨卯生	高熔点触变金属坯料及复合材料间歇制备工艺及设备
32	03156142.x	材料学院	张波萍	一种纳米金属颗粒分散氧化物光学薄膜制备方法
33	2003101016422	材料学院	徐晓伟	一种用三氟化硼乙醚和氮化锂合成氮化硼的方法
34	03100439.3	土环学院	倪 文	一种轻质耐火砖

续表

序号	申请号	单位	第一发明人	名称
35	03136603.1	轧钢所 金威公司	钟建瑜	一种无框架立式轧机的定位和锁紧机构
36	02100195.2	材料学院	葛昌纯	用燃烧合成高 α 相超细氮化硅粉体及氮化硅晶须的方法
37	01141981.4	材料学院	万发荣	纳米二氧化钛薄膜及其制造方法
38	02121547.2	应用学院	李伟星	一种非间隙 3:29 相稀土永磁材料及制备方法
39	02116505.x	冶金学院	朱　荣	电弧炉用氧计算机模块化控制技术
40	03121124.0	冶金学院	朱　荣	一种电炉炼钢顶氧枪吹炼工艺
41	03146212.x	材料学院	果世驹	一种粉末不锈钢的强化烧结方法
42	01141978.4	材料学院	孙祖庆	一种制备碳化硅增强二硅化钼复合材料原位合成方法
43	03153652.2	材料学院	徐利华	一种利用工业烟气湿式固碳法生产微细碳酸钙的方法
44	03136920.0	冶金学院	李联生	一种钙硫锡系复合易切削钢
45	02100196.0	材料学院	葛昌纯	用自蔓延合成超细氮化铝及氮化铝基复相陶瓷粉末的方法
46	03136921.9	莱芜钢铁集团有限公司 冶金学院	李联生	一种钙稀土锡系复合易切削钢
47	03153638.7	冶金学院	李联生	一种用稀土氧化物处理钢水的方法
48	03126426.3	机械学院	束学道	一种汽车半轴楔横轧精密成形方法
49	03106286.5	冶金学院	朱鸿民	一种液相还原制备氮化钛细微粉末的方法
50	03150161.3	材料学院	果世驹	一种耐高温抗粘着碳化钨基硬质合金的钴基粘结相材料
51	03157043.7	冶金学院	仓大强	一种高温烟气除尘、脱硫装置及其控制方法
52	03157042.9	冶金学院	崔红社	一种变压吸附分子筛制氧装置
53	200310121138.9	材料学院	吴成义	一种制备纳米碳黑粉末的方法
54	200310122471.1	材料学院	曹　林	一种制备球粒状硅灰石纳米材料的方法
55	200310122472.6	材料学院	曹　林	一种制备线状硅灰石纳米材料的方法
56	03137468.9	机械学院	张康生	一种斜楔连续轧制成形方法
57	03156141.1	土环学院	倪　文	一种促进 UASB 启动和提高颗粒污泥活性的方法
58	200310121139.3	材料学院	吴成义	一种微波活化——水溶液还原工艺制备纳米镍粉的方法
59	2003101150474	材料学院	占华生	一种含氮化硅铁的 Al_2O_3-SiC-C 体系无水炮泥
60	03157173.5	材料学院	张　微	一种在镁合金表面阴、阳双极微弧电沉积陶瓷层的方法
61	03100565.9	材料学院	郭志猛	一种金属粉末的注凝成形技术
62	200310123479.x	材料学院	曹　林	一种偏硅酸钙纳米材料的制备方法
63	2003101151000	土环学院	倪　文	一种具有网络状孔隙结构的钢渣透水路面砖的制备及使用方法
64	200410039513.x	材料学院	林　涛	一种制备二硅化钨粉末的方法
65	200410046354.6	材料学院	吴成义	一种工业用连续式工频气流振动筛分装置
66	200310121453.1	材料学院	仇卫华	一种采用微波法制备 $LiFePO_4$ 材料的方法
67	200310122476.4	冶金学院	高征恺	一种对插入式炉窑摄象仪的图象进行图象处理方法
68	2003101155016	土环学院	倪　文	一种具有透水功能的钢渣彩色路面砖的制备及使用方法
69	200310122470.7	机械学院	刘应书	一种适于高海拔地区用的变压吸附制氧装置
70	200310113597.2	材料学院	陈俊红	一种含氮化硅铁的免烘烤铁沟捣打料
71	200310117261.3	材料学院	徐晓伟	一种用 B_4C 和 Li_3N 为原料制备 Li_3BN_2 的方法
72	200410009484.2	材料学院	张　跃	一种原位燃烧合成高炉风口保护层方法

续表

序号	申请号	单 位	第一发明人	名 称
73	2003101155656	材料学院	毛卫民	电解电容器铝箔连续退火工艺
74	01141418. 9	冶金学院	王新华	连铸二冷区铸坯表面温度准确测定方法
75	200410000291. 0	信息学院	王 沁	一种基于共享存贮体系结构的条件接收处理器及接收方法
76	200410039481. 3	材料学院	孙祖庆	一种细化低碳钢铁素体晶粒的方法
77	01134693. 0	科大天宇应用学院	潘礼庆	一种使用磁隧道结磁敏电阻材料的三维微弱磁场检测器件
78	03123583. 2	冶金学院	邹 兴	一种硫化物矿全湿法浸出方法
79	200410009079. 0	材料学院	张丽英	一种纳米级银粉的工业化制备技术
80	200310113507. x	材料学院	贾成厂	一种机械活化与化学活化法制备 W-Cu 合金方法
81	200410009748. 4	冶金学院	张 鉴	一种桶式闭膛炼钢炉
82	200410004763. x	材料学院	郭志猛	一种合成钛酸锶固化核废物的方法
83	200410008754. 8	机械学院	冯俊小	一种转底炉还原接火焰炉熔分的炼铁方法及熔炼设备
84	200410009080. 3	材料学院	吴成义	一种纳米级超细碳化钒粉末的制备技术
85	03100013. 4	冶金学院	张 梅	一种汽车尾气传感器用材料及其制备方法
86	200410029678. 9	冶金学院	王新东	一种溶液燃烧合成锂离子电池正极材料的方法
87	200410009123. 8	材料学院	张丽英	一种急冷剪切工艺制备铒三镍磁蓄冷快淬球形粉末的方法
88	200310115042. 1	材料学院	陈俊红	一种铝尖晶石碳体系透气砖
89	03146327. 4	冶金学院	卢惠民	一种希土铝硅钛合金的生产方法
90	200410008755. 2	冶金学院	王新东	一种制备酸类燃料电池阳极铂钌/碳二元复合催化剂的方法
91	200410008756. 7	首钢土环学院	郝树华	一种转炉专用半挂式废钢运输车拖车
92	200410030867. 8	材料学院	瞿志学	一种制备高纯稀土长余辉块体材料的方法
93	200410037411. 4	机械学院	王宝雨	一种阳极磷铜室温螺旋孔型斜轧成形方法
94	01134692. 2	科大天宇应用学院	潘礼庆	一种使用磁隧道结磁敏电阻芯片的磁编码器
95	200410039514. 4	机械学院	刘应书	一种套筒式吸附器结构的变压吸附制氧装置

（刘月娥）

北京科技大学2005年授权实用新型专利明细表

序号	申请号	单 位	第一发明人	名 称
1	200420007047. 2	机械学院	冯俊小	一种手动工业燃煤装置
2	200420007242. 5	材料学院	郭志猛	一种自蔓延高温合成准等静压装置
3	200420007046. 8	首钢土环学院	郝树华	一种转炉专用半挂式废钢运输车拖车
4	200420009153. 4	机械学院	张少军	自行车防盗锁
5	200420009122. 9	机械学院	阎晓强	一种中厚板长度定尺机
6	200420007241. 0	材料学院	郭志猛	一种燃烧合成准等静压加热装置
7	200420049792. 3	土环学院	刘得利	气动固体颗粒喷洒器
8	200420009095. 5	机械学院	张少军	折叠式自锁桌
9	200420009121. 4	高效轧制国家工程中心	蔡庆伍	用于棒线材轧制过程中的控制冷却导卫装置

续表

序号	申请号	单位	第一发明人	名称
10	00420009104.9	机械学院	阎晓强	一种中厚板高位出钢机
11	2004200091117	机械学院 鞍山华泰	张欣欣	一种干熄炉上的利于焦炭下降的低风帽
12	200420009116.3	机械学院 鞍山华泰	张欣欣	一种干熄炉上的提高焦炭下降均匀性的椭圆风帽
13	03264337.3	机械学院	朱超甫	体积法连铸坯定重剪切装置
14	200420009085.1	机械学院	刘应书	一种室内空调净化装置
15	200420009050.8	土环学院	宋存义	一种带有摆动曝气头的污水处理装置
16	200420009279.1	土环学院	宋存义	一种连续动态过滤水处理装置
17	200420009105.5	材料学院	王立锦	一种金属薄膜磁电阻式车辆检测器
18	200420009847.8	冶金学院	张　鉴	一种桶式闭膛炼钢炉
19	200420009383.0	新金属材料国家重点实验室	杨　滨	一种平面往复式磨料磨损试验装置
20	200420009189.2	机械学院	卞致瑞	叶轮式料流调节装置
21	200420009952.1	材料学院	李凌峰	组合式离心管
22	200420009831.7	土环学院	汪　莉	一种干法脱硫设备用的石灰粉料加湿与布料装置
23	200420009188.8	土环学院	钱大益	一种带有搅拌器的烟气脱硫装置
24	200520022774.0	材料学院	陈广超	一种金刚石膜热化学抛光夹具
25	2005SR00160	机械学院	张欣欣	计算机流体动力学辅助 CDQ 干熄炉设计软件
26	2005STBJ1404	材料学院	曹文斌	应用于快速原形技术的实体模型直接切片软件
27	2003SR9626	冶金学院	张家泉	合金钢淬透性快捷预测系统

（刘月娥）

产业工作

【概况】 北京科技大学科技产业业务范围包括研发设计、工程技改项目、设备成套、科技产品生产、贸易、技术服务、技术咨询、大学科技园建设、科技成果转化及产业化等。2005年底，科技产业共有企业38家，员工450余人，其中学校在编人员88人，全年所属企业产值总额超过5亿元，年利税逾3000万元。

（乔　哲、盛国家）

【资产经营公司】 为重新确立国有经营性资产的责任主体，通过清产核资，并经教育部、国资委等主管部门同意，2005年12月8日北京科大资产经营有限公司完成工商注册，对学校内部称北京科技大学科技产业集团，代表学校持有对企业投资所形成的股权，负责对学校投资企业所形成的股权和经营性资产的经营、监督和管理，承担国有资产保值增值责任。

资产经营公司在控、参股的有限责任公司中普遍推行股东会、董事会、监事会的现代企业法人治理结构，以出资人的身份通过派出“三会”代表参与公司的运营决策，基本形成了各负其责、协调运转、有效制衡、机制灵活的管理体制，同时逐步完善科学、民主的决策程序和有效的激励、监督、约束机制。

2005年9月，学校将原学生宿舍4、5、9、10斋划归产业集团使用。产业集团投资将其装修改造成科技园A、B、C、D座，工程2006年初竣工投入使用，增加了科技园科技成果转化与孵化面积。

（乔 哲、盛国家）

【大学科技园建设】 2005年，学校大学科技园的重点工作是继续完善科技成果产业化支撑体系建设。学校科技成果转化工作紧紧围绕科技成果转化、企业孵化、创新创业人才培养这三大任务开展工作，使北京科技大学科技园成为科技成果转化基地、新材料技术研发及转移基地、高新技术企业孵化基地、创新创业人才培育基地，成为学校服务社会的重要窗口之一。

10月20日，学校大学科技园通过了科技部、教育部专家组的考核评估。12月20日，科技部、教育部印发《关于认定北京科技大学科技园等8个大学科技园为国家大学科技园的通知》（国科发高字［2005］501号），正式认定北京科技大学科技园为国家大学科技园，标志着学校科技园的发展建设迈上了一个新的台阶。

（刘 临、盛国家）

【企业管理工作】 2005年，科技产业基本完成全资企业的撤并改制，对11家全资企业采取了撤消、合并、改制等方式，最后撤销8家、合并1家、改制2家。全资企业改制工作过程中，涉及到学校编制在职员工230多人，按照“新人新办法，老人老办法”的原则，采取校内分流、提前离岗等多种方式安置职工。在学校的大力支持下，校内分流150余人。改制后科技产业留用的事业编制人员人事关系隶属学校，由新组建的企业安排工作，并享受企业的工资及福利待遇。

2005年，学校对所有控、参股公司进行了全面的财务审计。通过审计，摸清了各企业中学校国有资产的“家底”，明确了国有资产保值、增值的现有起点，同时对企业的内部控制制度进行预警指导，提高了企业财务的管理水平，对资产（含股权）的保值、增值及企业健康发展起了积极作用。

（乔 哲）

【孵化工作及平台建设】 2005年，方兴孵化器根据2004年制定的三年发展规划继续开展科技成果转化、项目孵化、企业孵化、科技条件平台建设等工作。5月，成立“北京科技大学学生创业中心”；12月，承接北京市教委和工促局“北京市新材料技术转移中心”以及北京市科委“首都科技条件平台”子项目——“北京科大分析检验服务平台”的建设工作，并成立了北京兆源永基分析检验公司。2005年，方兴孵化器与6家科技中介服务机构建立战略合作伙伴关系；实现“高海拔变压吸附制氧技术”项目产业化；推动“有机/无机多层混合电磁波吸波、屏蔽材料的制备技术”与加拿大方签订合作意向书；从北京市教委申请到产业化资金50万元，用于支持北京科技大学优秀科研成果——超高细胞浓度小球藻的培养和人类健康食品的生产项目。

（张明忠、盛国家）

【留学人员创业园】 2005年，北科大留学人员创业园共吸纳新企业7家，其中4家企业申请并获得创业基金共30万元。9月23日，留学人员创业园被北京市人事局和北京市科委首批认定为“北京留学人员创业园”。截至2005年底，留创园内留学人员企业已有34家。

4月20日，北科大留学人员创业园与中关村管委会共同举办了“中关村留学人员企业精品项目推介会——北京科大留创园新材料专场”。北京科大留创园的30多个精品项目参加展会。推介会以“新材料”为特色，汇集了北京科大留创园以及其他留创园新材料企业的精品项目，同时汇聚了多位国内新材料领域的专家学者。

（程 姗）

附 录

北京科技大学企业一览表

单位:万元

序 号	公 司 名 称	注册资本	公司负责人
1	北京科大资产经营有限公司	783.1	洪家志
2	北京科技大学设计研究院	440	黄重国
3	北京科技大科教技术服务中心	50	赵 雨
4	北京科大恒兴高新技术有限公司	500	唐 荻
5	北京科大科技园有限公司	1000	刘 临、陆 钢
6	北京宏洁物业管理有限公司	100	张卫钢
7	北京科大永兴电子信息材料技术有限公司	500	谢建新
8	北京科大印刷有限公司	200	赵 雨、于海龙
9	北京科大方兴爆破工程有限公司	100	龚 敏
10	北京科大华科高新技术有限公司	100	郭 俊
11	北京科大方兴加油站有限公司	200	张卫钢
12	北京科大方兴科技孵化器有限责任公司	100	陆 钢
13	北京科光磁性材料有限公司	203.5	肖耀福
14	北京科大文鑫技术有限公司	100	王静松
15	北京科大机翔科技有限公司	100	胡正寰
16	北京科大京科技术有限公司	100	王振声
17	北京科大方兴高新技术有限公司	50	王会中
18	北京科大九阳科技有限公司	260	刘庭成
19	北京科大京都高新技术有限公司	108	刘 勇
20	北京北科麦思科自动化工程技术有限公司	2000	刘伟嶂
21	北京科大和兴科技有限公司	50	刘 钊
22	北京科大中冶技术发展有限公司	1888	陈向明
23	北京科大联创冶金技术有限公司	220	刘京山
24	北京科大三泰科技发展有限公司	100	郭汉杰
25	北京科大森浪信息技术有限公司	100	王宗杰
26	北京科大赛能杰高新技术有限公司	1000	刘 洪
27	北京创卓科技有限公司	5000	费瑞祥
28	蓝天科大新材料有限责任公司	7500	朱明龙
29	亿源科大磁性材料有限责任公司	5000	丁穆源、肖耀福
30	北京高瑞得高新技术有限公司	500	吴 静
31	时光科技有限公司	3000	余达太
32	北京科大鼎新材料科技有限责任公司	150	王自东
33	北京科大朗涤环保工程技术有限公司	80	黄钢汉
34	北京科大博联企业信息咨询有限公司	50	黄重国
35	北京科大鑫冶机电设备有限公司	100	高 庆
36	北京科大迈捷科技有限公司	100	闫晓强
37	北京麦特冶金渣有限责任公司	400	后 力
38	北京科大国泰能源环境工程技术有限公司	200	李士琦
39	北京兆源永基分析检验技术服务有限公司	50	陆 钢

重点实验室和工程研究中心

新金属材料国家重点实验室

【概况】 新金属材料国家重点实验室既是依托于北京科技大学的独立编制单位，又是学校材料学、材料物理与化学、材料加工等重点学科的有机组成部分。实验室的学术研究立足于金属材料科学前沿问题和我国国民经济建设中的重大金属材料科学的应用基础问题。目标是发展以新金属间化合物结构材料与新金属间化合物功能材料为主的新型金属材料、新一代传统材料及先进制备技术。实验室作为国家科技创新体系的重要组成部分，是国家组织高水平基础研究和应用基础研究、聚集和培养优秀科学家、开展高层次学术交流的重要基地，是具有相对独立的人事权和财务权的科研实体，实行"开放、流动、联合、竞争"的运行机制。目前已建设成为一个国内先进、国际上有一定影响的新金属材料研究基地。

新金属材料国家重点实验室设有力学中心、电镜中心、磁测中心、热模拟中心、Nano显微探针分析中心及电子探针中心6个公共实验室和材料工艺制备实验室、大块非晶实验室、环境材料实验室3个专业实验室。实验室具有一级学科博士学位授予权，学科涵盖材料物理与化学、材料学和材料加工3个二级学科。

实验室现有用地面积3000m²，设备总资产3400万元。通过"211工程"建设，2005年实验室购置了高真空冷坩埚悬浮熔炼定向凝固系统、纳米力学探针(Ⅱ)、低温球磨装置、物理模拟系统、材料设计、制备与加工过程的物理模拟设备、高温DSC扫描量热仪、场发射扫描电子显微镜(SEM + EBSD)和电子探针仪等大型精密工艺设备和测试仪器，拥有较为先进的仪器设备共6台。实验室与广东核电集团协作成立了"电站金属材料寿命评估中心"的联合实验室，另外实验室依托学校和中国材料研究学会成立了"金属间化合物与非晶合金分会"的二级学会。

（梁　萍、王建国）

【科研工作】 2005年，实验室完成及承担科研课题38项，包括国家"973"计划项目2项，"863"计划项目10项，国家自然科学基金重点项目1项；实到科研经费805万元。2005年实验室获国家科技进步一等奖1项，部级科学技术特等奖1项，高等教育教学成果一等奖1项，自然科学三等奖1项。在国内外学术刊物上发表论文79篇，其中有35篇被SCI收录，43篇被EI收录，13篇被ISTP收录。获得国家发明专利7项。

2005年，实验室围绕金属材料科学的前沿问题和我国国民经济建设中重大金属材料科学技术问题，在TiAl、Fe_3Al等领域继续保持了国际领先地位，同时积极向硅化物、大块非晶材料等新的领域扩展，并在纳米材料、新一代钢铁材料、高性能Al基和Mg基合金、Tb-Dy-Fe超磁致伸缩和高磁能积烧结 Nb-Fe-B 永磁材料等方面取得了新的成果。由张济山和杨滨教授负责的“高熔点材料喷射成形制备的基础问题研究”973 项目取得重大进展，可望进入后续滚动资助项目行列。孙祖庆教授负责的“形变强化相变在 500MPa 级别低碳钢中的应用与推广”863 项目、杨滨教授负责的“高强度块体纳米结构材料实用化制备技术研究”863 项目、林均品教授负责的“高温 TiAl 合金盘胚的成分、组织与性能研究”和张茂才教授负责的“巨磁致伸缩材料及其应用”项目顺利通过科技部组织的验收。同时，实验室在以下领域的科学研究取得了突破性进展：①高 Nb-TiAl 合金、先进 Ti 和 TiAl 合金的实用化研究；②$Fe_{14}Si_2$ 基合金的韧化和薄板的制备技术；③大块非晶合金；④新金属功能材料研究；⑤低碳素结构钢组织控制和性能优化及形变工艺；⑥块体纳米铝合金的研究；⑦粉末注射成形技术。

（梁　萍、杨　滨、王建国）

【队伍建设】 2005 年，实验室通过学校“422”高层次人才引进项目先后引进冯强、王西涛 2 名归国留学人员，并被学校评聘为教授。实验室引进的优秀青年人才均有较好的科研基础，他们来自国内外不同的高校和科研机构，对促进实验室学科前沿的深入研究与发展，促进多学科的交叉渗透与合作起到了积极的促进作用。2005 年底，实验室共有专职教师和科研人员 36 人，其中中国工程院院士 1 人，教授 15 人（博士生导师 12 人），副教授和高级工程师 12 人，其他研究和工程技术人员 9 人。50 岁以下的中青年研究人员中，有长江学者特聘教授 2 人，跨世纪优秀人才 5 人，新世纪优秀人才 1 人，国家自然科学基金杰出青年基金获得者 1 人，国家教育部优秀青年教师 2 人。实验室同时拥有一支精干的实验技术人员队伍，有专职设备管理维修人员 12 人，其中高级工程师 8 人。

年内，陈国良院士由于在揭示和阐明先进高温结构材料（包括高温合金和金属间化合物）的组份、工艺以及它们对材料微结构与力学性能的影响之间的相互关系方面做出的突出贡献，被美国金属学会授予杰出成就奖；孙祖庆教授因在钢铁材料领域研究的贡献，被国际著名杂志 ISIJ International 聘为 Advisory Board 委员；林均品教授获新世纪优秀人才称号，并获得国务院政府特殊津贴；叶丰教授获北京市科技新星称号；冯强教授获得美国矿物、金属和材料学会（TMS）青年领袖实习奖。

（梁　萍、王建国）

【研究生教育】 实验室重视研究生质量培养，实验室副主任分管研究生培养工作。2004 年首次以材料科学与工程一级学科独立招生，2005 年招收博士生 9 人，硕士生 39 人。截至 2005 年底，实验室在读研究生 133 人，其中博士 41 人，硕士 92 人；2005 年获得博士学位 1 人，硕士学位 9 人，其中朝鲜留学生金吉男博士学位论文被评为“北京科技大学 2005 年优秀博士学位论文”，硕士生张迪学位论文被评为“北京科技大学 2005 年优秀硕士学位论文”。在读博士生刘雄军荣获北京科技大学首届研究生“十佳学术之星”称号，王文俊、陈国安、程军胜 3 位博士撰写的论文被评为“北京科技大学首届研究生学术论坛优秀学术论文”。2005 年 10 月，实验室成立了研究生学生会，并制定了相关的规章制度和活动内容。2005 年首次以独立单位组建队伍参加学校首届研究生师生轻体运动会，荣获团体总分第一名，学生组总分第一名，教师组总分第二名的好成绩。

（孙学辉、王建国）

【对外交流】 2005 年，实验室接待来自美、德和丹麦等国材料界著名专家、教授短期工作和讲学 10 余人次，其他一般性访问和交流 40 余人次。主要包括：5 月 30 日，丹麦 Riso 国家实验室 Niels Hansen 教授来实验室作题为“金属的热机加工：结构优化”的学术报告；4 月 3 ~ 11 日，丹麦 Riso 国家实验室的 Nini H. Pryds 高级研究员来实验室作了题为“金属熔体的雾化及喷射沉积成型数值模拟研究进展”和“镁基块体非晶材料组织、性能及其应用前景”的学术报告；5 月 22 ~ 25 日，德国斯图加特大学的

Hans - Eckhardt. Schaefer 教授来实验室作了题为“复合金属间化合物:缺陷、无序”的学术报告;7 月 8 日,美国宾夕法尼亚州立大学刘梓葵教授来校作了题为“高温铝基合金计算与试验方法的进展”的学术报告。

2005 年,实验室研究人员赴国外参加国际会议、考察、短期合作研究共计 10 余人次。此外,实验室作为国家级科研基地,每年还坚持为中学生开放,进行科普教育。

(杨 滨、王建国)

高效轧制国家工程研究中心

【概况】 高效轧制国家工程研究中心成立于 1996 年,是国家计委首批批准成立的 47 个国家工程研究中心之一。轧制中心的主要研究和开发方向是轧钢工艺、自动化控制及轧钢设备三方面的应用技术和装备,已经形成的成熟技术有:

(1) 轧钢工艺方面:①中厚板轧后快冷技术,采用国际上先进的高密度管层流冷却装置,改进中厚板生产中利用控制轧制控制冷却工艺生产专用钢板,并提高钢板的机械性能。②棒材生产的控轧控冷技术,通过特殊设计的冷却器实现机架间和机组间轧件的温度控制轧制,提高棒材强度与韧性。③冷轧、热轧、中厚板板形控制技术,包括轧辊辊型的设计与优化,带钢板形在线检测、信号识别和板形评价,板形控制策略和预设定、前馈、反馈数学模型。④液压 AGC 技术,采用高性能的液压 APC、AGC 控制系统,具有响应速度快、控制精度高的优点,正在取代电动 AGC 成为当今新建轧机和欲改造轧机的首选技术。⑤双机架可逆式冷轧窄带轧机成套装备与技术,该技术根据轧制带钢的材质、规格和生产工艺条件选择不同的轧制道次,使轧机能在较大的范围内灵活适应带钢材质、规格和卷重的变化,产品精度高,可开发精密带钢和有色金属箔带。⑥热轧中宽带钢生产成套设备及工艺技术,在工艺和设备上向宽带钢靠拢,是国内大量窄带钢改造的方向,带钢的表面质量、性能明显改善,卷重增加,效益较高。⑦基于图像处理的表面质量在线检测系统,该系统用 CCD 摄像头采集生产线上产品的表面图像,通过图像处理和模式识别算法对图像进行实时的分析和处理,以检测产品的表面是否存在着缺陷,并且获取缺陷的尺寸、部位、类型、等级等信息,从而达到在线评估和控制产品表面质量的目的。⑧钢材品种开发与性能优化技术,包括深冲汽车板系列(IF 钢、BH 钢、高强钢等等)、管线钢系统(X65、X70 等)、造船板、工程机械用钢等。⑨有限元模拟在冶金行业中的应用,采用在通用有限元软件 ANSYS,体积成型与热处理分析有限元软件 DEFORM 和薄板成型分析软件 DYNAFORM 上进行二次开发的方法,使新产品开发和现有工艺的改进建立在更科学、更可靠的基础上。

(2) 轧钢自动化控制方面:①带钢热连轧计算机控制系统,能够提供从 L0 到 L3 的全套带钢热连轧计算机系统,并完成从系统设计、软件设计、编程调试、现场服务、到开工投产的全过程。②轧机数字化传动系统,主要针对工业企业中交直流电动机的传动电气系统改造工程,可根据企业的现状及实际工艺要求灵活地制定改造形式,提供现有的成熟方案。③冶金企业生产管理系统。本系统是为了提高企业的管理水平,利用先进的管理理念来协调企业内部的物流和管理,以及企业与市场之间的关系而开发的。

(3) 轧钢成套设备方面:①年产 80 万吨小型棒材全连轧生产线工艺及设备设计;能完成全线轧机平立交替布置,无扭微张力或无张力轧制,小规格产品采用两切分和三切分轧制工艺。②大断面合金钢棒材生产线工艺及设备设计；采用平立交替布置的全连续轧制技术或半连续轧制技术。③H型钢生产线总体设计，年产60万吨高速线材生产线工艺和设备设计，年产40万吨冷轧宽带钢车间设计，年产80万吨中厚板车间设计及热轧窄带钢车间设计。

高效轧制国家工程研究中心设有8个部和1个实验室：工艺部、自动化部、传动部、设备部、软件检测部、市场部、行政部、财务部、中心实验室。中心现有在职人员40人，其中教授职称6人，博士生导师4人；副教授及高级职称14人；中级职称的有15人；另外特聘专家5人，其中中国工程院院士2人。

高效轧制国家工程研究中心实验室拥有仪器设备252台套，价值3445万元。

（米振莉）

【科研活动】 2005年，高效轧制国家工程研究中心在研科研项目24项，其中国家基金项目和纵向课题4项，横向课题20项。中心全年实到科研经费超过6000万元。2005年新签订国家项目2项，与企业新签订科研项目12项，合同额1.25亿元人民币。年内，中心在国内外学术期刊上发表论文56篇，其中在国内核心期刊发表论文40余篇，国际会议论文3篇，并先后10余人次参加了国际国内重大的科研会议。

（米振莉）

附　录

高效轧制国家工程研究中心2005年新签订科研项目统计表

编　号	性　质	项　目　名　称	年　度	合同额(万元)
1	基　金	高强度高塑性TWIP钢的制备方法及研究	2005	26.00
2	纵　向	高强韧高成型性镁合金开发	2005	6.00
3	厂　协	重钢中板厂轧后控冷装置	2005	405.00
4	厂　协	唐钢热轧表面在线检测系统	2005	500.00
5	厂　协	临汾钢铁厂ACC系统装置	2005	654.07
6	厂　协	武钢技术中心中试厂1#层流冷却系统	2005	336.00
7	厂　协	福建三钢3000mm中板轧后加速冷却装置	2005	426.00
8	厂　协	舞阳新中厚板辅传动系统	2005	1,105.00
9	厂　协	吉林油田传动系统	2005	92.00
10	厂　协	武钢技术中心飞剪系统	2005	105.00
11	厂　协	邯钢3500中板轧机区电气辅传动系统	2005	1,498.00
12	厂　协	日照1580三电计算机控制系统	2005	7,100.00
13	厂　协	济钢中厚板厂轧后控制冷却系统调试及开发	2005	86.00
14	厂　协	南阳汉冶钢铁有限公司中板厂轧后控冷工程	2005	170.00
累　计				12,509.07

（米振莉）

固体电解质冶金测试技术国家专业实验室

【概况】 固体电解质冶金测试技术国家专业实验室立足于固体电解质学科的前沿问题和中国国民经济建设中固体电解质的应用基础问题。目标是建成为固体电解质及其传感器和高能电池的先进研究中心，逐步发展成为以高温特种陶瓷、智能材料为主的材料物理化学研究基地，成为立足于国内、培养博士和硕士学位研究生的先进育人基地。实验室的主要研究方向：高能电池材料（锂离子电池和燃料电池关键材料），固体电解质及其传感器，特种高温结构材料，冶金和材料计算物理化学，功能薄膜材料，准一维纳米线与纳米带材料及器件，纳米介电陶瓷材料。

2005年，固体电解质冶金测试技术国家专业实验室拥有注射成型机、磁控溅射仪、热压炉、热分析仪、表面性质分析仪、电化学工作站、热膨胀仪、冷等静压机、高温X射线仪、多功能热分析仪等8万元以上设备14台套，具备开展诸如高能锂离子电池、燃料电池、薄膜传感器、氧化物－非氧化物复合陶瓷、陶瓷注射成型等较高水平的研究能力。实验室面积900平方米，专职人员19人，兼职人员11人。

（赵海雷）

【科研活动】2005年，固体电解质冶金测试技术国家专业实验室承担各种科研项目38项，其中国家“863”项目4项，“973”项目1项，国家自然科学基金重点项目2项，国家杰出青年基金1项，国家自然科学基金项目13项，教育部留学回国基金1项，教育部博士点基金1项，北京市科技新型项目1项，其他项目14项；发表论文166篇，出版教材及著作2部，获辽宁省科学技术进步三等奖1项，辽宁省营口市科技进步二等奖1项；申报专利33项，获授权专利18项。

（赵海雷）

【对外交流】 固体电解质冶金测试技术国家专业实验室按照国家重点实验室开放、联合与交流的方针，利用设备及技术上的优势，实行对外开放，加强与国际材料科学领域的学术交流与合作。同时承担国内外高校、科研单位和企业的科学研究、性能测试、检验及分析等技术服务与咨询工作。2005年，实验室人员参加国际学术会议18人次，邀请国外专家来华讲学7人次。

（赵海雷）

附　录

固体电解质冶金测试技术国家专业实验室2005年承担的主要科研项目一览表

序号	项目名称	项目来源	负责人	2005年经费（万元）
1	薄带连铸材料的结构组织和性能关系的研究	宝　钢	张　跃	10.00
2	纳米结构陶瓷与性能	国家自然科学杰出青年基金	张　跃	19.00
3	多重铁性材料中不同尺度非均匀性与耦合效应的关联	国家自然科学基金重点项目	张　跃	12.00
4	一维功能氧化物掺杂纳米材料的制备结构及性能表征	国家自然科学基金	张　跃	19.20
5	二次锂离子电池复合阴离子正极材料的研究	国家自然科学基金	赵海雷	6.30
6	陶瓷畜热体微观结构分析研究	钢研院	张波萍	20.00
7	荧光生物材料开发与应用研究	大连海泰控股有限公司	徐晓伟	3.00
8	铜、铅、锌、锡尾矿开发利用产业化关键技术研究	攻　关	徐利华	5.60
9	新型氧化镍基高介电薄膜材料的研究	国家863计划	张波萍	9.50
10	发电热电材料与器件研究	清华大学	张波萍	4.00
11	用于聚变堆的W/Cu功能梯度材料	国家自然科学基金	周张健	8.40
12	纳米氮化硼合成、应用中物理化学问题	国家自然科学基金	徐晓伟	6.60
13	二次锂离子电池纳米晶SnSb系合金	国家自然科学基金	赵海雷	6.90

续表

序号	项 目 名 称	项 目 来 源	负责人	2005 年经费（万元）
14	双固体电解质气体传感器若干理论和实践问题的研究	国家自然科学基金	李福新	6.30
15	熔渣作为介质的无污染脱氧过程的基础研究	国家自然科学基金	李福新	6.00
16	燃烧合成法制备高吸水树脂新技术	国家自然科学基金	葛昌纯	7.80
17	用新理论新工艺新技术改造耐火材料	国家自然科学基金	孙加林	40.00
18	纳米上转换荧光控针的制备	国家自然科学基金	徐晓伟	4.00
19	微波段的负折射结构的研究	国家 973 计划	曹文斌	34.00
20	CBN 催化剂研究	河南富来格公司	徐晓伟	5.00
21	SIALON 族陶瓷基复合材料的连续制备技术及开发	国家 863 计划	徐利华	15.00
22	核聚变实验装置偏滤器材料的研究	国家 863 计划	沈卫平	15.00
23	高品质氮化硅和碳氮化钛超细粉体的低成本规模化制备技术	国家 863 计划	葛昌纯	5.00
24	北京市科技新星 - A	北京市科技新星计划	曹文斌	9.00
25	热电纳米材料及其在温差电池上的应用	国家 863 计划	徐桂英	10.00
26	用于聚变堆面对等离子体材料的 W-La2O3 系合金的研制	核工业西南物理研究院	葛昌纯	8.00
27	热电材料轧制技术开发	佛山市顺德区富信制冷设备有限公司	徐桂英	15.00
28	淄博市耐火材料“十一五”发展规划	淄博市发展计划委员会	孙加林	10.00
29	用于 CBN 磨具的陶瓷结合剂的改进和研制	广东奔朗超硬材料制备有限公司	徐晓伟	5.00
30	铁水侵蚀耐火材料技术测试	首钢技术研究院	徐利华	3.90
31	第八届自蔓延高温合成 SHS 国际研讨会	纵 向	葛昌纯	1.00
32	铜锌锡尾矿开发	国家攻关项目	徐利华	5.50
33	教育部留学回国基金	教育部留学回国基金	邹林华	2.50
34	新世纪人才	新世纪人才	张波萍	10.00
35	微波波段三维光	教育部博士点基金	曹文斌	3.00
36	一种制备 Si3N4 陶瓷品新途径的研究	国家自然科学基金	孙加林	18.00
37	Au/SiO2 纳米复合薄膜的微结构对光吸收的影响机理研究	国家自然科学基金	张波萍	15.60
38	超细 Gd211 粒子在 Gd123 超导块体中的应用研究	国家自然科学基金	葛昌纯	16.80

教育部金属电子信息材料工程研究中心

【概况】 教育部金属电子信息材料工程研究中心于2001年4月经教育部批准成立，依托于北京科技大学建设，是由教育部和北京市共建的技术创新和高新技术产业化基地。中心采用现代企业制度进行管理，实行多元化投资，与注册成立的具有独立法人资格的北京科大永兴电子信息材料技术有限公司为同一个实体。2005年，中心设有粉末冶金事业部、高技术薄膜材料事业部、微电子辅助材料事业部、有色加工事业部，另设有办公财务部、投资发展部；中心有工作人员32人。

（张　颖）

【粉末冶金事业部】 2005年，粉末冶金事业部有教授2人，副教授和讲师3人，其他固定研究和工程技术人员9人，有博士和硕士研究生56人；拥有原值近800万元的先进设备，其中进口设备日本岛津烧结炉一台，价值205万。10万元以上设备10台套，如永磁材料测量系统、磁滞回线仪、磁场注射机、粉末冶金注射机、转矩流变仪、高效混炼挤出造粒机、热等静压烧结炉等。

粉末冶金事业部主要业务范围是高技术新材料的研究、开发与生产，新材料制备与加工设备的制造，新型电子信息元器件的开发与制造，计算机控制系统集成、机电一体化技术开发，铁基合金、不锈钢、高比重合金、硬质合金、磁性材料、金属陶瓷、高温合金、难熔合金、低合金钢、钛合金等产品的生产与销售。产品广泛应用于医疗器械、电子通讯、办公机械、仪器仪表、纺织机械、食品饮料机械、计算机工程、汽车工业、机械武器、体育娱乐器械等领域。

近期重点研究与产业开发方向有：①近终形粘结磁体的研究及各向异性NdFeB磁粉中试；②钴基合金活塞环；③Ni基合金多孔材料制备工艺及控制技术；④钨基及不锈钢零件注射成形；⑤KOVAR合金的制备；⑥粉末注射成形技术研究开发平台建设和喂料生产。

（张　颖）

【微电子辅助材料事业部】 2005年，微电子辅助材料事业部有教授2人，副教授2人，讲师1人，技术员2人，在读博士生和硕士生22人。事业部具有较完备的材料制备和组织性能检测的设备，其中10万元以上设备2台套：100kg真空熔炼下拉式连续定向凝固设备、50kg下拉式连续定向凝固设备，并有一套完整的拉丝设备，能生产各种规格的高性能贵金属丝材。主要业务目前集中在微电子超细丝材的研究、开发与生产，高性能铜及铜合金丝材制备与加工成套设备的制造，铜超细丝材的成套设备的加工与制造，铝合金超细丝材的成套设备的加工与制造，新型集成电路用键合线的开发。产品主要有：100μm、75μm、50μm、32μm和25μmAl-Si合金集成电路用键合丝，0.08mm高强高导铜导线，单晶、纳米纤维晶等各种规格的高性能铜线材。产品广泛应用于电线电缆、集成电路、仪器仪表、纺织机械、汽车工业、航空航天、高级音响等领域。

近期重点研究与产业开发方向有：①航空航天用特种电线电缆；②高性能无氧铜杆；③20μmAl-Si合金集成电路用键合丝；④18～20μm高性能金丝；⑤微细Ag包Al丝等。

（张　颖）

【高技术薄膜材料事业部】 2005年，高技术薄膜材料事业部有教授3人，副教授1人，讲师2人，技术人员2人，在读博士生12人，硕士生14人；拥有包括100kW直流电弧等离子体喷射、10kW直流扩展电弧等离子体、5kW微波等离子体化学气相薄膜沉积系统和强电流直流伸展电弧（HCEDCA）等离子体CVD系统等多种金刚石薄膜制备设备，拥有大型对靶磁控溅射仪、电子束真空蒸镀仪等常规薄膜材料制备手段。固定资产总价值约250万元。主要业务集中于以金刚石厚膜、薄膜为主的各种高技术薄膜材料、各种硬质涂层材料与技术、各种非常规的等离子体化学沉积设备等。

近期重点研究和产业开发方向有：①大面积金刚石光学窗口材料；②金刚石薄膜光学涂层；③声表面波器件金刚石薄膜基片；④金刚石膜热沉材料及其在微电子和光电子器件或系统中的应用；⑤掺硼金刚石膜（BDD）及其在废水处理和生物医学中的应用；⑥高性能粒子探测器、紫外探测器、X－射线探测器用高质量（探测器级）金刚石膜材料；⑦金刚石涂层硬质合金工具；⑧金刚石膜基探测器和传感器；⑨类金刚石硬质防护涂层；⑩金刚石薄膜化学气相工业化生产技术和设备开发等。

（张　颖）

【科研活动】　2005年，教育部金属电子信息材料工程研究中心共承担各类项目9项，总经费452.80万元。

（张　颖）

附　录

教育部金属电子信息材料工程研究中心2005年科技开发项目一览表

项目名称	项目来源	项目负责人	起止年限	经费（万元）
钴基合金活塞环材料	重庆长安公司特种机械厂	果世驹 曲选辉	2002～2006	55.8
纳米级氧化锌制备技术及设备研究	北京首创纳米科技有限公司	曲选辉	2002.2～2005.12	70.0
粉末注射成形技术研究开发平台建设和喂料生产	北京市重点技术创新项目	曲选辉	2003.05～2005.12	60.0
采用注射成形技术研制钨基及不锈钢零件	江苏海安鹰球集团公司	郭志猛	2002.7～2006.8	40.0
化学气相沉积金刚石和类金刚石涂层和沉积设备及技术	北京长城钛金公司	吕反修	2002.3～2005.3	20.0
CVD导电金刚石膜合作研究	澳大利亚昆士兰大学	吕反修	2004.12～2005.6	4.0
高性能金属超细丝材制备技术的开发及应用	国家863计划项目	王自东	2002.7～2005.6	175.0
高性能金属超细材料制备技术的开发及应用	北京科技大学	谢建新 王自东	2002.9～2005.8	28.0
薄壁铜管精密连铸成形技术开发	洛阳铜加工公司	谢建新 王自东	2005.7～2007.12	60.0

（张　颖）

环境断裂教育部重点实验室

【概况】　2005年，环境断裂教育部重点实验室有固定人员38人，其中中国科学院院士1人，教授18人，副教授13人；博士生导师11人；有长江计划特聘（讲座）教授2人，国家杰出青年基金获得者3人，跨（新）世纪优秀人才6人，新世纪百千万创新人才1人，北京市科技新星4人。

实验室拥有原子力显微镜、高分辨率电镜、透射电镜、俄歇电子能谱仪、场离子显微镜、宏－微摩擦磨损测试系统、纳米力学探针仪等较为先进的仪器设备146台套，设备价值2000万元，其中30万元以上设备19台套。

【科研活动】 2005年，环境断裂教育部重点实验室承担国家863项目5项、973项目1项，国家自然科学基金重点项目2项，国家自然科学基金面上项目22项，军工项目9项，其他省部级项目16项，厂协项目36项；在国内外核心期刊上发表论文85篇，其中SCI收录58篇；申请专利14项。

【人才培养】 实验室采取加强国内外交流、培养和引进高层次人才、创造有利的学术环境等措施积极建设一支高水平的研究队伍，拓宽研究领域。目前，已经形成一支老、中、青年龄结构合理，专业方向有机结合，学术气氛浓厚，凝聚力强，工作关系融洽的研究群体。

2005年，实验室在读研究生112人，其中硕士生59人，博士生53人。毕业硕士研究生12人，博士研究生6人，1名博士后出站。2005年实验室引进人才1名，成员中2人晋升为教授，3人晋升为副教授，2人获新世纪优秀人才，1人获长江学者讲座教授。

【学术交流】 实验室通过主办和联合举办国际国内学术研讨会，积极加强材料科学领域内的学术交流与合作。2005年9月，与中国腐蚀与防护学会一起成功举办第16届国际腐蚀大会（16ICC），多名实验室成员参与大会学术交流。年内，实验室有9人次参加国际会议，4人次在国内会议上作大会报告；先后邀请了美国、日本、加拿大、英国的8名专家来实验室讲学和交流。2005年实验室1人获得教育部青年骨干教师出国研修项目资助，被派往澳大利亚进行为期3个月的培训和交流访问。

附　录

环境断裂教育部重点实验室2005年在研课题名称

序号	项目名称	类别	负责人
1	高强韧耐沿海大气腐蚀超细复合组织钢的研究	国家973计划	杨善武　贺信莱
2	低成本高性能超细化组织微合金结构钢系列	国家863计划	尚成嘉
3	高耐蚀耐磨非晶纳米晶复合涂层材料及制备技术	国家863计划	孙冬柏
4	巨磁电阻材料及其在高灵敏度磁场传感器中的应用技术开发	国家863计划	于广华
5	550MPa焊接舰船用钢及配套焊接材料研究	国家863计划	贺信莱
6	抗CO2-H2S腐蚀13Cr型成本油井管开发和利用	国家863计划	路民旭
7	金属材料在高温高压多相介质中的腐蚀研究	国家基金重点项目	路民旭
8	多重铁性材料中不同尺度非均匀性与耦合效应的关联	国家基金重点项目	张　跃
9	力电耦合下环境导致畸变和裂纹扩展原位	国家自然基金	褚武杨
10	连铸洁净钢中白点敏感性升高的规律及机型	国家自然基金	褚武杨
11	泥浆附着对镀锌钢板局部腐蚀影响规律与机理	国家自然基金	杜翠微
12	西北土壤环境中碳钢缝隙腐蚀机理及行为预测	国家自然基金	杜翠微
13	涂膜光老化对膜下金属腐蚀行为的影响与规律	国家自然基金	高　瑾
14	CO2腐蚀产物膜力学性能的控制因素及机理	国家自然基金	高克玮
15	混凝土中带锈钢筋表面状态对其后期腐蚀规律	国家自然基金	何积铨
16	电流垂直于平面构型自旋阀中磁电阻行为研究	国家自然基金	姜　勇
17	块状非晶断裂与环境的微观研究	国家自然基金	李金许
18	内蒙古西部土壤中碳钢腐蚀规律与机理研究	国家自然基金	李晓刚
19	稀土掺杂的III族氮化物合成与发光性能	国家自然基金	刘泉林
20	显微组织对CO2局部腐蚀性为影响的本征机制	国家自然基金	路民旭

续表

序号	项　目　名　称	类　别	负责人
21	半导体带状纳米氧化物的力学性能研究	国家自然基金	乔利杰
22	金属材料的合金相、相变及合金设计	国家自然基金	乔利杰
23	铁电陶瓷滞后开裂机理研究	国家自然基金	乔利杰
24	低碳微合金钢中针状铁素体的形成机理控制	国家自然基金	尚成嘉
25	空化场中纳米镍基合金材料高速电化学还原	国家自然基金	孙冬柏
26	核聚变反应堆用低活化铁素体/马氏体钢辐射	国家自然基金	万发荣
27	低有序化温度和垂直取向 FePt 纳米颗粒膜	国家自然基金	杨　涛
28	控制界面微结构、提高多层材料磁性的研究	国家自然基金	于广华
29	纳米结构陶瓷与性能	国家自然基金	张　跃
30	一维功能氧化物掺杂纳米材料的制备、结构	国家自然基金	张　跃
31	氢促进阳极溶解型应力腐蚀机理研究	教育部博士点基金	褚武杨
32	合成反铁磁结构对电流垂直于平面构型自旋阀性能影响	教育部博士点基金	姜　勇
33	空化场中镍基合金纳米线的电化学制备机理	教育部博士点基金	孙冬柏
34	信息材料金属磁性多层膜的界面研究	教育部博士点基金	于广华
35	20040416451	教育部民口配套	孙冬柏
36	20040427550	教育部民口配套	王旭东
37	20040425150	教育部民口配套	杨会生
38	20050420150	军　工	高克玮
39	20050419050	军　工	乔利杰
40	20050427250	军工预研	滕　蛟
41	20040424351	军工预研	于广华
42	20050424352	军工预研	于广华
43	金属掺杂介孔硅铝降硫材料制备研究	其他中央	李晓刚
44	新型耐磨耐蚀工艺阀门研制	其他中央	李晓刚
45	新世纪优秀人才支持计划	新世纪优秀人才支持计划	于广华
46	高催化活性纳米晶氧化物涂层电极及应用	北京市教委	孟惠民
47	表面纳米技术工程中心建设及关键技术研究	北京市教委	乔利杰
48	非晶纳米晶材料的电化学制备及其性能研究	北京市教委	孙冬柏
49	高耐蚀耐磨纳米涂层制备技术及示范	北京市教委	孙冬柏
50	利用表面活化剂对自旋阀改性方法开发巨磁电阻材料及相关器件	北京市教委	于广华
51	科技新星计划(A)	北京市科技新星	王学敏
52	垂直磁各向异性的交换耦合多层膜的研究	北京市自然基金	于广华
53	显微组织对 CO2 局部腐蚀行为影响的本征机制研究	中国石油天然气集团公司	柳　伟
54	新型耐磨耐蚀工艺阀门研制	中石化	李晓刚
55	北京市在役埋地燃气管道安全状态评估系统研究	厂　协	路民旭
56	防腐蚀实验分析和防腐蚀措施优选	厂　协	路民旭
57	陕京管道榆林——琉璃河段补强工程	厂　协	路民旭
58	陕京管道靖边——榆林段补强工程	厂　协	路民旭
59	神木石垄岔越管道防腐保温补强和管体完整性状况测试与评估	厂　协	路民旭
60	海底管道安全评估技术研究	厂　协	路民旭

续表

序号	项目名称	类别	负责人
61	车轮钢氢行为及断裂机理的研究	厂协	褚武扬
62	组织对轮箍氢致开裂的影响及轮箍安全性评估	厂协	褚武扬
63	超高强铝合金寿命和可靠性研究	厂协	褚武扬
64	能源介质对不锈钢表面质量影响研究	厂协	高谨
65	脑组织变形 PVA－模型	厂协	高谨
66	东北管网螺旋焊缝缺陷承压能力评价	厂协	高克玮
67	凝汽器铜管腐蚀裂纹产生的原因及应对措施	厂协	高克玮
68	550MPa 级新一代低碳钢微合金化贝氏体中厚板的开发	厂协	贺信莱
69	引进超级钢生产技术开发新一代合金高强度钢	厂协	贺信莱
70	高性能结构钢的研制与开发	厂协	贺信莱
71	新一代超低碳贝氏体钢开发	厂协	贺信莱
72	16MnR 钢暂存间环境评价实验和分析	厂协	柳伟
73	高铌低碳钢中固熔铌的强韧化与抗蚀机制研究	厂协	杨善武
74	抗硫井口装置材料的腐蚀实验与腐蚀评价	厂协	李晓刚
75	宝钢产品腐蚀网络数据库程序设计和调试	厂协	李晓刚
76	宝钢耐候钢周期浸润腐蚀实验	厂协	李晓刚
77	核电站设备材料腐蚀研究	厂协	李晓刚
78	薄带连铸材料的结构、组织和性能关系的研究	厂协	张跃
79	SHS—离心法制备陶瓷内衬	厂协	何健英
80	超细晶 600MPa 和 900MPa 级高强韧长寿命钢的研究	厂协	王学敏 贺信莱
81	高性能超薄磁电阻薄膜材料及磁感器元件设计	厂协	于广华
82	9Cr2WVTa 马氏体钢研制	厂协	万发荣
83	搅拌摩擦焊设备工装夹具开发	厂协	万发荣
84	摩擦搅拌焊工装设备研制	厂协	万发荣

（李金许）

北京市先进粉末冶金材料与技术重点实验室

【概况】 2005 年，北京市先进粉末冶金材料与技术重点实验室有教师和研究人员 22 人，其中教授 7 人（含博士生导师 5 人），主要学术骨干均有在国外留学和工作的经历，并继续与美国、英国、日本、俄罗斯、加拿大、奥地利、法国、瑞典、德国等国家以及香港、台湾地区的学校、科研机构和企业保持紧密的合作关系，国际学术交流活动频繁。

目前，实验室下设 4 个研究室：

（1）纳米粉体及材料研究室。研究方向：超细和纳米粉体制备技术、机械合金化技术、雾化制粉技术、磁屏蔽材料、纳米硬质合金、钨基高比重合金、难熔金属与合金。

（2）反应合成技术与复合材料研究室。研究方向：自蔓延高温合成技术、陶瓷/钢复合管制造技术、核废料处理技术、粉末冶金多孔材料、粉末冶金层状与梯度结构材料、高导热 AlN 陶瓷及 AlN-BN 复合陶瓷、耐热及抗氧化涂层粉末与涂层技术、高性能 SiC 陶瓷及其复合材料等。

（3）先进成形与烧结技术研究室。研究方向：粉末注射成形技术、温压成形技术、高速压制成形技术、粉末挤压成形技术、等静压成形技术、胶态成形技术、增分熔融凝固加工成形技术、电火花等离子烧结技术、粉末冶金材料设计与工艺过程模拟、铁基粉末冶金零件、高弹性耐热合金。

(4)功能材料研究室。研究方向：NdFeB 粘结磁体、SmCo 合金、磁温度补偿合金、超磁致伸缩材料、电工合金、电子封装材料与零件、特种电池材料、储氢合金、光电信息材料、功能陶瓷等。

粉末冶金是一门制取金属、非金属和化合物粉末，以及用这些粉末为原料，通过成形、烧结制造各种类型材料和制品的工艺技术。不仅具有节材、节能、高效、少污染等突出优点，而且能够制出常规冶金/机加工法难以甚至无法生产的、具有某些特殊性能要求的材料和制品。由于粉末冶金以粉末为原料，可自由组装材料结构和成分，从而精确调控材料性能，同时实现近净形成形，充分体现了材料设计与材料制备的统一，材料合成与产品加工成形的统一，是发达国家近年来新材料技术发展的重点领域，已成为当今材料科学与工程学科中最为活跃的前沿领域之一。

(何新波、曲选辉)

【科研活动】 2005 年，实验室共承担各类科研课题 42 项，包括国家“973”项目 1 项、“863”项目 2 项、国家自然科学基金 4 项、教育部创新团队项目 1 项、高校博士点基金 2 项、教育部科学技术研究重点项目 1 项、国防预研基金 1 项、国家军工科研项目 11 项、省部级科研项目 8 项、厂协(横向)项目 11 项。实验室在研项目合同经费总计 2160 万元，年内到室研究经费 706 万元；出版学术专著 1 部，发表学术论文 96 篇；申请国家发明专利 31 项，获专利授权 12 项；北京科技计划重大项目——“粉末注射成形技术研究与产业化”等 2 项成果通过北京市科委和国家有关部委组织的验收和技术鉴定。2005 年，实验室通过从日本引进了真空脱脂烧结炉、等离子火花烧结等大型设备，研究条件进一步得到改善。张深根教授获得博士研究生指导教师资格、秦明礼晋升副教授职称；本年度共有 2 名国外访问教授、1 名国内访问教授、32 名博士研究生(含 2 名外国留学生)、57 名硕士研究生和 32 名本科生在本实验室进行毕业论文等相关研究工作。

5 月，北京市先进粉末冶金材料与技术重点实验室第一届学术委员会第一次会议在北京科技大学召开，设立了首批开放课题 3 项。30 日，实验室以优异成绩通过北京市教委和科委组织的北京市重点实验室建设计划项目验收会。年内，实验室先后邀请了美国宾州大学粉末注射成形技术专家 C. F. Johnson 博士和 Sharon Elder 女士、美国犹他大学教授 Zhi-gang Fang 博士、加拿大阿尔伯塔大学教授 Zhenghe Xu 博士、日本爱知制钢株式会社电磁材料研究中心主任 Yoshinobu Honkura 博士等来室讲学与交流。实验室与日本爱知制钢株式会社建立了联合开展各向异性 NdFeB 粘结磁体制备技术研究和人才培养的关系，本室博士研究生已按计划赴日本参与相关研究工作。8 月，郭志猛教授和贾成厂教授代表本室参加了在台湾举行的“第六届海峡两岸粉末冶金技术研讨会”，发表学术论文 2 篇。10 月，作为大会学术委员会主席，曲选辉教授参与主持了在长沙举办的第十届全国青年材料科学技术研讨会，实验室共派出了 12 名教师和研究生参会，发表学术论文 10 篇。10 月下旬，实验室在山东莱芜参与主办了“全国粉末冶金学术与技术会议”，郭志猛教授、果世驹教授和贾成厂教授等参加了会议，并分别做了学术报告。

(何新波、曲选辉)

北京市腐蚀、磨蚀与表面技术重点实验室

【概况】 2005年，北京市腐蚀、磨蚀与表面技术重点实验室有6个学术梯队：环境敏感断裂、高温腐蚀与表面技术梯队、腐蚀控制系统工程、电化学工程与材料、环境损伤评估与控制研究室、功能高分子。实验室有固定人员30人，其中中国科学院院士1人，国家级突出贡献专家1人，教授10人，副教授12人，博士导师10人，讲师6人。50岁以下的中青年研究人员中，有长江学者2名，跨世纪优秀人才1人，国家自然科学基金杰出青年基金获得者1人，教育部优秀青年教师4人，新世纪百千万人才工程人选1人，北京市科技新星2人。

实验室拥有一系列世界水平的成套仪器和设备，包括在研究开发新测试技术基础上研制了一系列新型实用研究设备和测试装置，总数840台套，总价值5400万元人民币，主要设备有54台套：透射电镜、高分辨电镜、扫描电子显微镜、原子力显微镜、纳米力学探针、俄歇电子能谱、X射线衍射仪、场离子显微镜－原子探针、霍尔等离子体沉积设备、穆斯堡尔谱仪、超高温热天平、低氧压新型氧化动力学测试系统、模拟环境下慢应变拉伸机、1250/1280频率响应分析系统、M351电化学腐蚀测量系统2套、1096阻抗测试系统、磁控溅射仪、盐雾腐蚀试验箱、SO2等大气微量污染物模拟环境盐雾腐蚀试验箱、环境模拟恒温恒湿腐蚀实验箱、高流速冲刷腐蚀试验装置、CO2腐蚀高温高压釜、电化学测试高温高压釜、管线顶部腐蚀高压釜、TVS2000便携红外热像仪与分析系统、Parstat2273电化学综合测试仪、ATLASC-CX2000循环腐蚀实验箱、ATLAS－氙灯老化试验机等。

腐蚀、磨蚀与表面技术是涉及材料科学、化学、电化学、力学、表面科学和生物、生命科学等众多学科的研究领域。实验室主要从事基础、应用基础和高新技术研究。基于科学、经济和社会的发展，本实验室形成了如下独具特色的研究方向：①腐蚀与防护机理研究，包括环境敏感断裂、高温腐蚀与防护机理研究、电化学腐蚀机理研究、腐蚀防护系统工程；②磨蚀机理及其控制研究，包括生物、医用材料研制、磨蚀机理及控制，材料微振腐蚀机理及控制研究，多相流中材料的腐蚀及控制研究，摩擦条件下金属材料的电化学行为；③高新表面技术研究与应用，包括防腐蚀表面技术研究与应用和高新功能表面技术研究与应用。

（何业东、路民旭、柳　伟）

【科研活动】 实验室在腐蚀、磨蚀与表面技术领域开展了大量卓有成效的科研工作，获得一批重要的成果，其中一些具有创新性的成果达到了世界先进水平或国内领先水平。自1997年以来，实验室承担了国家863计划10项、国家973项目9项、国家自然科学基金25项、国家95攻关7项、国家科技基础条件平台建设重大项目1项、省部委重点课题15项及与企业合作的大量高水平课题，课题总数152项。1997～2005年，获得省部级奖20项，出版专著17部，在国内外期刊和学术会议发表论文572篇。

（何业东、路民旭、柳　伟）

【人才培养】 实验室所属学科专业在国内高校中首批获得硕士、博士学位授予权，也是高校唯一的博士点和进入博士后流动站的单位，培养了许多高层次人才，1997～2005年共培养博士后7人、博士75人、硕士168人、本科生791人。

（何业东、路民旭、柳　伟）

【对外交流】 1997～2005年，邀请国际知名教授学者到实验室讲学27次，在国际学术会议做邀请报告9次，国内学术会议做邀请报告39次，派12人次到国外短期访问交流，与国外相关单位进行联合研究。

（何业东、路民旭、柳　伟）

高效零件轧制技术研究推广中心

【概况】 2005年,高效零件轧制技术研究推广中心下设①研究与开发室,主要从事理论研究、模具设计、设备设计、新产品开发等;②轧制实验室,主要从事实验研究、新产品试制,现有楔横轧与斜轧机6台与其相关设备与仪器等;③模具制造车间,主要从事楔横轧与斜轧模具的制造,每年开发并生产200左右副的模具供生产厂使用。中心现有模具加工机床10台,其中大型数控加工机床3台。中心现有人员20多人,其中院士1人、具有高级技术职称人员8人。

（王宝雨）

【科研活动】 高效零件轧制技术研究推广中心主要从事轴类零件轧制(楔横轧与斜轧)技术的研究、开发与推广工作。总体技术水平与实验条件上处于国内领先水平,并达到国际先进水平。高效零件轧制(楔横轧与斜轧)是一种轴类零件成形新工艺新技术。与传统的锻造、切削方法比较,其优点为生产效率高、节材节能、产品综合性能高,生产成本低等。该技术可广泛应用于汽车、拖拉机、摩托车、发动机等机器上的轴类零件,还能生产钢球、五金工具等零件。中心与工厂合作,在北京、重庆、山东、湖北等24个省市建成零件轧制生产线100多条,其中有7条生产线出口美国、印尼等国家,建成零件轧制专业化工厂10多家。累计开发并投产的零件400多种,如红旗轿车的输出轴、玉林柴油机六缸凸轮轴、东风与解放载重车变速箱传动轴等。已累计生产轴类零件400多万吨,产值200多亿元,直接经济效益20多亿元。由于推广工作成绩显著,该项技术被国家科委评为“全国十大典型推广项目”之一。项目先后获国家级奖5项、省部级奖10多项。

目前,中心承担的主要任务有国家科技部重点研究与推广项目,平均每年推广零件轧制生产线6~10条;国家自然科学基金重点项目——“特大件成形制造技术基础研究”;国家自然科学基金面上项目——“大断面收缩率轴类零件楔横机精确成形研究”和“楔横轧多楔精密成形长轴类零件理论研究”。2005年中心完成横向课题20多项,科研经费900多万元,中心的“一种阳极磷铜室温螺旋孔型斜轧成形方法”、“一种斜楔连续轧制成形方法”、“一种汽车半轴楔横轧精密成形方法”、“一种精密成形火车轴毛坯特大型楔横轧机”4项技术获得发明专利。

（王宝雨）

【人才培养与对外交流】 高效零件轧制技术研究推广中心自成立以来,先后培养了多名博士和硕士研究生。2005年,在中心就读和从事科研工作的研究生28人,主要研究零件轧制成形机理、轧制工艺模具CAD/CAM、轧制设备控制与自动化技术等。

2005年,高效零件轧制技术研究推广中心主要通过邀请国外著名的专家学者讲学,派研究人员到国外参加国际会议、考察等方式开展对外交流活动。

（王宝雨）

附　录

高效零件轧制研究与推广中心2005年科研项目一览表

编　号	性　质	项　目　名　称	年　度	经费(万元)
1	国　家	特大件成形制造技术基础研究	2004～2007	21
2	国　家	楔横轧多楔精密成形长轴类零件理论研究	2005～2007	15.6
3	国　家	大断面收缩率轴类零件楔横机精确成形研究	2006～2008	28
4	厂　协	H1200楔横轧生产凸轮轴毛坯设备技术转让	2003～2004	168.5
5	厂　协	楔横轧五十铃汽车变速箱轴类件	2003～2004	70
6	厂　协	楔横轧生产汽车转向球销工艺技术	2003～2004	70
7	厂　协	楔横轧汽车用铝合金零件技术开发	2005～2006	48
8	厂　协	斜轧25mm铜球轧生产线技术	2004	48.6

（张　巍）

科技部材料模拟设计实验室

【概况】　科技部材料模拟设计实验室经过近5年的建设，很好地完成了国家高技术新材料领域专家委员会的目标任务要求。在2000年底国家科技部组织的实验室验收中，评价实验室“已成为国内一流、有国际水平的计算材料科学基地”。

实验室配备了3台SGI高速运算服务器及3台O2工作站，通过100M局域网与10台以上微机衔接，并配备了大量Cerius2材料科学软件系统。实验室对软硬件系统进行了相当规模的、系统的综合应用试验及认真的吸收消化。现在正面临着上世纪九十年代末及本世纪初大量新软件的原程序考核与应用。

实验室工作方向是努力探索材料科学研究的新途径，尽力使其从定性描述走向定量预测的新阶段，努力为高技术新材料的研制提供新思路和优选方案，从传统的经验试错法推进到以现代科学知识为基础的计算实验设计阶段。实验室工作方针是持续创新，求实服务，努力为实现国家目标贡献力量。

（陈难先、申　江）

【科学研究】　多年来，实验室创立了以虚拟结构和数论方法为基础的晶格反演理论，对多种材料体系进行了广泛的应用。通过大规模第一性原理能带计算，初步建立起有明显中国特色的、规模已接近1000种的有效的原子间相互作用势库。反演理论在离子晶体中离子－离子势、界面问题中的原子－离子势、半导体中的二体及三体势等方面均有重要的系列性自主创新，使势库成为在原子级尺度上进行材料模拟设计的有力工具，并受到国际同行的广泛接受。实验室对国家高技术新材料领域的很多问题进行了有创新性的研究，并完成了多项国家自然科学基金课题和重点课题以及多项国家高技术发展计划项目，项目验收获优秀评定，国家自然科学基金委员会专家组和国家863计划专家委员会均评价所完成的项目“有自主性创新”。实验室近年主要承担国家重点基础研究发展规划项目(973)“材料计算设计与性能预测基础问题”中两个课题:“材料中原子相互作用势研究”，以及“新型稀土化合物结构设计”，于2005年底已完成了课题的结题验收。材料中原子相互作用势研究项目获科技部专家组推荐为

973计划项目重大研究成果。

实验室积极开展了开放服务和国际交流工作，与国内外多所大学与科研机构建立了协作关系。实验室培养了多名博士和硕士研究生。实验室将不断加深对计算物理及计算材料学核心基础问题以及我国高技术新材料迫切问题的研究，将对金属间化合物特别是稀土金属间化合物、半导体材料、离子晶体功能材料、表面与界面问题等多层面展开研究，对各种材料的形成过程进行计算机模拟研究，达到用计算机对各种新型材料进行一定程度成功预测的阶段。

（陈难先、申　江）

生态与循环冶金教育部重点实验室

【概况】 2005年，生态与循环冶金教育部重点实验室获批准成立，实验室下设冶金二次资源的循环利用，冶金矿产资源高效与生态化利用，冶金生产过程的清洁、高效化，社会废弃物在冶金过程的循环利用4个研究室和办公室。实验室面积1000平方米，有研究人员26人，其中中国科学院院士1人，长江学者奖励计划特聘教授1人，国家杰出青年科学基金获得者2人，教授、副教授18人。实验室拥有扫描电子显微镜、高温X射线衍射仪、高温热分析系统、综合电化学分析仪、多功能物性分析仪、多功能烧结炉、高温燃烧模拟装置、多功能水质分析仪等大型设备16台(套)，具备开展冶金一次、二次资源高效循环利用、冶金过程能源高效清洁利用、冶金流程生态化规划、冶金过程处理社会废弃物等领域的高水平研究工作。

（宋　波）

【科研活动】 2005年，生态与循环冶金教育部重点实验室承担各种科研项目48项，其中国家863计划项目2项，国家973项目2项，国家自然科学基金重点项目1项，国家自然科学杰出青年基金1项，国家自然科学基金5项，北京市科技项目1项，厂校协作课题34项。科研成果获中国钢铁工业协会、中国金属学会冶金科学技术奖一等奖1项，天津市科学技术进步奖二等奖1项，北京市科学技术二等奖1项。在国内外学术期刊上发表论文54篇；获授权专利11项。

（宋　波）

【对外交流】 生态与循环冶金教育部重点实验室本着开放、流动、联合、竞争的运行管理机制，利用自身的技术和设备优势，实行对外开放，加强与国际冶金材料学科领域的学术交流和合作，同时积极承担国内外高校、科研单位和企业的科学研究、技术开发、性能检测与分析等工作。实验室与日本东北大学、东京大学、北海道大学、美国麻省理工学院、德国阿亨大学、韩国浦项工科大学、瑞典皇家工学院等有紧密的长期合作关系。2005年，实验室人员参加国际学术会议8人次，进行国际学术交流与讲座20人次。

（宋　波）

附　录

生态与循环冶金教育部重点实验室2005年承担的主要科研项目一览表

序号	项　目　名　称	项　目　来　源	负责人	2005年经费(万元)
1	电脉冲晶粒细化技术研究	国家863计划	苍大强	5.00
2	应用细菌修饰粉末微电极对有菌硫化矿氧化行为研究	国家自然科学基金	李宏煦	3.00
3	易偏析元素磷偏析行为研究	国家973计划	宋　波	12.5
4	硅(镁)铝氧氮系氧氮化物热力学性能测定与研究	国家自然科学基金	王习东	9.00
5	冶金物理化学与冶金原理	国家自然科学杰出青年基金	王习东	40.00
6	多元复合矿、冶金炉渣清洁分离技术与理论	国家自然科学基金重点项目	王习东	5.40
7	钢的高洁净度和活性元素合金化的化学冶金	国家973计划	王新华	123.20
8	熔渣为介质的无污染脱氧过程的基础研究	国家自然科学基金	周国治	1.80
9	低温还原制备钽/铌超细粉及其反应机理研究	国家自然科学基金	朱鸿民	7.80
10	电容器用纳米钽、铌粉的新型制备技术	国家863计划	朱鸿民	16.00
11	非调质钢硫化物研究	北京市科技项目	朱　荣	20.60
12	利用含锌废钢生产环保型易切削钢的应用	国家自然科学基金	朱　荣	7.20
13	利用固体废物生产高性能耐火材料研究	厂协	王习东	20.00
14	白云鄂博特殊矿高效烧结技术研究	厂协	吴胜利	20.00
15	配加加拿大矿粉的实验研究	厂协	吴胜利	17.00
16	首钢高进口矿配比烧结技术的研究	厂协	吴胜利	29.00
17	铜矿产品综合利用工程	厂协	薛济来	1.50
18	“十一五”期间北京生态建设与环境保护目标对策及研究	厂协	杨丽韫	6.00
19	金属钛新型提取技术	厂协	朱鸿民	140.00
20	1#电弧炉炉壁集束氧枪设计调试	厂协	朱　荣	30.00
21	利用含锡废钢生产环保易切削钢关键技术	厂协	朱　荣	16.00
22	本钢集团循环经济产业体系规划报告	厂协	苍大强	7.56

（宋　波）

新材料北京市技术转移中心

【概况】 新材料北京市技术转移中心是经北京市教育委员会、北京市工业促进局首批认定的北京市技术转移中心，于2005年12月15日正式成立。中心依托北京科技大学建立，由北京科大科技园有限公司负责具体运作，北京航天航空大学、北京理工大学、首钢总公司、北京伟豪铝业(集团)有限公司是中心的合作单位。中心的成立为学校科技园建设搭建了一个新的平台，增强了科技园新材料特色的内涵，有利于加强高校与企业的合作，推动高校科技成果转化和产业化。

（张明忠）

【中心使命】 新材料北京市技术转移中心的使命是构建北京材料行业发展的智力支撑平台,引导高校资源与企业需求的对接，促进首都高校科技、人才、信息优势与材料行业、重点企业的结合，推动传统产业改造提升和高新技术产业化的进程，加快企业自主创新能力的培育，全面提高北京工业整体素质和综合竞争力，落实科学发展观，为实现全市经济的持续、健康、协调发展贡献力量。

（张明忠）

【中心功能】 新材料北京市技术转移中心的功能主要有:①针对材料企业技术难题进行联合研发;②促进高校科技成果及技术的转移;③整合高校人才资源,组建产业发展智囊团;④建立专业化的技术转移信息平台;⑤为企业提供综合服务。

（张明忠）

【中心三年目标】 经过三年的建设,新材料北京市技术转移中心力争形成一种信息高度集成与共享、供需渠道畅通、服务高效组合、资源优势高度集成的科技中介服务运行机制,成为在北京市科技中介行业内具有较大知名度和影响力的技术转移中心;资源优势显著提高,中心的服务能力和水平显著增强,具备较强的生存和发展能力;建立不少于120名专家组成的专家库和不少于150个科技成果组成的项目库,促进3~6项重大科技成果产业化,为北京市工业发展、技术创新提供强有力支撑。

（张明忠）

金属矿山高效开采与安全教育部重点实验室

【概况】 金属矿山高效开采与安全教育部重点实验室是2003年教育部批准建立的。实验室覆盖6个二级学科博士点,即采矿工程(国家重点学科)、安全技术及工程(北京市重点学科)、岩土工程、防灾减灾工程与防护工程、工程力学和环境工程。实验室拥有大型多功能刚性伺服材料试验机、电液伺服岩石三轴试验机、EH-4大地连续电导率成像系统、矿山减灾结构综合试验系统、数字开采模拟实验系统等较为先进的依器设备,总价值在1500万元以上。

【科研活动】 实验室的主要研究方向有:①基于现代高新技术的金属矿山开采新理论、新技术研究;②深部矿产资源安全、高效开采关键技术研究;③金属矿山开采过程中的动力和地质灾害监测与防治研究;④数字矿山理论、技术与应用研究。试验室同相关学科紧密协作,承担了矿业领域的大量科研项目,取得了一批标志性的研究成果,先后获得国家科技进步奖2项,省部级科技奖励22项。

（纪洪广）

管理与服务

发展规划工作

【完善实施学校三个规划】 2005年初，学校将《总体发展战略规划》、《学科和队伍建设规划》、《校园建设规划》三个规划以校发文件印发各单位，要求遵照施行。根据发展的新形势和要求，学校在《三个规划》的基本框架内继续对规划进行必要的动态调整、细化。不断探究规划的实施问题，研究实施过程中合理和必要的政策保证、组织保证、计划保证；研究以制定年度计划和重点专项工作作为规划具体实施形式的可行性；研究对规划的执行情况进行跟踪、评价与督办的具体方式和方法。督促各学院（校区）、机关各部处、各直属单位结合学校规划以及本单位规划，制定和完善具体实施方案和措施。

（林　林）

【"十五"规划的完成情况】 2005年是学校"十五"规划实施的最后一年，通过五年的建设，学校全面完成了"十五"规划提出的各项任务，取得了很好的成绩。主要表现在：明确了学校发展目标，确立了长远发展规划；优化了学科专业结构，提升了学科整体实力；改革了教育教学模式，提高了人才培养质量；提升了科技研发能力，提高了成果转化水平；改善了师资队伍结构，加强了干部队伍建设；提高了社会服务能力，扩大了学校对外影响；增强了学校经济实力，改善了综合办学条件；加强了党建思想政治工作，营造了改革发展合力等几个方面。

（林　林）

【编制"十一五"规划】 根据北京市教委《关于做好北京地区普通高校"十一五"规划编制工作的通知》精神和学校谋划"十一五"期间教育事业发展工作的需要，2005年10月，学校启动了"十一五"教育事业发展规划的编制工作并做出了具体安排。"十一五"规划在《三个规划》和《北京科技大学教育事业"十五"规划》的基础上，进一步适应国家和北京市"十一五"期间或更长一段时期内社会经济和科技教育发展的新形势、新情况；在继续突出学校特色和保持学校优势的同时，积极倡导创新，特别是学科专业体系的创新和组织管理制度的创新；对加快实现学校长期发展战略目标的进程具有指导作用。学校"十一五"规划编制工作的重点范围及内容是学校及学院、管庄校区、天津学院（以下统称为学院）的教育事业发展规划，即以教学、科研和社会服务等为主要内容的发展建设规划，包括学科建设、人才培养、科学研究、技术开发、队伍建设、条件建设、校园建设、经费保障等各个方面。

截至2005年底，学校及各单位已基本形成"十一五"规划的初稿，正在组织多种形式的讨论和论证。

（林　林）

人事管理

【概况】 2005年,学校以深化人事制度改革和加强教师队伍建设为重点,全面推进人事工作,为学校改革与发展提供保障。年内学校完成“十五”、“211工程”师资队伍建设项目,达到了预期建设目标。此项目建设期限三年,包括高层次创新人才引进工程和高水平人才培养与资助体系建设工程两部分,实际投入总经费2100余万元,全部由学校自筹。通过项目的实施,建立了优化的用人机制,完善了以学术梯队为核心的人才培养与资助体系,提高了引进人才的层次与效益,加速了青年优秀人才的崛起。

2005年学校共补充人员133人,其中接收应届毕业生90人、外单位调入19人、回国6人、博士后出站18人。补充到教学科研岗位92人,占69.2%;实验岗位12人,占9.0%;党政管理岗位24人,占18.0%;其他岗位5人,占3.8%。补充人员中,具有博士学位的79人(含24名博士后科研人员),具有硕士学位的41人;具有正高级职称的9人,具有副高级职称的17人。2005年学校共减员127人,其中退休80人、调出15人、辞职15人、按自动离职或除名处理14人、去世3人。其中教学岗位减员44人,占减员的34.6%。

截至2005年12月,学校在职职工总数2587人,其中教学人员1057人,专职科研人员26人,教辅人员408人,党政管理人员382人,工勤人员478人,其他人员236人。教学科研人员共计1083人,占全校人员的41.9%。教学科研人员中45岁以下的823人,占76%;具有博士学位的459人,占42.4%;具有硕士学位的415人,占38.3%;具有正高级专业技术职务的287人,占26.5%;具有副高级专业技术职务的396人,占36.6%。在教授队伍中,博士生导师221人(含兼职),中国科学院院士和中国工程院院士共10人。聘请校外兼职教授22人,客座教授10人。

在人事调配工作中继续规范劳动关系,进一步修订了《北京科技大学聘用合同》,完善“聘用合同”的解除、终止与续订程序。

(董春阳、李晓东、陈　旭、隋延力)

【人事分配制度改革】 2005年,学校启动了新一轮人事分配制度改革。主要做了以下工作:①修订了《北京科技大学各类人员编制与岗位管理暂行规定》、《北京科技大学岗位聘任和校内津贴制度实施办法》等文件,深化学校人事分配制度改革,强化岗位,淡化身份,完善“按劳分配,优劳优酬”的激励机制。②对高水平教授(院士、长江学者、教学名师等)的考核以定性考核为主,淡化量化考核,评价考核其对学科建设和队伍建设的贡献,鼓励高水平人才从事前瞻性研究。③按照“突出团队、业绩优先、分类考核”的思路,把年度奖励金发放权下放到学院,由学院对优秀梯队或工作业绩突出、出色完成岗位职责的人员给予奖励。④进一步合理构建校院两级人事管理机制,学校负责关键岗位人员的聘任,其余人员的聘任、考核,学院根据学科的不同特点,自主制定相关办法,以达到管理重心下移和责、权、利相统一。

(王维才、隋延力)

【人事制度建设】 2005年,学校继续加强人事制度建设,主要包括以下方面:①对专业技术职务晋升制度进行改革,完善学术评审和行政审核制度。先后出台《关于做好2005年度专业技术职务评聘工作的意见》、《北京科技大学申请教师系列高级职务任职条件》和《北京科技大学申请工程技术等系列高级职务任职条件》等文件,进一步规范了专业技术职务评聘工作。②深化人事代理制度,对原有人事代理文件进行修订,下发了《北京科技大学新增人员人事代理制度实施办法》。③有重点、分层次地对原有人事管理制度进行修订，分别修订并下发了《北京科技大学教职工请销假管理规定》、《北京科技大学公派出国留学管理工作暂行规定》、《北京科技大学教职工因私出国（境）管理暂行规定》、《北京科技大学青年教师培养导师制度暂行办法》、《北京科技大学教职工学位进修暂行规定》、《北京科技大学专业技术人员继续教育规定》、《北京科技大学教职工退休实施办法》7个文件，进一步规范了人事管理工作。④在对北京市高校聘用制实施工作进行调研的基础上，起草了学校实行全员聘用制的相关文件和办法，包括《北京科技大学关于首次实行聘用合同制的实施办法》、《北京科技大学劳动人事争议调整委员会工作规则》、《关于北京科技大学首次实行聘用合同制中未聘人员安置问题的有关规定》等。

（王维才、隋延力）

【“422”高层次人才工程建设和学科带头人培养】 学校继续实施“422”高层次创新人才工程（以下称“422工程”）。2005年共引进9位高层次人才，科研资助经费总额143万元，住房补贴152万元。引进高层次人才中，入选第二层次1人，入选第三层次5人，入选第四层次3人；教授7人，副教授2人；具有海外留学经历的7人；年龄最小的35岁，最大的42岁，平均年龄39岁。截至2005年底，学校已引进三批共36位“422”高层次人才，其中33人已经到校报到。

继续实施“422工程”高水平人才培养与资助体系建设工程。2005年，学校资助一支教育部“创新团队”建设金额150万元；资助包括教育部“长江学者”、“新世纪优秀人才”在内的现有高水平中青年学科带头人8人，共270万元。2005年3月，学校与国家留学基金管理委员会签订为期三年的《合作开展“青年骨干教师出国研修项目”协议书》，根据协议，每年合作资助25名青年骨干教师出国留学，双方以1:1配套资助和报销往返国际旅费两种方式进行资助。年内学校选派23人分别赴澳大利亚拉筹伯大学、美国德州大学阿灵顿分校进修学习，其中赴澳13人（外语教师5人），赴美10人。上述23位教师均列入2005年国家公派留学计划，由国家留学基金管理委员会资助往返国际旅费。

继续实施“北京科技大学特聘教授计划”。2005年1月，乔利杰、张济山、曲选辉三位教授受聘为2004年“建龙讲座教授”。12月，朱鸿民、郭占成、吴爱祥和苏庆泉四位教授受聘为2005年“建龙讲座教授”。

随着高层次人才引进规模的扩大，学校不断加强高层次人才管理。对引进的高层次人才进行受聘签约上岗，实行合同管理。学校要求有关学院（单位）安排好“422”高层次引进人才开设本科生课程，或在合同中原则上要求国外引进的人才开设双语教学课程。

（徐志强、陈　旭、吕伟耀）

【长江学者奖励计划工作】 2005年3月，经教育部评审，材料学院杨槐教授受聘为2004年度教育部长江学者特聘教授、美国宾夕法尼亚州立大学陈龙庆教授受聘为2004年度教育部长江学者讲座教授，以上两位长江学者已与学校签约上岗。6月，学校推荐吴爱祥、张立峰、姜勇、邢献然4位教授申报2005年度教育部长江学者特聘教授。11月，姜勇、邢献然两位教授通过2005年度教育部长江学者同行专家评审环节，于2006年2月正式受聘为2005年度教育部长江学者特聘教授。

（陈　旭、李晓东）

【教师培训及青年教师工作】 2005年，学校继续加强教师培训和青年教师工作，主要有：①在职学历进修。2005年学校教师申请在职攻读学位的人员合计75人，录取41人。申报攻读博士学位44人，录取29人，其中10人被其他高校录取；申报攻读硕士学位26人，录取7人，其中4人被其他高校录取；同等学历在职申请硕士学位5人，录取5人，其中1人被其他高校录取。全年在职取得学位的人数为24人，其中博士17人，硕士7人。②出国留学。2005年度学校有42名教师入选国家留学基金委各种资助项目。学校公派出国留学36人(三个月以上),其中国家公派出国33人,单位公派出国3人。留学回国工作50人,其中学校派出回国工作43人。③青年教师岗前培训。2005年共有122名青年教师参加与北京大学医学部共同组织的岗前培训并通过结业考试,其中教学科研岗位教师83人,具有博士学位的68人,具有硕士学位的44人。④教师课程培训。年内,学校共有117名教师参加英语培训班,59名教师参加了校外各种学术交流和研讨班培训。学校为各类人员举办多媒体操作使用培训班2期,培训70余人次;组织教学技能培训及讲座5次,培训366人次。⑤青年教师社会实践。2005年,学校利用暑期组织23名青年教师赴四川进行社会考察和实践培训,收到青年教师参加社会实践的文章20篇左右,诗歌30篇左右,并出版校报《青年教师社会实践专刊》。⑥选派支边教师。年内,学校选派4名教师到新疆巴音郭楞师范学校担任外语教学和计算机教学工作,其中选派外国语学院、信息工程学院教师各2人,选派教师在师德、学术方面均得到受援学校师生的高度评价。⑦青年教师的交流和联谊工作。年内,学校人事处协助青年教师联谊会组织完成"第二届青年教师学术论坛"活动。论坛活动共收到投稿论文60余篇,其中45篇高水平论文被收录到北京科技大学学报(自然科学版)。

【专业技术职务聘任及教师资格认定】 根据教育部授权,学校教师职务评审委员会、专业技术职务评审委员会分别承担相应系列的正高、副高、中级、初级职务的资格评审确认工作,拥有教师、实验技术、工程技术、图书资料、编辑、卫生、小学教师、财会、档案、教育管理10个专业技术系列。

2005年,学校晋升高一级专业技术职务的教职工175人,其中正高职23人(含"422工程"引进人才9人,破格2人)、副高职46人、中级90人、初级及以下16人。对于学校无高级评审权学科参评人员(4人)的材料已进行审核、整理、录入,并提交北京市教育委员会学术评审委员会及中国农业大学评审。

2005年,学校组织并参与北京市教育委员会的教师资格认定工作,对参与认定教师的材料进行审核、整理、录入,共有81名教师通过了高等学校教师资格认定。

(陈　旭、吕伟耀)

【高级专家事务及奖教金、津贴的评审与发放】 2005年,学校除筹集资金对在教学、科研、管理岗位上做出突出成绩的人员进行奖励外,还接受社会各界资金设立奖教金。年内,为乔利杰、张济山、曲选辉三位教授发放了"建龙讲座教授"津贴。9月,国家人事部批准孙冬柏、邢献然、林均品、纪洪广、王习东、臧勇、康永林7位教授享受2004年度政府特殊津贴。2005年,经学校评审,推荐郗安民教授参评2005年度宝钢教育基金优秀教师特等奖,推荐戴淑芬教授、左鹏副教授申报2005年度宝钢教育基金优秀教师奖;推荐顾强教授,曹文斌、王戈副教授申报教育部"霍英东教育基金青年教师基金";推荐李晓理、刘雪峰副教授申报"霍英东教育基金青年教师奖(研究类)";推荐袁文霞教授申报"霍英东教育基金青年教师奖(教学类三等奖)";推荐张深根教授、于然波、刘雪峰、郑为为、于浩、孔祥华副教授申报"霍英东教育基金优选资助课题"。以上申报项目上级有关单位正在评审中。

(陈　旭、吕伟耀)

【劳动工资和福利】 2005年7月,学校有129人因职称变动调整了工资档次,平均增资额为133.98元/人月。10月,学校为1729人晋升一级工资档次,平均增资额为38.14元/人月。12月,学校为2489人发放了年终一次性奖励,总计金额223.89万元;为2213人发放了岗位津贴差额,总计金额153.93万元。年内,为离退休人员增加了生活补贴,总计金额29.55万元。此外,还完成了2005年中央行政事业单位清理津贴补贴工作。

(董春阳)

【社会保险缴纳情况】 2005年,学校为34名合同制工人缴纳养老保险共计149040元;为2585名职工缴纳失业保险共计1197024元;办理失业保险的转入和开户133人次,转出119人次,因清理往年沉积档案转出失业保险58人;为300名新增合同工办理了养老保险、失业保险,为500人次办理了医疗保险,为100名临时工办理了养老保险、失业保险、医疗保险的退险。

(陈小玲、张茵波)

【人才交流中心工作】 ①待岗人员管理工作。2005年初在人才交流中心管理的人员42人,年内办理校内调动2人,除名2人,调校外2人,校内退休1人,产业口上交1人,年终共有36人在人才交流中心管理。②人事代理工作。2005年学校对新调入硕士学位以下62人全部实行了人事代理。2001～2004年实行人事代理的138人中,有4名调出。截至2005年底,学校共有200人在北京市人才服务中心实行人事代理。③自费出国和不保留公职人员管理。年内,人才交流中心妥善处理了12名不保留公职人员的善后工作。

(陈小玲、李晓东)

附　录

北京科技大学在职教授及正高级专业技术职务人员名单

(截至2005年底)

单　　位	姓　名	性　别	出生年月	职　称	提职时间
土.车辆工程研究所	刘　立	男	59.06	教　授	98.07
土.车辆工程研究所	石博强	男	62.10	研究员	01.07
土.车辆工程研究所	张文明	男	55.08	研究员	97.07
土.车辆工程研究所	周志鸿	男	49.07	教　授	03.07
土.环境工程系	蒋仲安	男	63.11	教　授	02.07
土.环境工程系	金龙哲	男	63.08	教　授	04.07
土.环境工程系	林　海	男	66.12	教　授	05.07
土.环境工程系	刘双跃	男	58.02	研究员	02.11
土.环境工程系	宋存义	男	51.08	教　授	99.07
土.环境工程系	孙体昌	男	58.09	教　授	00.07
土.环境工程系	王化军	男	63.03	教　授	03.07
土.环境工程系	周北海	男	63.04	教　授	05.03
土.环境工程系	朱维耀	男	60.03	教　授	04.07
土.土木工程系	蔡美峰	男	43.05	教　授	92.07
土.土木工程系	高　谦	男	56.10	教　授	98.07
土.土木工程系	纪洪广	男	63.04	教　授	04.07
土.土木工程系	李长洪	男	62.10	教　授	02.07
土.土木工程系	倪　文	男	61.10	教　授	99.07
土.土木工程系	璩世杰	男	56.04	研究员	01.07
土.土木工程系	宋　波	男	62.12	教　授	03.09
土.土木工程系	王宝学	男	48.10	高级高工	00.08
土.土木工程系	王德胜	男	61.11	教　授	03.07
土.土木工程系	王金安	男	58.03	教　授	02.07
土.土木工程系	谢谟文	男	65.02	教　授	05.07
土.土木工程系	谢玉玲	女	63.10	教　授	05.07
土.土木工程系	徐九华	男	51.02	教　授	00.07
土.土木工程系	周晓敏	男	63.10	研究员	04.09

续表

单　　位	姓　名	性　别	出生年月	职　称	提职时间
土. 资源工程系	陈广平	男	59.08	教　授	01.07
土. 资源工程系	高永涛	男	62.12	研究员	98.07
土. 资源工程系	胡乃联	男	55.10	研究员	99.07
土. 资源工程系	姜福兴	男	62.09	教　授	94.12
土. 资源工程系	刘胜富	男	48.02	教　授	03.07
土. 资源工程系	明世祥	男	52.07	研究员	00.07
土. 资源工程系	宋卫东	男	66.12	研究员	05.07
冶. 钢铁冶金系	成国光	男	64.11	教　授	03.07
冶. 钢铁冶金系	程素森	男	64.10	教　授	03.07
冶. 钢铁冶金系	田乃媛	女	40.08	教　授	93.11
冶. 钢铁冶金系	王新华	男	51.03	研究员	93.11
冶. 钢铁冶金系	吴胜利	男	55.06	教　授	99.07
冶. 钢铁冶金系	张建良	男	65.02	教　授	01.07
冶. 钢铁冶金系	张炯明	男	64.10	教　授	04.07
冶. 钢铁冶金系	朱　荣	男	62.12	教　授	04.07
冶. 生态科学与工程系	苍大强	男	49.02	教　授	91.06
冶. 生态科学与工程系	宋　波	男	63.01	教　授	03.07
冶. 物理化学系	郭兴敏	男	59.09	教　授	02.07
冶. 物理化学系	王福明	男	63.03	教　授	00.07
冶. 物理化学系	王习东	男	61.02	教　授	03.07
冶. 物理化学系	王新东	男	62.01	教　授	99.07
冶. 物理化学系	邢献然	男	63.09	教　授	01.07
冶. 物理化学系	张家芸	女	42.07	教　授	92.10
冶. 物理化学系	周国治	男	37.03	教　授	84.08
冶. 冶金学院办公室	薛庆国	男	66.03	教　授	04.07
冶. 冶金研究中心	陈伟庆	男	51.10	教　授	93.11
冶. 冶金研究中心	储少军	男	46.05	教　授	98.07
冶. 冶金研究中心	高正铠	男	45.02	研究员	95.04
冶. 冶金研究中心	李士琦	男	42.02	教　授	92.10
冶. 冶金研究中心	吴　铿	男	51.10	教　授	02.07
冶. 冶金研究中心	张家泉	男	63.08	研究员	01.07
冶. 冶金与材料史研究所	柯　俊	男	17.06	教　授	54.02
冶. 冶金与材料史研究所	李晓岑	男	64.08	研究员	01.08
冶. 冶金与材料史研究所	李延祥	男	62.03	教　授	03.07
冶. 冶金与材料史研究所	梅建军	男	62.12	教　授	04.07
冶. 冶金与材料史研究所	孙淑云	女	45.03	研究员	98.07
冶. 有色金属冶金系	薛济来	男	55.08	教　授	
冶. 有色金属冶金系	朱鸿民	男	62.02	教　授	01.01
冶. 有色金属冶金系	邹　兴	男	63.07	教　授	05.07
冶金工程研究院	包燕平	男	63.12	教　授	01.07
材. 材料加工与控制工程系	初元璋	男	46.02	教　授	02.07
材. 材料加工与控制工程系	韩静涛	男	57.07	教　授	98.07
材. 材料加工与控制工程系	黄继华	男	62.10	教　授	98.07
材. 材料加工与控制工程系	康永林	男	54.11	教　授	94.07

续表

单　　位	姓　名	性　别	出生年月	职　称	提职时间
材.材料加工与控制工程系	刘俊友	男	63.10	教　授	98.10
材.材料加工与控制工程系	刘雅政	女	52.10	教　授	98.07
材.材料加工与控制工程系	毛卫民	男	58.04	教　授	99.07
材.材料加工与控制工程系	任学平	男	57.03	教　授	99.07
材.材料加工与控制工程系	孙蓟泉	男	59.05	教　授	98.09
材.材料加工与控制工程系	孙建林	男	63.04	教　授	04.07
材.材料加工与控制工程系	王自东	男	65.01	教　授	01.07
材.材料加工与控制工程系	吴春京	男	61.03	教　授	98.07
材.材料加工与控制工程系	赵爱民	男	62.09	教　授	03.07
材.材料加工与控制工程系	周　成	男	62.09	教　授	05.07
材.材料物理与化学系	褚武阳	男	38.02	教　授	86.05
材.材料物理与化学系	高克玮	女	67.04	教　授	03.07
材.材料物理与化学系	顾有松	男	65.11	教　授	02.07
材.材料物理与化学系	贺信来	男	38.08	教　授	92.10
材.材料物理与化学系	姜　勇	男	68.08	教　授	04.07
材.材料物理与化学系	李　阳	男	62.10	教　授	00.07
材.材料物理与化学系	刘泉林	男	70.01	教　授	05.07
材.材料物理与化学系	乔利杰	男	57.07	教　授	97.07
材.材料物理与化学系	尚成嘉	男	63.10	教　授	04.07
材.材料物理与化学系	宿彦京	男	65.08	教　授	05.07
材.材料物理与化学系	万发荣	男	55.06	教　授	95.07
材.材料物理与化学系	王燕斌	男	46.10	教　授	93.11
材.材料物理与化学系	肖纪美	男	20.10	教　授	61.11
材.材料物理与化学系	杨　槐	男	65.04	教　授	03.07
材.材料物理与化学系	杨善武	男	63.08	教　授	05.07
材.材料物理与化学系	于广华	男	66.12	教　授	04.07
材.材料学系	董建新	男	65.06	教　授	03.07
材.材料学系	杜振民	男	62.12	教　授	00.07
材.材料学系	李长荣	女	61.02	教　授	98.07
材.材料学系	刘国权	男	52.05	教　授	91.06
材.材料学系	龙　毅	女	55.12	教　授	97.07
材.材料学系	毛卫民	男	50.12	教　授	93.11
材.材料学系	强文江	男	64.04	教　授	04.07
材.材料学系	杨　平	男	59.07	教　授	02.07
材.材料学系	杨王玥	女	46.07	教　授	96.07
材.粉末冶金研究所	郭志猛	男	59.08	研究员	98.07
材.粉末冶金研究所	果世驹	男	46.03	教　授	97.07
材.粉末冶金研究所	贾成厂	男	49.11	教　授	00.07
材.粉末冶金研究所	曲选辉	男	60.09	教　授	92.10
材.粉末冶金研究所	张深根	男	70.04	高级高工	02.09
材.腐蚀与防护中心	何业东	男	50.07	教　授	92.10
材.腐蚀与防护中心	李晓刚	男	63.10	教　授	97.07
材.腐蚀与防护中心	路民旭	男	54.05	教　授	94.12
材.腐蚀与防护中心	孟惠民	男	63.02	教　授	03.07

续表

单　　位	姓　名	性　别	出生年月	职　称	提职时间
材.腐蚀与防护中心	齐慧滨	男	64.12	教　授	02.07
高效轧制国家工程研究中心	蔡庆伍	男	55.11	研究员	00.07
高效轧制国家工程研究中心	侯建新	男	57.08	研究员	03.07
高效轧制国家工程研究中心	刘文仲	男	50.05	研究员	02.07
高效轧制国家工程研究中心	唐　荻	男	55.04	教　授	97.07
高效轧制国家工程研究中心	王　京	男	48.11	教　授	00.07
高效轧制国家工程研究中心	杨　荃	男	64.10	研究员	97.07
材.功能材料研究所	李成明	男	62.09	教　授	04.07
材.功能材料研究所	吕反修	男	43.08	教　授	91.06
材.功能材料研究所	沈卓身	男	45.07	教　授	01.07
材.功能材料研究所	唐伟忠	男	55.02	教　授	98.07
国家重点实验室	陈国良	男	34.03	教　授	86.05
国家重点实验室	冯　强	男	69.02	教　授	05.04
国家重点实验室	惠希东	男	64.11	研究员	02.07
国家重点实验室	林均品	男	63.08	研究员	99.07
国家重点实验室	王西涛	男	68.05	教　授	05.07
国家重点实验室	杨　滨	男	60.07	研究员	01.07
国家重点实验室	叶　丰	男	70.07	教　授	04.07
国家重点实验室	张济山	男	57.08	研究员	94.07
国家重点实验室	张茂才	男	49.05	研究员	01.07
国家重点实验室	张　勇	男	69.06	教　授	04.03
国家重点实验室	朱　洁	女	65.08	教　授	04.03
材.实验测试中心	曹　林	男	55.03	研究员	99.06
材.实验测试中心	田文怀	男	59.03	教　授	96.04
材.实验测试中心	袁从述	男	35.09	高级高工	93.12
材.无机非金属材料系	李福新	男	40.02	教　授	93.11
材.无机非金属材料系	孙加林	男	56.10	教　授	01.07
材.无机非金属材料系	徐利华	男	66.01	教　授	05.07
材.无机非金属材料系	徐晓伟	男	56.12	教　授	02.07
材.无机非金属材料系	张波萍	女	64.10	教　授	03.07
材.无机非金属材料系	赵海雷	女	66.08	教　授	03.07
材.无机非金属材料系	葛昌纯	男	34.03	教　授	87.02
机.工程训练中心	焦　让	男	57.02	高级高工	00.07
机.机械电子工程系	王长松	男	48.04	教　授	95.07
机.机械电子工程系	郗安民	男	57.02	教　授	00.07
机.机械电子工程系	朱超甫	男	52.02	教　授	97.07
机.机械工学系	窦中强	男	50.08	教　授	02.07
机.机械工学系	韩建友	男	56.01	教　授	99.07
机.机械工学系	李　威	男	67.10	教　授	05.07
机.机械工学系	尹常治	男	50.05	教　授	04.07
机.机械学院办公室	许纪倩	女	50.01	教　授	01.07
机.机械学院办公室	王　立	男	56.10	教　授	98.07
机.机械学院办公室	于晓红	女	53.04	教　授	02.07
机.机械学院办公室	张　杰	男	60.10	教　授	00.07

续表

单　　位	姓　名	性　别	出生年月	职　称	提职时间
机.机械学院办公室	陈先霖	男	28.09	教　授	79.12
机.机械学院办公室	胡正寰	男	34.07	教　授	86.05
机.机械装备与控制工程系	卞致瑞	男	50.01	教　授	99.07
机.机械装备与控制工程系	李应强	男	46.04	教　授	98.07
机.机械装备与控制工程系	王邦文	男	47.04	教　授	03.07
机.机械装备与控制工程系	闫晓强	男	61.11	教　授	03.07
机.机械装备与控制工程系	杨海波	男	61.11	教　授	02.07
机.机械装备与控制工程系	臧　勇	男	63.10	教　授	96.07
机.机械装备与控制工程系	张清东	男	65.10	研究员	03.07
机.机械装备与控制工程系	张少军	男	57.10	教　授	04.07
机.零件轧制研究中心	王宝雨	男	64.06	研究员	04.07
机.零件轧制研究中心	张康生	男	52.07	研究员	01.07
机.热能工程系	冯俊小	男	60.08	教　授	03.07
机.热能工程系	刘柏谦	男	58.01	教　授	99.12
机.热能工程系	刘应书	男	60.08	研究员	98.12
机.热能工程系	温　治	男	62.09	教　授	98.07
机.热能工程系	夏德宏	男	63.01	教　授	01.07
机.热能工程系	于　帆	男	64.03	教　授	05.07
机.热能工程系	赵立合	男	42.08	教　授	94.07
机.物流工程系	董绍华	男	60.12	教　授	97.07
机.物流工程系	李苏建	男	59.03	教　授	02.07
信.测控技术与仪器系	吴并臻	男	46.02	教　授	99.07
信.电子信息工程系	王志良	男	56.12	教　授	95.07
信.电子信息工程系	张朝晖	男	65.02	教　授	00.11
信.电子信息工程系	高庆狮	男	34.08	研究员	80.02
信.机器人研究所	余达太	男	46.01	教　授	88.12
信.计算机科学与技术系	包　宏	女	56.09	教　授	03.07
信.计算机科学与技术系	胡长军	男	63.01	教　授	01.11
信.计算机科学与技术系	王成耀	男	66.11	教　授	04.07
信.计算机科学与技术系	王　沁	女	61.01	教　授	00.07
信.计算机科学与技术系	夏克俭	男	55.07	教　授	01.07
信.计算机科学与技术系	杨炳儒	男	43.03	教　授	91.12
信.计算机科学与技术系	曾广平	男	62.09	教　授	99.09
信.计算机科学与技术系	郑雪峰	男	51.10	教　授	01.07
信.教学实验中心	曾树全	男	46.10	高级高工	00.08
信.通信工程系	杨　扬	男	55.02	教　授	94.08
信.自动化系	付冬梅	女	63.01	教　授	02.07
信.自动化系	李华德	男	41.09	教　授	94.07
信.自动化系	刘贺平	男	51.05	教　授	00.07
信.自动化系	穆志纯	男	52.01	教　授	98.07
信.自动化系	石中锁	男	64.03	教　授	01.07
信.自动化系	孙　铁	男	52.04	研究员	01.11
信.自动化系	徐正光	男	59.01	教　授	05.07
信.自动化系	尹怡欣	男	57.04	教　授	99.07

续表

单　　位	姓　名	性　别	出生年月	职　称	提职时间
信.自控研究所	童朝南	男	55.06	研究员	97.07
信.自控研究所	杨卫东	男	52.10	研究员	98.07
管.财务与会计系	樊彩霞	女	58.11	教　授	02.07
管.财务与会计系	韩良智	女	63.02	教　授	04.07
管.财务与会计系	肖　明	男	63.10	教　授	01.07
管.工商管理系	戴淑芬	女	63.09	教　授	02.07
管.工商管理系	何维达	男	60.02	研究员	98.09
管.工商管理系	瞿国忠	男	50.04	教　授	00.07
管.管理科学与工程系	高俊山	男	53.04	教　授	97.09
管.管理科学与工程系	高学东	男	63.11	教　授	97.09
管.管理科学与工程系	李铁克	男	58.07	研究员	00.03
管.管理科学与工程系	潘永泉	男	57.09	教　授	96.09
管.管理科学与工程系	张　群	男	50.11	教　授	95.09
管.管理学院办公室	王道平	男	64.07	教　授	98.11
管.管理学院办公室	谢　湲	女	61.08	教　授	01.09
管.国际经济与贸易系	贾建华	男	54.11	教　授	99.09
管.国际经济与贸易系	李　军	男	59.03	研究员	02.11
管.国际经济与贸易系	李明英	女	56.06	教　授	98.07
管.国际经济与贸易系	刘　澄	男	67.06	教　授	01.09
管.国际经济与贸易系	赵　晓	男	67.03	教　授	05.03
管.国际经济与贸易系	王宾容	女	64.03	教　授	03.07
文.公共管理系	汪大海	男	64.10	教　授	01.07
文.公共管理系	许　放	男	50.07	教　授	95.09
文.教管系	毛祖桓	男	48.12	教　授	00.11
文.教管系	曲绍卫	男	61.02	教　授	00.09
文.教管系	杨晓明	男	60.02	教　授	04.07
文.社科系	刘静珠	女	50.11	教　授	02.07
文.社科系	陆　宁	女	55.04	教　授	03.07
文.社科系	佟玉兰	女	47.05	教　授	99.09
文.社科系	颜　锋	男	53.06	教　授	02.07
文.社政系	陆　俊	男	61.08	教　授	00.11
文.社政系	时立荣	女	63.03	研究员	01.01
文.社政系	周湘斌	女	54.11	教　授	99.09
文.文法学院办公室	佘元冠	男	48.07	教　授	98.07
文.艺教中心	黄震云	男	57.05	教　授	02
文.艺教中心	王列生	男	58.10	教　授	
应.化学系	范慧俐	女	63.06	教　授	03.07
应.化学系	李文军	男	60.05	教　授	00.07
应.化学系	鲁毅强	男	44.06	教　授	99.09
应.化学系	温美娟	女	46.01	教　授	99.09
应.化学系	叶亚平	女	62.01	教　授	04.07
应.化学系	袁文霞	女	71.02	教　授	05.07
应.生物技术与科学系	闫　海	男	62.10	教　授	04.07
应.数力系	陈章华	男	59.05	教　授	04.07

续表

单　　位	姓　名	性　别	出生年月	职　称	提职时间
应.数力系	范玉妹	女	48.12	教　授	99.09
应.数力系	李安贵	男	49.09	教　授	99.09
应.数力系	廖福成	男	57.01	教　授	96.09
应.数力系	马万彪	男	61.08	教　授	03.07
应.数力系	闵乐泉	男	51.07	教　授	95.09
应.数力系	尚新春	男	58.08	教　授	00.07
应.数力系	孙仁济	男	45.05	教　授	94.09
应.数力系	汪飞星	男	57.11	教　授	03.07
应.数力系	张晓丹	女	59.05	教　授	00.07
应.数力系	郑连存	男	57.06	教　授	03.07
应.物理系	冯　澎	男	56.10	教　授	00.07
应.物理系	顾　强	男	71.06	教　授	04.07
应.物理系	罗　胜	女	45.09	教　授	97.09
应.物理系	马星桥	男	57.12	教　授	04.07
应.物理系	潘礼庆	男	64.11	教　授	01.07
应.物理系	邱　宏	男	63.02	教　授	00.07
应.物理系	申　江	男	57.04	教　授	05.07
应.物理系	田　跃	男	56.03	教　授	01.07
应.物理系	王凤平	女	62.10	教　授	03.07
应.物理系	吴　平	女	62.10	教　授	02.07
应.应用学院办公室	张牧风	女	57.08	高级编辑	03.09
外.一系	何　沂	女	58.07	教　授	98.07
外.一系	彭　漪	女	56.07	教　授	98.07
外.二系	梁素芹	女	51.09	教　授	99.09
外.三系	张敬源	男	66.04	教　授	03.11
外.三系	赵　纬	女	50.05	教　授	01.11
财务处	何民庆	男	62.08	教　授	03.07
党、校办	李宝林	男	48.05	研究员	99.09
党、校办	罗维东	男	56.04	教　授	00.01
党、校办	孙祖庆	男	44.06	教　授	91.06
党、校办	王民忠	男	63.04	教　授	05.07
党、校办	魏寿昆	男	07.09	教　授	36.09
党、校办	翁海珊	女	46.04	教　授	97.07
党、校办	武德昆	男	60.11	教　授	04.07
党、校办	谢建新	男	58.06	教　授	95.07
党、校办	徐金梧	男	49.04	教　授	92.10
党、校办	杨天钧	男	43.09	教　授	90.06
党、校办	张欣欣	男	57.12	教　授	95.07
党、校办	张　跃	男	58.11	研究员	95.12
发展规划办公室	李仲学	男	57.05	教　授	94.07
教务处	蔡嗣经	男	52.10	教　授	96.07
教务处	申亚男	女	61.02	教　授	02.07
教务处	孙玉珍	女	46.02	研究员	00.11
教务处	杨　鹏	男	63.05	教　授	01.07

续表

单 位	姓 名	性 别	出生年月	职 称	提职时间
科学技术处	孙冬柏	男	59.07	教 授	99.07
科学技术处	佟建国	男	69.12	编 审	05.01
科学技术处	刘月娥	女	49.05	研究员	00.11
科学技术处	杨玲莉	女	56.07	研究员	03.11
人才交流中心	王 平	男	55.05	教 授	98.07
人事处	隋延力	女	61.08	研究员	04.12
人事处	王维才	男	60.10	教 授	00.07
天津学院办公室	郭景文	男	59.12	研究员	02.10
外事处	刘永才	男	46.11	教 授	96.07
研究生院	李京社	男	59.01	教 授	02.07
研究生院	乔 兰	女	63.10	教 授	01.07
体育部	吴铁桥	男	54.03	教 授	01.11
校医院	王景春	女	49.12	主任医师	00.11
产业集团	刘庭成	男	49.10	高级高工	99.08
管庄.经济管理系	陈建萍	女	62.09	教 授	02.07
管庄.校区办公室	包成铭	男	49.04	研究员	98.07
管庄.信息工程系	许学东	男	54.02	教 授	98.07

（李晓东）

财务工作

【概况】 学校实行“统一领导、集中管理”的财务管理体制。财务处是学校的一级财务机构，在主管校领导的领导下开展工作。后勤服务集团和管庄校区实行二级核算，学校对后勤服务集团和管庄校区实行会计委派制。财务处负有贯彻执行国家财经法规、落实上级主管部门指示精神的职责，统一管理学校的各项财经工作。在学校党委和行政的领导下，财务处在加强财务管理、多渠道筹措教育经费、提高办学效益等方面发挥了重要作用。

（孙亚东）

【总体财务状况】 2005 年学校各项收入总计 61591 万元，各项支出总计 61885 万元。总收入中包括教育经费拨款 21060 万元，占总收入的 34%；科研经费拨款 5973 万元，占总收入的 10%；其他拨款 4751 万元，占总收入的 8%；教育事业收入 16200 万元，占总收入的 26%；科研事业收入 10823 万元，占总收入的 18%；其他收入 2784 万元，占总收入的 4%。其中国家拨款为 31784 万元，占总经费的 52%；自筹经费为 29807 万元，占总经费的 48%。

2005 年，在教育部领导的支持下，学校除日常拨款外，争取到国家专项拨款 7840 万元，其中学生公寓专项 1830 万元，国债专项 1260 万元，修购专项 3000 万元，其他专项 1750 万元。同时落实银行贷款额度 7.1 亿元，其中工商银行贷款 1.8 亿元，农业银行贷款 1.5 亿元，招商银行贷款 2 亿元，光大银行贷款 1.8 亿元。2005 年末，学校贷款年末余额为 4 亿元。

2005 年底，学校拥有资产总值 247581 万元，比上年增加 99760 万元，增长 67%。其中固定资产 148221 万元，比上年增加 75047 万元，增长 102%；长期投资 2497 万元，比上年减少 58 万元，减少 2%；流动资产 96863 万元，比上年增加 26974 万元，增长 39%。2005

年底，学校拥有账面净资产200797万元，占资产总值的81%。当年净资产比上年增加81258万元，增长68%。

2005年底，学校负债总额为46784万元，比上年增加28283万元，资产负债率为19%。在负债总额中，银行贷款40000万元，占负债总额的85%，主要用于学校的基础设施建设。

2005年，学校现实支付能力为5.67个月，潜在支付能力为1.69个月，非自有资金余额占年末货币资金的比重为139%，自有资金余额占年末货币资金的比重为33%，自有资金动用程度为22%，自有资金净余额占年末货币资金的比重为33%。

（管　耘）

【财务管理】 为认真贯彻国家有关法律、法规制度，加强学校财务管理，2005年学校修订了《北京科技大学经济分配办法》，并相继制定了《北京科技大学会计委派试行办法》、《关于北京科技大学资金管理内部控制制度的补充规定》、《北京科技大学机关和直属单位收入、基金管理办法》、《北京科技大学预算管理办法》等制度，推进了财务工作的规范化和标准化。根据2003年及2004年国家七部委下达的关于治理教育乱收费的文件精神，年内学校印发了《北京科技大学关于做好2005年教育收费工作的实施方案》，并对校内各二级单位的收费情况进行了检查，进一步规范了校内收费行为。针对学生近几年欠交学宿费、研究生培养费比较严重的情况，2004年末学校制定了《北京科技大学关于欠费催收工作的暂行规定》；2005年，学校通过给学生的“一封信”、张贴书面通知、网上通知、下发欠费名单等方式及时提醒学生进行缴费，初步形成了一套催缴欠费的管理办法。此外，2005年9月学校下发了《关于停止使用科研代价券的通知》，取消科研代价券，进一步规范了科研支出管理。

2005年，学校继续做好基建项目预算控制，对学生公寓4～7号楼、冶金生态楼、管理楼制定了比较详细的分类、分项预算，支出过程实行了按类、分项控制工程造价。同时，校园“一卡通”建设取得实质性进展，年内学校与中行北京分行签订了校园“一卡通”合作协议，中行北京分行投入767万元建设北京科技大学校园“一卡通”系统，为加强校园内部管理、规范校内收费行为，提供了有利条件。目前校园“一卡通”实施方案已经制订完成，正在积极建设之中。

2005年，学校财务管理工作继续贯彻“以人为本”的方针，在提高服务质量的同时，不断提高财务管理信息化水平，对相关往来单位的数据进行了信息化处理并完善了财务系统的网上查询功能。

（何民庆）

实验室管理

【概况】 截至2005年底，北京科技大学共有各类实验室42个，实验室总使用面积57700m^2。其中，国家重点实验室1个，国家专业实验室1个，国家工程中心1个，部委级开放实验室7个，部委级研究中心4个，基础教学实验室8个。学校有实验室技术及管理人员264人，其中高职84人（正高职3人），中职90人，初职57人，工人33人。

全年新增仪器设备5036台套，价值5044.45万元，其中教学科研仪器设备2790台套，价值4152.56万元；新增单价10万元以上的教学科研设备46台套，价值2043.21万元；新增单价40万元以上的教学科研设备17台套，价值1454.4万元。截至2005年12

月,全校共有各类仪器设备28841台套,总价值42484.1万元;其中教学科研仪器设备19869台套,价值32323.51万元;其中单价10万元以上的大型仪器设备350台套,价值17618.58万元;其中单价在40万元以上的仪器设备108台套,价值12717.06万元。

(钱大益)

【实验室管理】 2005年,实验室管理工作主要包括以下几个方面:①继续以学院实验中心实体化为核心启动了实验室调整工作。颁布实施了《关于印发并执行实验室工作有关文件的通知》(校发〈2005〉80号文件),内含《北京科技大学实验室工作条例》、《北京科技大学实验室设置和调整原则》、《北京科技大学关于实验室调整工作的实施意见》等文件。②组织实施高等学校实验教学示范中心建设和评审工作,10月通过北京市教委组织专家组进行的现场考察和评估,11月经北京市教委批准,学校自然科学基础实验教学中心下属物理实验教学中心被评为北京市级实验教学示范中心。③继续完善学校仪器设备信息网站建设,明确各学院设备网络管理员,提高了设备管理科学化水平,提高了资源共享程度。④深化实验室对外开放工作,年内社会化服务工作累计收入220万元,较上一年增长了46.7%,同时加强重点实验室运行费的管理工作。⑤完成了学校特种、危险设备的调查和统计工作,并对实验室废旧化学药品进行了处理。到2005年底学校共有特种、危险设备83台件,各类气体钢瓶317个。⑥进行全校16个公用计算机房工作人员工作量考核、教学实验费计算机专款管理工作,共累计完成计划内机时474920个,计划外机时约9万个。⑦结合学校岗位聘任工作,对量化考核办法和人员定编办法进行了修订,组织进行了年度实验室工作人员的考核、定编、聘任,以及专业技术人员技术职务评聘工作。⑧继续完善科技楼服务管理工作,确保科技楼设施的正常运转和楼内较高的安全、卫生服务水平。

(钱大益)

【设备管理】 2005年,学校购置各类仪器设备5036台套,价值5044.45万元。全年办理报废仪器设备1348台套,其中报废设备出库1313台套;报废设备再利用142台套;报废设备变价收入37.92万元;校内调拨仪器设备85台套。学校顺利通过北京海关年度审验。年内组织签订外贸供货合同65项,进口科研教学仪器设备65台套,价值287.5万美元。办理了相应的合同签订、进口批件、免税手续、报关及提货等工作。

年内,学校启动并实施了第八次大型仪器设备使用效益考核工作,参加考核的单价在10万元以上的教学科研设备217台套,其中重点为单价在40万元以上的贵重仪器设备57台套,共计评选出优秀设备14台套;良好设备40台套;合格设备53台套;优秀良好设备负责人46人。组织实施了学校大型教学科研大型仪器设备综合使用效益的04~05学年度考核工作,共计考核大型仪器设备299台套;重点对03类单价在40万元以上在用的贵重仪器设备进行了考核。

学校还强化了仪器设备采购工作,修订了《北京科技大学大型精密仪器、成套设备及批量设备招标采购管理办法》(校发〈2005〉81号文件)和《关于加强工程建设(修缮)和仪器、设备、其他货物采购监督工作的补充规定》(校发〈2005〉90号文件)。通过规章制度建设规范了大型大宗设备(单价在10万元及批量在20万元以上)采购工作,实行招投标管理,坚持实行公示制度,规范工作程度,主动接受监督检查,按照公平、公开、公正的原则,争取最佳性价比,切实维护学校利益,为基层单位提供优质全方位服务。全年组织大型大宗设备国内招标工作13次;国际公开招标工作2次;较好地满足了学校建设需求。

继续进行《高校大型仪器设备优质资源》网络入网设备申报工作,年内有25台贵重仪器设备(单价80万元以上)申报入网。学校实验室管理处现为该网络建设项目软课题参与单位,并获得专项资金支持,开始对2台大型仪器设备进行升级改造;继续进行北京市科委

《北京市大型仪器设备共用网》入网大型设备的管理工作(学校已有3台大型仪器设备遴选入网)。

此外,学校通过贵州省教育厅,向贵州省贵阳市边远地区捐赠计算机72台、打印机4台,支援边远地区的普通教育发展。

(钱大益)

【专项建设项目管理】 ①学校"十五""211工程"继续全面实施,其中公共服务体系项目建设进展顺利,现代教育中心、图书馆二期、校园网络二期改造工程建设项目年内已经基本竣工,进入验收阶段。重点学科建设项目5项进展顺利,陆续进入竣工阶段,年内开始进行项目验收的准备工作。②中央级高校修购项目方面,2004年修购项目正式批准进入竣工验收阶段,2005年修购项目正式批准13项,国拨资金1512万元,其中5项已通过评审,进入实施阶段。③世行贷款"高教发展"项目顺利通过了教育部专家组评估和世界银行组织的专家组验收,于2005年7月顺利竣工。仪器设备第三标设备品目20项,230台套,价值27.5万美元,全部到位,投入使用。项目总投资210万美元,其中仪器设备投资180万美元,重点建设了学校工程训练中心和自然科学基础实验教学中心,改善学校本科一二年级学生实验教学条件,推动了学校教学改革。④学校本科新专业实验室建设工作继续开展,在2005年度内评审通过的4个建设项目,资金约150万元,现正处于实施建设过程中,已陆续进入竣工验收阶段。

(钱大益)

附　录

北京科技大学实验室一览表

序号	实验室名称	隶属单位	负责人	实验室类别
一		土木与环境工程学院	胡乃联	
1	土木工程实验室		王宝学	专业实验室
2	环境工程实验室		陈秀芝	专业实验室
3	车辆工程实验室		俞　洁	专业实验室
4	资源工程实验室		明士祥	专业实验室
二		冶金与生态工程学院	包燕平　孙彦辉	
5	现代冶金技术实验室			专业实验室
6	高温物理化学实验室			专业实验室
7	生态科学与工程实验室			专业实验室
8	有色金属冶金实验室			专业实验室
三		管理学院	曹　勇	
9	实验中心		王立民	专业实验室
四		材料科学与工程学院	主任:李晓刚 常务副主任:李春和 副主任:胡学晟　王德仁	
10	金属材料实验室		陈　俊　汪　菘	基础(技术基础)实验室
11	材料学实验室		李成华	专业实验室
12	材料制备与加工实验室		刘德民	专业实验室
13	无机非实验室		毛璟红	专业实验室
14	材料加工实习实验室		李志强	专业实验室
15	电镜实验室		熊小涛　薛润东	专业实验室

续表

序号	实验室名称	隶属单位	负责人	实验室类别
五		机械工程学院	臧　勇　郗安民	
16	机械实验中心		崔兴山　范　云	专业实验室,其中零件原理室为基础(技术基础)实验室
17	工程训练中心		焦　让	实习基地
六		信息工程学院	主　任:刘贺平 副主任:牟世堂　鲁亿方	
18	计算机教学实验中心		黄全福	基础(技术基础)实验室
19	电工实验室		韩守梅	基础(技术基础)实验室
20	工业自动化实验室		王尚君	专业实验室
21	仪表实验室		鲁亿方	专业实验室
22	计算机实验室		李滨江	专业实验室
23	电子实习		牟世堂	实习基地
24	电子信息实验室		曾树全	专业实验室
七		应用学院	弓爱军	
25	力学实验室	数力系	陈章华　马文江　艾冬梅	基础实验室
26	物理实验室	物理系	吴　平　张　蓓	基础实验室
27	化学系实验室	化学系	李文军　杜　凌　钱维兰	基础实验室
28	生物技术实验室	生物技术系	时国庆	专业实验室
29	化学分析中心		张伟光	中心实验室
八		外国语学院	张秋曼	
30	语音实验室		赵永利	基础实验室
九	文法学院		李同宪	
31	教学实验中心			专业实验室
32	电教中心		牛长山	中心实验室
33	信息网络中心		杨　扬　刘洪涛	中心实验室
34	计算机语音室	研究生院		专业实验室
35	新金属材料国家重点实验室		主任:孙祖庆 常务副主任:林均品 副主任:张济山	国家重点实验室
36	固体电解质冶金测试国家专业实验室		主任:张　跃 副主任:赵海雷　张波萍	国家专业实验室
37	环境断裂国家教育部重点实验室		乔利杰	部委级实验室
38	北京市腐蚀磨蚀与表面技术重点实验室		何业东	北京市重点实验室
39	北京市先进粉末冶金材料与技术重点实验室		曲选辉	北京市重点实验室
40	高效轧制国家工程研究中心		唐　荻	国家工程中心
41	科技部材料模拟设计实验室		陈难先　申　江	部委级实验室
42	矿山高效开采与安全教育部重点实验室		蔡美峰	部委级实验室
43	管庄校区实验室	管庄校区	曹建波	专业实验室

房产管理

【概况】 2005年,学校按照整体的发展规划要求,进一步落实房改政策,做好房改售房、住房补贴、团购商品房、建立住房档案、已购公房上市备案、公用房屋及固定资产管理、职工家属住房及周转房管理、环境保护等方面工作,努力为教职工服务,为教学、科研提供房产资源保障。

(庄心怡)

【住房制度改革】 2005年,学校积极推进住房制度改革,主要做了以下几个方面的工作:①进一步落实已售公房的相关政策。年内,学校完成1999价、2001价、经济适用房、集资建房等872户产权证申办、制证工作。(房改房、经济适用房443套产权证已发放,集资建房434套产权证待发)。②加快各类补贴的落实进度。2005年,学校累计核算各类住房补贴2340余万元,实发1599万元,涉及职工406人次。其中包括落实183名2004~2005年新入校教职工的无房住房补贴251.13万元、校附加月住房补贴149.23万元;为观澳园86名职工核算住房补贴700余万元,实发168.36万元;为56名校外零散购房职工落实国家、学校补贴587万元,实发209.62万元;核算学校第三批引进人才12人的学校住房基金186万元;落实69名第三批离退休人员差额补贴220.82万元。此外,核发供暖、物业、交通补贴140.85万元,涉及住校外职工1533人次。年内,学校还完成了《北京科技大学2004年住房补贴决算》和《北京科技大学2006年住房补贴预算》,并配合教育部完成了对学校住房补贴的审计工作。③继续多渠道筹集房源,推进校内住房置换工作。2005年1月,学校团购观澳园商品住房155套,年底已有80户入住;同时,学校还于2005年4月,完成北岸布鲁斯200多套住房的定购工作。

(汪分田、庄心怡)

【职工住房管理】 2005年,在职工住房管理方面,学校完成的工作有:①为职工住房情况建立了文字档案和电子档案。对5277名职工住房的所有文字资料进行归集建档,建立了纸制档案,为对职工住房的情况调查、处理意见、凭证和房补的发放保存原始资料。按照中央在京国家机关交易中心的要求,为3831人建立了电子档案,并在交易中心备案,实现了学校规划区以外的住房可以按照北京市及学校的有关政策规定,进入二手房市场进行交易。年内,还为150名新进校职工建立了住房档案。②对学校家属住房(包括育新花园、静淑苑小区、望京花园、管庄校区)进行了全面清查、统计,完成了《北京科技大学住房统计报告》。③为进一步加强对学校空房出租的管理,提高使用的透明度,12月初,学校对房产部门经手的出租住房在校园网上进行了公示。④收回平房四间、成套住房8套。⑤安排、调整周转住房130人次,完成全校周转房住户房租的年度调整。⑥收取社会户房租20余万元、供暖费20余万元、有线费9万余元,收回长期拖欠的社会户供暖费6.5万元。

(褚 洪、吕瑞平)

【公共用房管理】 2005年,学校继续加强公共用房的管理,完成的主要工作有:①对拆迁房屋进行评估及拆迁公示,完成了13~18栋的拆迁工作。②配合海淀区房屋安全鉴定站,对住户反映强烈的11栋的安全情况进行鉴定;按照北京市房屋管理局的要求,对全校214所房屋进行了全面的安全检查。③对各单位的房屋使用情况进行了全面普查,将长期不用的房间作为清查的重点,清理房间506间,共53093平米。同时,对近几年个别新建房屋及建筑竣工资料进行补充完善,并纳入固定资产账户。④修改完善学校家具管理办法，对学生公寓淘汰的破旧家具进行了清理核对，同时对2004～2005年淘汰的家具分8批进行了销账处理，销账22154件，资产原值2577599元。对无法继续使用的5354件家具进行报废处理，收回资金25万余元。⑤对学校原工厂区进行了全面的摸底、核查，并绘制了平面图；对机电信息楼506个房间进行了实地测量并绘制房间平面图，对机械工程学院和信息工程学院的房屋分配情况进行了摸底测算，同时对两个学院原使用的房屋进行回收及再调配。此外，学校对三区（校园西南角）和七区（校园东北角）的前期资料进行整理，顺利完成七区土地证办理所需材料的整理工作，并上报教育部。

（刘桂兰、姚国臣）

招生与就业指导

【招生工作】 2005年8月上旬，北京科技大学圆满完成招生录取工作，本科和高职在全国各省市均实现了网上录取。学校2005年共有电气信息类、机械类、工商管理类三个大类和15个理科专业、4个文科专业、2个文理兼收的专业，面向全国31个省、市、自治区招收本科生3300人，包括文科生410人，理科生2890人。其中，包括2004年学校招收的少数民族预科生29人；新疆、西藏内地班学生14人；优秀高职毕业生专接本37人；艺术设计（艺术类）44人；录取专科生（高职）100人；录取少数民族预科生30人（在北京邮电大学读一年预科）。此外，在港澳台地区招收本科生4名。从新生情况看，男生2219人，占67.2%，女生1081人，占32.8%；城镇户口2084人，占63.1%，农村户口1216人，占36.9%；应届生2625人，占79.5%，往届生675人，占20.5%；汉族学生2994人，占90.7%，少数民族学生306人，占9.3%；党员51人，占1.5%。学校2005年第一志愿录取率为92.5%，调剂志愿录取率为2.3%。从录取专业志愿统计看，较热门的专业有材料科学与工程、生物技术、工商管理类、信息与计算科学、数学与应用数学、电气信息类和应用物理学，其第一专业志愿录取率均超过70%；较冷门的专业有日语、社会工作、建筑环境与设备工程和矿物资源工程等。

2005年，学校的生源质量比较稳定，这是和加大前期招生宣传工作的力度分不开的。在高校招生咨询和宣传的高峰时期，为了满足广大考生和家长的咨询要求，学校采取了多种措施，一方面派遣人员参加现场高招咨询活动、电话咨询，如4月17日举行了北京科技大学2005年高考咨询会暨校园开放日活动，并邀请了部分外地知名高校如南京大学、武汉大学、西安交通大学、南开大学、天津大学、湖南大学、中南大学、东北大学、重庆大学、中山大学、华东师范大学、中国海洋大学等参加，吸引了大量考生和家长来校参观、咨询；4月24日参加北京市汇文中学现场咨询会；5月1日参加武汉大学校园开放日暨高考咨询活动；增开了一部电话，并为此部电话配备了电脑合成语音答问系统，使其成为24小时不间断开通的热线，极大地满足了广大考生和家长的咨询需求。另一方面，充分利用报刊、网络、电视等传媒手段加大咨询宣传力度，扩大学校影响，如4月26日招生处长做客新浪网站为考生在线答疑；在《中国青年报》、《安徽青年报》、《晨报》、《北京青年报》等报纸杂志上刊登了招生宣传稿件等。总之，通过加大对学校招生工作的宣传，吸引了优秀考生的报考，从而在录取时取得了令人满意的成果。

此外,2005 年学校第一次开展了自主选拔录取改革试点工作,积累了经验,取得了令人满意的效果。在自主选拔录取工作中采取的校际联考、笔面试结合等做法,得到了教育部及兄弟院校的高度评价。

(韩　经、高　谱)

【就业工作】 2005 年,北京科技大学共有毕业生 3817 人,其中本科生 2276 人,研究生 1081 人,高职生 453 人,二学位毕业生 7 人。在 2276 名本科生中,考取研究生和双学位的为 764 人,占本科毕业生总数的 33.57%。

为促进毕业生就业,学校积极动员一切可以动员的力量,开拓思路,转变观念,务实创新,加强服务,做了大量的工作:

(1)以人为本,做好毕业生的就业服务工作。2005 年,招生就业处全面启动就业指导课的教学工作,在全校不同年级、针对学生的不同情况开设了就业指导选修课。通过就业指导课的教学,逐步完善了学校自己编制的就业指导课程教案。同时,学生就业指导中心的老师积极在各学院为学生作就业形势,政策、面试相关内容的讲座,共举办讲座 20 多次。2005 年,就业指导中心全面启动网上素质测评系统,让学生求职前更好地了解自身的素质;为每一位毕业生印制求职专用袋和就业指导手册,对签约流程、签约注意事项、派遣程序等有关情况进行详细说明;编写就业信息手册,出版《寻找未来的足迹》一书,为学生求职提供有针对性的信息和实例。

(2)积极做好毕业生的推荐工作。2005 年,学校领导带队到太钢、长钢、武钢、宝钢、上海十三冶、中冶东方工程技术有限公司上海分公司等企业走访,在与企业建立良好关系的同时积极推荐学校的毕业生。学校招生就业处组织相关老师赴上海、浙江、江苏、广州、天津等地,与当地人事局建立联系,积极介绍学校的发展及学科、专业设置,向企业推荐毕业生。学校还多次组团走进西部,鼓励毕业生到西部、到基层就业,到国家最需要的地方去发挥自己的聪明才智。对于去西部地区及边远地区工作的毕业生,离校前,学校给予一次性奖励 1000 元。

(3)召开各种类型的招聘会,为毕业生顺利就业提供交流平台。全年,共召开大型招聘会 2 场,参会单位 300 多家,提供就业岗位 8000 多个,组织召开各种小型招聘会 180 余场。学校全年共向毕业生发布 1171 家单位的需求信息,为学生提供岗位 23658 个,供需比为 1:7.03。

(4)建立毕业生质量反馈调查制度,为学校的教育教学提供资料。学校每年对毕业生进行质量调查,向毕业生所在单位了解毕业生在单位的表现,听取单位对学校学科发展、专业设置、学生教育培养的意见及建议。同时,通过对毕业生本人的调查,了解在校所学专业与实际工作的关系,以及学校在教育教学方面存在的优势与不足。从而为学校今后的人才培养、专业设置、教育教学提供参考依据。调研结果表明:北京科技大学毕业生思维活跃、适应能力强、接受新事物快;作风朴实,踏实肯干,有较强的事业心和责任感;基础扎实,专业适应性强,动手能力较强,工作上手较快;多数能够独立开展工作,有的还具有较强的创新能力。尤其是钢铁冶金、压力加工、选矿、热能工程、机械工程、自动化等专业的毕业生,与钢铁行业所需要的人才比较对口,大部分毕业生取得了比较突出的成绩,成为企业的技术骨干,有的还走上了企业的中高层领导岗位。

(5)加强理论研究,培养专家型的就业工作队伍。2005 年,加大培养专家型就业工作队伍的力度,全年共有 15 位就业工作老师经过培训,获得了职业指导师资格证书。同时,在不同刊物上发表文章 3 篇,编制校内教学用教案 2 部,正式出版书籍 1 部。

经过各方面的努力,北京科技大学学生的就业率和就业质量都有稳定的提高。截至 2005 年 12 月 31 日,毕业生就业率为 96.23%,其中本科生就业率为 95.30%,研究生就业率为 99.07%。从 2005 届学生的就业地区分布来看,大中城市、沿海地区仍是广大毕业生的首选,研究生80%的学生选择在北京、上海、天津、广州、山东等地择业,本科生有70%的学生在大中城市就业。在2005届签约本科毕业生中,有242名(占签约学生的27.78%)学生立足行业,从事与钢铁、冶金有关的工作。此外,有46名本科生,19名研究生选择在西部地区工作,9人参加西部志愿者,11人选择服务北京基层。

(张俊燕、孙长林)

附　录

北京科技大学2005年在全国31个省市自治区录取考生人数以及最高分、最低分、平均分一览表

科　类	省市	招生人数(不含保送)	重点线	最高分/最低分	录取平均分
理工科	北　京	304	470	615/528	550
	天　津	80	458	603/523	541
	河　北	172	551	620/588	604
	山　西	129	532	619/560	577
	内蒙古	99	555	642/557	597
	辽　宁	130	530	621/555	585
	吉　林	74	562	655/604	618
	黑龙江	76	582	646/585	616
	上　海	15	469	512/476	491
	江　苏	101	560	618/591	600
	浙　江	72	550	628/592	607
	安　徽	113	541	630/543	573
	福　建	54	542	618/576	589
	江　西	94	545	615/550	582
	山　东	118	597	665/640	649
	河　南	113	568	641/572	602
	湖　北	108	524	584/554	562
	湖　南	108	544	609/550	591
	广　东	30	632	708/634	674
	广　西	30	572	636/614	624
	海　南	15	542	719/612	681
	四　川	86	598	664/637	646
	重　庆	56	548	626/582	598
	贵　州	45	536	635/567	591
	云　南	29	530	642/547	603
	陕　西	100	567	678/571	629
	西　藏	5	520	603/521	553
	甘　肃	48	558	649/581	613
	青　海	37	430	589/443	523
	宁　夏	31	504	602/524	557
	新　疆	71	507	649/510	589

续表

科　类	省市	招生人数（不含保送）	重点线	最高分/最低分	录取平均分
文科	北　京	46	486	575/513	530
	天　津	28	498	583/518	538
	河　北	30	536	580/559	569
	山　西	27	534	591/557	567
	内蒙古	27	525	581/549	566
	江　西	10	554	591/567	576
	山　东	27	572	617/591	598

审计工作

【概况】 2005年，审计工作紧密围绕教育改革和发展的中心任务，坚持“为防范学校经济风险服务，为提高教育资金使用效益服务，为解决教育改革和发展中的突出矛盾服务”的根本宗旨，认真做好审计服务与审计监督的工作，不断推进审计工作的经常化、程序化、制度化建设。

（刘淑华）

【队伍建设】 2005年，学校派人参加了教育内审协会举办的审计人员培训和业务学习。通过培训学习，学校建立了科学的德、能、勤、绩的考核方法，提高了审计人员对教育内审工作的重要性和风险的认识。此外，加强了与上级审计部门的联系和兄弟院校的交流，特别是在跟踪审计和过程审计中借鉴兄弟院校的一些成功做法，从而提高了审计人员的业务技能。

（刘淑华）

【主要工作】 2005年，审计室主要完成了以下几个方面的工作：①继续完善审计制度。按照《教育系统内部审计工作规定》的要求，出台了《北京科技大学有关行政负责人经济责任及离任审计实施办法》（校发[2005]23号）、《北京科技大学奥运场馆工程跟踪审计办法》（[2005]72号）等相关文件以及工程决算审计和跟踪审计流程图，修订了审计室及审计室主任、副主任的岗位职责。②开展对学校科技中心资产清查审计、财务决算审计和管庄校区财务决算审计。经过审计，提出审计建议9条，并提请有关部门进行整改落实。③把基建审计工作的重心移向外委审计和奥运场馆全过程跟踪审计。年内即将完成食堂、逸夫教学楼的外委审计。学校全年报审项目金额3103万元，审计减额33万元。④进一步推进修缮审计工作，全年总计报审项目200项，报审审计金额3133万元，审计减额222万元。⑤下发经济责任审计文件，加强经济责任审计工作的规范化、程序化、制度化。全年共审计4项，提出审计建议11条，并督促被审计人员及被审计单位及时整改。⑥继续做好对科研经费的例行审签工作，对“211工程”审计提出新的要求。对竣工审计中的科研报告、设备清单及财务经费使用情况进行重点检查。⑦参加学校关于收费和经费往来收入检查工作，配合纪委、监察室对2005年党风廉政建设责任制工作进行了检查。

（刘淑华）

国际及港澳台交流与合作

【概况】 2005年,北京科技大学与来自5个国家及香港特别行政区的6所大学签订了合作协议。截至2005年底,学校与20个国家和地区的49所大学及研究机构签订了合作协议。2005年,学校共召开4次国际及港澳台学术会议,来自49个国家和地区的专家、学者出席了会议,共发表学术论文千余篇。

2005年,24个国家以及港、澳、台地区专家、教授及学者82批,690人次,短期来校讲学、合作研究、参加学术会议及参观访问,其中校长级别以上的访问学者37位;来访的国际及港澳台学生380人,分别来自挪威(86人)、比利时(80人)、菲律宾(30人)、荷兰(19人)、马来西亚(60人)、德国(34人)及台湾地区(71人)。2004年9月~2005年11月,学校共聘请12个国家和地区的长期专家1人,按计划来访短期专家90人,外籍教师15人来校工作和讲学。全年,学校派出赴国外参加国际会议、洽谈国际教育、学术交流与合作事宜、出国考察、出访团组及个人135批,247人次。

(李欣欣)

【校际交流与合作】 2005年学校与德国汉诺威大学、香港科技大学、澳大利亚维多利亚大学、美国凯斯－西保留地大学、意大利杜维嘉大学以及英国牛津大学材料系分别签订了校际(或学院)合作协议。

1月6日,韩国朴钉语学院朴钉院长及朴钉语学院中国部孙邦哲部长来校访问,并签订了向北京科技大学推荐留学生的协议。

3月18~27日,牛津大学材料系代表团9人来校访问。22日,牛津大学材料系主任、英国皇家科学院院士 Prof. George D. Smith 与世界电镜联合会主席 Prof. David J. Cockayne 分别进行了中国材料名师讲坛的第六、七讲。23日,牛津大学—北京科技大学材料科学学术研讨会召开。

5月31日,英国剑桥大学考古系教授、英国学术院院士、大英博物馆董事会董事 Andrew Colin Renfrew 教授及夫人来校访问讲学,Renfrew 教授受聘为北京科技大学名誉教授。

6月3日,以达卡大学校长费兹教授为团长的孟加拉人民共和国代表团一行10人来校访问。党委书记罗维东与来访客人进行了交流。

7月14日,韩国国立顺天大学校长金在基教授及外事处处长来校访问。

9月12日,加拿大麦克马斯特大学副校长 Kenneth Norrie 教授及副校长陈万华教授来校访问,双方商讨了合作事宜。

9月19~24日,第16届世界腐蚀大会(16th International Corrosion Congress)在北京国际会议中心隆重举行。这次世界腐蚀与防护领域级别最高、规模最大、影响最广的国际系列会议首次在中国举办,49个国家和地区的800多名腐蚀科技工作者参加了会议。本届组委会主席柯伟教授获得了 Edward Creco 2005 贡献奖。

10月8日下午,国际柔道联合会技术代表、国际柔道联合会体育主管 P. Besson 先生来校视察场馆建设情况。学校向 Besson 先生及北京奥组委官员就体育场馆建设情况以及未来的建设方案进行了详细汇报,双方就奥运会期间柔道项目的比赛日程进行了确定。

10月9~15日,由北京科技大学资助的第六届先进金属间化合物与金属材料国际研讨会在扬州召开。

10月21日,美国德克萨斯阿灵顿大学校长 James Spaniolo 博士和商学院院长 Daniel Himarios 教授来校访问,并参加了在国宾大酒店举行的两校"合作 EMBA2003 级毕业典礼”及毕业酒会。

11月9～13日，以金在基校长为团长的韩国国立顺天大学校代表团一行8人来校访问，金在基博士受聘为北京科技大学名誉教授。双方就两校继续开展学生交流、教师交流以及产学研创新教育合作进行了探讨，访问团还参观了学校产业集团部分企业。

11月15日，澳大利亚拉筹伯大学校长 Michael Osborne 教授、中国事物中心主任裴丽昆教授以及海外教育主管张厥梁教授来校访问。Michael Osborne 教授向北京科技大学捐助了5000澳元用于推动双语教学研究活动。北京科技大学两批赴澳学习的教师用英语向两校领导作了汇报演讲。

11月22日，加拿大麦克麻斯特大学校长 Peter George 教授及主管国际事务的副校长陈万华教授、副校长 Andrea Baumann 教授来校访问。徐金梧校长与 Peter George 教授共同签署了《中国北京科技大学及加拿大麦克马斯特大学会谈纪要》。

11月22～26日，日本北海道大学工学院院长 Tuneyoshi Nakayama 教授、材料学院 Somei Ohnuki 教授、Hiroshi Motoyoshi 秘书长来校访问，并签订“北京科技大学与北海道大学互设国际交流办公室”协议。

（李欣欣）

【国际学术交流与访问】 1月10日～2月7日，以韩国国立顺天大学金薰镐教授为团长的韩国学生团来校进行短期汉语进修，在学校对外汉语教学中心接受了为期一个月的汉语语言和中国文化教育。

1月12日，以 Roger Ceschi 院长为团长的法国亚绵高等工程学院代表团一行3人来校访问，并商讨合作办学事宜。

1月19日，以鹤见和则博士为团长的日本田中贵金属工业株式会社代表团一行3人来校访问，并探讨合作培养贵金属工业方面人才的事宜。

3月7日，比利时鲁汶工程技术学院院长 Luc Geurts 教授，电子学 Luc Bienstman 教授及刘东君女士来校访问，并探讨本科生、研究生合作办学事宜。

3月14日，澳大利亚拉筹伯大学副校长 Peter Sullivan 教授、海外教育主管 Julian Zhang 教授来校访问，并与北京科技大学签订“资助北京科技大学双语教学项目意向书”。

6月22日，美国洛杉矶 Sabastopol 城市 Larry Robinson 市长、洛杉矶九联校校董 Nancy 女士、妇女素质项目副主席 Maria 来校访问。谢建新副校长会见了代表团一行，并向市长一行介绍了北京科技大学的科研与教学情况。双方就合作办学及招收留学生的事宜进行了商谈。

10月19日，法国爱眠工程学院校长 Ceschi Roger 教授，应邀来校讲学。

11月2日，德国亚琛工业大学副校长 Bleck 来校访问，并与徐金梧校长进行了会谈。

11月4日，澳大利亚南澳大学副校长 Robin King 教授一行4人来校商谈合作举办项目管理硕士事宜，并作了题为《大学、政府及产业合作共同促进高等工程教育》的报告。

11月8日，朝鲜教育省代表团一行7人来校参观访问。副校长张跃教授会见了代表团。

11月29日～12月4日，英国牛津大学材料系主任 George D. Smith 教授来校交流访问，并为师生作了题为《Life and study in Oxford》的学术报告。

11月29日，以副校长 Pro. Abdullah 为团长的马来西亚苏尔丹教育大学（Sultan Idris Education University）代表团一行45人来校访问。

12月5日，意大利 RODUCO 公司总裁 Giovanni Tibaldi 先生来校访问，并希望与北京科技大学建立合作研究关系。

（李欣欣）

【港澳台地区交流】 2005年，学校共接待123名港澳台的专家、学者和学生；学校共有23名教师、学生到港澳台讲学、出席国际会议和访问；有3名港澳台侨学生在北京科技大学学习，其中香港1名、华侨2名。

1月30日～2月3日，以徐金梧校长为团长、张跃副校长为副团长的北京科技大学访问团一行4人应香港科技大学校长朱经武教授的邀请对该校进行了为期5天的访问，并与香港科技大学签订了校际合作协议。

2月25～27日，香港科技大学应用技术中心主任杨家强博士及南沙咨询科技园黄安发博士来校访问，商讨了两校在广东南沙科技开发区成立联合新材料研究院的事宜。两位博士参观了北京科技大学有关材料实验室和准备在南沙推广的项目。校长徐金梧，副校长谢建新、张跃会见了杨家强博士一行，并介绍了与香港科技大学合作的设想。

7月13～24日，海峡两岸青年学子经济与管理学术论坛活动在北京科技大学举行。本次活动共有自台湾朝阳科技大学、台湾中兴大学、台湾台中技术学院、台湾清云科技大学、台湾育达技术学院、台湾南亚技术学院、台湾静宜大学、台湾中正大学、台湾东海大学、台湾明道管理学院、台湾台中师范学院以及台湾澄清医院的94名师生和北京科技大学70余名师生参加。“海峡两岸青年学子经济与管理学术论坛”涵盖了金融、市场营销、经济管理、企业管理、人力资源管理等多个领域，共收集海峡两岸青年学子学术论文80余篇。研讨会后，两岸120名师生先后在北京、山东等地游览中华文明古迹。

9月5～11日，以台湾屏东科技大学工学院戴昌贤院长为团长的学术访问团一行17人应邀来校访问。访问期间，两校教授、学者进行了广泛、深入的学术交流，并商讨了今后的学术交流计划。

9月13日，台湾朝阳科技大学副校长曾耀铭教授偕夫人及工业工程与管理系教授兼研究发展处研发长廖经芳博士、研究发展处学术交流组组长宋晓芳来校交流访问。副校长张跃会见了代表团一行。

（李欣欣）

【引智工作】 2004年9月～2005年11月，学校共聘请来自12个国家和地区的专家106人来校工作和讲学，其中长期专家1人，按计划来访短期专家90人，外籍教师15人。年内，学校共申报“教育部直属高校聘请外国专家重点项目”24项，其中20个重点项目得到教育部不同程度的资助，截至2005年11月已完成7项；普通项目32项，已执行26项。

（陈美娟）

【日中友好高龄者大学】 根据外事处与日中友好高龄者大学推进委员会商定的计划，日中友好高龄者大学在2005年选送4批学员到北京科技大学学习。2005年4月发生涉日事件，出于安全考虑，学校停止了4月和6月两批学员学习的计划。

6月15日，日中友好高龄者大学推进委员会泷本清英会长、宫岛忠夫副会长和事务局长若槻竹造先生3人来学校访问，与外事处、离退休干部处相关负责人进行友好会谈，确定9月继续开展学习计划。9月7～16日，日本长野县派送日中友好高龄者大学第50期学员23人来校学习。学校安排学员参观北京市的名胜古迹，增进对北京和中国的了解。在学习期间，安排他们到北京科技大学老教授家访问，并和学校离退休干部处的离退休干部进行联欢活动，取得了很好的效果。

（毕惠芳）

附　录

2005年来北京科技大学交流项目及来访人次一览表

国别/地区	项目数	人　次	国别/地区	项目数	人　次
德　国	4	43	日　本	9	43
意大利	3	7	法　国	4	8
罗马尼亚	1	5	比利时	2	86
新西兰	1	4	奥地利	1	2
美　国	14	38	香　港	1	2
澳大利亚	5	10	台　湾	4	120
韩　国	6	36	加拿大	4	9
越　南	1	8	丹　麦	2	2
英　国	7	17	马来西亚	2	76
挪　威	1	86	其　他	8	83

历年短期来北京科技大学讲学及访问的国别及地区人数统计表

年　份	总　数	加拿大	美　国	日　本	德　国	瑞　典	英　国	澳大利亚	独联体	法　国	其　他
1981	163	9	67	29	13	9	3	0	2	0	31
1982	70	1	11	30	15	4	5	0	1	0	3
1983	126	4	30	46	18	7	4	6	4	1	6
1984	162	15	14	69	39	1	17	3	0	0	4
1985	259	40	89	68	26	7	17	8	1	0	3
1986	259	44	52	61	35	6	12	15	5	3	26
1987	271	39	43	51	46	6	34	13	9	11	19
1988	363	40	89	103	41	2	14	19	11	19	25
1989	161	16	30	27	27	1	8	2	28	1	21
1990	246	15	46	66	22	6	7	22	21	1	40
1991	216	15	35	82	14	2	9	9	28	1	21
1992	282	5	47	30	24	7	27	16	34	2	90
1993	281	5	26	30	60	11	16	4	8	28	93
1994	234	13	23	78	21	3	19	9	12	5	51
1995	231	17	58	83	8	2	13	4	6	4	36
1996	202	5	29	21	16	25	21	4	5	1	75
1997	262	10	41	40	10	5	9	17	4	1	125
1998	327	7	45	48	20	9	29	2	14	12	141
1999	243	10	53	31	8	2	12	10	6	0	111
2000	355	4	43	73	11	5	8	3	38	0	170
2001	276	0	34	36	7	0	7	2	23	0	167
2002	329	15	39	45	10	0	14	9	25	10	162
2003	243	1	17	20	4	0	3	5	6	2	185
2004	323	1	28	53	65	1	11	13	1	1	147
2005	690	10	38	43	43	0	17	10	0	8	519

北京科技大学历年派出人员数字统计表

	1979－1994	1995	1996	1997	1998	1999	2000	2001	2002	2003	2004	2005	累　计
派出人数	656	13	18	62	45	22	43	27	24	28	58	61	1057
研究生	173	2	2	26	19	13	31	8	1	5	25	7	312
进修学者	477	11	16	36	26	9	12	19	23	23	33	25	710
出席会议	339	36	42	62	72	43	65	50	49	40	74	102	974
出国讲学	121	47	28	52	73	75	28	45	35	7	7	2	520
出国访问	364	62	2	38	15	34	53	56	30	56	63	47	820
累　计	2130	171	108	276	250	196	232	205	162	159	260	244	4393

北京科技大学2005年因公出国统计表

国　家	国际会议	合作研究	访问考察	学术讲学	实习培训	其　他	合　计
美　国	26	2	14	0	10	2	54
英　国	4	0	12	0	0	0	16
加拿大	8	0	2	0	0	0	10
德　国	2	1	5	0	0	0	8
日　本	12	3	17	0	0	0	33
韩　国	13	0	16	0	0	0	29
朝　鲜	0	0	5	0	0	0	5
爱尔兰	4	0	0	0	0	0	4
意大利	2	0	0	0	0	0	2
俄罗斯	0	0	4	0	0	0	4
白俄罗斯	2	0	1	0	0	0	3
法　国	1	0	1	0	0	0	2
澳大利亚	1	0	3	0	13	0	17
捷　克	4	0	0	0	0	0	4
瑞　典	7	0	2	0	0	0	9
比利时	4	0	1	0	0	0	5
奥地利	4	0	2	0	0	0	6
丹　麦	0	0	1	0	0	0	1
新西兰	2	0	3	0	0	0	5
希　腊	1	0	0	0	0	0	1
新加坡	2	0	1	0	0	0	3
马来西亚	3	0	0	0	0	0	3
克罗地亚	0	1	0	0	0	0	1
土耳其	0	0	1	0	0	0	1
巴　西	1	0	0	0	0	0	1
荷　兰	0	0	1	0	0	0	1
斯洛伐克	1	0	0	0	0	0	1
塞舌尔	0	0	1	0	0	0	1
埃　及	0	0	1	0	0	0	1
合　计	104	7	94	0	23	2	231

北京科技大学2005年因公赴港澳台统计表

区　域	参加会议	合作研究	访问交流	学术讲学	培训就读	其　他	合　计
香　港	2	0	14	1	0	0	17
澳　门	0	0	0	0	0	0	0
台　湾	1	0	3	1	0	1	6
合　计	3	0	17	2	0	1	23

安全保卫与校园综合治理

【概况】 2005年，学校安全保卫和综合治理工作始终坚持为全校师生服务的思想，认真贯彻中央、教育部、北京市和地方政府的各项文件精神，执行学校的各项决定和改革措施，落实安全责任制，加强校园安全管理，维护了校园正常的教学、科研和生活秩序。学校被评为“北京市高校国家安全工作先进集体”、“海淀区高校系统交通安全先进集体”、“海淀区治安综合治理先进单位”，同时学校保卫处受到北京市公安机关集体嘉奖。1名保卫干部被北京市公安机关记“个人三等功”一次，2名保卫干部受到北京市公安机关嘉奖；1名保卫干部荣获“北京市消防安全工作先进个人”和“北京市国家安全工作先进个人”荣誉称号；7名保卫干部被评为海淀区、学院路街道综合治理、消防及交通安全工作先进个人。

（刘兴德）

【校园综合治理】 2005年，学校继续按照“谁主管、谁负责”的原则，加强校园的综合治理工作。①与校内各处级单位签订《北京科技大学校园（治安）综合治理责任书》，明确相关责任。②对后勤集团外来务工人员进行法制教育和治安防范讲座，并组织部分外来人员进行防火演练培训，加强外来人员管理。③加强对学校出租房屋的治安管理，共清理收回西平房被侵占房屋3间，清理无业可疑人员5人。④为加强对学校商业网点的管理，拆除私搭乱建，清除不规范广告标牌，打通消防通道，规范通道内商业网点的经营秩序，对多处商业摊点违规占道现象进行经常检查和清理，共清理违规商业摊点30余个及流动兜售及上门推销商贩50余人次。⑤配合政府城管部门，多次对学校大门口的违规摊点进行清理，处理30余人次；查处及清理违规广告标牌50余块，违规散发宣传品40余人，共8000余张。⑥在东升派出所、街道城管监察配合下，学校恢复家属区3处违法侵占绿地，面积约40平方米；拆除违法建筑3处面积共约40平方米。此外，学校还加强校内大、小型活动的规范管理，严格履行审批程序，制定安全工作预案，确保各项活动顺利进行。全年共审核备案各类活动587次。

（徐秋平）

【治安防范】 2005年，学校把“加大宣传力度，增强全校师生的治安防范意识，提高自防自救能力”作为工作重点，结合社会治安形势及学生防范意识薄弱等问题，采取多种措施，加强师生的治安防范。①加强门卫检查，严格物品出校门验证制度；②加强校内巡逻，及时妥善处置有关问题，打击现行违法活动，全年共抓获现行违法人员90余人；③加大清查力度，配合公安机关开展夜查，并在节假日和特殊时期组织人员对校内的出租房屋、外来人员住地、市场、重点楼宇进行清查，对发现的可疑人员进行审查处理。

为有力打击各种违法犯罪活动，学校保卫处积极配合公安机关查处各种案件，并认真开展人民内部矛盾排查调处工作。2005年，巡逻中抓获盗窃自行车案件70起，共涉案90

人,移交公安机关处理43起;查处各类违法犯罪案件131起,移交公安机关处理共55起,其中治安拘留46人,刑事拘留8人;调解各种矛盾纠纷45起,防止了矛盾激化,避免了刑事案件的发生,确保校园安全稳定。

(田　斌)

【消防安全】　学校继续加大对消防安全的宣传教育工作力度,利用多种方式重点加强"安全生产"、"消防安全"等方面的教育。年内,学校举办消防安全知识讲座14次,组织3000名学生开展安全知识答题活动;为全校师生及居民印发《大学生消防安全知识手册》、《北京科技大学消防工作介绍》(防火自救小常识)及各类宣传材料15000份;制作展出《北京科技大学消防工作宣传系列》展板15块,增强了师生的自我防范意识。

学校与校内各处级单位签订了《北京科技大学防火安全工作责任书》,制定了《消防中控室值班人员岗位职责》、《消防中控室管理制度》及《接报警处理程序》,完善和强化了防火安全工作责任制和责任追究制。同时,学校认真开展安全检查,积极督促各责任单位整改安全隐患。全年共进行消防重点检查4次,日常检查78次,发放隐患通知书27份,消除安全隐患32处。此外,为确保消防安全,学校投入87万元,对图书馆、学生公寓、逸夫教学楼等11个建筑内安装的火灾自动报警设施进行了年度维修检测,维修各类灭火器6270具;为新建学生公寓、机电信息楼、电教中心等增购灭火器4448具;对54个室外消火栓进行了检查;对教学区及高层家属楼安全出口灯、应急灯进行了维修;为学生宿舍安装了智能识别限电器以及消防疏散电磁门锁,消除了安全隐患。

(徐秋平)

【交通安全】　2005年,学校组织开展了多种形式的交通安全宣传教育活动。全年学校组织学生、教工进行交通法规培训、座谈5次,230余人次参加;发放交通安全宣传材料27000余份;悬挂横幅8条;展出宣传画、宣传展板120张次。

同时,学校还加强了校园交通环境的治理。根据学生增加、施工车辆增多的实际情况,对部分道路采取措施限制机动车通行,特别是学生上下课高峰期,在学生出入密集区,严禁一切机动车通行,减少交通安全隐患。为解决机动车占用消防通道问题,在宣传教育的同时,加强巡查,全年共纠正违章停车2万余次,粘贴违章通知单560张,有效地遏制了车辆乱停乱放的现象。为减少学生区的机动车辆,规划了学生公寓地下停车位,并提出了教学区建立步行区方案。

(贯秀芳)

【保密工作】　2005年,学校继续把加强涉密人员的教育培训作为重点,邀请市保密局领导、专家就保密工作形势及保密工作基本知识对全体中层干部及涉密人员进行培训,并在学校全体学生中开展保密知识问答活动。全年共举办各类培训2次。同时,在全校集中开展了2次保密工作大检查,对各保密单位涉密人员管理情况、计算机信息系统管理和保密技术防范措施的落实情况等进行认真检查,并及时下发隐患通知书35份,限期整改,确保国家秘密安全。

保密资格审查认证准备工作是2005年保密工作的重点,学校专门成立了由校党委书记为组长的保密资格审查认证工作领导小组,并从有关单位抽调部分工作人员组成认证工作办公室,进行了认证前的准备工作。学校投资数十万元,购置了计算机防护软件,并对涉密计算机进行安装;新制定《北京科技大学关于保密审查审批制度的暂行规定》、《北京科技大学关于非涉密信息发布的保密审查管理规定》、《北京科技大学军工科研涉密人员保密津贴的管理办法》等保密管理规定,进一步完善了学校各项保密规章制度。

(王叶波)

【政保工作】　2005年,学校继续做好对"法轮功"等重点人员的监控工作。为防止"法轮功"人员利用电视插播技术进行捣乱破坏活动,保卫处组织巡逻人员对校内闭路电视通信光缆、放大器、光接点等重点部位加大了监控力度;加强校内巡逻与门卫检查,防止散发非法宣传品人员进校活动；安排值班人员加强对校园网监控，防止出现有害信息，对出现的有害信息及时与有关部门联系进行删除。此外，在政治敏感期、重大政治活动、处理涉日事件等特殊时期，学校加强信息工作，及时掌握师生思想动态，维护学校的政治稳定。

（王叶波）

【户籍管理】 2005年，学校户口办公室共接待处理日常户口管理问题1500余人次，迁出户口2844人，新生户口迁入4597人，办理二代身份证10378人。

（康　玲）

【科技创安】 北京科技大学科技创安工程于2005年7月进行招标，8月正式开始施工。至2005年底，已对重点区域及出入口、重点部位安装完成视频监控点141个、红外报警41个。整个工程将于2006年3月完工并试运行，通过人防、物防、技防，实现对校园整体环境和突发事件的管理与控制。

（刘兴德）

后勤与基建管理

【概况】 2005年。学校处于基本建设的高峰期。机电信息楼、学生公寓二期4－7号楼2个建设项目竣工并投入使用，竣工建筑面积135739平方米；开工项目包括北京科技大学体育馆暨2008年奥运会柔道、跆拳道比赛馆，冶金生态楼，管理楼三个基建工程，开工项目建筑面积57947.31平方米。

（金仁东）

【基建管理】 2005年，学校有一批基建工程竣工。其中包括：①3月30日，机电信息楼竣工，建筑面积33688平方米，地上12层，地下1层，框剪结构，楼前广场配套完成区域绿化园林景观。②9月10日，学生公寓二期4－7号楼竣工。其中4号楼建筑面积23328.82平方米（其中留学生公寓建筑面积约8600平方米），地上16层，地下2层；5号楼建筑面积20090.04平方米，地上12层，地下2层；6号楼建筑面积16960.00平方米，地上10层，地下2层；7号楼建筑面积22902.90平方米（其中学生活动中心建筑面积约6800平方米），地上11层，地下2层；地下车库建筑面积19769.26平方米，学生公寓4－7号楼总建筑面积103051.02平方米，全现浇结构。这些工程的按期完工极大改善了教师、学生的工作、学习和生活条件。

根据国家和学校基建项目程序要求，3月27日，学校进行了北京科技大学体育馆暨2008年奥运会柔道、跆拳道比赛馆工程设计方案竞赛评审工作。最终清华大学设计研究院提交的设计方案中标。

在完成体育馆、冶金生态楼、管理楼三个工程的立项，项目规划意见书、方案的审定，以及人防、消防、绿化、交通组织分析、规划许可证、施工图纸的审查等前期报批工作的基础上，学校严格按照规定程序，组织对施工队伍的考察、资格预审，入围单位的确定和开标、评标工作，并确定了招投标结果。体育馆工程、冶金生态楼工程总包单位为中国新兴建设开发总公司，管理楼工程总包单位为北京六建公司。北京市招投标办公室和学校对三个项目的招标结果进行了公示。

此外，编制北科大西南角项目的建议书，完成该项目规划意见书的申报工作，并于11月7日进行了西南角科技广场设计方案的评审工作，经过专家评审，确定北京东方华太建筑设计院提交的方案中标。

年内，学校还完成调整校园总体规划的报批工作及校园总体交通组织论证工作；完成学生公寓一期有线电视、学生公寓二期1－3号楼（消防、网络）、学生食堂、逸夫教学楼工程预结算的审核；完成48、49、50、51栋住宅楼、科技楼单项工程固定资产的移交工作；完成学生食堂二期前期报批工作。该工程框剪结构，地上4层，地下1层，建筑面积12000平方米，计划于2006年5月开工，2007年初竣工。

2005年8月、9月，学校完成冶金生态楼、体育馆、管理楼用地的拆迁工作，拆迁面积19519.18平方米，并对该区域内燃气管线进行了拆改。8月3日，冶金生态楼开工，该工程地上12层，地下1层，框剪结构，建筑面积16885.31平方米，计划于2006年6月竣工。10月12日，管理楼开工，该工程地上12层，地下1层，框剪结构，建筑面积16400平方米，计划于2006年8月竣工。10月18日，体育馆工程开工，该工程总建设用地2.38公顷，总建筑面积24662平方米，由主体育馆和一个游泳馆联体组成。体育馆地上3层，地下1层，地上建筑面积22060平方米，地下建筑面积2602平方米，计划于2007年8月竣工。

（金仁东）

【后勤管理】 2005年4～5月，学校完成校园弱电管网建设工程。该工程由北京供电公司、北京成辉装饰公司负责施工，共铺设管线6000多延长米，为学校网络建设和科技创安工作创造了有力条件。8～11月初，完成学校东换热站拆移工程。该工程由中建一局二公司负责土建、结构施工，北京华良锅炉设备有限公司负责锅炉安装及调试。工程地下1层，建筑面积429平方米，11月11日投入使用，保证了学校供暖工作的正常进行；完成综合楼装修改造施工的招标工作，并于11月7日开工。施工单位是北京港源建筑装饰公司，将于2006年1月完工。8～9月，完成学生公寓二期4－7号楼外线电源接入工作，保证了学生公寓按期交付使用；完成了管理楼、冶金生态楼、体育馆建设用地地下暖气管线、上下水管线的拆改及临时电源的接入。年内，后勤基建管理处还完成了2005年度土建、水暖、电气工程的大修工程任务及对各学院装修工程预决算的审核工作，并配合材料学院完成主楼材料学院实验室的装修改造工作。

（金仁东）

后勤服务

【概况】 2005年，后勤服务集团继续完善集团内部管理体系，调整内部结构，加强统一领导，强化整体利益。集团成立采购委员会，统一采购所需物资；将集团总调度室和督察室与环境卫生部门、零修部门、节能办整合，提高对环境卫生和零修服务的调度、监督力度，并加强对水电及天然气的节约管理；将原交流培训中心工作职能划入人力资源部。年底，后勤服务集团机构设置为：集团办公室、财务室、人力资源部、产业部、饮食中心、物业中心、动力修建中心、生活中心、会议中心、幼教中心。集团建立下属各部门财务主管外派制度，由集团财务部统一管理各中心财务工作；集团所属各单位分别聘任经理，集团总经理、副总经理不再兼任各单位经理职务。年内，集团还建立了后勤服务接待日制度，积极听取教职工的意见和建议，不断提高后勤服务质量。同时，顺利完成了学校幼儿园搬迁和学生公寓4号楼培训中心筹备工作（2005年11月正式对外营业）。

2005年底，后勤服务集团共有事业编制人员389人，外来务工人员450人。6月，集团对原在职在岗的330人进行了全员聘任工作。同时，后勤服务集团积极组织对工作人员进行培训，年内共组织36人参加职业资格和技术职称申报和评定工作，开展各类培训共计

20余场、4000余人次。

（方　京、李菊庆）

【党建工作】 根据上级安排，后勤党委创造性地开展了党建工作。

（1）思想建设方面。2005年，后勤党委坚持以邓小平理论、“三个代表”重要思想为指导，认真开展保持共产党员先进性教育活动；进一步加强党风廉政建设，认真开展民主生活会，组织科级以上干部参加学习，并参加《建立健全教育制度、监督并重的惩治和预防腐败体系实施纲要》知识竞赛答题活动。

（2）组织建设方面。由于后勤服务集团机构变动，党支部由原来的8个调整为11个，分别为：集团机关党支部、人力资源部党支部、饮食中心党支部、物业中心党支部、动力中心党支部、生活中心党支部、幼教中心党支部、产业部党支部、基建管理处党支部、房产处党支部、校医院党支部，并对部分党支部书记进行了改选。后勤党委加强对入党积极分子的培养和教育，开办《党的基础知识》培训，在非在编人员积极分子中发展党员，在发展工作中实行预备党员公示制度。根据学校决定，授权后勤党委审批发展党员。12月后勤党委正式成立后勤集团分团委，选举产生团委书记1人，委员4人。年内，党员按期转正5人，发展党员5人，其中1名为非在编人员。年底，后勤党委共有党员137人（非在编人员9人），其中预备党员5人。

（3）工会工作。2005年5月，后勤部门工会换届选举产生了新一届部门工会委员会，选举产生工会委员7人，下设工会小组11个。后勤系统现有正式职工486人，非在编人员454人。5月13日，后勤服务集团召开了第一届第二次职工代表大会，代表们听取了后勤集团2005年工作总结及今后的发展思路、工会工作总结、财务管理工作及人事管理工作等报告。部门工会积极开展“建家”活动，实行工会工作量化考核，促进了“建家”工作的深入开展。“求知”业校开办了岗位专业技术培训及提高班、办公自动化电脑培训班等，为职工提供了良好的学习平台。工会干部不断提高“依法维权”能力，探索对非在编人员管理与教育的方式方法。2005年部门工会荣获北京市教育创新工程“优秀教育集体”称号。

（赵利晶）

【财务管理】 后勤服务集团是学校二级财务核算单位。集团现有会议、饮食、物业、动力修建、生活六个中心和幼儿园、印刷厂、农贸市场、科教服务中心四个独立法人实体。会议中心实行独立经营、财务独立核算。

后勤服务集团实行“统一领导、集中管理”的财务管理体制。从2005年起，集团所属各单位会计实行集团派出制，各单位各项经济业务全部纳入集团集中管理。集团加强财务管理，严格财务收支审批制度，集团收入、支出及利润实行目标管理；加强收费管理，配合学校做好集团各项收费全面自查和对教育收费专项检查及上报工作，严格“收支两条线”；加强固定资产管理，完善集团固定资产明细账，定期与学校设备及房产家具管理部门对账，年末进行资产核资清查，确保国有资产保值和不流失。2005年，后勤服务集团期末资产总额1993.1万元（不含会议中心及实体单位）、营业额4918.7万元（不含会议中心及实体单位）、缴纳营业税金及附加35.3万元（不含会议中心及实体单位）、代扣代缴及代退保险费103.5万元。

（肖雅珠）

【饮食中心】 2005年，饮食中心不断更新经营理念，完善工作流程，提高工作效率。饮食中心改变以往经营方式，采取集中加工分层销售的经营方法，成立主食及副食粗加工间，节约了人力，降低了成本。9月起饮食中心在学生公寓7号楼增设流动餐车2台，缓解了食堂就餐拥挤问题。同时为学生食堂增配8台暖风机，6台风幕，为师生创造了一个温暖的就餐环境。年内，饮食中心接手并完成了天津学院学生食堂及教工餐厅的装修工作，并负责食堂及餐厅的使用管理工作。

年内，饮食中心继续加强对员工的培训，3月聘请专业人员对400多名员工进行了卫生培训;10月开办了由食堂班长、核算员、保管员、厨师长、食堂经理等32人参加的成本核算培训班;11~12月开办了由食堂保管员、核算员、食堂经理、中心会计、中心主任等27人参加的电脑培训班。为配合保持共产党员先进性教育活动,饮食中心于9月起组织开展了"求真务实、百日竞赛"活动,共有400余人参加;12月开展了"厨艺比赛",并对获奖集体及个人进行了表彰。

（徐俊德）

【动力修建中心】 2005年,后勤服务集团将节能办公室和维修部调整到综合服务中心。动力修建中心目前有职工35人,承担学校水、暖的供应及部分装修、大修改造、拆除工程,同时负责全校节能工作。年内,动力修建中心主要完成了体育馆、冶金生态楼、管理楼的前期拆迁工作共计19519.16m^2;完成了信息楼广场的新建项目;完成2005~2006年供暖季供暖工作,供暖燃气费支出1100万元;配合基建管理处完成了换热站改造工程。

（张永升）

【物业中心】 2005年,后勤集团物业中心调整为五个部门:公寓管理部、教室管理部、校园环境部、物业服务部和安全保卫部,现有正式职工77人,外来务工人员85人,主要负责全校学生宿舍和教室的管理、校园绿化、学生宿舍及教室的消防监控工作。2005年主要完成的工作包括:

(1)学生宿舍及教室管理。为推进学生宿舍管理的规范化,制定了《北京科技大学学生公寓管理规定》,从思想上教育学生,行为上约束学生,并首次与新入住的2005级新生签订住宿协议。2005年9月学生公寓三期工程完工,学生全部入住新学生公寓。为使学生顺利搬迁,9月初学生公寓管理部调整原4斋、5斋、9斋、10斋学生共计3500人次,调整东门公寓楼学生共计2400人次,安排了3000名本科新生、2000名研究新生的住宿。同时对学生宿舍进行了大规模的灭蟑螂活动,为学生营造了舒适的住宿环境;并与保卫部合作,在学生公寓大厅进行了普及消防知识的宣传教育活动。

(2)校园绿化。2005年物业中心校园环境部在校园绿化方面主要做了以下工作:机电楼新增绿地面积总计3886平方米;大操场草坪养护管理7500平方米。为配合学校修建奥运场馆和学生公寓楼,全年移栽树木、花卉共计1706棵株,砍伐死树共计25棵。

(3)消防监控工作。年内,物业中心对所有保安人员进行了岗前培训。在冬季火灾高发季节,组织人力、物力,对学校内所有学生公寓楼及各教室楼的消防器材和火灾隐患进行了排查和整改,特别是改造开通了35栋和37栋家属楼1~5层的电梯,受到了家属的一致好评。

(4)物业服务部。为方便师生日常生活,年内物业服务部在办公楼、机电楼、土环楼等主要楼宇增添了洗手液盒并放置了洗手液。在各楼的日常保洁方面,主要完成土环楼保洁19405.12平方米,机电楼保洁面积33688.3平方米,办公楼保洁面积1916平方米,创业楼保洁面积3500平方米。

（姚　昕）

【生活中心】 后勤服务集团生活服务中心组建于2005年3月,现有职工45人。该中心下设7个部门,即财务室(兼办公室)、资源管理部、招待所、节能办公室、交通运输服务部、对外开发与合作一部、对外开发与合作二部。新组建的生活服务中心属服务、经营性单位,负责各类房屋、水电暖等资源的管理和收费,以及预定火车票、月票和交通运输服务等,同时负责对外开发与合作等工作。2005年下半年接管学校收发室、家属区信报投递业务,9月为九个学院楼安装了961个不锈钢信箱;10月为家属区住宅楼安装了2277个信箱;11月后勤服务集团与海淀区投递局合作在校内建立"海淀区邮政投递局科技大学社区服务中心",全校实现了通邮。

2005年3月培训楼开始营业,全年毛收入近106万元;交通运输服务部超额完成预定60万元的任务指标;零散房屋出租收入65万多元;行政服务部全年预定火车票11000张;商业楼(48、49栋配楼)、学校公寓3号楼一层及地下一层和32栋东南侧的物美超市等商业网点租金及管理费回收270多万元。2005年各类房屋租金及其他经营性毛收入569万元（不包含水、电、暖回收费）。

（池桂芬）

【会议中心】 2005年，会议中心通过内部人员调整，加强经营管理，不断提高服务质量。年内接待教育部有关司局、国家西部地区“两基”攻坚办、中石油、中石化、民族管弦乐学会、国家安全生产管理局、北京师范大学等单位和校内会议、团体近千余次，散客26000多个夜间。年平均出租率84%，列同行业前茅，并圆满完成了学校计划的经济指标。

（马玉刚）

【幼教中心】 2005年，幼教中心认真贯彻落实《北京市学前教育条例》和《幼儿园教育指导纲要》，树立“优质服务的意识”，在学习与探索中，深化改革，不断提高办园质量和服务质量。幼儿园在清河宝盛里办园一年来，共收托幼儿240名，设教学班9个。现有正式职工26名，外聘合同工16名，其中带班老师21名。为了进一步促进幼儿的全面发展，新增设计算机室、科学实验室，为孩子们营造了一个优质的教育环境。幼儿园组织职工开展岗位练兵，参加海淀区“五大员技能技巧”比赛，积极开展课题教学研究，不断提高青年教师的专业技术水平。幼儿园重视家园合作教育，与西三旗街道联合建立完善了早教制度与措施，举办周末亲子活动4期，总计48次；在周边社区举办大型游戏进社区公益性活动4次，吸纳幼儿约200人次，取到良好的效果。2005年幼儿园获得《幼儿思维训练与学习能力发展》研究科研成果一等奖；获得海淀区“人民满意的幼儿园”称号。

（宋玉梅）

【产业部】 （1）科教技术服务中心。2004年12月，科教服务中心正式由后勤集团接管。改制后科教服务中心仍承担原有的服务范围和工作职责。截至2005年底，科教技术服务中心共有职工15人，下设三个部门：科教服务大厅、文化用品服务部、中心办公室。科教技术服务中心供应品种增至4260种，库存数量141618件。2005年对学校供应195万元。同时，科教技术服务中心不断新增服务内容：①在原有基础上增加领料经费本实行微机管理功能，提高了精确度及管理水平。②增加小型设备家电的采购供应工作，满足师生的要求。③成立后勤采购委员会对后勤物资集中采购。④为更好地为实验室服务，负责维修的同志深入实验室、办公室，进行现场检修。截至2005年底，共检修仪器仪表和办公设备102台。

（2）科大印刷有限公司。科大印刷有限公司是独立经营的法人实体，具有印制行业经营许可证及期刊杂志准印证。公司承担学校的教材、试卷、论文及其他文件的印制任务，以及多家期刊杂志的印刷制作，兼营各种文化用品及图文制作。公司共有正式职工5人，外聘人员14人，全体员工牢固树立正确的经营理念，认真落实后勤集团“三满意”的方针，努力改进工作作风，力求为广大师生员工提供优质的服务。

（3）农贸市场。北京科技大学农贸市场，始建于1998年10月。现管辖区面积820平方米，工作人员定编为7人。农贸市场内经营蔬菜、水果、肉鱼蛋类、粮油调料、糕点小吃、文化用品、五金百货、服装鞋帽等生活必需品。服务项目有理发修鞋、制衣洗衣、复印等业务。近几年，后勤服务集团对农贸市场加强了管理，建立健全了各项规章制度，并对市场进行了电路改造和消防改造工程，使市场管理逐步走向了规范化。

（于海龙、王永顺）

图书馆

【概况】 2005年底，北京科技大学图书馆下设资源建设部、图书流通部、期刊部、信息咨询部、技术部和办公室；设有新书、科技图书、原版图书、社科图书、样本书、工具书、科技期刊、外文期刊、过刊、报刊、学位论文、文献检索、光盘与网络、电子和多功能阅览室等15个阅览室，3个开架借书处和1个学生自习室。图书馆馆藏文献总量105.05万册，供学生上网检索的计算机共有162台。图书馆每周开放时间为87小时，网上文献信息资源每天24小时对外服务。图书馆在职正式职工72人，其中具有高级职称13人，中级职称26人，中级职称以上的人数占54.17%；博士1人、硕士10人、本科27人(在读研究生2人)，大专学历16人，大专以上学历人数占全馆人数的75%。

(季淑娟、殷官朝)

【文献资源建设】 2005年，学校拨款购书经费550万元。根据学校学科建设和教学科研的需要，在保证基本印刷型文献资源需求的基础上，加强了多媒体文献资源的建设，重点建设电子资源，优先发展中外文网络全文数据库的订购与服务。从单一的藏书建设发展到多种文献资源建设；从纸质为主到纸质与非纸质(数字)兼顾；从单馆保障发展到整体保障乃至全球保障的服务方式，通过广泛的馆际互借、原文传递协作，提高图书馆文献资源的保障率。2005年入藏中文书25831种81273册；外文书809种1281册；中文期刊合订本1095种1568册；外文期刊合订本23种294册，合计84416册。馆藏博士、硕士论文增加1523册。

(季淑娟、殷官朝)

【"211工程"建设】 2005年北京科技大学图书馆完成"十五""211工程"的建设工作，取得了以下几个方面的成绩：①完善了数字图书馆的软件平台建设。在试用的基础上又购买了视频点播系统、CALIS馆际互借系统、CALIS网上虚拟参考咨询系统、非纸质资源管理服务系统、虚拟联合目录查询系统、图书无线外采系统等数字图书馆软件平台。②完成了网络平台的扩展与升级工作。新增网点233个，现网点数达到413个；新增5台10/100M；10/100/1000M网络交换机；完成网络升级，达到主干千兆，桌面100M；改造了配电系统、更新了网络布线，更换了机房UPS，并在建设中考虑了整个房间的承重问题。③完成了图书馆的网络安全防护建设。安装了阿姆瑞特F600UP网络防火墙系统；增配了数据备份的磁带备份系统；完成了图书馆防盗系统建设。

(季淑娟、殷官朝)

【对外服务】 2005年，图书馆以全心全意为学校的教学科研作好文献信息服务为目标，以加强数字图书馆的建设和提升服务为重点，不断提高图书馆整体队伍的业务素质与服务水平，努力为学校的教学、科研工作做好各类信息资源的服务和咨询：

(1)加强各类文献信息的建设与整合，提高文献信息的保障率。在保证基本印刷型文献资源需求的基础上，加强了多媒体、网络文献数据库的建设，继续开展中外文网络全文数据库的订购与服务；为了便于读者对各类文献资源的利用，加强了各类文献信息资源的整合：①增加了订购时的双重查重和一站式检索，不断完善外文全文电子期刊导航检索系统。通过异构数据库检索平台，可以同时检索馆内已订购的20个数据库；通过一站多馆查询系统可以同时检索北京地区20多所高校的图书馆馆藏。②做好自建特色数据库的建设，重点建设博士、硕士学位论文全文数据库、教学参考书数据库和中文科技期刊题录数据库。③加强馆际合作，提高文献信息的保障能力，与27个北京高校图书馆建立了馆际互借关系。年内，共有246人次凭馆际借书证到其他学校图书馆借书398册。④积极参与中国高等教育文献保障体系（CALIS）的建设和北京高校的文献信息保障体系（BALIS）的建设，以实现高校文献信息的共建、共知、共享。同时，图书馆一直与中国国家图书馆、中国科学院文献信息中心以及冶金部信息标准研究院等保持良好的馆际互借关系，并积极开展原文传递服务工作，为校内外读者查找原始文献提供服务；与国外50家单位建立了资料交换往来，与多所高校图书馆、研究院所图书馆建立了良好的馆际合作关系，丰富了图书馆的信息资源。

（2）进一步拓展图书馆的服务范围，深化服务内涵。①提高图书馆的日常管理与服务水平，提升服务层次，延长了开馆时间，周开放时间87小时；开展了还书箱和阅览室复印服务，开放了多功能学习室，更新了电子阅览室的计算机。②加强对图书馆文献资源的宣传、利用培训工作，举办了读者宣传服务月活动，加大对图书馆的各类文献资源的宣传和推广力度。③积极筹建新书展阅室，有效利用社会资源为全体师生提供方便、快捷的各类最新图书的服务。④参与校园数字化建设，推进全校的文献信息资源的共建、共享工作，并为天津学院的图书馆建设提供了整体运行方案。⑤承担为管理、文法、外语学院采购中外文图书、期刊的任务，以及承担三个学院利用图书馆文献信息服务系统的系统安装、使用培训、日常维护和各种技术支持等工作。⑥与建龙钢铁控股有限公司签订了技术服务合同"冶金行业相关的文献资源信息服务"，并与武钢、鞍钢、长城钢厂、江阴特钢等企业的情报技术部门进行了业务联系，为部分冶金企业提供科技查新服务。

（3）积极开展图书馆业务和信息咨询服务方面的研究工作。①2005年，图书馆完成北京高校图书馆学会的研究项目两项，分别为"数字化信息资源的整合与利用研究"和"高校图书馆信息服务系统研究"。②参与CALIS"高校教学参考书信息管理与服务"建设项目，负责收集学校重点学科教学信息、本科专业目录及专业类别、课程信息、教师信息和教学参考书信息，并按照CALIS要求构建"北京科技大学教学信息库"。③承担了三项学校自选课题，其中"合理订购期刊为教学和科研服务""校院两级期刊资源一体化管理模式可行性研究"已完成，"数字图书馆文献资源的整合及应用研究"正在进行。④参加高等学校图书情报工作指导委员会和中国图书馆学会立项的课题"中文图书评价研究"，承担矿业工程、冶金工程和机械仪表工业等学科的研究。

（季淑娟、殷官朝）

【内部建设】 2005年，为适应新形势要求，图书馆加强内部建设。

（1）2005年，图书馆积极配合学校完成图书馆的科技创安工程建设。在图书馆重点部位安装了视频监控系统，在各个安全出口安装了通道锁和防盗门，进一步加强了图书馆安全管理，同时还建立健全了消防责任制度、应急预案和保密制度，及时发现和消除各种安全隐患，做好图书馆的安全保卫工作。

（2）图书馆不断加强队伍建设，提高图书馆工作人员的素质与业务能力。年内，图书馆新引进一名图书馆学的硕士研究生充实图书编目的力量，同时派出27人次参加数字图书馆建设相关技术培训，加强了图书馆的学术交流，提高了工作人员的业务水平和能力。同时认真进行年度考核和聘期考核工作，实行全员刷卡考勤，挂牌上岗服务，使图书馆的各项工作逐步趋于规范化管理。

（3）进一步健全图书馆的各类规章制度，重新制订、修订了27项规章制度、规定，如加强图书采购管理工作的规定、北京科技大学图书馆维护知识产权规定、关于奖励学术研究的规定等，并编制了《图书馆规章制度》手册，提高了图书馆建设和服务的制度化进程。

（季淑娟、殷官朝）

附　录

2005 年各种文献资源的订购情况

项　目	种　类	册　数	总　价(元)
中文图书	21069	70217	2307167.58
外文图书	308	338	311997.40
中文报刊	1615	1675	219600.38
外文原版	153	153	1202969.00
外文购版权刊	72	72	202624.00
光盘数据库	8	81 个库	10000.00
网络数据库	19	147 个库	1825900.63
外文全文电子期刊	14570 种		
中文全文电子期刊	10000 多种		
电子图书	9486	18972	149000.00

2005 年图书馆读者服务情况

项　目	数　量	项　目	数　量
进馆人次	783774	上机检索	159344 人次
浏览图书馆主页	87 万人次	检索与查新课题	149 个 +143 个
借书刊	465065 册	数据库检索培训	30 次,300 人
还书刊	463900 册	馆际互借	246 人,398 册
办借阅证	7663 个	完成原文传递服务	59 篇
挂失/解挂	2421 个	科技文献检索与计算应用	27 学时 * 2 个班 112 人

2005 年图书馆部分数据库的使用情况

数据库名称	访问次数	检索次数	下载全文数
ELSEVIER			296391
EBSCO(ASP,BSP)	15360	53244	22540
APS/AIP		10559	19379
ACS		9402	12558
IOPP　国内 国外	4386	4045	1784 95
WSN	3433	UMI full text	11897
KNOVEL	5977	5123	3445
中国期刊全文库	251957	3277654	1154711
维普中文期刊全文库			240576
万方数据—数字化期刊	102061	164350	
万方数据标准资源 - 科技信息	901(本地)	39086	
万方数据—会议论文全文库	11612(本地)	68230	91359
万方数据—学位论文全文库	56315		
EI COMPENDEXWEB	20935	72123	
INSPEC 60412 CSA	8099	113970	
光盘数据库　20051220	10214		

（季淑娟、殷官朝）

档案馆

【概况】 2005年,档案馆下设办公室、综合档案室和人事档案室,档案馆馆藏档案53983卷。年底有工作人员9人,其中副高级职称3人,中级职称4人,初级职称2人。

2005年,档案馆1人被评为北京市高校档案工作先进个人,1人被评为学校保密工作先进个人。档案馆被评为2005年北京市高校档案工作先进集体、2004年学校保密工作先进集体。

(罗明书、童惠聪)

【内部建设】 2005年,档案馆围绕学校中心工作和档案工作重点,制订了《档案馆内部管理条例》、《档案馆业务学习制度》、《档案馆事假累计制度》、《恢复课间操和工会活动制度》,重新修订了《档案馆考核办法》、《档案馆考核评分条例》、《档案馆等级评定条例》,同时配合学校保密工作,修订了《档案馆保密安全制度》、《档案馆工作人员保密守则》、《档案馆工作人员保密责任制》,并与每位工作人员签订保密责任书,做到了“三落实”和责任到人。

2005年,档案馆不断加强理论学习和业务培训。通过加强理论学习、组织优秀党日活动和保持共产党员先进性教育活动,推动了全馆同志工作作风的改进和服务质量的提高。同时,档案馆加强与外单位的业务交流。年内接待北京市高校同行来校交流学习10余人次;多次派人到清华大学、北京大学、北京化工大学等高校学习档案管理工作先进经验;10月,组织部分同志参观中国农业大学百年校庆展览和农业大学档案馆。

2005年,档案馆改变了学生档案的接收和转递工作方式,一方面在新生报到现场验收档案,并告知学生本人补齐档案材料;另一方面,将暑期学生档案转递工作纳入日常工作管理,及时转递,解决了学生的后顾之忧。年内,档案馆还完成了《1952～2002年北科大校史》的审核工作,共730版,约85万字。

(罗明书、童惠聪)

【综合档案管理】 2005年3～4月,档案馆对馆藏28460卷档案进行移交表、架存实体和机内数据的全面比对,做到“三核对、三相符”,并将建校以来所有档案移交表立卷归档。

2005年,档案馆加强了档案数据网络化管理,各单位以档案网络软件为辅助完成归档工作。综合档案室以方便有效为目的,大幅调整档案表数据结构,作了大量数据共享的配置测试,安全移动案卷级和文件级数据共10万余条;对1980年以后毕业的本科生、专科生、专升本学生的毕业证书号分别扫描上传至档案网络管理系统,实现了与有关部门共享,提供了便利的查档手段,提高了工作效率。

2005年,档案馆共接收档案5693卷。同时,积极利用计算机、电话、信函和上门服务等多种方式为用户提供档案材料,全年接待档案利用627人次,提供档案1890卷次,开具证明202份。

(罗明书、童惠聪)

【人事档案管理】 2005年,档案馆接收入校教职工档案146卷,转出职工档案169卷,目前管理在职职工档案2586卷(其中管庄校区228卷);接收本科新生档案3090卷,转出本科毕业生档案1871卷,目前管理在校本科生档案共计12125卷;接收硕士研究生、博士生档案1951卷,转出毕业研究生档案926卷,目前管理在校研究生档案共计5119卷;全年接待来馆利用人事档案1577卷次。

为优化服务质量,方便教职工和学生利用,档案馆进一步深化档案信息化管理,按年度更新教职工档案数据421条,在原有分类数据库的基础上建立教职工总库,收录教职工调动、退休、死亡、辞职等人事变动信息6611条。按学年度分别建立新生及毕业生数据库，当年增加学生学籍信息5546条，毕业信息2731条，目前共收录各类学生学籍信息44297条，毕业派遣、考研、出国、学籍变动等信息4183条。根据人员变动情况，在更新原有检索工具的同时，编制教职工档案名册5册、学生学籍名册2册、转档名册2册、转递单册17册。

（劳 力）

网络中心

【概况】 截至2005年底，网络中心在编工作人员8人。其中教授1名，副研究员和高级工程师各1名，工程师4名，助理工程师1名。网络中心主要承担着校内的网络维护、监控、设计、实施和培训。对外业务有网络咨询、系统设计和软硬件的开发等。中心现有交换机、服务器、防火墙、路由器等高中档网络设备400多台套。截至2005年底，校园网二期改造基本完成，在原有的基础上，又新增接入校园网信息点数近10000个，将千兆为主干的网络结构建设成为以万兆为主干的先进校园网络，能够有力支持全校重点学科建设，满足学校教学、科研、管理和文化生活需要的具备较高技术含量的新型校园网络和硬件信息平台。

（刘鸿涛、梁 哲）

【网络建设、维护及服务】 网络建设方面，2005年学校基本完成了“211工程”校园网二期改造，取得了以下几个方面的成绩：①2005年3月建设了联通全校各主要楼宇的信息管网3.2公里，信息井180余个；铺设接入光纤网络12公里；建设了分别以图书馆、金物楼、校医院、科技楼和科大附小为光纤节点的光纤网络，并留有较大冗余，为学校今后的信息化建设打下了良好的基础。②在圆满完成将逸夫教学楼、东门学生公寓、土木环境楼、信息机电楼、1－7号学生公寓全部接入校园网任务的基础上，积极克服困难，将会议中心、教育经济信息网、居委会、模具中心等单位接入校园网。年内共完成近10000个信息点的接入，大大超出了原建设目标中完成2000个信息点接入的任务。③经过建设，2005年底校园网万兆骨干、千兆汇聚、百兆交换到桌面的万兆以太网接入信息点共有近15000个（不包括HUB接入），使学校校园网在技术含量和规模上均达到了较为先进的水平，为学校信息化建设提供了基本运行平台。④扩大了校园网络出口带宽，由原来与CERNET百兆连接，升级到目前与CERNET的千兆接入。完成计费网关、防病毒软件的安装和升级工作；开辟第二出口，建设了与铁通20兆带宽的连接，保证校园网的稳定，提高了与公网的连接速度；将原来的checkpoint软件防火墙更新为千兆硬件防火墙，保证了校园网的接入速度和安全系数。其他方面的网络建设：①网络中心还为学校构建了财务工作专网，网络涵盖管庄校区、会议中心、学二食堂、后勤小楼。②在IPV4地址空间日益紧张的情况下，为学校再次申请到了32个C类地址，使学校的C类IP地址总数达到96个。目前接入全部为实地址，使学校IP地址资源的紧张状态得以缓解。③建设了2个IPV6实验室。

网络维护方面，到2005年底校园网二期建设基本完成。校园网成为万兆骨干、千兆汇聚、百兆交换到桌面的万兆以太网，接入信息点共有近15000个（不包括HUB接入）。在网络中心只有四名技术维护人员的情况下，日常工作是维护全校网络的稳定和畅通，工作量非常大。针对个别校园网用户使用网络执法官，网络剪刀手,ARP 欺骗,私设 DHCP SERVER,利用非法工具抢占 IP 地址等破坏网络秩序和安全的行为做到及时发现,及时制止,一旦取得破坏校园网网络安全的证据,就对其行为作出相应的管理。如关闭其个人帐号,进行网络隔离,封闭端口等措施,为校园网创造良好的网络环境起到了重要的作用。网络中心还承担着对校园网设备如交换机、服务器、防火墙、路由器等400多台网络设备进行日常的监控、管理和维护工作。

网络服务方面,2005 年 7 月,网络中心与图书馆一起建设并开通了 VPN 服务的功能,为家住校外教职工和出差在外的本校教师使用图书馆资源提供方便。10 月,网络中心根据学校要求和网络安全的需要,在全校实行上网帐号实名制。年内开通校园网上网帐户 17956 个,并为在校学生免费建立了个人电子邮箱近 17000 个。网络中心每个月还定期在 OA 上发布微软最新的系统补丁供校园网用户下载。网络中心对外接待校内教职工、学生上网开户,邮箱开户,上网流量续费,VPN 开户等业务。对教学区和学生公寓所报网络故障进行现场排查,争取在最短的时间内排除故障,保障校园网用户网络的畅通。

(刘鸿涛、梁　哲)

电化教育中心

【概况】　截至 2005 年底,电教中心有在编工作人员 8 人,其中高级职称 2 人,中级职称 3 人,初级职称 3 人,返聘退休教工 5 人。拥有各类设备 393 台套,固定资产 917.2 万元。中心拥有完善的多媒体课件制作系统和电视节目制作设施;用于播放教学课件的教学区闭路电视系统;56 个设施齐全的多功能教室;用光设备传输电视节目的有线邻频系统及“HFC”宽带网。此外中心还拥有相当数量的录音复制设备及课件刻录设备等。

(牛长山)

【教学工作】　学校 2005 年精品课程按学科梯队进行制作,中心完成的课件有:《国际贸易原理》(贾建华、黄晓霞、阚红),《大学英语》(彭漪、张怡、张虹、武威),《传输原理》(程树森),《冶金物理化学》(王习东),《电子电路》(王新平、刘蕴络),《材料科学与工程基础》(余永宁、杨平、陈冷),《管理信息系统》(高学东、余宾、武森)及《大学物理实验》(吴萍、黄筱玲、赵雪丹)。

年内,电教中心为学生专业课、专业实习以及外语教学播放课件 403 学时。学校多功能教室开课 719 门类,共计 58107 学时。同时,电教中心积极搭建多媒体课件技术平台,为教学工作提供技术支持。中心将原有的 735 个模拟视频课件转换成数字课件;复制、刻录教学软件 331 学时,为首钢总公司等单位复制各类教学课件 594 学时;将现存视频素材整理刻盘,并将目录挂在电教网页上供教师选用;举办青年教师现代教育技术培训班 3 期,71 人参加。

(杨雄)

【设备建设及维护】　2005 年,学校投资 230 万元建设 26 个多媒体教室。截至 2005 年底,电教中心共管理 56 个多媒体教室,占全校多媒体教室总数的 80%。全校多媒体教室座位 13540 个,占学校教室总座位数的 67.7%。为保证设备正常运转,电教中心工作人员对 56 个多功能教室的设备进行了测试、维护,更换多媒体教室扩音设备 40 台;更换投影机 8 台,设备完好率达 100%。中心还为外语学院安装卫星地面站和接收系统,提供 BBC、CNN、HNK、HBO 等教学节目。

年内,电教中心完成有线电视系统测试 12 次、抢修 5 次、日常上门维修 249 次、测试与维修卫星地面站 12 次,保证了系统的正常运行。此外，中心还调试家属区宽带网信号电平，对信号较弱的个别楼宇增加了双向放大器。

（谢玉浩）

校医院

【概况】 2005年，校医院下设内科、外科、妇科、口腔，保健及医技、药，护等17个科室，住院病床60张，实际开放使用38张，是一所兼有医院与社区卫生服务中心双层角色的一级甲等医院。现有职工49人（含计生办2人），其中人事代理合同3人，高级职称8人、中级职称21人；全科医师9人，全科护士4人。医院拥有全自动、半自动生化分析仪，血球分析仪，全导心电图机、多普勒彩色超声、数字化X光胃肠机、X光团透机、全自动洗片机、红外线乳腺检查仪、乳腺治疗仪、高压氧舱、口腔治疗椅等一批现代化医疗检查设备。

（赵智杰）

【先进性教育活动】 2005年，校医院以先进性教育活动为契机，在学校党委和后勤党委的统一布置下，结合医院工作实际，动员、组织党员参加各种学习活动，并提出了开展以病人为中心，以改善服务态度为重点，以提高医疗质量为主题，以加强管理为核心的“优质医疗服务，创建群众满意医院”活动的要求，努力做到边学习边提高边整改。在整改提高过程中，校医院将支部和医院整改方案张贴在门诊大厅，同时将全体党员的整改措施公布张贴在会议室，征求医院全体党员、群众和广大患者的意见。通过开展保持共产党员先进性教育活动，校医院的服务质量明显提高，受到群众和患者的好评。

（赵智杰）

【规范制度与管理】 2005年，校医院以卫生系统要求的争创文明社区卫生服务为契机，狠抓制度建设，完善了《医院工作管理制度汇编》。为加强医务人员职业道德教育和医德医风建设，校医院组织医务人员进行“医德医风管理规定答卷”活动，同时又根据工作中存在的业务要求与问题编制了《医院感染管理手册》，从而为加强社区卫生服务中心的规范化和医院管理奠定了基础。

2005年5月，在市、区政府与卫生局支持下完成了传染病接诊室的改扩建工程，进一步规范和完善了对传染性疾病的长远防治。9～10月，在各学院、单位的配合下，医院为4000多名教职工、离退休人员重新更换了新的公费医疗证和病历，并将原有的旧病历进行整合保存。新的公费医疗证在管理程序上为收费工作提供了方便，实行数字化录入，便于查找。

2005年12月，医院与各单位成立了共建委员会，聘请各学院、机关、工会、学生处、离退休干部处、居委会等部门的同志为卫生服务监督员，举办座谈会，广泛征求意见和建议，进一步加强了医院与学校各单位的交流与沟通。

（赵智杰）

【预防保健】 2005年，校医院坚持预防为主的方针，加强对传染病知识的宣传、监控与防治，落实各项传染病管理措施，提高对突发事件的应急处理能力。年内诊断菌痢14例、肺结核13例，均按传染病法规定程序及时给予登记和上报，对所接触的相关人员进行健康检查和指导，对宿舍、公共场所进行消毒，未发生续发病例。

医院把教职工保健工作作为工作重点，将体检与治疗、健康与指导、追踪与观察紧密结合起来。2005年为全校近3000名职工进行了体检，查出各种肿瘤6例、子宫肌瘤25例、卵巢囊肿5例，通过体检做到了早发现、早诊断和早治疗。针对教工患心脑血管病和亚健康症状多的现象，为教工及离退休人员组织健康讲座，配合海淀区疾控中心完成了100例居民参加的“2005年北京市慢病危险因素调查”工作。

2005年9月，医院组织完成了预防艾滋病宣传周活动。通过专题讲座观看宣传片及图片展览，为学生全面深入正确认识了解和预防艾滋病的科学知识起到了教育作用。2005年12月，根据禽流感的突发病机理，医院举行了“预防禽流感及传染性疾病现场咨询活动”，并提出“要树立科学防控意识，消除不必要恐慌心理，正确认识人禽流感的传播途径，做好自我防护”的号召。学生军训期间，医院派出人员到基地为新生开展送医送药送宣传材料活动，对学生今后生活中如何看病、报销等问题进行了宣传、指导，并发放就医指南。12月初，医院请海淀区结核病防治所专家来校为新生中有结核试验阳性的同学讲课，同时给予免费预防服药。由于医院各种预防工作宣传到位，预防接种及时，学校传染病发病率明显下降。此外，校医院还坚持定期对食堂进行卫生监督检查，及时处理食品卫生中存在的隐患。

（赵智杰）

【培训与医疗服务】 2005年，校医院有计划安排医务人员参加卫生系统组织的各种继续教育培训。5人参加医技专业技能培训，经考核有4人取得单项合格证书；1人参加北京市全科医疗理论和技能知识学习，经考核取得合格证书。全科理论与技能的学习是社区服务的基础，校医院重点培训方向是人人掌握全科技术。

年内，医院积极加强医疗服务，取得令人满意的效果。①增加检查治疗设备。医院自筹资金购买了红外线乳腺检查仪、治疗仪，进口显微镜和检眼镜，以满足广大患者的需要。②为防控人禽流感和其他传染病，医院购买相关书籍发放到医护人员手中。通过培训和自学，医务人员掌握了其传播途径，了解消毒隔离规范和污物处理规程的要求。③认真做好防控工作。针对37种传染病的特征，11月底医院受卫生局委托对医务人员进行传染病知识专业考试，取得了较好的成绩。2005年医务人员接受各种培训24人次。④按期完成了医疗设备、仪器的计量检测和药品的检测。被抽检的药品、材料均符合国家标准。

目前，学校离退休人员在逐年增加，学生也在不断扩招，医护人员却在逐年减少。针对现状，医院克服困难，努力做好服务工作。1～12月完成各类体检15326人次，完成门诊工作85702人次，急诊1704人次，收治住院病人579人次，做各种普外手术90例，为社区出诊服务317人次，妇幼访视37人次，完成各种计划免疫、预防注射9841人次，为新生军训、各类运动会、老干部活动、各种会议服务25人次，还配合学校组织完成了2005年的献血工作。

（赵智杰）

附属小学

【概况】 2005年，北京科技大学附属小学在校学生730人，18个教学班，其中学前教育班2个。毕业学生161人，新招学生160人。教职工39人，专任教师36人，其中外聘教师3人；中学高级教师1人，小学高级教师26人，已取得本科学历和正在进行本科学历教育的29人。学校有专用教室9个，有美术、自然、语音、音乐、计算机、科技、机器人、图书、多媒体大厅，同时设有教师电子备课室。学校建有校园电视台、红领巾广播站及计算机宽带网，全塑胶、灯光足球场、篮球场、网球场。2005年自筹资金10万元，用于机器人教室设备的添置，为学生提供动手操作实践的条件。2005年北京科技大学附属小学被评为北京市海淀区科技先进学校、北京市海淀区课外活动先进学校、北京市海淀区国防教育先进学校、北京市海淀区首批绿色学校。

（张美娜）

【德育工作】 2005年，附属小学德育工作主要以“情系奥运，文明礼仪伴我行”为主题，开展丰富多彩的教育活动，引领学生成长。学校注重师德建设，组织教师学习《加强和改进未成年人思想道德建设实施意见》、《教育部关于进一步加强和改进师德建设的意见》及北京市中小学德育工作会议等文件和会议精神，观看中央教科所朱小蔓所长《为着每个学生道德生命的成长——学校教育改革的道德目标》、刘惊铎教授《道德体验，走进未成年人心灵世界》的专题报告录像，加深了对德育工作实效性的理解和认识。同时，通过组织优秀教师代表进行经验介绍，激励教师不断树立在教书育人的岗位上敬业奉献的精神。

年内，附属小学开展“情系奥运，文明礼仪伴我行”主题教育实践活动，规范了学生的行为习惯，促进了学校内和谐的学习氛围，加深了学生对奥运精神的理解。军训工作中采取高年级与低年级学生组合编班的形式，使学生学会关心与尊重他人。组织学生学习手语，了解聋哑人的世界。组织学生“六一”儿童节与残疾人联欢，使学生学会“关注、关心、关爱”，机器人小组的学生也因此受到启发，设计了“轮椅机器人”在全国发明博览会上获得银奖，并在北京青少年科技创新大赛中获得了一等奖。组织学生自己动手制作彩陶，进行田间劳动，提高了学生的实际动手能力。聘请在亚太地区及全国机器人电视大赛载誉而归的北科大机器人代表队作科技振兴祖国的报告和机器人表演，激发了学生们爱祖国、爱科学的热情。年内，学校还组织全校学生参加纪念中国人民抗日战争胜利60周年唱响国歌活动、奥运倒计时1000天和奥运吉祥物发布主题班会、观看《感动中国》录像、“交通安全五进”教育、关于“小学生购买带有赌博性质有奖商品”大讨论等多种形式的教育活动，使学生们在自我教育中受益匪浅。

（吴再斐、潘　翔）

【教学及师生竞赛】 2005年，学校贯彻落实《海淀区小学教学质量“五级监控”实施细则》，切实提高教学质量。召开教师经验交流会，不断提高教师的教学水平。组织全校教师参加北京市中小学教师继续教育培训学习，每人完成政治、业务、心得笔记各8篇。同时，开展推门课、跟踪课、评优课及各学科展示课、为家长开放课堂等活动，加强对教师课堂教学进行检查指导。

附属小学不断加强教学质量监控，对各学科各单元进行及时验收，及时反馈。四年级接受东升中心学区语文、数学、英语质量抽测，语文、数学优秀率、及格率居中心学区第一，英语居第六，并在学区做了《新课程标准下的语文阅读能力的培养》的经验总结。通过举办全校性的口算、百词、查字典、英语、阅读比赛；学习用具及各科作业抽查、互查；社会实践征文、全国“春蕾杯”作文竞赛等活动，加强教学常规管理，促进教学质量的提高。

年内，音乐教师参加海淀区音乐教师基本功比赛获得二等奖；教学干部参加东升中心学区的展示课，获得好评；英语教师在学区演讲比赛中获得一等奖；6位教师在东升中心学区的评优课上分别获得一、二等奖。

（高　彦、王　旭）

附　录

2005年北京科技大学附属小学师生获奖一览表

序号	奖项名称	获奖等级	获奖者	授奖单位
1	第六届全国青少年“春蕾杯”作文竞赛园丁奖	国家级	吕　梅、王秀兰、高　彦 张渝玲、乔俊玲、张　璪	中央教科所、中国儿童少年基金会、全国青少年春蕾杯征文组织委员会
2	全国青少年无线电测向优秀辅导教师	国家级	刘江山	全国青少年无线电测向分区赛北京赛区组委会

续表

序号	奖项名称	获奖等级	获奖者	授奖单位
3	全国中小学生叶画制作比赛优秀辅导教师	国家级	王忠艳	中国青少年科技辅导员协会
4	第七届国际机器人奥林匹克竞赛中国选拔赛暨首届全国青少年教育机器人奥林匹克竞赛	国家级	闯迷宫[小学组]二等奖：石　晶；优胜奖：李幼琪；爬楼梯[小学组]优胜奖：郝培君、强长棣	
5	第十五届全国发明展览会上荣获银奖、北京市创新大赛一等奖	国家、北京市	石　晶	中国发明协会
6	全国青少年电子模拟探雷锦标赛	国家级	金属雷第三名：聂垚辰 磁雷一等奖：黄文杰、唐晓荷、于德明、邱邃宇、顾朝阳 磁雷二等奖：王子凡、聂垚辰、杜鹏旭、李奋龙 磁雷三等奖：王子凡、郭倏宇、于德明、杜鹏旭、邹　运	全国无线电协会
7	全国无线电分区赛，北京赛区个人冠军（小学组）	国家级	刘祖欣	全国无线电协会
8	全国"春蕾杯"征文竞赛获奖	国家级	二等奖：胡昱辰、王博远 张润宇、李欣怡、邵京京 梁　晨、韩慧瑾 三等奖：宋　清、耿　直 唐　晟、刘祖欣、高　晶 阎　爽、董嵩宇、吴嘉佳 优秀奖：陆天行、朱正人 何　茜、谭乃根、丘金林 谢雅晨、胡子昱、安　蓓 何曼妮	中央教科所、中国儿童少年基金会、全国青少年春蕾杯征文组织委员会
9	全国中小学生叶画制作比赛三等奖	国家级	郁　璠	中国科协
10	北京市基础教育课程改革先进个人	北京市	高　彦	北京市基础教育课改试验领导小组
11	北京市无线电科技活动优秀科技辅导员	北京市	刘江山	北京市无线电运动协会
12	北京市小学语文指导写字教学论文二等奖	北京市	徐永红	北京市小学语文教学研究会
13	海淀区课程改革实验先进个人	海淀区	杜向琳	海淀区小学课程改革实验领导小组
14	2005年海淀区"十佳少年"	海淀区	刘祖欣	海淀区教委
15	2005年海淀区中小学科技新苗	海淀区	石　晶	海淀区教委
16	《我给神舟六号航天员写封信》征文一等奖	海淀区	朱　旭	海淀区教委

续表

序号	奖项名称	获奖等级	获奖者	授奖单位
17	北京市海淀区中小学生“世纪杯”计算机竞赛组织奖	海淀区	北京科技大学附小	海淀区教委
18	北京市海淀区中小学生科技英语竞赛组织奖	海淀区	北京科技大学附小	海淀区教委
19	《我给神舟六号航天员写封信》征文优秀组织奖	海淀区	北京科技大学附小	海淀区少工委
20	海淀区优秀教师	海淀区	王秀兰	海淀区教委
21	海淀区“云舟杯”英语口语大赛优秀辅导教师	海淀区	张　荻、王群艳、杜向琳	海淀区教委
22	海淀区中小学生“世纪杯”计算机竞赛优秀辅导教师	海淀区	沈　磊	海淀区青少年活动管理中心
23	海淀区中小学生科技英语竞赛优秀辅导教师	海淀区	张　荻、王群艳	海淀区青少年活动管理中心
24	海淀区“十五”期间中小学群体科研课题先进个人	海淀区	王　旭	海淀区教育科学研究所
25	2005年海淀区中小学科技园丁	海淀区	刘江山	海淀区教委
26	海淀区业余电台、航模比赛优秀辅导教师	海淀区	刘江山、潘　翔	海淀区青少年活动管理中心
27	海淀区中小学生科技英语竞赛	海淀区	一等奖：顾　湘、张岸佳 二等奖：马道成、董嵩宇 任海盟、张翰雄 三等奖：赵晓曦、王　桐 朱　旭、冯　叶 张　璐	海淀区青少年活动管理中心
28	第三届海淀区迎奥运“云舟杯”中小学英语口语大赛	海淀区	一等奖：顾苇亭、梁与都 石　晶、吴嘉佳 邢洪伟、张思扬 二等奖：韩知非、刘　帆 王博雅 三等奖：董嵩宇、黄文杰 任海盟、沈　月 王文正、张　垚 张翰雄、朱　旭	海淀区青少年活动管理中心
29	北京市海淀区中小学生“世纪杯”计算机竞赛	海淀区	一等奖：曹　珂、冯　叶 二等奖：董嵩宇、吴　迪 三等奖：冯　艺、徐耕宇	海淀区青少年活动管理中心
30	北京市海淀区中小学生无线电测向竞赛	海淀区	二等奖：董嵩宇、赵晓曦 三等奖：孙正源	海淀区青少年活动管理中心

社区居委会

【概况】 2005年,北京科技大学社区居委会下设四个小区(分居委会)和三室一场一校,即:日间照料室、文化活动室、卫生保健室,室外健身场,市民学校。社区党总支下设两个党支部,共有党员145人。

社区现有居民2994户,其中少数民族207户;享受政府优抚政策的39户;享受低保政策的15户。社区总人口8661人,其中在职人员4490人,离休人员156人;退休人员1939人,在校生1343人,学龄前儿童297人;个体经营人员99人,失业人员174人,无业人员163人;残疾人107人;归侨21人,新华侨华人174人;帮教对象10人,矫正对象3人,在押人员6人。

(邱明迎)

【社区党建】 2005年,社区党总支工作的指导思想是:以邓小平理论和"三个代表"重要思想为指导,以构建和谐社区为目标,大力弘扬求真务实精神,发动党员干部和全体党员"以人为本、为民解困",多办实事、办好事,为社区党的建设做出积极贡献。

(1)2005年1月社区党总支组织10名党员、社区干部、志愿者与残疾人、孤寡老人、空巢老人签订了协议,结成"一帮一"、"一助一"对子。按照协议的规定,党员、社区干部、志愿者经常到有关人家中了解情况,帮助解决困难。在助残日、爱眼日、爱耳日、九九重阳节,社区负责人慰问了军属、烈属、伤残军人、五保户、残疾人,并组织志愿者给有困难的人员理发、买菜、裁剪、打扫卫生等。党员干部们的积极行动,充分发挥了共产党员的模范作用,体现了党的温暖和政府的关怀。

(2)为了提高党员干部的思想觉悟,增强党性,4月7日社区党总支举办了由党总支委员、支部委员、党小组长、社区宣传员组成的社区干部培训班,学习党的理论知识。7月13日~11月17日,社区党总支开展了保持党员先进性教育活动。通过带领广大党员和积极分子参观学习、开展批评与自我批评查摆自身存在的问题、有针对性的整改提高,社区党总支圆满完成了保持党员先进性教育活动的各项任务和目标。

(张文元、邱明迎)

【创建和谐社区】 2005年,创建和谐社区是居委会工作的重点。为使户户关心社区建设,人人参与社区建设,把工作落实到实处,居委会加强宣传工作,利用橱窗、板报、横幅、标语、闭路电视等多种形式进行宣传,在社区内营造了和谐的氛围。针对社区的具体情况,居委会成立了六支队伍:①整合社区救助资源,建立健全社会救助体系,成立了扶贫济困队伍,深入了解社情民情,做困难户的贴心人。②根据新形势下的家庭、邻里、社会关系的情况,建立了一支调解员队伍,把矛盾化解在家庭内、楼内、大院内。③根据社区老年人多、弱势群体多的特点,建立服务队伍。④建立安全保卫队伍,确保社区一方平安,营造居民安全氛围。⑤建立维权队伍,确保居民不受人身、权益、财务等侵害,维护居民的合法权益。⑥建立协调队伍,努力实现社区资源共享、优势互补。同时社区居委会积极开展抓党建、抓自治、抓环境、抓服务、抓治安、抓稳定、抓普法和抓文体等各项工作,和谐社区建设取得了明显成效。

(张文元、邱明迎)

【精神文明建设】 为了更好地开展社区精神文明建设,年内社区开展了多项评比活动,以评促建。共评选社区卫生之家348户;社区级五好家庭1909户;学习型家庭4户;遵纪守法养犬家庭4户。同时,为减轻政府和学校的负担,解决居民生活中的实际困难,社区成立了由52个小组、312名会员、42名党员志愿者、30名大学生组成的志愿者服务队,全年互助服务3380人次，办好事、办实事27500人次，直接受益人员81250人次，增强了居民之间的团结。年内，社区居委会还组织社区老年人春游、秋游，举办运动会、棋牌比赛，丰富社区居民的生活。

（张文元、邱明迎）

【社区服务】 2005年，社区居委会积极为社区内居民提供生活上的关心和帮助，主要做了以下工作：利用学校拨款4000余元对党员、退休工人等重病号走访慰问80余人次；对家庭十分困难的23名同志进行社会救助，共发放4000余元；为23名退休工人发放住房补贴，共计64000多元，并帮助申办人员完成各种证件办理、申办表格的审核和上报工作；对4户烈属、9名伤残军人、30多户军属、5名孤寡老人、5名重残人员、6名临时困难人员、5名做眼睛复明手术人员进行走访慰问，发放慰问金近4000元；为15户生活水平在低保线以下的人员申请最低生活保障金。此外，社区居委会为社区居民订牛奶6820袋，订报刊杂志885份，受到了社区内居民的一致好评。

（邱明迎）

中国教育经济信息网

【概况】 2005年，中国教育经济信息网（China Education Economic Information Net，简称CEE）项目建设稳步推进。年内，在完成省级数据采集站点系统集成的基础上，启动了省级应用系统试点运行工作，并进一步完善了网络系统和网络功能。

2005年，CEE系统运行情况良好。根据业务需要，新开通教育部有关司局、直属单位及国家西部地区“两基”攻坚计划领导小组办公室等用户的业务功能，业务范围进一步扩大。至2005年底，CEE管理中心共完成11项教育部、财政部常规和专项业务的上报以及相应的数据汇总统计工作。同时，CEE管理中心还组织完成了《中国教育经济信息网高等学校信息采集、统计结构》的修订，依托CEE中心站点组织建设了“中国教育政府采购网”和“全国学生资助管理中心网”，扩展了CEE系统应用范围。年内，根据项目建设需要，CEE管理中心引入监理机制，为项目建设提供了保障。

（姜佳男、闫　彦）

【项目建设】 2005年，CEE管理中心完成了省级数据采集站点的系统集成，启动了省级站点试点运行。

2005年开始，在省级数据采集站点硬件设备、系统软件到货并通过验收的基础上，CEE管理中心组织完成了全国31个省级数据采集站点的系统集成，并对管理中心和省级站点的系统管理人员进行了系统软件培训。10月，在完成实地抽查和测试之后，CEE管理中心组织专家在北京科技大学召开省级站点系统集成工作评审会。根据与会专家评议意见，省级站点系统集成工作通过验收。11月，CEE管理中心启动CA招标工作，为省级站点应用系统全面推广做好准备。

2005年7月，根据教育部财务司下发的《关于召开“中国教育经济信息网”省级站点应用系统试运行启动会的通知》，“中国教育经济信息网（CEE）省级站点应用系统试运行启动会”在东南大学召开，教育部财务司有关领导、北京市教委、黑龙江省教育厅、广东省教育厅、江苏省教育厅以及CEE管理中心和太极华青公司相关人员出席了会议。与会人员对CEE管理中心提交的省级站点试点运行方案、基础教育数据采集结构以及《中国教育经济信息网管理办法》（草案）进行了讨论，初步确定了省级站点试点运行工作的时间、内容和方式。8月，教育部财务司组织有关专家对《中国教育经济信息网高等学校信息采集、统计结构》进行了研讨。根据两次会议提出的意见和建议，CEE管理中心对省级站点应用系统试点运行方案、《高等学校信息采集、统计结构》以及《基础教育信息采集、统计结构》进行了修改和完善，并提交教育部财务司进行了确认。11月，教育部财务司下发《关于做好"中国教育经济信息网"省级数据采集点应用系统试点运行工作的通知》（教财司函[2005]228号），确定黑龙江、北京、江苏、广东四省（市）作为试点单位参与省级站点应用系统试运行工作。12月，管理中心对四个试点省（市）的站点负责人等用户进行了应用系统功能介绍、系统操作和业务管理培训。至2005年底，CEE管理中心已完成省级站点试运行前期准备工作，试点运行工作正按照试点方案稳步推进。

（姜佳男、闫　彦）

【监理机制建立】　为保证CEE项目建设进度和质量，经教育部批准，CEE管理中心通过商务谈判于2005年6月委托北京赛迪信息工程监理有限公司对CEE计算机网络系统建设工程进行监理。至2005年底，赛迪监理公司先后参与了CEE省级站点系统集成验收工作、省级站点应用系统软件模拟运行、试点运行培训、月报和资金监控备份系统验收、"两基"系统开发合同商谈等工作，并为管理中心提供了发展战略、运行机制等方面的咨询。监理机制的引入，在保证项目质量、把握项目进度、节约项目资金、控制项目变更，加强合同、信息、安全管理，以及协调管理中心与太极华青公司工作关系方面发挥了重要的作用。

（姜佳男、闫　彦）

【应用拓展】　2005年，CEE管理中心根据教育部、财政部的工作需求，组织完成了多个业务系统的设计开发，完善了网络功能，扩展了系统应用范围。

2005年初，在2004年需求分析和系统设计的基础上，CEE管理中心组织完成了"国家'两基'攻坚计划管理信息系统"的开发和相关培训，系统正式投入使用，实现了信息发布、数据展示、工作交流等功能。10月，根据国家"两基"攻坚计划工作需要，管理中心又协调组织了系统升级工作，系统新增数据采集、审核和统计等功能。至年底，管理中心已完成需求分析和功能设计工作。

为加强对教育部直属高校资金流动情况的监控，从2005年1月开始，教育部直属高校资金监控系统正式在CEE上投入使用，教育部全部直属高校每月定时上报上月发生的经审核确认应纳入监控系统的财务信息。该系统上线运行后，在防范教育部高校资金风险方面发挥了重要作用，受到部领导的高度重视。2005年12月，为提高系统性能，实现对直属高校资金流动状况的即时监控，CEE管理中心报请教育部财务司批准，启动了资金监控系统的升级工作。升级后，资金监控的周期大大缩短，教育部财务司可以实时采集各直属高校账务数据信息。至年底，资金监控系统升级的设计开发工作已基本完成。

2005年10月，根据教育部贷款办工作需要，CEE管理中心组织人员进行了"中国教育政府采购网"的设计开发，网站包括政策发布、采购公告、中标公告、信息咨询等内容。11月，网站开发工作完成，月底正式开通。

2005年12月，为推进学生贷款管理工作的信息化建设，教育部学生贷款管理中心决定依托CEE系统开发建设"全国学生资助管理中心网"，网站包括政策法规、理论探讨、工作动态等信息发布功能。年底，该系统开发完成并试运行。

（姜佳男、闫　彦）

【内部建设】　2005年，CEE管理中心加强内部建设，完善制度、充实人员、调整岗位，使管理中心工作走向正规化、规范化。

2005年，管理中心先后出台、修订了岗位职责、人事管理、安全保密、信息上网审核等一系列规章制度，使各项工作有章可循、有据可依。管理中心人员得到充实，4月蒋宏潮同志调任CEE管理中心副主任（主持工作），年内新聘任校内正式职工2人、外聘合同制职工1人，并对部分员工岗位进行了调整。截至2005年底，管理中心共有专兼职校内正式职工13人，外聘合同制职工9人。此外，管理中心加强组织建设，2005年5月CEE管理中心党支部成立，支部隶属机关党委，至年底共有党员8人。

（姜佳男、闫 彦）

【业务开展】 2005年，中国教育经济信息网业务应用范围进一步扩大，CEE管理中心先后完成教育部和财政部部署的多次上报业务，包括：①1月1～10日，完成2004年教育部直属高校审计报表上报，1～15日完成各省、自治区、直辖市教育厅（委）审计报表上报；②1月5日～2月6日，完成2004年教育部直属高校财务决算上报及审核汇总工作；③1月，完成2004年度教育部直属高校、直属事业单位及教育部主管社会团体银行账户年检的上报，并完成相关统计汇总工作；④4月4～20日，完成2004年教育部直属高校预算外资金情况调查表的上报和汇总，并配合教育部财务司完成统计、修改工作；⑤7月6～12日，完成教育部直属高校、直属事业单位2004年财政拨款结余资金情况表的上报，并协助教育部财务司完成审核、修改、汇总工作；⑥9月28日～10月16日，完成教育部直属高校和事业单位1～8月预算经费拨款核对工作；12月6～9日，完成1～11月预算经费拨款核对工作；⑦年内，完成教育部直属高校预算外收入月流量情况表、教育部直属高校及事业单位津贴补贴清理审核、2005年1～9月教育部直属高校和事业单位教科文事业费预算执行情况等多项临时性上报业务。

（姜佳男、闫 彦）

党建与思想政治工作

组织工作

【概况】 截至2005年底，北京科技大学共有基层党委13个，党总支1个，党支部355个，其中直属党支部1个。共有党员6608名，占全校总人数的29.43%，其中干部党员499名，占干部总数的69.69%；教师党员587名，占教师总数的58.29%；工人党员43名，占工人总数的9.68%；其它专业技术人员党员228名，占其它专业技术人员总数的55.47%。学生党员4375名，占学生总数的20.06%，其中研究生党员2764名，占研究生总数的46.16%；本科生党员1603名，占本科生总数的12.75%。

全校共有在职校级干部11名，处级干部173名，其中正处级干部56名，副处级干部117名；男130名，女43名；党外处级干部16名，占处级干部总数的9.25%；少数民族处级干部6名，占处级干部总数的3.47%；45岁以下处级干部96名，占处级干部总数的55.49%。处级干部学历情况为：博士41人，硕士52人，本科71人，大专9人；高级职称126人，中级职称38人，初级职称6人，无职称3人。

（刘新军、万玉刚）

【干部工作】 2005年，为了全面贯彻落实《党政领导干部选拔任用工作条例》以及学校党委提出的机关机构改革和人事分配制度改革的工作要求，学校进行了学院和机关职能部处领导班子的调整工作。3～5月，学院党政班子进行换届工作。为了保障换届工作科学、民主、顺畅地开展，学校制定并实施了《关于学院党政领导班子换届实施意见》和《学院党政领导班子换届基本程序》。经过民主推荐、民主测评、干部考察、任前公示等程序，共提任院长、副院长15人，调任5人，免职8人；学院党委换届通过召开党员大会（党代会），选举产生新的一届学院党委、党总支委员，提任学院党委书记3人，调任学院党委副书记1人，免职学院党委书记2人。6月至年底，学校进行了机关部处处级岗位竞聘上岗工作。6月，学校制定并下发了《2005年机关处级正职岗位干部竞聘上岗工作实施意见》，年底进行了17个处级正职岗位、38个处级副职岗位的竞聘上岗工作。通过竞聘答辩、公布招聘岗位职务和职数、推荐报名、资格审查、竞聘答辩、常委会讨论确定考察对象、考察、民主测评、讨论决定、公示并公布任命决定等程序，提任处级正职干部4名，处级副职干部9名，8位同志不再保留处级待遇，7位原处级干部改任非领导职务。

为了进一步深化干部人事制度改革，建立干部能上能下、能进能出的机制，鼓励从事党务、行政管理岗位的领导干部转岗从事教学、科研工作，学校制定并实施《关于建立机关处级领导干部学术休假制度的意见》和《关于设立处级非领导职务的实施意见（试行）》，对机关处级干部学术休假的适用范围、期限以及考核和待遇作了详细规定，疏通了处级领导干部的出口。此外，学校还启动了后备干部库的建设工作；修订完善了干部考核实施办法。

（刘新军、万玉刚）

【组织工作】 2005年，按照《中共中央关于在全党开展以实践“三个代表”重要思想为主要内容的保持共产党员先进性教育活动的意见》的要求，学校党委认真组织开展保持共产党员先进性教育活动。2月，学校开展前期的工作调研，组织部下发了《关于开展“保持共产党员先进性教育”工作调研的实施意见》和《关于在学校层面开展“保持共产党员先进性教育”工作调研的通知》，提出了具体工作方案。

8月底，在充分进行前期调研工作的基础上，学校保持共产党员先进性教育活动第一阶段正式开始，学校党委制定了《中共北京科技大学委员会关于开展保持共产党员先进性教育活动的实施方案》、《中共北京科技大学委员会保持共产党员先进性教育活动领导责任制》以及各阶段实施计划等一系列文件，并组织基层党支部书记、支部委员以上干部和联络指导员进行先进性教育活动集中培训。9月1日，学校分别召开全校教职工党员和学生党员动员大会，全面启动北京科技大学保持共产党员先进性教育活动。9月30日，学习动员阶段各项工作顺利完成。10月1日~11月3日，学校进行了先进性教育活动分析评议阶段的各项工作，组织召开各层面人员的座谈会256次，发放征求意见表4000余份，征求到原始意见7302条，梳理归纳为16个方面，真正做到了征求意见范围“广”、形式“多”、渠道“畅”。11月4日~12月2日，学校进行了整改提高阶段的工作，制定整改措施和整改方案、认真进行整改和向群众公布整改情况，并做好群众满意度测评和整改教育活动的总结工作。11月29日，学校层面的满意度测评召开，北京科技大学保持共产党员先进性教育活动的群众满意度为96.45%。

2005年，学校还做好了一系列相关统计工作。3月，根据北京市委教育工委党员年度统计工作要求，做好2004年度统计分析报告并及时上交；6月，根据北京市委教育工委要求，进行学校外出流动党员的统计工作，并对外出流动党员的资料进行了整理；12月，开展了2005年年终党内统计年报工作。

（刘新军、万玉刚）

【党校工作】 2005年，学校党校共举办培训班3期，包括中层干部岗位培训班、青年教职工骨干党的知识培训班、机关工作人员岗位意识培训班，培训共计109人次。学生业余党校共举办培训班15期，其中针对入党积极分子的中级党校8期共1816人，针对党员同学的高级党校7期共1168人。

2005年5月，为了加强领导班子和干部队伍的能力建设，学校党校举办第19期中层干部岗位培训班，33位新上岗的处级干部参加。培训以领导科学、领导艺术以及领导干部的职责要求为主，探讨领导干部所应具备的素质和能力。6月，举办机关工作人员岗位意识培训班，37位近三年新参加工作的机关工作人员参加了培训。9月，以开展保持共产党员先进性教育活动为契机，对支部书记和中层干部进行学习培训。10月，举办第15期青年教职工党的知识培训班，对学员们进行党的基本理论和基本知识、“三个代表”重要思想和青年教师权利与义务的教育，并赴西柏坡革命圣地进行参观学习。

2005年，学校党校对干部培训管理系统和学生党校培训机制进行了新的探索和尝试。学校开发了“北京科技大学干部培训管理系统”，加强对干部培训的系统管理，增强党委对干部培训情况的了解，把对干部的教育培训与对干部的选拔使用密切结合起来，提高干部培训后的使用率和干部使用中的培训率。同时建立网上党校，探索网上学习的党校培训新机制。经过半年的走访调研、讨论策划、组织筹建，北京科技大学网上党校——“党旗飘飘”网站开通，一种党课学习网络化的新型培训平台应运而生。为了论证“网上党校”的可行性，使其符合学校党员发展、培训的实际，在网上党校正式发布之前，组织部、学生工作部、党校联合召开了“网上党校论证会”。按照以学生为中心、以问题为中心与平等和谐的原则，学校党校针对网上党校的管理制定了《北京科技大学网上学生党校实施细则》，对网上党校的宗旨、授课形式、学员条件、党校登录、网上授课、网上培养、社会实践、结业考试等11个方面进行了规定，力求网上党校优势最大化，使党员和入党积极分子通过网上党校的学习、交流，提高理论水平和思想政治修养，切实发挥网上党校的宣传、教育、服务功能。

（李　宁）

宣传工作

【概况】　2005年，学校宣传部设有校刊编辑部、新闻网、广播电视台和对外宣传办公室，有专职工作人员13人。同时有一支由机关部处干部、各学院党政干部、教师、学生工作干部等50余人组成的宣传通讯员队伍和2支学生记者队伍。

（章东辉、李　洁）

【理论学习与教育】　2005年，两级中心组围绕中共十六届四中、五中全会，全国加强和改进大学生思想政治工作会议，保持共产党员先进性教育活动等重大事件展开深入学习，在理论学习的深化、理论联系实际、分析解决问题和推动全局发展上有了新的提高。特别是在下半年结合保持共产党员先进性教育活动，学校两级中心组制定了专门的学习计划，认真学习党中央关于保持共产党员先进性教育活动的一系列文件精神，为学校整个活动的顺利开展奠定了基础。此外，学校理论中心组还专题讨论了国家助学贷款、学校科技工作、冶金工程研究院建设以及“创新实践教学体系，完善人才培养模式”等内容。

在做好理论学习的同时，学校积极开展调查研究，做好党建与思想政治教育工作。先后开展教职工思想政治状况滚动调查，党员和党组织状况调查，党支部书记、教师代表座谈，学院党委书记访谈，师德建设状况调查，理论热点问题调查等。在此基础上，学校精心策划，先后通过闭路电视、大屏幕等放映纪念反法西斯战争胜利60周年专题片；通过展板、讲座和模拟法庭等，开展“弘扬宪法精神，构建和谐社会”为主题的法律宣传周等活动，大力推进学校的党建与思想政治教育工作。

（章东辉、李　洁）

【新闻宣传工作】　2005年，学校利用新闻网、电视、广播、大屏幕、宣传栏等宣传手段，重点做了本科教学工作会、第六届教职工代表大会、学习贯彻中央16号文件、保持共产党员先进性教育活动、奥运场馆开工、第四届亚太地区机器人大赛、牛津大师来访等主题宣传。①在保持共产党员先进性教育活动中，学校制作了保持共产党员先进性教育活动专题网站，发布动态信息530余条；编写《快讯》71期，《简报》79期；广播报道信息90余条，电视台直播6次，制作专题片7部，并在闭路电视、大屏幕连续播出学校保持共产党员先进性教育活动的新闻专题报道及优秀党员记录片。②在本科教育工作会议期间，学校侧重于解读05版本科培养计划及主要改革措施，并跟踪报道了各学院的05版本科培养计划，努力使以人为本的教育改革思想落实到培养方案中。③围绕荣获“全国模范职工之家”称号和第六届教代会提案工作，学校制作“建民主和谐教职工之家”电视专题片，并跟踪报道各教代会代表小组的讨论情况。④为学习宣传中央16号文件精神和落实全国加强和改进大学生思想政治教育工作会议精神，学校起草了《关于进一步加强和改进大学生思想政治教育实施意见》，在校报、广播、电视、新闻网等媒体上开辟专栏、专题进行宣传报道。⑤现场全程跟踪报道第四届全国大学生机器人电视大赛及亚太地区机器人大赛，在新闻网上开辟机器人大赛专题栏目，全面报道四届大学生机器人大赛学校备战、实战、战后总结等情况。⑥跟踪报道学校体育馆暨2008奥运柔道、跆拳道比赛馆建筑设计方案征集评审会及竞赛评审会、师生为奥运场馆方案投票活动、工地拆迁平整工作、开工典礼等活动，采用视频、文字、图片等方式全面记录学校体育馆建设工作。

年内，学校还对中国材料名师讲坛、国家大学科技园申报评估、物理实验教学中心申报北京市级实验教学示范中心、第二届钢铁冶金新技术发展论坛、博士点评审、新一轮人事分配制度改革、机关干部竞聘、韩国顺天大学来访、澳大利亚拉筹伯大学来访等活动进行了综合性、专题性宣传报道，促进了中心工作的顺利开展。

通过网上投票，选举出2005年度十大新闻和十大新闻人物。2005年度十大新闻包括：与牛津大学牵手和世界级大师同台；学校获第43届首都高校田径运动会亚军；学校获第四届全国机器人大赛冠军、亚太地区亚军；学校开展保持共产党员先进性教育活动；天津学院成立并开始招生；学生住进新公寓，每个学院有栋楼；北京科技大学体育馆暨2008年北京奥运会柔道、跆拳道馆开工；北京科技大学科技园被认定为国家大学科技园；学校新增18个博士点；中国材料名师讲坛火热校园。2005年度十大新闻人物包括：陈国良、范玉妹、高永涛、陆俊、秦晓惠、郗安民、徐丛、杨槐、张欣茹、左海滨。

（章东辉、李　洁）

【校刊工作】 2005年，北京科技大学校报共发行20期（972～991期），集中报道了本科教学改革、纪念抗日战争胜利60周年、“422”引进人才、保持共产党员先进性教育活动、青年教师社会实践等专题。在保持共产党员先进性教育活动中，校刊出专刊报道，并刊发先进典型“我们身边的优秀共产党员”。

（章东辉、李　伟）

【网络宣传】 2005年，北科大新闻网全新改版，并完善了后台，提高了网络运行的稳定性和安全性。北科大新闻网开设“新闻头条”、“新闻导读”、“图片新闻”、“视频新闻”、“媒体透视”、“专题新闻”、“院系风采”、“生活提示”、“新闻评论”等栏目，第一时间把学校发生的事情汇报给全校师生。截至2005年底，新闻网总访问量超过80万人次。

（章东辉、李　洁）

【广播电视】 2005年，广播站播出总次数565次，播报校内新闻稿及报章约750篇，编辑校园生活节目120次，制作和播出学校重大活动录音剪辑9次。2005年3月，新闻中心全面接手“北科大新闻”栏目，年内共制作“北科大新闻”60期。新开设的《媒体科大》、《生活资讯》、《音乐在身边》、《周末剧场》等栏目和节目以主持人播报、记者出镜现场采访和灵活生动的画面讲述新闻事件，赢得师生的赞誉。同时，电视台新闻和节目实现闭路电视、新闻网、大屏幕同步播出，大大拓宽了传播途径和收视范围，具有较高的校园收视率和影响力。

（章东辉、徐文超）

【对外宣传】 2005年，学校继续坚持“抓住时机、积极策划、加强公关、争取主动”的工作理念，主动策划了“北科大学子与牛津大学教授对话”、“第16届世界腐蚀大会在京召开”、“陈国良院士荣获美国金属学会杰出成就奖”、“奥运场馆开工”等一系列有分量、有影响力的宣传，在《人民日报》、《光明日报》、《科学时报》以及央视各频道、新华网等各大媒体得到报道。2005年学校对外宣传总量342条，同比增加43条，其中中央电视台新闻播报28条。

（章东辉、陈　捷）

附　录

北京科技大学2004年12月1日至2005年12月31日对外宣传情况统计表

（电视、广播报道部分）

序　号	报道时间	报道媒体	报道内容
1	2004.12.23	中国教育电视台	7大科研项目服务首都经济发展
2	2005.1.18	央视新闻30分	北科大毛祖桓教授谈春季高考
3	2005.2.8	央视新闻30分	北京科技大学学生谈春节晚会
4	2005.2.8	央视新闻30分	2005年普通高校自主招生试点院校新增14所
5	2005.2.8	央视国际 央视新闻联播	高校活动丰富多彩，留校学生快乐过年
6	2005.2.23	中国教育电视台	教育部积极推动按新机制落实国家助学贷款工作
7	2005.4.17	央视教育频道	北京科技大学：在京扩大理科生招生规模
8	2005.4.17	央视新闻联播	各高校积极营造良好环境，激发了大学生自觉学习报效国家的热情
9	2005.4.27	央视新闻联播 央视国际	北科大校长等各界人士积极拥护胡锦涛关于中日关系重要讲话
10	2005.5.13	中央电视台科教频道	2005高考大咨询北京科技大学校内转专业完全放开
11	2005.6.9	央视新闻频道	中国共青团中央在北科大举行素质拓展管理系统挂牌仪式
12	2005.6.16	中央电视台 新闻频道整点新闻	访北科大招生就业处韩经处长：大学生应该放眼长远
13	2005.6.16	央视新闻联播	看《永远的丰碑》，追寻革命足迹
14	2005.8.20	央视新闻联播	侵华日军南京大屠杀史实展在京举行
15	2005.9.6	央视新闻联播	2005年“亚太大学生机器人大赛”举行
16	2005.9.21	央视新闻频道	世界腐蚀大会在中国召开
17	2005.9.27	北京电视台	防腐保奥运
18	2005.10.20	中央人民广播电台	最后一个奥运场馆开建
19	2005.10.20	中央电视台一频道	新北京新奥运11个新建比赛场馆全部开工建设
20	2005.10.20	中央电视台经济频道	奥运会柔道跆拳道场馆开工新建比赛场馆全开工
21	2005.10.20	中央电视台国际频道	奥运会柔道跆拳道场馆开工新建比赛场馆全开工
22	2005.10.20	中央电视台体育频道	奥运会柔道跆拳道场馆开工新建比赛场馆全开工
23	2005.10.20	中央电视台电影频道	北京科技大学奥运会柔道跆拳道场馆开工
24	2005.10.20	北京电视台新闻频道	奥运会柔道跆拳道场馆开工，计划于2007年8月竣工
25	2005.10.20	北京电视台六频道	北京科技大学奥运会柔道跆拳道场馆开工，计划于2007年8月竣工
26	2005.10.20	北京电视台外语频道	北京科技大学体育馆奠基
27	2005.10.20	北京广播电台新闻部	北京科技大学奥运体育场馆奠基
28	2005.10.20	北京广播电台体育部	北京科技大学体育馆奠基
29	2005.10.20	上海电视台	第二十九届奥运会柔道、跆拳道比赛场馆开工奠基
30	2005.10.20	中山广播电台	2008年奥运会柔道、跆拳道比赛场馆开工
31	2005.10.21	央视新闻频道	北科大学子在航天城热情迎接“神六”顺利返回
32	2005.11.14	中央电视台新闻频道	中国院士首次获得美国金属学会的杰出成就奖
33	2005.11.24	中央电视台体育频道	CUBA北京赛区落下帷幕，北京科大成功卫冕
34	2005.12.5	中央电视台	神六发射引发航天专业报考热

北京科技大学2004年12月1日至2005年12月31日对外宣传情况统计表

（报纸、网络报道部分）

序　号	报道时间	报道栏目	报道内容
1	2004.12.4	光明日报	发挥科学技术在考古中的重要作用
2	2004.12.5	新华网	中国比欧洲早两千多年发明冶炼和铸造生铁技术
3	2004.12.5	新浪网	研究人员称中国古代应有五大发明铸生铁居首
4	2004.12.6	法制晚报	铸铁居首　四大发明应改写
5	2004.12.6	光明网	中科院院士柯俊提出，前沿科学应成为考古研究重要环节
6	2004.12.6	解放军报	沈阳军区某部大力强化参谋队伍科技素质
7	2004.12.6	大洋网	专家：中国古代应有“五大发明”铸生铁居首
8	2004.12.6	金陵晚报	三位“中华小姐”金陵炫美，北科大学生成选美亚军
9	2004.12.8	科技日报	北科大冶金与材料史研究所迎来30华诞
10	2004.12.8	科学时报	北科大冶金史研究30年成绩斐然
11	2004.12.8	中国质量报	大学生科技展实用成果多
12	2004.12.8	新浪网	大学生科技展实用成果多
13	2004.12.8	雅虎网	研究人员称中国古代应有五大发明铸生铁居首
14	2004.12.8	千龙网	比欧洲早2000多年中国古代应有“五大发明”
15	2004.12.10	中国科技信息网	中国铸铁技术应列五大发明
16	2004.12.10	香港大公报	中国比欧早2000多年发明冶炼技术
17	2004.12.10	首都科技网	北科大冶金史研究30年成绩斐然
18	2004.12.10	Tom网	研究人员称中国古代应有五大发明，铸生铁居首
19	2004.12.10	QQ	中国比欧洲早两千多年发明冶炼和铸造生铁技术
20	2004.12.10	大江网	中国比欧洲早两千多年发明冶炼和铸造生铁技术
21	2004.12.10	中国宁波网	中国比欧洲早两千多年发明冶炼和铸造生铁技术
22	2004.12.13	中国教育在线	北京科技大学，2005年体育特长生招生安排
23	2004.12.13	中国教育报	北科大科学技术与文明研究中心成立
24	2004.12.13	中国农业大学新闻网	北科：理念的形成——创新的动力
25	2004.12.14	人民日报（海外版）	北科大冶金与材料研究所创建30年
26	2004.12.14	北京日报	北京科技大学专家提出：我国古代的创造发明排序，钢铁技术应列首位
27	2004.12.15	中国教育报	北京科技大学打造“最佳团队”
28	2004.12.20	新华网	北科大等33家高校和科研机构到辽寻老工业基地振兴商机对接项目
29	2004.12.23	新华网	北京推动校企合作加快科技成果转化——北科大与首创纳米公司合作
30	2004.12.23	科技日报	首批北京市校企合作产学研项目启动——北京科技大学与首创纳米公司合作
31	2004.12.23	北京教育委员会网站	北京市首批校企联合产学研项目签，7所高校与企业“喜结良缘”
32	2004.12.26	中国教育报	7大科研项目服务首都经济发展
33	2004.12.26	科学时报	“973”计划五年“烹制”原始创新“盛宴”
34	2004.12.26	光明日报	党支部建在大学生班上
35	2004.12.26	北京晚报	北京市首批校企联合产学研项目今天签约，7所高校与企业“喜结良缘”市教委为每家送“彩礼”100万

续表

序　号	报道时间	报道栏目	报道内容
36	2005. 1. 8	北京晚报	北京科技大学等17所高校捐款超过120万元
37	2005. 1. 8	千龙网	全国共17所高校为海啸灾区捐款超过120万元
38	2005. 1. 13	新华网	英语四六级考试如何改革引起社会广泛关注
39	2005. 1. 13	人民网	英语四六级考试如何改革引起社会广泛关注
40	2005. 1. 13	商都信息网	英语四六级考试如何改革引起社会广泛关注
41	2005. 1. 13	深圳之窗	英语四六级考试如何改革引起社会广泛关注
42	2005. 1. 17	央视国际	全国高校师生捐款捐物支援印度洋海啸灾区
43	2005. 2. 22	人民日报	学子农家过大年
44	2005. 2. 22	人民网	“食堂做了好多好吃的菜”
45	2005. 2. 22	光明日报	京城百名留校大学生农家过大年
46	2005. 2. 22	香港大公报	北京与香港两地科技大学签约加强科研合作
47	2005. 2. 22	中国教育报	北京科技大学等成为自主选拔录取院校
48	2005. 2. 22	中国青年报	政府应出台措施强化无神论教育
49	2005. 2. 22	中国教育报	北科大寒假留校学生有了“临时团支部”
50	2005. 2. 22	北京日报	200万专项资金,1500多个勤工俭学岗位
51	2005. 2. 22	北京日报	奉献一份真情,回报社会关爱留校生养老院里要陪老人过年
52	2005. 2. 22	北京晨报	北京科技大学等百名读者报名“除夕之家”
53	2005. 2. 22	北京考试报	北科大、北邮、北林大、北交大、05年宣布实施自主招生
54	2005. 2. 22	北京青年报	北京新增4所自主招生高校
55	2005. 2. 22	北京青年报	自主招生新兵特点分析
56	2005. 2. 22	京华时报	北科大等四高校自主招生
57	2005. 2. 23	新华网、东北网、新浪网	北京高校为留校过年大学生送去温暖
58	2005. 2. 23	新华网	北科大等高校为留校过年大学生送去温暖
59	2005. 2. 23	新华网	国家助学贷款工作开展6年,108万学生领取69. 8亿元
60	2005. 2. 23	新华网	教育部积极推动按新机制落实国家助学贷款工作
61	2005. 2. 23	中华人民共和国教育部网站	教育部会同有关部门积极推动按新机制落实国家助学贷款工作
62	2005. 2. 23	中国青年报	给爷爷奶奶拜年了
63	2005. 2. 23	新浪网	教育部积极推动按新机制落实国家助学贷款工作
64	2005. 2. 23	北京日报	北科大辅导员先做学习型教师
65	2005. 2. 23	北京日报	本市确保留校大学生度假期
66	2005. 2. 23	东方网	一套大书撑起一个学科
67	2005. 2. 23	新疆天山网	北科大维族小伙北京当上小红帽,想当奥运会志愿者
68	2005. 2. 23	千龙网	教育部积极推动按新机制落实国家助学贷款工作
69	2005. 2. 26	人民日报	北京科技大学——两次签名的助学贷款
70	2005. 3. 1	文汇报	京港科大签约加强科研合作
71	2005. 3. 1	香港明报	科技大学与北京科技大学加强学术交流
72	2005. 3. 1	香港星岛日报	京港科大结盟
73	2005. 3. 1	香港太阳报	京港两科大签合作协议
74	2005. 3. 1	北京考试报	2005年高考北京科技大学报名提示

续表

序　号	报道时间	报道栏目	报道内容
75	2005.3.2	北京日报	北科大学生敬老院做义工
76	2005.3.3	光明日报	北科大培养学生就业新理念
77	2005.3.11	中国教育在线	北京科技大学奥运会柔道馆设计优秀方案确定
78	2005.3.11	中国教育报	北京科技大学:办贷款只用一天
79	2005.3.14	新华网	北科大校长对“大学毕业生列入征兵范围”发表看法
80	2005.3.15	北京日报	电讯超市走进北科大等大学校园
81	2005.3.15	北京日报	15 名北科大学生签约鞍钢
82	2005.3.15	北京日报	“电池出租屋”现身北科大,初露市场商机
83	2005.3.16	新华网	15 名北科大学生签约鞍钢,新环境新认识
84	2005.3.18	中国教育报	给研究生更大的创新空间
85	2005.3.26	北京青年报	北科大材料专家称神六飞船有望用上纳米铁纸
86	2005.3.30	北京科技报	北科大校园有了电池租赁业务
87	2005.4.5	新华网	北京科技大学:国家助学贷款全部发放到位
88	2005.4.5	中国青年报	不当重复知识的机器人
89	2005.4.5	中国青年报	什么样的人能上牛津
90	2005.4.6	北京青年报	北京科技大学增招理工生
91	2005.4.7	人民网	北科大等高校招生咨询大幕即将拉开
92	2005.4.7	北京晨报	北科大等高校新增专业今年物流最热
93	2005.4.7	北京晨报	北科大等北京高校扩大在京招生计划
94	2005.4.7	北京晨报	北科大等高校不担心结婚解禁带来管理难题
95	2005.4.8	北京晨报	学院路高校扎堆儿开放 8 所外地高校参加
96	2005.4.10	光明日报	北科大关注学生心理健康
97	2005.4.10	新京报	5 万人风中向北科大等高校咨询高考
98	2005.4.10	北京娱乐信报	北科大高招咨询会
99	2005.4.11	新华网	北京科技大学:在京扩大理科生招生规模
100	2005.4.11	北京青年报	北科大高考咨询会
101	2005.4.11	北京娱乐信报	北京科技大学:在京扩大理科生招生规模
102	2005.4.13	新华网	北科大等高校招生和人才培养日益注重与就业市场对接
103	2005.4.13	新华网	北京科技大学新生入校一年可“转业”
104	2005.4.13	人民网	北科大等高校招生和人才培养日益注重与就业市场对接
105	2005.4.13	光明日报	北科大学子与牛津大师握手:牛津学生不能只当“书虫”
106	2005.4.13	中青在线	北科大学生全可转专业
107	2005.4.13	中青在线	北科大等高校招生和人才培养日益注重与就业市场对接
108	2005.4.13	解放日报	北科大等高校招生和人才培养日益注重与就业市场对接
109	2005.4.13	北京教育信息网	北京科技大学成立 MEMS 联合研发中心
110	2005.4.13	北京晨报	北京科技大学新生入校一年可“转业”
111	2005.4.13	京华时报	北科大校内转专业完全放开
112	2005.4.13	北京娱乐信报	北科大新生均可转专业,取消双学位限制
113	2005.4.14	法制晚报	北科大将取消限制 学生专业选择放宽
114	2005.4.14	中国青年报	北科大学生全可转专业
115	2005.4.14	新华网	2005 高考起跑线:北科大甘肃招生计划
116	2005.4.14	Tom 教育网	北京科大新生均可转专业,取消修读双学位等限制
117	2005.4.14	中国基础教育网	北京科大新生均可转专业,取消修读双学位等限制
118	2005.4.14	浙江在线	北科大新生均可转专业 取消修读双学位等限制

续表

序号	报道时间	报道栏目	报道内容
119	2005. 4. 15	中华网	北科大新生均可转专业，取消双学位限制
120	2005. 4. 15	光明日报	汉赋与儒家思想——北京科技大学
121	2005. 4. 15	搜狐网	北京科技大学招生就业处韩经处长访谈实录
122	2005. 4. 15	Tom 网	北京科技大学 2005 年招生章程
123	2005. 4. 15	北京晚报	北科大新生均可转专业，取消双学位限制
124	2005. 4. 16	人民日报	北科大等首都高校春季开学以来上课出勤率明显提高
125	2005. 4. 16	长江网	北科大等首都高校春季开学以来上课出勤率明显提高
126	2005. 4. 18	京华时报	北科大获得总冠军
127	2005. 4. 18	北京晨报	外地高校抢北京生源
128	2005. 4. 19	科技日报	北科大 2005 年本科增招，新生可转专业
129	2005. 4. 19	科学时报	北科大：集体攻关，八年打造物理基地
130	2005. 4. 20	光明日报	北科大：让专业选择不再"从一而终"
131	2005. 4. 20	搜狐网	冶金工程学专业知名院校纵览之北京科技大学
132	2005. 4. 21	中国教育报	北科大 4 学院今年按"大类"招生
133	2005. 4. 22	央视国际	北科大 4 学院今年按"大类"招生
134	2005. 4. 22	CUBA 网	摆正心态，稳步前进——访北科大女篮主教练张孔军
135	2005. 4. 23	新华网	05 年西部计划开招志愿者，首日近 3000 大学生报名
136	2005. 4. 23	人民网	2005 年西部计划正式招募志愿者，北科大志愿者踊跃参加
137	2005. 4. 23	中华网等各大网站	2005 年西部计划正式招募志愿者
138	2005. 4. 23	中国青年报	05 年西部计划开招志愿者，首日近 3000 大学生报名
139	2005. 4. 23	华夏经纬网	05 年西部计划开招志愿者，北科大学生踊跃报名
140	2005. 4. 23	湖州在线	2005 年西部计划正式招募志愿者，北科大等高校学生踊跃报名
141	2005. 4. 23	广视网	北科大 4 学院今年按"大类"招生
142	2005. 4. 23	大江网	2005 年西部计划正式招募志愿者，北科大等高校学生踊跃报名
143	2005. 4. 25	新浪网	北科大 EMBA 入选中国市场最具领导力 EMBA
144	2005. 4. 25	Tom 网	2005(第二届)中国市场最具领导力 EMBA 评选揭晓，北科大 EMBA 入选前五名
145	2005. 4. 25	CUBA 官方网站	北科大特殊的"外援"
146	2005. 4. 26	新华网	大学生积极报名到西部志愿服务
147	2005. 4. 26	千龙网等各大网站	北科大等高校大学生积极报名到西部志愿服务
148	2005. 4. 26	Tom 网	北京科技大学韩经谈 2005 年高考招生政策访谈实录
149	2005. 4. 26	首都科技网	《科普机器人走进自然博物馆》科普活动报道
150	2005. 4. 26	北京晚报	北科大等高校大学生积极报名到西部志愿服务
151	2005. 4. 27	中国青年报	北科大教授对孩子能否玩游戏发表意见
152	2005. 4. 28	新浪网、中安网	北科大招办主任新浪谈高招：按专业大类招生
153	2005. 4. 28	北京晚报	北科大 8 个机器人走进北京自然博物馆
154	2005. 4. 28	法制晚报	北科大抓贼机器人自博登场
155	2005. 4. 28	北京晚报	北科大 8 个机器人走进北京自然博物馆
156	2005. 5. 2	央视国际	"祖国在我心中"五一天安门广场升旗仪式侧记
157	2005. 5. 2	北京青年报	北科大机器人 今日"大闹"自然博物馆
158	2005. 5. 5	京华时报	2005 年高招咨询北京科技大学高招问答
159	2005. 5. 5	中安网	2005 年高招咨询北京科技大学高招问答

续表

序 号	报道时间	报道栏目	报道内容
160	2005.5.8	光明日报头版头条	北科大:培养兴趣激发学生学习热情
161	2005.5.8	中国教育报	北科大研究生教育走进了钢铁企业
162	2005.5.8	北京日报	北科大研究生教育走进了钢铁企业
163	2005.5.9	人民网	北科大等高校强化研究生思想政治工作
164	2005.5.11	Tom 网	北京科技大学韩经谈 2005 年高考招生政策访谈实录
165	2005.5.12	法制晚报	高校招办答疑:北科大招生计划
166	2005.5.13	光明日报	北京高校强化研究生思想政治工作
167	2005.5.17	科学时报	北科大等高校学子共赴声学科普盛宴
168	2005.5.17	中国教育报	原本单调的课堂生动起来了,北科大集体攻关打造工科物理课程教学基地
169	2005.5.17	首都科技网	北科大等高校参加宣武区 2005 年"科技周"活动启动仪式
170	2005.5.19	中国教育在线	北京科大与鞍钢共建冶金技术研发中心
171	2005.5.23	中国青年报	北科大等高校按大类招生,考生该如何填报志愿?
172	2005.5.23	北京市教育委员会	北京科技大学积极探索理论宣讲模式加强学生思想教育
173	2005.5.26	北京日报	北科大学生聆听经济发展高峰会
174	2005.5.26	新华网	北科大与鞍钢共建冶金技术研发中心
175	2005.5.26	首都科技网	北科大等高校"彩虹工程"表彰总结大会
176	2005.6.2	千龙网	重心理,塑自身,北科大等高校全方位育人成效显著
177	2005.6.2	北京日报	首都高校全方位育人成效显著
178	2005.6.6	工人日报	北科大:建家活动促进民主治校
179	2005.6.6	Tom 体育	2005 北京市大学生冠军杯足球赛,在北科大胜利闭幕
180	2005.6.6	神州学人	北科大留学人员创业园简介
181	2005.6.6	神州学人	北京科技大学:让重视人才的传统延续
182	2005.6.9	北京考试报	北京科技大学等三所高校否认英语四级与学位挂钩
183	2005.6.10	新华网	我国首批大学生素质拓展证书在北京科技大学颁发
184	2005.6.10	光明网	我国首批大学生素质拓展证书在北京科技大学颁发
185	2005.6.13	光明日报	大学生素质拓展证书首次颁发
186	2005.6.14	中国教育报	新版大学生素质拓展证书在北科大首发
187	2005.6.14	中国人力资源开发网	首批大学生素质拓展证书在北科大颁发
188	2005.6.16	中国基础教育网	聆听西部的召唤——北科大等高校支持毕业生服务西部计划
189	2005.6.16	中国教育报	聆听西部的召唤——北科大等高校支持西部计划
190	2005.6.16	中国钢铁工业协会	北京科技大学预测 2005、2010 年中国钢材消费总量
191	2005.6.16	中国教育信息网	北科大承办"理正杯"北京高校建筑结构设计联赛
192	2005.6.16	网易	北科大招办主任:平行志愿填报也需慎重
193	2005.6.16	北京娱乐信报	看柔道摔跤,关注北科大等大学奥运场馆
194	2005.6.16	焦作日报	北科大等高校参加焦作 2005 年科技项目发布洽谈会举行签约仪式
195	2005.6.16	燕赵都市报	北科大等 50 余高校集体"促销"
196	2005.6.17	中国教育在线	"理正杯"北京高校建筑结构设计联赛在北京科技大学举行
197	2005.6.20	北京晚报	海淀区献血徽标今天揭晓
198	2005.6.21	人民网	葛昌纯等院士联名签字发布科学节能倡议书
199	2005.6.21	北京市教育委员会、北京教育信息网	北京科技大学成立学生创业中心

续表

序　号	报道时间	报道栏目	报道内容
200	2005.6.21	新京报	北科大学生拍校园MTV
201	2005.6.21	北京娱乐信报	看柔道摔跤,赏搏击美学
202	2005.6.21	上海人才市场报	专业MBA"集体照"之北科大物流MBA
203	2005.6.28	光明日报	北科大填补武钢钢种空白
204	2005.6.28	新浪网	北科大同学捐助西部,托起失学儿童的希望
205	2005.6.28	中国教育报	北科大等大学毕业生文明离校蔚然成风
206	2005.6.28	中国青年报	北科大毕业生新添个性化"成绩单",学习成绩单已难满足市场需求
207	2005.6.28	中国企业报	鞍钢与北科大建立冶金技术研发中心并签订合作项目
208	2005.6.28	鞍山日报	鞍钢与北科大研制一钢种通过省级鉴定
209	2005.6.29	新华网	高考前突遭血案,北京科技大学帮助河南学子圆梦
210	2005.6.30	中国青年报	北科大学生给灾区送温暖
211	2005.6.30	北京日报	北科大奖贷助补减帮贫困生读大学
212	2005.7.4	北京日报	北科大等高校新建奥运场馆先睹为快
213	2005.7.12	新华网	中国学者首次摘取"威利·科夫杰出青年奖"
214	2005.7.12	雅虎网	中国学者首次摘取"威利·科夫杰出青年奖"
215	2005.7.26	人民日报海外版	中国学者首次摘取"威利·科夫杰出青年奖"
216	2005.7.26	中新网	长国人志气,左海滨捧得"威利·科夫杰出青年奖"
217	2005.7.26	中国青年报	左海滨:"跳窗"跳出个大奖来
218	2005.7.26	北京青年报	中国青年首获威利·科夫奖
219	2005.7.26	太原新闻网	中国学者第一次摘取"威利·科夫杰出青年奖"
220	2005.7.27	科学时报	北京科技大学青年教师在美国获奖
221	2005.8.4	东南在线	左海滨捧得"威利·科夫杰出青年奖"
222	2005.8.4	Tom网	左海滨捧得"威利·科夫杰出青年奖"
223	2005.8.27	新华社	让学生的创新思维沸腾起来
224	2005.8.28	人民日报	北京科大:贷款工作效率高
225	2005.8.28	北京青年报	机器人登"长城" 北科大获亚太赛区亚军
226	2005.8.27	京华时报	亚太机器人大战,北科大与哈工大代表中国参赛
227	2005.8.28	京华时报	北科大获"亚太大学生机器人大赛"亚军
228	2005.9.14	新城·新生	京津新城北京科技大学天津学院开学
229	2005.9.22	新华社	中国腐蚀调查报告:我国年腐蚀损失达5000亿元
230	2005.9.22	科技日报	防腐蚀先进技术为重大工程献力,走入第16届世界腐蚀大会
231	2005.9.27	中国冶金报	中国第十六届世界腐蚀大会在京举行
232	2005.9.28	光明日报	世界腐蚀大会在京召开
233	2005.9.30	北京日报《先进性教育专栏》	学生党员走进社区开展矫正服务
234	2005.10.8	光明网	北科大教授"公民道德建设网上谈"
235	2005.10.10	光明日报	北科大崔鹏:刻苦学习 乐于创新
236	2005.10.10	中国科学院	世界腐蚀大会首次在我国举行
237	2005.10.10	中国环境报	我国年腐蚀损失达5000亿元
238	2005.10.10	金黔在线	世界腐蚀大会首次在我国举行
239	2005.10.10	山东广播网	世界腐蚀大会在京召开
240	2005.10.10	西海岸信息港	为期六天的第十六届世界腐蚀大会日前在京召开

续表

序　号	报道时间	报道栏目	报道内容
241	2005.10.11	新华网	崔鹏:以崭新的风貌,展现当代大学生的风采
242	2005.10.11	科学时报	《尤利格腐蚀手册》亮相世界腐蚀大会
243	2005.10.12	新华社	中国院士首次获得美国金属学会的杰出成就奖
244	2005.10.13	中国新闻社	中国工程院院士陈国良获美国金属学会杰出成就奖
245	2005.10.19	新华网	2008 年北京奥运会柔道和跆拳道比赛场馆奠基开工
246	2005.10.19	人民日报	结缘机器人(当代大学生的时代风貌)
247	2005.10.19	科学时报	国际腐蚀大会:高校腐蚀教育如何应对庞大的腐蚀市场
248	2005.10.19	科学时报、科学网首页	中国院士首获美国杰出成就奖
249	2005.10.19	新浪网国际在线	北京 2008 奥运会 11 座新建体育场馆全部开工
250	2005.10.19	新浪科技	北京科技大学签名祝贺神六成功返航
251	2005.10.19	新浪科技	迎神舟六号返回舱回家北科大学子赠签名横幅
252	2005.10.19	信报	刘威,赢球庆祝生日
253	2005.10.20	新华网	2008 年奥运会柔道、跆拳道比赛场馆开工
254	2005.10.20	人民日报	北科大学子欢呼神六翔宇
255	2005.10.20	人民日报	北京科技大学体育馆奠基
256	2005.10.20	中国新闻网	北科大学子在航天城热情迎接“神六”顺利返回
257	2005.10.20	英国路透社	中国北京科技大学奥运体育馆奠基
258	2005.10.20	香港大公报	第二十九届奥运会柔道、跆拳道比赛场馆开工奠基
259	2005.10.20	参考消息·北京参考	北京科技大学第二十九届奥运会柔道、跆拳道比赛场馆开工奠基
260	2005.10.20	搜狐	神六幕后功臣酒泉返京
261	2005.10.20	搜狐	北科大学子在航天城热情迎接“神六”顺利返回
262	2005.10.20	新浪	神六幕后功臣酒泉返京
263	2005.10.20	新浪	迎神舟六号返回舱回家,北科大学子赠签名横幅
264	2005.10.20	新浪国际在线	北京 2008 奥运会 11 座新建体育场馆全部开工
265	2005.10.20	腾讯网	神六幕后功臣酒泉返京
266	2005.10.20	腾讯新闻	北京科大体育馆开工,11 新建奥运赛场全部开工
267	2005.10.20	Tom 网	中国工程院院士陈国良获美国金属学会杰出成就奖
268	2005.10.20	千龙网	第二十九届奥运会柔道、跆拳道比赛场馆开工奠基
269	2005.10.20	网易·体育频道	新北京新奥运,11 个新建比赛场馆全部开工建设
270	2005.10.20	京华时报	柔道、跆拳道场馆昨天奠基,本市新建奥运场馆全开工
271	2005.10.20	华夏时报	北京奥运新建场馆昨起全开工
272	2005.10.20	中体在线·中国体育报	奥运会柔道跆拳道场馆开工,新建比赛场馆全开工
273	2005.10.20	法制晚报	奥运新场馆最后一个今开建
274	2005.10.20	新京报	神六今搭载物取出,科大签名横幅收藏
275	2005.10.20	新京报	柔道、跆拳道场馆昨天奠基,本市新建奥运场馆全开工
276	2005.10.20	北方网	幕后功臣从酒泉返回北京
277	2005.10.20	首都之窗	北京科技大学体育馆举行开工奠基仪式
278	2005.10.20	北京晨报	北京 2008 奥运会 11 座新建体育场馆全部开工
279	2005.10.20	信报	北京科技大学体育馆举行开工奠基仪式
280	2005.10.20	东方体育日报	新北京新奥运,11 个新建比赛场馆全部开工建设
281	2005.10.20	新京报	神六幕后功臣酒泉返京

续表

序　号	报道时间	报道栏目	报道内容
282	2005.10.20	经济频道	科大参与“神六”特殊铝材的研制
283	2005.10.20	长江网	北京科大体育馆开工,11 新建奥运赛场全部开工
284	2005.10.20	商都网	北京科大体育场馆开工,11 个奥运新建场馆全部开工
285	2005.10.20	宁夏新闻网	北京科大体育场馆开工,11 个奥运新建场馆全部开工
286	2005.10.20	大河网	北京科大体育场馆开工,11 个奥运新建场馆全部开工
287	2005.10.20	华龙网	2008 年奥运会柔道、跆拳道比赛场馆开工
288	2005.10.20	中国宁波网	2008 年奥运会柔道、跆拳道比赛场馆开工
289	2005.10.27	科技日报	中国院士陈国良首获美国杰出成就奖
290	2005.11.10	光明日报	中国院士首获美国杰出成就奖
291	2005.11.14	北京晨报	奥运签名活动从北科大开始
292	2005.11.17	科技日报	陈国良院士说,自主创新是研究工作的精髓
293	2005.11.21	北京考试报	北京科技大学新生配导师
294	2005.11.28	新浪教育	北京科技大学 2006 年保送生招生简章
295	2005.12.2	新华社	北科大:打造为学生就业服务的三级平台
296	2005.12.2	科学时报	陈国良:顺势抢先　不断开辟科研新方向
297	2005.12.2	法制晚报	北科大招艺术特长生,经考核无证书有水平可报名
298	2005.12.2	搜狐网	有创意的学生企业喜欢,看中北科大女研究生
299	2005.12.2	新华网	有创意的学生企业喜欢,看中北科大女研究生
300	2005.12.2	中新网	科大女生签三家企业,企业纷纷签约“会下金蛋的鸡”
301	2005.12.2	北京考试报	北京科技大学招收外语类保送生

（章东辉、陈　捷）

纪检监察工作

【概况】 2005 年,在上级纪检监察部门和学校党委的领导和指导下,学校纪检监察工作以中央《建立健全教育、制度、监督并重的惩治和预防腐败体系实施纲要》和中纪委五次全会精神为指导,认真贯彻落实教育部、北京市有关党风廉政建设工作会议精神,以抓责任制落实为龙头,加强思想教育、推进制度建设、强化监督力度,紧密围绕学校中心工作,做好反腐倡廉,为学校改革发展提供保证。

（曲　雁、夏秀芹）

【党风廉政建设】 2005 年 3 月,学校召开 2005 年纪检监察工作会议。会议对学校 2004 年工作进行了总结,并对 2005 年党风廉政建设工作进行了部署。党委书记罗维东就如何做好党风廉政建设工作提出具体要求:一是要结合案例有针对性地开展相关法律法规的学习,加强教育,提高认识;二是要加强对基建项目招投标、建设以及大宗设备的采购过程等重点部位的监督和管理;三是严格收支两条线,所有经费来源必须经过学校财务;四是严格对各种经费的报批,加大对教育乱收费现象的治理;五是建立和完善财务制度,对产业集团、后勤服务集团以及管庄校区实行会计委派制;六是对校内各部门利益进行调整。

6 月,纪委监察室就如何落实三级责任制进行了调研。12 月,学校对全校各二级单位落实党风廉政建设情况进行检查,根据自查情况,分管校领导带队对重点单位进行抽查,通过检查促进了各单位责任制的落实。此外,结合学院领导班子换届工作,学校按照“一级管一级,层层负责”的原则,分别与上任后的干部签订了党风廉政建设责任书。

(曲　雁、夏秀芹)

【宣传教育】 2005年,学校把反倡廉教育纳入“保持共产党员先进性教育”活动中,认真开展党风廉政宣传教育。学校纪委、监察室根据近年教育系统发生的案件情况及学校案件的查处情况,进行汇总、分析,并将内容汇编成册,下发至二级党委和中层干部;在学校闭路电视中播放《校园警示录》专题片,开展警示教育,提高了党员干部的廉洁自律意识。同时结合“保持共产党员先进性教育”活动,学校分别召开了校级领导班子和中层党员干部的专题民主生活会,每个党员干部对照中纪委五次全会提出的领导干部廉洁自律“五条规定”进行了对照检查,整改提高。

(曲　雁、夏秀芹)

【制度建设】 为贯彻落实中央《实施纲要》和教育部、北京市的《具体意见》,推动学校党风廉政建设工作,2005年11月,学校党委制定《北京科技大学关于贯彻落实〈建立健全教育、制度、监督并重的惩治和预防腐败体系实施纲要〉的实施意见》,对学校多年来的党风廉政建设和反腐败工作进行了经验总结。按照近期具体、中期原则、长期宏观的要求,学校对2005～2007年的反腐倡廉任务作出具体的安排,对今后若干年的工作进行了整体规划,是未来几年学校纪委监察工作的指导性文件。同时,学校结合改革发展实际,对基建工程、物资采购、招生等重点部门、重点岗位和容易产生问题的环节,加大制度建设的力度。纪委、监察制定了《关于加强工程建设(修缮)和仪器、设备、其他货物采购监督工作的补充规定》(校发[2005]90号)、《北京科技大学奥运场馆建设监督工作的意见》(校党发[2005]36号);上半年,纪委、监察会还同财务处制定了《关于做好2005年教育收费工作实施方案》,规范教育收费工作。

(曲　雁、夏秀芹)

【信访举报工作】 2004年底及2005年初共立案3件,并全部结案。全年共收到来信12件,来访1件,全部进行了调查了解,均已了结。

(曲　雁、夏秀芹)

统战工作

【概况】 2005年底,北京科技大学共有党派基层组织2个:民盟支部、九三支社;民主党派成员99人,其中中国民主同盟成员46人,九三学社成员39人,中国国民党革命委员会成员7人,中国民主建国会成员3人,中国致公党成员2人,中国农工民主党成员2人。党外高级知识分子340人,占全校高级知识分子总数的38%,其中正高职称95人,副高职称245人。党外中层实职干部17人,占全校中层干部总数的10.3%。归侨、侨眷160人;台属54人;定居台胞2人;港澳台侨学生13人。少数民族教职工167人;少数民族学生1381人。

(李　民)

【民主党派和党外代表人物工作】 (1)加强民主党派和党外代表人士思想政治建设。中共中央《关于进一步加强中国共产党领导的多党合作和政治协商制度建设的意见》(中央5号文件)下发后,学校及时将文件主要精神向民主党派进行传达,并印发有关学习材料,组织民主党派认真学习,把学习贯彻文件精神作为重要的政治任务来抓。年内,学校还选送民主党派负责人和党外代表人士6人参加中央统战部、市委统战部举办的学习培训。通过学习,进一步提高了他们的理论水平和综合素质。

(2)组织召开统战系统情况通报会、座谈会。2005年共召开4次统战系统情况通报会和座谈会。学校领导和有关部门负责人分别针对学校2005年的主要工作、2006年学校的主要工作安排、保持共产党员先进性教育活动、学院党政班子换届、机关干部竞聘调整工作、学生工作、基建工作、“双代会”、人事分配制度改革等情况进行了通报。

(3)围绕学校中心工作开展“爱学校、献良策、做贡献”活动。组织民主党派及党外代表人士观看学校新建楼群规划光盘,激发了民主党派及党外代表人士的爱校热情和积极性。民主党派组织关心学校发展,年内学校九三支社就加强校园文化建设开展讨论,并提出“关于加强校园文化建设”的书面建议,得到学校党委的高度重视和肯定。4 月 13 日,党委邀请九三支社主委刘柏谦同志参加校级理论中心组学习,并在学习中就进一步加强校园文化建设作了专题发言。

(4)做好党外代表人物的选拔、推荐、培养和民主党派组织发展工作。2005 年,按照上级要求,经党委研究同意,向中央统战部推荐 5 名信息联络员,经中央统战部遴选,确定 2 名为首批信息联络员;向市委推荐 3 名党外后备干部人选,经参加市委组织的统一考试,3 人全部合格并参加了培训学习;向市委统战部推荐 1 名北京党外高级知识分子联谊会理事人选。学校统战部组织两批次的民主党派及党外代表人士的骨干参加培训学习。此外,学校还协助民主党派按照组织程序认真做好发展新成员的考察工作,年内九三学社发展新成员 1 人。

(李　民)

【民族宗教工作】　2005 年,学校积极贯彻落实党的民族宗教政策,重点做好新疆“民考民”学生工作和西藏少数民族学生工作。帮助他们解决学习、生活等方面的困难。春节期间,学校开展“真情送温暖,欢乐过大年”春节团拜活动。校领导,统战部、学生处等部门负责人除夕夜在清真食堂与在校少数民族学生共同联欢;发放慰问金,通过电话向新疆的少数民族学生家长拜年。开斋节期间,学校拨出专款,给少数民族师生加餐,学校主管统战工作的李宝林副书记与有关部门负责人,共同到清真食堂看望少数民族师生。年内,学校还按照 2005 年北京市宗教事务工作会议精神,认真分析了学校基本情况,重点做好了防止西方宗教势力渗透的相关工作。

(李　民)

【港澳台侨工作】　2005 年,学校港澳台侨工作主要有以下几方面内容:(1)为纪念中国人民抗日战争胜利 60 周年,弘扬华侨华人长期以来爱国爱乡的优良传统及他们在抗日战争中体现出来的可歌可泣的民族精神,8 月 22 日学校统战部与校侨联共同组织归侨侨眷参加“首都侨界纪念抗日战争胜利 60 周年大会”。

(2)协调有关部门做好港澳台侨学生工作。截至 2005 年底,学校共有 13 名来自港澳台地区学生及华侨学生。统战部与港澳台办、学生处、教务处等有关部门相互配合,共同做好港澳台侨学生工作,及时帮助他们解决学习、生活中遇到的困难和问题。中秋节期间,组织港澳台新生参加市教委举行的北京地区高校港澳台新生中秋晚会。年底,组织港澳台新生参加学校外事处(港澳台办)举办的新年招待会等活动,增强他们对祖国大陆的认同感和向心力。9 月,学校还根据市教委转发教育部、国家发改委、财政部、国台办四部委办联合下发的《关于调整祖国大陆普通高校和科研院所招收台湾地区学生收费标准及有关政策问题的通知》(教电[2005]333 号),及时检查贯彻落实情况,并向上级有关部门汇报。

(3)11 月,学校选送 1 名侨联干部参加市侨联和市委统战部举办的侨联干部培训班,提高学校侨联干部的理论水平和综合素质,为进一步做好侨联工作奠定基础。

(李　民)

【开展活动】　2005 年,学校组织了一系列活动,丰富了统战系统成员的工作生活。在统战系统新年联欢会上,来自学校六个民主党派的成员、归侨、侨眷、党外知识分子、统战委员和信息员 120 余人参加。教师节期间,统战部积极协助学校九三支社邀请西苑中医医院近 20 位专家来学校开展义诊活动。10 月,组织统战系统成员 70 余人参观考察北京现代汽车有限公司和汇源果汁集团。通过参观考察活动，使统战系统成员感受到了北京现代汽车有限公司的高速发展，感受了汇源果汁集团先进的管理理念和取得的伟大成果，进一步激发了统战系统成员科教兴国的使命感和责任感。

（李　民）

工会工作

【概况】 2005年，校工会所属九个学院、体育部、管庄校区、后勤集团、产业集团、机关等14个部门工会，118个工会小组，共有会员2587人。校工会下设组织、宣传、文体、生活、女工、财务六个部，工会办公室负责协调各部门工作并承担教代会的日常工作。校工会主席由党委副书记李宝林同志兼任，有5名专职干部，其中工会常务副主席1人，副主席1人。

（何柏芝）

【教代会、工会换届】 学校第六届教职工代表大会和第十四次工会会员代表大会于2005年6月6～10日召开。全国教科文卫体工会主席张宏遵、北京市委教育工委副书记刘建、北京市教育工会主席张振民、北京市总工会基层建设部部长顾庆，以及学校200余名“双代会”正式代表和特邀代表出席了大会开幕式。清华大学、北京大学等10余所兄弟院校工会主席作为特邀嘉宾参加了开幕式。

校党委副书记、工会主席李宝林主持大会开幕式并致开幕词。徐金梧校长向大会作了题为《求真务实，开拓创新，努力开创学校各项工作新局面》的学校工作报告。武德昆副校长向大会报告了学校财务工作。校工会常务副主席何柏芝向大会作了题为《全面履行教代会、工会职能，在建设和谐校园中充分发挥作用》的工会工作报告。校党委书记罗维东致闭幕词。

6月10日下午，通过代表无记名投票，大会选举产生了李宝林等19人为新一届工会委员会委员，涂纪明等7人为新一届工会经费审查委员会委员。选举产生了新一届教代会常设主席团和教代会提案工作委员会、民主管理工作委员会、青年教师工作委员会、学校发展建设咨询委员会、教学科研咨询委员会。

（何柏芝、杨　峰）

【校务公开工作】 2005年，学校认真贯彻北京市委教育工委、教委、教育工会联合下发的《高等学校校务公开工作中推进财务和建设工程公开工作实施意见》，加强了重点部门的公开工作，制定了学校“实施财务和建设工程公开工作实施细则”，积极推进学校财务和基建工程项目的公开，做到财务规章和政策、教育收费、招生收费公开公示，规范基建工程招投标工作，加强监督，实施“阳光工程”。

（1）推进校务公开工作制度化。年内，校务公开办公室编印了《北京科技大学校务公开文件汇编》，将学校校务公开的文件、各学院“院务公开实施办法”和“机关部、处务公开实施细则”汇编成册；建立了“校务公开实施情况登记”制度，推进校务公开工作深入开展。年底前，在各学院、部门上报“校务公开实施情况登记表”的基础上，纪委、工会联合对机关行政部门的校务公开实施情况进行了一次全面检查。

（2）推进校务公开“行政主体到位”。根据北京市“厂务公开”协调小组要求，要建立校务公开“党委统一领导，行政主体到位，工会主动配合，纪委监督检查，职工积极参与”的新的领导体制和工作机制，学校党委决定，落实校务公开“行政主体到位”，调整了校务公开领导体制和工作机制。行政领导是校务公开第一责任人，校务公开办公室由工会转移到校办。明确“行政主体到位”，要做到将校务公开工作纳入本单位管理制度化的责任范围之内，制定完整、具体、操作性强的实施办法和管理办法，实现校务公开工作规范化与制度化，推进学校民主管理工作的深入。

（何柏芝）

【教职工之家建设】 2005年5月，学校成功申报了“全国模范职工之家”，使学校工会工作和教职工之家建设迈上了一个新的台阶。1984年学校正式建立教代会制度，并开展“教职工之家”建设活动。1985年、1988年、1995年，学校先后被北京市教育工会评为“合格教职工之家”、“先进教职工之家”、“优秀建家单位”。1998年被北京市总工会评为“北京市模范职工之家”，2000年荣获“全国教育工会先进集体”称号。经过20年的努力“建家”工作，学校形成了“党政工共建一个家、二级教代会、三级建家”的鲜明特色。

2005年3月，学校启动了“全国模范职工之家”申报工作，学校把工会活动经费从49万提高到60万，并将家属区的一栋二层小楼全部划给“教职工之家”建设，基本上满足了教职工的室内活动的需求。5月，学校被授予“全国模范职工之家”称号，《工人日报》、《中华全国总工会年鉴》分别发专题文章予以报道和记载。

荣获“全国模范职工之家”之后，学校建家工作又有了新的思路，即把二级“教职工之家”建在各学院，使“家”更贴近教职工。同时，学校将投入经费，支持各学院小家为教师休息室和职工活动室购买必要的设施、设备和健身器械，营造学习条件和温馨环境，使“家”不但有空间，更有精神内涵。在未来两年内，学校将实现“一个学院一座楼，一座楼里一个家”的目标。

（何柏芝、孟　江）

【工会自身建设】 2005年，学校工会以工代会召开为契机，继续加强工会自身的建设。4月，学校党委任命孟江为校工会专职副主席。7月，学校工会常务副主席何柏芝当选为北京市教育工会第八届委员会委员、常委，提升了学校工会的影响力。基层分工会方面，体育部作为学校直属单位成立了分工会，各基层分工会全部进行了换届，通过换届四位教授走上了分工会主席的岗位，188人走上了兼职工会干部的岗位，还有一大批年轻干部投入到基层工会的工作中来。

2005年，学校工会通过多种途径加强自身建设。主要包括：①加强对教代会代表、基层工会干部的培训。6月2日，请北京市教育工会主席张青山作专题报告，提高代表的参与意识和参与能力。7月中旬，组织校院党政工干部80多人参加“校务公开与学校的民主政治建设”专题研讨会，邀请中国教科文卫体工会主席张宏遵和北京市教育工会原主席张振民作专题报告。②加强对二级分工会工作的指导和服务，鼓励各分工会开展特色活动。年内学校工会组织两次调研活动，配合人事处组织“师德调研”活动，与女教授联谊会共同组织“教职工健康状况”调研活动，参与教育工会的专题调查研究。工会提交师德调研报告一篇、工作研究论文两篇，其中师德调研报告获优秀奖，一篇工作研究论文获中国教科文卫体工会优秀论文三等奖。③加强对内对外宣传工作，调动和发挥各分工会宣传委员的积极性，利用工会网页“教职工之家”做好宣传工作。全年，编辑《北科大教工》4期，给《北京教工》和教育工会网投稿23篇，及时报道学校工会的特色活动。④通过参加学校保持共产党员先进性教育活动，提高了工会党员干部的党员意识，制定了“胸怀全局、心系职工、维护权益、开拓创新”的岗位先进性具体标准。通过征求群众意见，查找到了工作中的不足，并制定了整改方案。

年内，校工会还对工作成绩突出的分工会给予表彰：机械工程学院分工会、信息工程学院分工会、材料科学与工程学院分工会、后勤分工会获得2005年度工会工作一等奖；机关分工会、应用科学学院分工会、外国语学院分工会、管庄校区分工会获二等奖；土木与环境工程学院分工会、冶金与生态工程学院分工会、管理学院分工会、文法学院分工会获三等奖。

（何柏芝、杨　峰）

【文体活动】 2005年,学校工会继续以"健康身心、愉快工作"为主题开展系列活动,丰富教职工的文化体育生活,参与人数超过了教职工总人数的三分之二。全年组织的大型文体活动有:①春季教职工登山比赛,14个分工会组队150余人参赛。②第四届教职工排球比赛,男女22支球队280余人参赛。③"科大五环健身"冬季户外系列活动周,包括"奥运五福来"五环接力赛、"奥运加速度"推轮胎接力赛、"奥运五彩绳"跳绳接力赛等健身活动,共组织179场次比赛,1000多名教职工参与其中。④"中秋节"青年教师联谊活动,50多名青年教师参加活动。

此外,在学校工会的支持和指导下,各社团活动开展得如火如荼。乒乓球队参加"钟声杯"乒乓球比赛;羽毛球队参加"学院路杯"北京部分高校羽毛球比赛,获女子团体冠军、男子团体亚军;足球协会参加北京高校足球联赛,并打进第二轮复赛;太极拳协会参加海淀区42拳、功夫扇比赛。

(孟　江、钱　靖)

【生活福利】 2005年,学校工会积极开展为师生办实事活动。主要有:①开展"中国职工互助保险"工作,两次办理"平安互助保险"、"女职工四种大病保险"、"团体意外伤害互助保险"的入保、续保工作,1680教职工参加保险,覆盖率已占教职工总数的三分之二,年内理赔14人次,赔付4.62万元。②完成"健康平安互助基金"到期后的个人基金退款工作,共计退款五批2409人次;参与组织扶贫济困送温暖募捐活动。③廉价购进大米、大葱、粉条、红江橙等生活必需品,方便教职工购买。④暑期组织教职工集体学习驾驶汽车,58人参加,3年累计组织教职工培训544人次。⑤组织春秋北京周边游和寒暑假的境内外旅游,年内推出欧洲、澳大利亚、韩国、香港、台湾、国内南方、北方等十几条旅游线路,供教职工选择。

(孟　江、王宇同)

【女工工作】 2005年,学校工会关注女职工的特殊需求,组织女职工开展了一系列活动。如庆三八国际妇女节,组织全校女教职工飞镖比赛,有581名女教职工参加。根据女职工的特殊需求,组织健康知识讲座。邀请上海专家医学中心医师宣讲"知识分子亚健康"问题;邀请北京女医师协会医师就女性健康方面知识进行专题讲座,200多名教职工参与听讲座活动。协助女教授联谊会进行换届,组织开展活动。"三八"妇女节期间,组织了女教授座谈会和女教授联谊会理事户外联谊活动。

(何柏芝、杨　峰)

【表彰奖励】 2005年,学校工会组织和个人获得了多项奖励和荣誉称号。主要包括:北京科技大学工会荣获"全国模范职工之家"称号;后勤分工会荣获"北京市教育创新优秀集体"称号;冶金与生态工程学院朱鸿民教授荣获"北京市先进工作者"称号;后勤党委副书记、分工会主席赵利晶荣获"全国教科文卫体系统优秀工会工作者"称号;校长助理翁海珊、党委组织部部长付晨光、管庄校区分党委李岩书记三位同志荣获"北京市教育创新标兵"称号。

(何柏芝)

学生工作

【概况】 北京科技大学学生工作由学生工作部(处)、武装部(合署办公)和研究生工作部、研究生工作办公室(合署办公)负责。学生工作部(处)、武装部主要负责本科生思想政治教育、学生业余党校和党支部建设、本科生日常管理、学生评优、贫困家庭学生资助、大学生心理咨询和心理健康教育、学生工作队伍建设,以及学生军训、国防教育、征兵工作等;研究生工作部、研究生工作办公室主要负责研究生思想政治教育、研究生工作队伍建设、研究生事务管理,配合组织部做好研究生党组织建设,联系和指导研究生共青团组织及群众组织的各项工作等。

2005年,北京科技大学学生工作以深入学习贯彻落实中央16号文件精神为主线,按照贴近实际、贴近生活、贴近学生的原则调整优化教育内容、教育方式和管理模式,多渠道、多形式发掘和整合教育管理资源,积极搭建学生"自我教育、自我管理、自我服务"的平台,从实过细地做好学生教育、管理和服务工作,为学生的健康成长成才服务,为学校的改革发展稳定服务。

(孙　伟、何　进、丁煦生)

【学生党建】 2005年,学生工作部和研究生工作部在学校党委的领导和部署下,认真组织全校学生党员开展保持共产党先进性教育活动,积极加强和改进学生党建工作。2005年上半年,学校对全校本科生和研究生党建工作进行全面调研,通过调查分析研究,全面客观地了解了学生党建现状,摸清了存在的问题,为下半年开展保持共产党员先进性教育工作做好了准备。2005年9~12月,根据校党委的统一部署,在学生党员中深入开展了"学生党员保持先进性教育"活动,圆满完成了学习动员、分析评议、整改提高三阶段各项教育任务。活动中,学校坚持以学生党员、学生干部为骨干,依靠党的基层组织、学生业余党校和学生理论社团等教育阵地,通过多种有效形式,引导学生党员和入党积极分子真正成为校风、学风、班风建设的中坚力量,取得了很好的成效。

2005年,学生业余党校继续坚持"分层次、多角度、重实践、促成长"的党校教育教学原则,举办了"党的知识培训班"、"入党积极分子培训班"、"新生党员培训班"、"预备党员培训班"、"毕业生党员培训班"和"党支部书记培训班"。在工作中既突出特色、有所区别,又一脉相承、层层推进。年内共举办各类党校培训班23期,各类讲座70多场,培训学员5037名,内容涉及党的基本知识、入党基本程序、加强党性修养、时事热点问题剖析、当代中国国际政治经济形势等课程及主题调研、社会实践、志愿服务等实践内容。全年共发展本科生党员725名,本科生党员占本科生的14%;发展研究生党员402人,研究生党员占研究生的46.16%,全校学生党员比例占25.6%。年内,学校还建立了"党旗飘飘"党建网站,制定了《北京科技大学网上学生党校实施细则(试行)》,为基层党支部设置专题网页,构建了学生党员网上学习和宣传平台,开辟了学生党建的新途径。

(白　亮、牛　珩)

【学生教育】 (1)精品专项教育。①新生入学教育。本科生工作方面,以突出自我管理意识教育、学习生活指导等内容开展了"新生家长会"、"校院领导双寄语"、"新生入学宣誓"、"走好大学第一步"主题班会、"如何做一名合格大学生"专题讲座、"以学校为荣、以专业为本"主题教育、新生成才规划指导、心理健康班级辅导、安全教育等新生入学教育系列活动。研究生工作方面,以"做一名合格研究生"为主题,组织各学院开展了学校传统及校风教育、"做一名合格研究生"专题报告会、校规校纪教育、安全教育、心理健康及人身保险教育等,并积极对新生进行学习生活指导。②毕业教育。本科生工作方面,以"爱国爱校、创业敬业、服务社会"为主题,重点组织了"毕业生党校"、"毕业生捐赠活动"、"欢送毕业生酒会"、"毕业典礼"等18项毕业生文明离校教育活动。研究生工作方面,以"爱国、爱校、诚信、创业"为主题,通过班级研讨、优秀学位论文交流、领导寄语、师生联谊座谈、成功人士报告会等多种形式,促进毕业生之间,毕业生与在校生、导师、学校、社会之间的广泛交流,营造良好离校氛围,凝聚爱校情结;以倡导按时还贷为突破口,加强毕业生诚信教育;加强就业服务指导,为毕业生顺利毕业、愉快走上工作岗位创造条件。③诚信教育。本科生工作方面,将本科生的诚信教育融于学风建设、就业指导、学生党建、贫困家庭学生资助、社会实践和校园文化建设等日常教育管理之中，以毕业生、贫困家庭学生、贷款学生、入学新生为重点群体，依托学生业余党校、学生党支部、年级、班级、社团等组织深入开展，形成了多层次、宽途径、全方位的工作体系；研究生工作方面，积极在研究生党支部、研究生班级中开展以“严谨为学、诚信为人”为主题的教育活动。特别是以北京科技大学第一届“研究生学术论坛”及“研究生十佳学术之星”评选活动为载体，加强研究生学术道德教育，进一步维护学校纯净的学术氛围、培养研究生扎实的理论功底、严谨的学术作风和求实的创新精神，把诚信教育与学术道德教育有机地结合，教育引导广大研究生树立正确的荣辱观。④爱国主义教育。开展了爱国主义教育图片展、“红色电影放映周”、邀请老前辈担任红色辅导员以及“走长征路定向越野接力赛”等14项爱国主义教育活动，大力培育和弘扬爱国主义和民族精神。⑤人文奥运与文明礼仪教育。以“争做文明东道主创建和谐新校园”为主题，把“校园文明礼仪、宿舍文明、网络文明”作为切入点，结合学校奥运场馆的建设，开展了知识竞赛、十大不文明行为系列评选及漫画展、北京高校平面设计大赛等17项活动，在校园内营造讲文明、迎奥运、树新风的新风尚。⑥形势政策教育。以抗日战争胜利60周年、“神舟六号”成功发射为契机，在学生中深入开展形势政策教育活动，组织学生收看电视转播10余次、参加校内外形势政策讲座30余场、参加各类参观活动100余次，参加学生累计达3000多人次。

（2）学生心理健康教育。①心理健康教育活动。举办了“心理健康月”、“健康文化节暨艾滋病宣传周”、“心理健康快车”等活动；举办讲座11场，新生班级辅导42场，参加学生约8200人次。②心理咨询工作。聘请5位有丰富工作经验的专、兼职教师组成一支专业、规范的咨询队伍，每周一至周五下午接待来访学生。全年共接待391人次的学生来访，同比增长10%；处理危机事件19起，涉及到男生10人，女生9人。通过建立心理咨询档案，与各学院、相关部门紧密合作，及时沟通，对危机学生一一做了妥善处理。③新生心理普查工作。10月中旬对全校本科与研究生新生进行了心理健康状况普查，共回收有效问卷5232份，约谈学生348名。将患有严重心理疾病的9名学生转到精神卫生机构接受治疗；安排100名有中等程度心理问题的学生进行持续的心理咨询与治疗；安排91名有一般心理困扰的学生进行短程心理咨询。

（3）网络思想政治教育。在对教育部直属高校同类网站调研的基础上，完成了“学子在线”的第三次改版工作。改版近四个月以来发文1364篇，日均发文12.4篇。网站的点击率持续上升，目前网站总浏览量超过120000人次，总访问量超过71500人次，总访问人数超过41000人次。学生及家长发表的评论2100多条。“学子在线”已经成为学生工作最重要的宣传载体，成为大学生思想政治教育的信息化平台。

（4）国防教育。2005年是《国防教育法》颁布5周年、纪念红军长征胜利70周年、抗日战争胜利60周年、开展学生军训工作20周年，学校利用重大纪念日开展丰富多彩的学生国防教育活动。①开展了以国防生、民兵连为主体的国防知识智力竞赛，在校内拉开了“以重大纪念日为契机开展学生国防教育活动”的序幕。②组建了以军事教师为主体、学生骨干为成员的国防教育讲师团，宣讲国防知识。③组建了北京科技大学军训受阅方队，圆满完成了首都开展学生军训20周年庆典活动上的受阅任务。④以国防协会和国防体育协会为主体，组建北京科技大学军用枪和定向越野代表队，参加全国大学生国防体育比赛，并获得优异成绩。⑤组建北京科技大学国防知识辩论队，参加北京高校首届大学生国防知识辩论赛，获第四名的好成绩。⑥举办了学校学生军训20周年的回顾展，特别是受阅方队的图片展在学生中产生很大的反响。

（左　刚、房　超、曲　涛、丁煦生）

【学生管理】 (1)贫困家庭学生资助。①国家助学贷款工作。在总结2004年工作经验的基础上，进一步完善制度，简化流程。与银行密切合作，提前两个月为在校生办理助学贷款手续，并于9月初开始放款，保证贷款学生按时注册、选课。05级学生入学后，及时为新生提供了贷款服务。积极做好宣传、咨询工作，认真准备，为学生贷款提供"一站式"服务。截至12月份，已为1009名学生办理了助学贷款，合同金额1846万元，已放款金额597万元。②勤工助学工作。做好岗位开发、申请审批、工作考核、经费管理、权益保护等重点环节的工作。大力整合校内资源，按需设岗，2005年共在校内设立勤工助学岗位500余个，发放勤工助学劳务150余万元；同时，积极拓展校外资源，针对学校学生的专业特点和优势，提供校外勤工助学岗位1500余个。③其他资助工作。积极落实相关资助政策，为51名品学兼优的经济困难学生减免学费16.5万元；为1280名献血学生发放补助45万元；有399名学生通过"绿色通道"顺利入学；为100余名特困学生发放困难补助3万元。积极争取社会资源，与伟豪铝业集团合作开展"爱心助行"活动，由伟豪铝业集团每年出资10万元资助学校贫困家庭学生寒假回家过春节。密切与中国扶贫基金会、全国总工会、北京市青少年发展基金等组织的合作，每年为学校学生提供20余万元的资助，帮助学生解决实际困难。

(2)学风建设。以"以评促建，寓教于评"为目标，本着"公平、公正、公开"的原则，严格评审过程，把握评审细节，坚持"提前申报、综合评分、公开答辩、差额评选、达标创优、隆重表彰、情况通报"的做法，充分发挥评优的导向和示范作用，在校园里形成"学习先进、争当先进"的良好氛围。全年共评定先进班集体、优秀团支部120个；评选出优秀毕业生、三好学生、优秀学生干部等4845人次；发放校外奖学金334万元，校内奖学金254.77万元，获奖学生超过6000人次。此外，为了充分发挥家长对学生的教育引导作用，组织制作并指导各学院填写寄送"致家长的一封信"7800余封。

(3)管理制度建设。教育部颁布新的《普通高等学校学生管理规定》以后，学校高度重视并认真组织学习。结合实际情况，利用假期时间组织学生工作干部反复研讨，先后制定了《北京科技大学学生违纪处理规定(试行)》、《北京科技大学学生校内申诉管理办法(试行)》等管理规定，修订、合并、废止了8个文件。同时，组织编写2005年新版本科生和研究生《学生手册》，并在全校范围内组织师生学习，广泛宣传新规定。

(4)学生安全稳定。年内，学校组织多场安全教育讲座，在全校学生中普及宣传安全知识，教育广大学生树立安全意识、提高自我防范能力。连续5周组织学生工作干部放弃休息时间，制定工作预案、编写宣讲提纲，妥善处理"涉日游行"事件，合理疏导学生情绪，努力维护校园稳定。

(5)军事训练。积极探索训练教育化新路子，收到良好效果。①开展了以"积极参加军训，刻苦磨练意志，努力掌握技能，增强国防观念"为主题的军训教育宣传活动，提高了入学新生参加军事训练的积极性。②调整训练内容，合理安排军政教育比例，充分挖掘军训基地的教育功能，增强了学生刻苦训练的自觉性。③以受阅方队训练为契机，开展了有主题、有目的的大练兵活动，有效提高了训练成果。④借助党员先进性教育活动，充分发挥参训党员的模范带头作用，突出了党组织在军训中的战斗堡垒地位。⑤强化服务意识，以学生为本，认真处理好严格管理和人性化服务的关系，极大地调动了学生训练的积极性。⑥强调安全第一的原则，不断对学生进行安全教育，严格执行各项规章制度，落实安全措施，杜绝了责任事故的发生。

(6)征兵工作。学校征兵工作始终走在北京高校的前列，连续4年被评为"征兵工作先进单位"。2005年主要做了以下工作：①建立了适龄应征学生登记制度和预征学生储备库，为冬季征兵工作做好前期准备。②利用春季国防教育月、秋季学生军训、冬季征兵过程，开展《中华人民共和国兵役法》的宣传，提高了广大适龄学生参军入伍的积极性。③建立退伍学生联系制度，帮助退伍学生解决学习、生活上的困难，发挥他们在学生国防教育中的作用。④协调校内、校外相关单位，解决了入伍学生和退伍学生的优抚待遇问题，消除了他们的后顾之忧。⑤加强对入伍学生的教育，通过培训、书信、通讯、慰问等形式，鼓励他们安心服役，以优异的成绩为学校争得荣誉。⑥保质保量完成2005年冬季征兵工作。2005年，学校有3名本科学生被上级兵役机关批准入伍。同时，6名学生光荣退伍复学。

（李　霄、李艳芳、孙　伟、曲　涛、丁煦生）

【学生工作队伍建设】（1）坚持以专职为骨干、专兼结合的原则，继续将有较高政治理论素养和业务素质，有强烈的事业心、责任感和奉献精神，具备良好的身心素质和发展潜力，有志于从事学生思想政治工作的高学历人才选拔到队伍中来。2005年，从本校高年级本科生和研究生中选拔出13名优秀学生担任兼职学生辅导员，从2006届本科毕业生中选拔出24名保留研究生入学资格的学生担任机关工作人员和专职学生辅导员。研究生工作部选聘了5名新的研究生辅导员充实到研究生工作队伍中，并组织各学院成立研究生工作组，配备组长，探索更合理的研究生工作模式，将研究生管理向规范化，制度化推进。

（2）以创建学习型组织为目标，切实加强学生工作干部队伍建设，进一步完善分层次、分类别、多形式和重实效的培训体系。年内，先后组织了2005年春、秋两季学生工作干部培训班和新上岗学生辅导员培训班，同时依托“学子在线”网站拓展学生工作干部交流学习平台。从下半年开始，学校启动“辅导员沙龙”活动，不断推进学校辅导员队伍的理论研究、专业化建设和感情交流。2005年，学生工作系统共组织辅导员集中培训六次，组织辅导员参加教育部、北京市委教育工委等上级部门的培训10余次，人均全年参加培训约48学时。

（3）组织学生工作部、就业指导中心、校团委及各学院学生工作负责人赴江苏、上海、浙江学习考察，与上海交通大学、浙江大学、东南大学、苏州大学、华东师范大学等多所高校的学生工作干部进行了深入交流，积极学习各高校在学生工作方面的宝贵经验。2005年，还数次迎接教育部、北京市委教育工委的领导来校检查工作。市委常委、教育工委书记朱善璐同志在听取学校学生工作汇报并与学生工作干部、学生代表座谈之后，给予了非常高的评价。年内，还接待了英国雷丁大学、东北大学、东南大学和电子科技大学等10余所高校的领导同仁来校交流考察学生工作。

（4）通过完善《北京科技大学关于加强和改进学生工作队伍建设的实施办法》、《学生工作集体和个人的考核指标体系》，进一步建立以能力和业绩为导向、符合学生思想教育特点要求的工作考核体系、评价标准和评优奖励制度。进一步明确建立团体学习的制度、个人研究计划，加强日常考勤，通过组织全体学生工作干部公开述职和民主测评，邀请学生代表听取学生辅导员述职、参与民主测评和辅导员工作问卷调查，将考核结果与个人职务聘任、奖惩、晋级挂钩，并对考核为优秀的学生工作干部进行隆重表彰和广泛宣传，树立“人人学先进、个个创先进”的良好风尚。

（左　刚、丁煦生）

【科研学术及实践活动】2005年2月，首届“北京科技大学研究生学术论坛”活动启动。论坛历时8个多月，主要以征集研究生学术论文为基础，以研究生自主作学术报告、专家点评为基本形式，全校9个学院和新金属国家重点实验室结合自己学科特点和学院情况，组织开展了形式多样的学术交流活动，共有2000多名研究生参与到了本次活动当中，活动共收到研究生学术论文600余篇。经专家组评定，共评选出优秀学术论文33篇，并予以鼓励。6月,研究生十佳“学术之星”评选活动启动,历时4个多月。其间,各学院根据评选条件进行提名和初审,14位候选人进入到终评阶段,经过现场展示与答辩,燕青芝等十名同学被评为北京科技大学十佳“学术之星”。随后,研究生工作部将活动成果汇编成《北京科技大学第一届研究生学术论坛暨第一届研究生十佳学术之星专集》,充分发挥活动的示范效应。年内,还面向全体研究生继续举办了“院长论坛”、“院士论坛”和首届“北京科技大学博士生学术沙龙”系列活动,引导研究生积极参加学术交流与创新活动。

2005年,学校重新修订《北京科技大学研究生参加社会实践的规定》,将研究生社会实践与评优等结合起来,从制度上规范了研究生的社会实践工作。同时积极支持并组织研究生参加暑期社会实践和广泛的业余科研活动。年内共有13支研究生社会实践团和800多名研究生参加了社会实践活动,共有1200多名研究生参加专业实践锻炼。

(牛 珩)

【学生工作调研与宣传】

(1)学生工作调研。本科生工作方面,2005年先后完成“大学生思想状况滚动调查”、“学生党员思想状况调查”、“本科生学风状况调查”、“寒暑假返乡情况调查”,撰写调研报告和情况简报20余篇,10万余字。同时,积极总结工作经验,先后向教育部、市委教育工委报送各类经验总结材料11篇,向教育部简报投稿14篇,向教育工委报送信息28篇。为上级部门和学校有针对性地开展学生工作提供了真实可靠的第一手资料。此外,学生工作部还利用暑期编撰了《大学,梦起飞的地方》、《新时期大学生党课培训教材》和《象牙塔里的足迹》三本书籍。研究生工作方面,紧紧依托挂靠在学校的中国学位与研究生教育学会德育工作委员会积极开展研究生德育工作调研。①研究生工作部作为德育工作委员会秘书处所在单位,于2005年5月在杭州组织召开第一届研究生工作部部长联席会。会议总结、交流和推广各高校研究生德育工作经验和研究成果,收集和整理各高校研究生德育部门落实中央16号文件的经验和措施,为上级主管部门制订相应规章制度提供决策依据。②学校与清华大学、浙江大学,共同承担了国务院学位办委托的研究生教育课题的研究工作。课题的题目是“对开设研究生马克思主义理论与思想政治教育课的现状和存在的问题进行深入调研,提出关于研究生‘思想教育理论课’的改进意见和课程设置方案”以及“对研究生思想政治教育工作的现状和存在的问题进行深入调研,提出加强和改进研究生德育工作的意见和建议”,发放调查问卷1万多份,调查的对象涉及到全国近100所高校的研究生任课教师、指导教师、研究生德育工作干部、在读研究生等,课题将于2006年4月结题。此外,在2005级新生中进行了思想状况调查问卷,并对相关的数据进行了系统的统计、分析,并撰写了相关的调查报告。同时充分利用网络的教育、宣传与引导作用,通过组织网上调查问卷及从校园BBS了解研究生群体在学习生活和工作中存在的问题,及时沟通,积极协调解决。

(2)宣传工作。2005年,学生工作部门秉承“内聚人心,外树形象”的工作思路,继续办好《学生工作快讯》和“学子在线”网站,同时主动挖掘校内外资源,充分展示和宣传学校学生工作动态、经验和成绩。年内,共出版《学生工作快讯》160期,稿件237篇;在学子在线刊载新闻2244条。中央电视台《新闻联播》4次、《教育部简报》12次以单篇报道的形式推介了学校学生工作的经验;《人民日报》、《光明日报》、《中国教育报》、《北京日报》、《新京报》等校外媒体关于学校学生工作专题报道9篇。特别是《迎神舟六号返回舱回家北科大学子赠签名横幅》的主题文章在《人民日报》、《中国教育报》、“人民网”、“光明网”、“新浪网”等国内各大媒体转载30余篇。

(邵蒨臻、白 亮)

共青团工作

【概况】 2005年,北京科技大学共有团员12761人,社团组织52个,主要包括科技、文艺、学习、公益、体育、实践六大类。校团委下设办公室、组织部、宣传部、实践部、科技部、文体部、学术部、外联部、青工部、研究室、社团团工委、志愿者指导中心、机器人工作室、素质拓展中心、学生创业指导中心、学生活动服务中心。年内,校团委在校党委和上级团组织的领导下,以落实16号文件为宗旨,以保持共产党员先进性教育为契机,紧紧围绕学校"育人"中心工作,扎实推进大学生素质拓展计划,积极推进学习型、服务型的团学组织建设,不断开创共青团工作的新局面。校团委积极与教务处配合将社会实践、志愿服务、科技创新、文艺活动、社会工作纳入教学计划,建立起学分化的工作推进机制,促进了第一课堂与第二课堂的有机结合,形成了完整协调的素质教育育人体系。2005年10月,校团委等团学组织搬入7号楼学生活动中心,团学活动阵地焕然一新。

(李丽辉、汪文明)

【思想教育与组织建设】 2005年,校团委积极响应团中央、团市委的号召,以"中央16号文件"、保持共产党员先进性教育活动、"人文奥运与文明礼仪"实践活动等重大事件为契机,先后开展了以"学党史,知理论"、"青春、大学、我和奥运"、"增强共青团员意识教育"、"职业生涯规划设计大赛"等为主题的主题团日活动;求是学会开展了"生于80年代——16号文件与我"、"会徽会旗设计大赛"、"我和求是一起走过"等系列活动,加强团员的思想政治教育;开展以"六个一"为主要内容的增强团员意识主题教育活动,即"撰写一篇学习心得,参加一次主题讨论会或主题实践,参加一次民主生活会,参加一次职业生涯设计大赛,采访一位优秀的校友,对共青团的工作提出一项建议",2004级95个团支部参与试点,效果良好。

校团委在认真做好组织关系转接、推优入党、团员统计、团费收缴、评优表彰等常规性基础团务工作的同时,注重制度化建设和组织建设。2005年10月,经党委组织部批准,刘雪峰、左海滨两位青年教师挂职担任校团委副书记。12月24日,学校成立后勤集团团委,进一步拓展了共青团工作的空间。校团委将传统团校与《社会工作概论课》相结合,用建设一门课程的思路建设团校,以大班讲座、小班交流和课程论文的形式进行教育,课程考核合格者获得2个人文社科类选修课学分,调动了学生干部参加培训的积极性,促进了培训工作的规范化。年内,学校共青团系统获得了多项奖励,其中,信息学院团委被评为"北京市五四红旗团委";冶金023班团支部被评为"北京市五四红旗团支部";材料046班等11个班级被评为"北京市优秀班集体",詹璐等28名同学被评为"北京市三好学生",韩绍坤等11名同学被评为"北京市优秀学生干部",还有10多个学生社团、活动项目在北京市共青团系统各类评比中获奖。

(尹兆华、周媛媛)

【科技创新与学术实践】 2005年,校团委与教务处联合出台了《北京科技大学"本科生科技创新和学术实践"教学工作管理办法》,将"本科生科技创新和学术实践"正式写入了《本科2005版教学培养计划》,为学生科技创新和学生实践提供了保障。着眼于大学生创业意识和创业能力的培养,与学校科技园公司联合成立了学生创业中心。校团委依托校学生科协,各学院团委、科协,组织了"第八届新生点子创意大赛"、"首届航模大赛"、

"第三届 flash 大赛"等 15 项校级及校级以上课外科技创新竞赛,涉及文、理、工等多个学科领域;举办学术讲座 100 余场,约 17000 人次参加。学生代表队在全国和北京市的各种科技学术竞赛中获得了优异成绩。在第三届"挑战杯"首都大学生课外学术科技作品竞赛中,获得一等奖 3 项,二等奖 6 项,三等奖 11 项;在第九届"挑战杯"全国课外学术科技作品竞赛中,获得三等奖 2 项;在 2005 年全国电子设计竞赛中,12 支团队获奖;在全国大学生数学建模与计算机应用竞赛中,8 支团队获奖,其中 2 支团队获得全国一等奖;在第 16 届北京市大学生(非数学专业)数学竞赛中,10 人获奖;在第 22 届北京市大学生物理竞赛中,77 人获奖;在 2005 年全国大学生英语竞赛北京赛区决赛中,53 人获奖,其中 2 名同学获特等奖,1 名同学获得"第六届全国大学生英语演讲赛"一等奖。2005 年 8 月,学校机器人代表队在亚太地区机器人大赛国内选拔赛中勇夺冠军,代表中国参加亚太地区机器人大赛总决赛获得亚军。9 月,机器人代表队受到了李长春、王兆国、陈至立等党和国家领导人的接见。

(李丽辉、刘雪峰、汪文明)

【社会实践与志愿服务】

2005 年,学生暑期社会实践以"构建和谐社会,服务青春奥运"为主题,积极探索"学分化"的社会实践工作思路和科学化的运行体系,大力开创"品牌突出,特色鲜明,内涵丰富,成果丰硕"的社会实践新局面。从 2004 级本科生开始,学校将学生社会实践作为"思想政治理论课"教学的一部分纳入教学计划,规定"大学生暑期社会实践主要安排在大一、大二的暑期,分两次进行。每次开展社会实践的时间原则上不少于 2 周,每次 4 个学分,共 8 个学分,分数进入学生成绩单。"同时,学校积极探索科学化的社会实践运行体系,实行"起点前移、重心下移",面对团队的制度化、规范化管理。年内,社会实践工作成绩显著:2004 级学生实践参与率达 100%,2003 级超过 96%,全校共有实践团队 225 支。实践内容涉及奥运志愿服务、支教扶贫济困、和谐社会建设、形势政策宣讲、科技发明、区校共建、预就业见习等诸多方面。土木与环境工程学院吕哲夫等 10 名同学被评为"北京科技大学 2005 年暑期社会实践十佳标兵"。学校再次被评为"全国高校社会实践先进单位"、"首都高校社会实践先进单位",获"大学生社会实践首都贡献奖";13 支实践团队被评为"2005 年度首都大学生社会实践优秀团队";土木与环境工程学院副院长金龙哲、冶金工程学院副院长张建良、校团委副书记尹兆华三位老师获"2005 年度首都高校社会实践先进工作者"称号。

(尹兆华、刘　丹)

2005 年,志愿服务工作以"服务社会,面向奥运"为主题,以"宣传志愿精神"为目标,注重在志愿服务过程中培养学生的奉献精神。将志愿服务与学生的实践类课程相结合,开设了"志愿服务与公益劳动类"实践课,将学生的志愿服务活动纳入正规的教学体系,并在奥运志愿培训、区校共建、扶贫支教、基层志愿服务、构建和谐社会等方面开展了丰富多彩的志愿服务活动。6 月,经过严格选拔,北京科技大学第三届"大学生志愿服务西部计划"确定了 9 人组成的志愿服务团;10 月,北京科技大学第八届"扶贫接力计划"研究生支教团组建完成,6 名新一届支教团的成员将于 2006 年暑期赴内蒙古察右前旗开展为期一年的支教工作。年内,北京科技大学青年志愿者协会还为首都的奥运项目建设提供了多方面的志愿服务,先后参加了"北京奥运会志愿者项目"启动仪式、"志愿北京 7·13工体大型演唱会"、"青春献祖国、志愿迎奥运"、"交通伴我行"等多项奥运大型活动的志愿服务工作。年内,参加西部计划的王建强同学被评为"第六届北京青年志愿服务行动杰出青年志愿者";机器人大赛志愿服务队被评为"第六届北京青年志愿服务行动优秀集体"。

(梁治国、牛　犁)

【文化艺术与身心发展】

2005 年,校团委与教务处联合

下发了《北京科技大学"艺术实践类课程"教学工作管理办法》、《北京科技大学艺术特长生管理办法》，面向全校学生开设5门艺术实践课程。学校招收艺术特长生18人，保送艺术特长生读研4人。年内，校团委组织学生艺术团参加了由北京市教委和北京市委教育工委主办的首届北京大学生艺术展演并获得了优异成绩，大合唱、小合唱、舞蹈、书画4个项目均获得北京市一等奖，民乐大合奏、民乐小合奏、管乐合奏、戏剧4个项目均获得北京市二等奖，并获得此次活动的优秀组织奖。柳洋同学书画作品在7月由教育部主办的全国大学生艺术展演中获得一等奖。

为活跃校园文化、丰富学生艺术实践，校团委先后举办"扬帆起航"迎新晚会、"建设者之歌"慰问外来务工人员晚会、"超越巅峰"毕业生晚会等3场大型主题晚会。主题晚会以精彩的文艺形式，包含了丰富的教育内容，收到了良好效果。12月，校团委在国图音乐厅成功举办2006年新年音乐会，学校合唱团、民乐团以精彩的表演向业内专家、兄弟院校等校外各界人士和广大师生展示了学校艺术教育成果和学生风采。4～6月，校团委还举办了以"弘扬先进文化、构建和谐校园"为主题的第二届夏日文化广场，包括第七届校园歌手大赛、与北京歌剧舞剧院民乐团联袂演出的"高雅艺术畅想校园——情韵"民族音乐会、信息学院首届"电声乐队专场"、土木学院"携手明天"第二届师生文艺晚会、冶金学院第一届"相声小品"晚会、机械学院"相约未来"文艺晚会、材料学院"驿动青春"文艺晚会、应用学院首届"我心飞翔"毕业生文艺晚会、管理学院"恰同学少年"毕业生文艺汇演等10场演出。

（李丽辉、韩学周、隋　昕）

【社团活动与社会工作】 2005年，校团委对全校学生社团发展建设与制度创新工作进行了集中研讨，对社团活动管理、注册管理以及指导教师管理等工作制度进行了完善细化，为社团的自身建设和社团活动的开展创造了更为有利的环境。同时，校团委积极倡导"活动中锻炼队伍、活动中完善机制"的模式，开展了一系列丰富多彩的社团活动。4月，学校举办为期一个多月的第九届社团文化节。活动期间，各社团充分发挥自身特点，通过讲座、比赛、电影欣赏、才艺戏剧表演等多种形式开展活动，展现了北科大各社团的精神风貌，丰富了师生的课余生活，促进了校园文化建设。"五一"期间，社团联合会成功举办"理智爱国，健康成长"系列活动。通过近20项各类活动，充实假期的校园文化活动，同时为维护校园稳定起到了积极作用。社团团工委积极举办承办各类培训与交流活动，包括"北科大学生与美国德克萨斯阿灵顿大学校长面对面"、第三届青年人才训练营暨北京科技大学第28期骨干团校等，开阔了广大学生尤其是社团干部的视野。

（梁治国、马　楠）

【宣传工作与网络建设】 校团委以快讯、报纸、网络、视频四位一体的立体化校园媒体架构为介质，对校内外重大事件进行及时有效报道，营造了良好的校园舆论氛围，通过创新工作手段和方法，加大共青团的宣传工作，积极参与校园文化建设、精神文明建设等宣传工作。年内，《北科大青年》出刊8期，《校园快讯》出刊50期。《校园快讯》全面改版为《团学快讯》，同时改变了供稿方式和发行渠道。由原来团委宣传部采稿改成由各学院团委、各学生社团投稿，团委宣传部负责审稿编印，《团学快讯》一周编印两期。《北科大青年》报纸开辟了丰富多彩的栏目，包括要闻导读、素质拓展、黄金岁月、师生之桥、青年风采、校友风采六大版块，划分导读、本期头条、近期聚焦、专家视点、项目预告、拓展指南、团学动态、院系风采、组织建设、黄金岁月、关注、求学直击、教学改革、良师益友、校园群英、百舸争流、校友风采等10余个栏目。每期选择一些近期对同学有影响的栏目进行集中报道和深入挖掘，充分体现"为学校发展建设服务、为同学成长成才服务"的办报宗旨。同时，校团委充分利用网络渠道，不断推进学校共青团的信息化建设。加大对5470——北科大青年网站、4494——实事求是、Ibeike——学生之家的建设力度，在实现了网络宣传、思想教育、信息服务、素质拓展认证等多项网络功能的基础上，不断改版创新，成为为广大学生提供服务的良好平台。2005年7月，校园BBS实行实名制管理。

（谷　炜、吴钰重）

【素质拓展与团学评优】 2005年6月，全国大学生首批新版素质拓展证书颁发仪式在北京科技大学举行。团中央依托学校素质拓展中心成立了“全国大学生素质拓展计划网络管理系统管理与服务中心”，为全国高校的素质拓展网络管理提供了一个技术服务、管理咨询、信息交流的平台，团中央书记处书记卢雍政与校党委书记罗维东为中心揭牌。校团委素质拓展中心制定了《大学生素质拓展实施细则》、《大学生素质拓展证书管理办法》、《素质拓展项目申报和管理办法》等相关规章制度，进一步推进了大学生素质拓展工作的规范化和科学化。学校设立以班级团支部为基础的素质拓展（认证）小组，实行个人申报、班级团支部组织民主评议、学院认证、学校审核归档的三级认证体系。重点通过“北京科技大学大学生素质拓展认证系统”和实施《大学生素质拓展证书》，建立客观记录学生素质发展变化情况的青年学生人力资源能力评价体系，并计划在评优创先、综合测评、求学深造、就业推荐等方面制订配套的政策，不断建立健全操作机制、评价机制和对学生的激励机制，促进学生的素质拓展。

校团委积极推行团学系统“十佳”评优体系，包括个人十佳以及集体十佳共计30个奖项。个人十佳包括“十佳班长”、“十佳团支书”、“十佳宿舍长”、“十佳学术之星”、“朗诵十佳”、“演讲十佳”、“主持人十佳”、“校园十大风云人物”等，集体十佳包括在科技活动、志愿服务、社会实践等方面有突出表现的班集体。“十佳”评优体系，打破了传统“三好学生”的含义，促进了学生的个性发展。

（潘小俪、尹兆华）

【学生会与研究生会】 2005年，学生会、研究生会继续坚持“自我教育、自我管理、自我服务”的工作方针，围绕本科生和研究生的成长成才，以活动为载体，活跃校园文化，积极为学生成长成才搭建舞台。学生会成功地举办了第二届饮食文化节系列活动、第二届校园辩论赛、第七届校园歌手大赛、第六届我爱我师——我心中最优秀的老师评选活动、首届校园原创文学大赛、首届中英文模拟导游大赛、“Super Star”校园闪亮新星风采大赛、首届跆拳道柔道文化节暨北京奥运会倒计时1000天揭牌仪式、首届柿子文化节、名师课外大讲堂系列讲座、首届民族文化节、北京市高校学生会主席论坛等活动。

研究生会成功开展了院长论坛、英语演讲大赛、英语角、研究生学术论坛、博士生学术沙龙暨研究生十佳学术之星报告会、“彩虹工程”社会实践团、研究生师生轻体运动会、“友谊杯”研究生篮球联赛、“精功眼镜杯”研究生足球联赛、“君艺乐器杯”台球赛、研究生十佳歌手大赛等活动，以及职业生涯规划讲座、爱的艺术大型心理讲座、权益伴我行活动月、旧书活动市场、校园借记卡的推广、研究生搬迁后勤支持活动、研究生迎新工作等活动。

2005年5月、10月，学生会和研究生会分别完成了换届工作。新一届学生会系统规划了新一学年的工作，调整了部门，统一了思想。新一届研究生会在调整部门的基础上成立了志愿者服务队，并组织了研究生志愿者赴北京新希望实验学校进行支教、参加了全国首届服刑人员未成年子女心理辅导研讨培训班等活动。

（任玉霞、牛　珩、韩绍坤、高小扬）

离退休干部工作

【概况】 2005年底,北京科技大学共有离退休干部1512人,其中离休干部162人,退休干部、教师1350人。2005年5～6月,机关第五总支进行换届改选工作。6月29日,选举产生离退休干部党委,选举产生党委委员9人。离退休干部党委有17个支部,其中离休支部4个,党员126人;退休支部12个,党员634人;在职支部1个,党员7人。离退休干部处工作人员8人。

(段凤英、张秀峰)

【组织及思想建设】 2005年,离退休干部党委继续组织党员深入学习"三个代表"重要思想以及党的十六届四中、五中全会精神,在党员中开展"讲优良传统,葆革命本色"主题教育活动,先后组织党员听取《深刻理解,全面把握"决定"精神》、《贯彻"两会"精神,以科学发展观统领社会发展全局》、《论自主创新》三个辅导报告。在"学习实践'三个代表'紧跟时代前进步伐"的征文活动中,王克智同志的《一个退休共产党员的思考》获纪念奖。在保持共产党员先进性学习教育活动中,组织党员收看《党旗下的风采》、《跨越历史的青春》等影片,组织党员6批410人次赴斋堂地区抗日根据地、北京市规划馆、卢沟桥抗日战争纪念馆以及革命圣地延安参观。同时,离退休干部党委坚持每月1～2次组织生活制度,坚持民主集中制,每月召开一次党委委员、支部书记例会,重要事情集体讨论。此外,还及时补充和维护党员信息库,加强对党员的管理和统计工作。

(段凤英、张秀峰)

【落实两项待遇】 (1)政治待遇。认真落实《北京科技大学离退休干部工作领导责任制》以及离退休干部处和离退休干部原工作单位两级管理的体制。坚持司局级党员和党员干部每月一次阅读文件日制度。给离休的原校级干部订阅报纸并向离休干部赠送校刊。阅览室订阅16种报刊杂志供离退休干部阅读,每月向离休干部赠阅《北京老干部》刊物。2005年共出版10期《金色园地》刊物,向老同志印发4500余份。2005年3月,学校主要领导向离退休干部通报学校的主要工作。9月2日,学校召开"纪念中国人民抗日战争暨世界反法西斯战争胜利60周年"座谈会,曾参加抗日战争的23名老同志(包括管庄校区4名)中的19人出席座谈会,校党委书记罗维东、副校长武德昆参加座谈会,并向老战士发放了慰问金。在北京市教育系统纪念抗日战争胜利60周年的征文活动中,渠刚生、张磊民、韩文植、李双禄、于树德等5位抗战老战士的回忆文章被《北京教育界老同志抗战回忆录——亲历抗战》一书收录。

(2)生活待遇。依据上级文件标准,从2005年8月起,23名抗日战争时期参加革命的离休老同志的护理费,由每人每月100元提高到每人每月200元;3名生活完全不能自理的离休干部的护理费,由每人每月100元提高到每人每月200元;从7月起,为1名去世离休干部配偶的生活困难补助费由每月330元提高到每月340元。10月1日起,学校再次自筹资金为离退休干部增加了离退休费,并从12月1日起,为离退休干部增加生活补贴;年内,学校下拨特困基金6万元(实际用去补助金额8万元)对有困难的老同志进行了补助;5月,配合校医院组织630名离退休人员进行体检,其中82名离休干部体检费由学校支付;9月组织99名"102"医疗照顾人员到北医三院体检,学校为每人补助50元。学校还为1079名退休干部更换校医院公费医疗证及病历;为243名"102"医疗照顾人员更换医疗证;为451名住校外的离退休人员办理《就近医疗报销凭证》;向371名离退休干部退还校《平安互助基金》的本金。同时,为方便老同志报销医药费,校医院、财务处每月1次专场为离退休干部报销,从3月起财务处每月1次到西三旗育新小区为离退休干部报销医药费,解决了他们的实际困难。此外,针对老同志中空巢、独居、病重等特殊情况,离退休干部处选择了75人作为联系对象,建立了经常性联系制度,并为3位老同志安装了紧急呼叫器。

(段凤英、李惠珍、张秀峰)

【文体活动】 截至2005年底,在离退休干部中共成立15个兴趣队。全年,除正常活动外,举办了乒乓球、麻将、台球,以及第十八届离退休干部运动会、第三届高龄老人祝寿庆典、迎新年联欢会、游艺会等多项活动。年内,组织离退休人员市内、京郊参观、旅游15批1288人次;接待日本长野县日中友好高龄者大学学员1批,并组织离退休人员与之进行家访、书法交流、联欢等;组织离退休干部合唱队39人参加"纪念中国人民抗日战争暨世界反法西斯战争胜利60周年"北京市老年合唱大赛并获优秀奖;举办学校离退休干部"纪念中国人民抗日战争胜利60周年演唱会";举办离退休干部"纪念中国人民抗日战争暨世界反法西斯战争胜利60周年"书画展,共有20人的37幅书法作品、17人的30幅绘画作品展出;选送手工组17人的近百件作品参加"北京教育系统老同志手工艺作品展"并获奖;分别为李文、杨觉先两位同志组织个人书画展;组织门球队参加学院路地区门球赛获冠军。

(段凤英、张秀峰)

【关心下一代工作委员会】 学校进一步落实《教育部关心下一代工作委员会关于进一步加强全国教育系统关心下一代工作委员会工作的意见》,于2005年上半年对学校关工委领导班子进行了调整,健全了组织,充实了力量。7月8日,召开北科大关心下一代工作委员会工作会议,明确了学校关工委日后的工作任务。在保持共产党员先进性教育活动过程中,特邀曾参加抗日战争、解放战争的两位老同志于树德、高亚光为冶金与生态工程学院2002级第一、第二党支部、土木与环境工程学院2003级党支部全体党员上党课,进行革命传统教育;推荐16位离退休干部党员担任学校保持共产党员先进性教育活动联络员工作。此外,部分老同志还资助贫困学生、参加教学督导组,做到"老有所为"。

(段凤英、许炳春、张秀峰)

人 物

知名专家学者

一、中国科学院院士(7 人)

魏寿昆 柯 俊 肖纪美 高庆狮 周国治 陈难先 葛昌纯

二、中国工程院院士(3 人)

陈先霖 胡正寰 陈国良

三、国务院学位委员会委员(1 人)

杨天钧

四、国务院学位委员会学科评议组第四届成员(4 人)

陈先霖 杨天钧 孙祖庆 廖国华

五、北京市学位委员会委员(1 人)

孙祖庆

六、国家级突出贡献专家(16 人)

周国治 刘庆国 张公绪 高庆狮 胡正寰 李连诗 钟廷珍 傅 杰
葛昌纯 冯明翰 朱允言 褚武扬 高泽标 杨天钧 王燕斌 高征铠

七、省部级突出贡献专家(13 人)

谢锡善 陈国良 陈景榕 李承基 林 实 管克智 周纪华 邹家祥
陈难先 张圣弼 周寿增 田乃媛 赵立合

八、"长江学者奖励计划"特聘教授(8 人)

乔利杰 张济山 朱鸿民 谢建新 曲选辉 杨 槐 姜 勇 邢献然

九、"长江学者奖励计划"讲座教授(1 人)

陈龙庆

十、国家自然科学基金委员会“国家杰出青年科学基金”入选者(11 人)

A 类:乔利杰　曲选辉　谢建新　张　跃　吴爱祥　郭占成　王习东

B 类:乔利杰　马星桥　陈龙庆　李庆峰　王新东

十一、人事部“新世纪百千万人才工程国家级人选”(8 人)

毛卫民　曲选辉　吴爱祥　谢建新　姜福兴　孙冬柏　张欣欣　邢献然

十二、教育部“跨世纪优秀人才培养计划”入选者(10 人)

毛卫民　徐金梧　刘国权　田文怀　曲选辉　张　跃　张欣欣　孙冬柏
倪　文　惠希东

十三、教育部“新世纪优秀人才支持计划”人选者(11 人)

高克玮　姜　勇　宿彦京　王　戈　张深根　李　威　谢谟文　高学东
顾　强　王西涛　张　勇

十四、教育部“优秀青年教师资助计划”入选者(15 人)

葛昌纯　万发荣　李育苗　原　魁　王新东　徐金梧　李仲学　康永林
张欣欣　邢献然　王　沁　倪　文　李　阳　乔　兰　肖建国

十五、“高等学校优秀青年教师教学和科研奖励基金(简称青年教师奖)”(2 人)

董建新　邢献然

十六、教育部“高等学校优秀骨干教师”(2 人)

刑献然　闵乐泉

十七、人事部批准享受 2004 年度政府特殊津贴人员(7 人)

孙冬柏　邢献然　林均品　纪洪广　王习东　臧　勇　康永林

十八、北京市高等学校青年学科带头人(34 人)

乔利杰　黄继华　童朝南　康永林　潘永泉　刘建平*　张宗贤*　黄典冰*
郑敏辉*　郜卫华*　万发荣　廖福成　张欣欣　杨　扬　李仲学　臧　勇
唐伟忠　刘增良*　丁玉龙*　张济山　谢建新　田文怀　王志良　韩建友
张晓丹　殷晓静*　翟启杰*　倪　文　温　治　王　沁　李　阳　张　跃
高学东　陆　俊

十九、北京市高等学校优秀青年骨干教师(105 人)

周湘斌　董绍华　王志良　臧　勇　李仲学　王新东　尹怡欣　吴春京
权良柱　温　治　于晓红　郭志猛　马星桥　张晓丹　吴　平　申亚男
章荣江　李文军　冯　澎　李长荣　李维佳*　李毅红*　闫凤桥*　丁玉龙*
郑秋宝*　李明楚*　徐福昌*　胡　颖*　肖玉新*　翟启杰*　马中庭*　张　杰

任学平	高学东	龙　毅	王元玮	杨晓明	齐慧滨	夏德宏	王　平
杨海波	陈广平	程国全	包燕平	张少军	杜振民	黄效国	郗安民
储方杰	彭　漪	殷晓静*	邓　陟*	刘绍军*	高永生*	方　智*	何　评*
尹弘斌*	刘惠敏*	倪　文	杨　鹏	成国光	张建良	王　立	韩静涛
张清东	李苏剑	王　沁	李　阳	张　跃	宋　波	何积铨	陈章华
王维才	何民庆	陈闽红	张　健	张　伟*	王新桥*	陈　清*	张文清*
何家接*	刘新宇*	夏　新*	许世静*	郑慧民*	王国彪	张家泉	李京社
王忠民	徐　尔	尹　红	赵海雷	王爱红	周振平	贾志新	于　祥
董建新	毛卫民	戴淑芬	刘　克*	魏玉杰*	王晓萍*	田毅盛*	庞永军*
胡海萍*							

注：带＊者现已离校

二十、霍英东教育基金奖获得者（18人）

年　度	青年教师基金获得者		优选资助课题	青年教师奖		
				教学奖		科研奖
1987	赵建国	李育苗				
1989				刘国权（一等）	李维佳（三等）	
1991	吕雪山					王　立（三等）
1993					廖福成（三等）	乔利杰（二等）
1995					翟启杰（三等）	
1997					夏　新（三等）	温　治（三等）
2001	李江涛				于　文（三等）	
2003	高克玮					
2005	顾　强	王　戈	于　浩		袁文霞（三等）	

二十一、宝钢教育基金优秀教师奖（41人）

年　度	特等奖	优秀奖
1994	刘国权	马星桥　申亚男　许世静
1995	苍大强	闵乐泉　张　健　彭　漪
1996	王燕斌	吴　平　卢晋福　贾建华
1997	陈先霖	温美娟　杨世成　许纪倩
1998	邹家祥	佟玉兰　管荻华　王维才
1999		李　杰　王小萍　桂伟珍
2000		潘礼庆　许三星　王志明
2001		李文军　瞿国忠　康永林
2002		汪飞星　张敬源　王　立
2003		郗安民　高俊山　陆　俊
2004		邱　宏　于晓红　张志刚
2005		郗安民　戴淑芬　左　鹏

二十二、2005年度在岗博士生指导教师名单(221人)

学科、专业	姓　　名
采矿工程	李仲学、蔡嗣经、胡乃联、于润沧*、徐九华、杨　鹏、何富连、姜福兴
工程力学	蔡美峰、汪旭光*、高　谦、乔　兰、尚新春、王金安、李长洪
车辆工程	张文明、饶绮麟*、王国彪、罗维东、石博强
矿物加工工程	王淀佐*、孙传尧*、倪　文、孙体昌、朱维耀
安全技术及工程	魏复盛*、宋存义、蒋仲安、吴宗之*、金龙哲、汪群慧
岩土工程	高永涛、纪洪广、宋　波
钢铁冶金	苍大强、杨天钧、殷瑞钰*、李士琦、王新华、赵　沛*、陈伟庆、田乃媛、高征铠、吴胜利、安胜利*、储少军、张建良、刘　浏*、吴　铿、包燕平、李京社、成国光、程素森、薛庆国、朱　荣、张家泉、张立峰*
冶金物理化学	魏寿昆、周国治、董元篪*、张家芸、王福明、王新东、朱鸿民、邢献然、鲁毅强、张世超*、李文军、宋　波、王习东、郭兴敏、杨裕生*
有色金属冶金	邱定蕃*、薛济来
科学技术史	孙淑云、李延祥、梅建军
材料加工工程	康永林、谢建新、韩静涛、刘雅政、吴春京、唐　荻、毛卫民、王自东、任学平、赵爱民、孙建林、蔡庆伍
材料物理与化学	柯　俊、肖纪美、褚武扬、贺信莱、王燕斌、张　跃、乔利杰、万发荣、田文怀、王中林*、张统一*、杨　槐、高克玮、于广华、姜　勇
材料学	王　润、陈国良、葛昌纯、吕反修、孙祖庆、刘国权、毛卫民、张济山、李福燊、王金相*、李晓刚、龙　毅、吴其晔*、杨王玥、何业东、李长荣、黄继华、果世驹、唐伟忠、郭志猛、孙冬柏、杜振民、张　弘*、李惠东*、李惠琪*、曲选辉、贾成厂、孙加林、林均品、沈卓身、奚廷斐*、惠希东、杨　滨、路民旭、杨　平、张波萍、董建新、孟惠民、朱　洁、张深根、赵海雷、张　勇、叶　丰、徐滨士*
机械设计及理论	陈先霖、胡正寰、徐金梧、王长松、朱超甫、杨　荃、张　杰、臧　勇、刘建平*、卞致瑞、张康生、韩建友、张清东、王宝雨
机械制造及其自动化	董绍华、翁海珊、李苏剑
机械电子工程	郗安民
热能工程	张欣欣、殷晓静*、赵立合、王　立、温　治、刘应书、郑连存、冯俊小、李红霞*
控制理论与控制工程	余达太、刘　玠*、李华德、童朝南、王志良、穆志纯、闵乐泉、杨卫东、刘贺平、尹怡欣、刘　克、张朝晖、王　京、史建军*、李崇坚*、王飞跃*、巩馥洲*
计算机应用技术	高庆狮、杨　扬、杨炳儒、林　闯*、王　沁、郑雪峰、胡长军、周炯槃*、宋俊德*
管理科学与工程	高学东、张　群、李铁克、高俊山、佘元冠、王道平、刘　澄、周天勇*、何维达
科技与教育管理	许　放、毛祖桓
凝聚态物理	陈难先、罗　胜、邱　宏、吴　平、王凤平、潘礼庆、马星桥、顾　强、陈龙庆*

注:带“*”者为外单位专家聘为我校博士生指导教师。

(张云仙)

人大代表、政协委员

人大代表

全国人大常委会委员	陈难先
北京市人大代表	陆国市
海淀区人大代表	左　鹏　　孙维约　　鲍展萍

政协委员

全国政协委员	周国治
北京市政协副主席	陈难先
北京市政协常委	张济山
海淀区政协常委	刘贺平

校友风采

一、在北京科技大学学习和工作过的中国科学院院士

姓　名	工作单位/职务	毕业学校
魏寿昆	北京科技大学教授	北洋大学
吴自良	中科院上海微系统与信息技术研究所研究员	北洋大学
柯　俊	北京科技大学教授	武汉大学
张兴钤	中国工程物理研究院研究员	武汉大学
肖纪美	北京科技大学教授	唐山交大
邹世昌	中科院上海微系统与信息技术研究所研究员	唐山交大
王崇愚	钢铁研究总院教授	北京钢院相 54
徐祖耀	上海交通大学教授	唐山交大
高庆狮	北京科技大学教授	北京大学
陈难先	北京科技大学教授	北京大学
李依依	中科院金属研究所研究员	北京钢院铁 57
周国治	北京科技大学教授	北京钢院冶 60
叶恒强	中科院金属研究所研究员	北京钢院金物 62
葛昌纯	北京科技大学教授	唐山交大

二、在北京科技大学学习和工作过的中国工程院院士

姓　名	工作单位/职务	毕业学校
范维唐	中国煤炭工业协会会长	北京钢院矿 56

徐匡迪	中共中央委员、全国政协副主席、中国工程院院长、党组书记	北京钢院冶 59
殷瑞钰	钢铁研究总院名誉院长	北京钢院钢 57
陈先霖	北京科技大学教授	上海交大
周邦新	上海大学研究员	北京钢院相 56
涂铭旌	四川大学教授	北京钢院 55 研究生班
崔　昆	华中科技大学教授	北京钢院 54 研究生班
雷廷权	哈尔滨工业大学教授	北京钢院 55 研究生班
胡正寰	北京科技大学教授	北京钢院机 56
陈国良	北京科技大学教授	北京钢院相 55
柯　伟	中科院金属研究所研究员	北京钢院相 57
钟　掘	中南大学教授	北京钢院机 60
关　杰	西安重型机械研究所副总工程师	北京钢院机 63
刘　玠	中共中央候补委员、鞍山钢铁集团公司董事长、总经理	北京钢院机 64
才鸿年	中国兵器装备集团公司顾问	北京钢院钢 62
何季麟	宁夏东方钽业股份有限公司董事长	北京钢院物化 69
王一德	太原钢铁集团公司董事会规划委副主任	北京钢院轧 61 轧(硕)68

三、担任省部级以上党、政领导的部分校友

姓　名	职　务	在校班级
罗　干	中共中央政治局常委、中央政法委书记	轧 57
刘　淇	中共中央政治局委员、北京市市委书记	铁 64
徐匡迪	中共中央委员、全国政协副主席、中国工程院院长、党组书记	冶 59
黄孟复	全国政协副主席、全国工商联主席	铁 67
张吾乐	十五届中纪委委员、原国家有色工业局局长、原甘肃省省长	机 60
李登柱	十五届中纪委常委、中央国家机关纪工委书记	轧 59
范长龙	中共中央候补委员、济南军区司令员	信息国防 2000
刘　玠	中共中央候补委员、中国工程院院士	机 64
王永明	浙江省副省长	机 72
贾锡太	福建省副省长	轧 67
靳善忠	山西省副省长	管研 92
马锡广	宁夏回族自治区常务副主席	轧 68
冯炯华	宁夏回族自治区副主席	粉 68
赵公卿	重庆市副市长	相 68
沈国俊	十五届中纪委委员、原四川省纪委书记	钢 62
郝振贤	四川省政协常务副主席	相 65
葛红林	成都市委副书记、成都市市长	材博 86
付双建	河北省副省长	管理工程 91
李敏宽	全国政协副秘书长、台盟中央副主席	矿机 63
龚世萍	全国政协常委、辽宁省人大副主任	相 69

桂中岳	陕西省人大常委会副主任	矿 61
郑新立	中央政策研究室副主任	矿 69
单亦和	保利集团董事长、党委书记、原大型企业监事会主席	冶 68
李克诚	中国石油天然气集团总公司监事会主席	相 66
应文华	大型企业监事会主席、原国内贸易部副部长	机 62
陆　江	大型企业监事会主席、原国内贸易部副部长	轧 63
范维唐	原煤炭工业部副部长	矿 56
殷瑞钰	原冶金工业部副部长	钢 57
陆叙生	原物资部副部长	钢 57
朱新均	原国家语言文字工作委员会党组书记	铸 60
周荣昌	原内蒙古自治区人大常委会副主任	轧 55
朱宗葆	原上海市副市长	机 61
马仲才	原山东省人大常委会副主任	机 60
王宏民	江苏省人大副主任、原南京市市长	铁 64
朱志辉	原云南省委副书记、原华东冶金学院党委书记	铁 56
张广宁	中共广州市委副书记、广州市市长	管理工程大专 81
孙安民	北京市副市长	机 72
哈斯巴根	内蒙古自治区人大常委会副主任	物化 72
王汀明	湖南省政协副主任	铁 70

四、担任司、局和地、市级正局级领导的部分校友

姓　名	职　务	在校班级
楼大鹏	国际田联副主席、亚田联主席、原国家体委司长	机 59
袁　隐	国务院办公厅局长	相 67
刘铁男	国家发改委工业司司长	冶 74
王世民	最高人民法院司法行政管理局局长	稀 72
梁　才	中国钢铁协会秘书长	轧 65
孙建群	河北省廊坊市市委书记	机 70
赵禄祥	河北省人事厅厅长	轧 68
高盈民	陕西省企业工委常务副主任	冶 70
程　光	上海市虹口区区长	管研 88
张长富	国家经贸委机关服务局局长	机 68
刘树和	外国专家局经济技术专家司司长	机 76
许华忠	国家经贸委市场流通司司长	铁 65
孙本先	四川省攀枝花市市委书记	矿 65
张泽宇	山西省省长助理、山西省经贸委主任	矿 68
徐金堃	国家自然科学基金委综合计划局局长	金物 66
李国栋	黑龙江省齐齐哈尔市政法委书记	铸 70
殷晓静	中央统战部三局局长	炉 77
陈明德	广州市副市长	工业工程硕 2001

五、曾任正局级领导职务现已离退休或调动的部分校友

姓　名	职　务	在校班级
闫承宗	北京市经委主任	轧54
余宗森	冶金工业部外事司司长	轧54
谢汝煊	广西南宁市市长	铸62
谷向阳	青海省重工业厅厅长	冶65
于瀛洪	河北省冶金工业厅厅长	铁65
乔致奇	国家环保总局监督管理司司长	铁64
何泽民	河南省洛阳市人大常委会主任	相61
冯治益	中纪委北京培训中心主任	轧60
李其世	上海市冶金工业局局长	函授冶61
李腊望	四川省黄金管理局局长	轧64
雷秀祥	四川省建材工业局局长	机64
王大名	河北省秦皇岛市市委书记	机61
姜文韬	江苏省冶金工业厅厅长	铁67
王克昌	天津市冶金工业局局长	轧60
吕耘方	黑龙江省冶金工业厅厅长	金物
汪同建	甘肃省建材工业局局长	矿机64
王乃立	上海市旅游局局长	轧57

六、在高等学校、科研院所、文化部门担任主要职务的部分校友

姓　名	职　务	在校班级
刘建平	天津大学党委书记	机73
董元篪	安徽工业大学校长	物化博80
高兆祖	北京有色金属研究总院党委书记	粉66
张玉卓	煤炭科学研究总院院长	矿博90
张先青	北京工业设计院院长	轧63
韩景春	钢铁研究总院党委书记	思政84
单尚华	冶金规划研究院院长	矿70
庄瑞征	秦皇岛冶金设计研究院院长	相64
曹胜利	冶金工业出版社社长	选72
刘海峰	中国财经报社长	政教78
张宇春	冶金工业信息标准研究员院长	金物81
闫拓时	北京广播电视大学校长	粉末冶金77

七、曾任高等学校、科研院所、文化部门主要领导，现已离退休的部分校友

姓　名	职　务	在校班级
仇春霖	北方工业大学校长	轧57
王起桢	北方工业大学党委书记	机57
张　挺	北京农学院党委书记	铁59

王希周	北京电子信息工程学院党委书记	轧 59
杨静云	北京市委党校党委书记、常务副校长	机 61
许　秀	北京建工学院党委书记	铸 61
齐鸿恩	江西冶金学院院长	机 59
刘正义	华南理工大学党委书记、校长	金物进修
刘景云	广东机械学院院长	北京科技大学调出
黎樵燊	广东工业大学校长	相 57
霍银海	冶金自动化研究院党委书记	机 62
朱耀中	冶金部情报研究所党委书记	北京科技大学调出
张成吉	钢铁研究总院党委书记	铁 57
樊源兴	中国冶金报社党委书记	矿 57
张训毅	中国冶金报社社长	铁 61
江仲圣	北京冶金设备研究院院长	机 59
严圣祥	北京钢铁设计研究总院院长	轧 64

八、在企业中担任主要职务的部分校友

姓　名	职　务	在校班级
刘　玠	鞍山钢铁集团公司董事长、总经理	机 64
司永涛	包头钢铁(集团)有限责任公司总经理	轧 76
蔡登楼	鞍山钢铁集团公司副总经理	机 67
林滋泉	鞍山钢铁集团公司副总经理	轧 68
张晓刚	鞍山钢铁集团公司副总经理	材研 81
马国强	宝山钢铁集团公司副总经理	管研 84
王　毅	首钢总公司副总经理	冶 78
魏　新	北大方正集团董事长	高温 78
李晓波	太原钢铁公司总经理	压加 80
林企增	太原钢铁公司副董事长	冶 62
党　歌	长治钢铁公司董事长、党委书记	钢 78
杨盘铭	太原钢铁公司副总经理	矿 70
朱昌逑	马鞍山钢铁股份有限公司总经理	机 70
刘如军	邯郸钢铁公司董事长、党委书记	铁 73
王国兴	邯郸钢铁公司党委书记	函授铁 64
陈启祥	济南钢铁股份公司董事长	轧 74
郭洪成	包头第一机械集团公司董事长	冶 67
朱津秋	上海有色集团公司总经理	机 76
秘增信	中信集团副总经理	压加 78
俞　兵	联想集团副总裁	电 84
毛小兵	中国西部矿业公司董事长	电 81
韩永义	乌鲁木齐铁路局党委书记	铸 69
崔锡武	中国黄金总公司总经理	矿 66

白葆华	中国钢铁工贸集团公司总裁	轧 65
王天义	唐山钢铁公司董事长	机 70
沈　伟	陕西精密合金公司总经理	钢 77
刘克忠	承德钢铁公司董事长	铁 63
杨东民	中国国际工程咨询公司副总经理	钢 78
徐和谊	北京现代汽车集团董事长	铁 78
阎胜科	石家庄钢铁有限责任公司董事长、党委书记	轧 70
刘明忠	新兴铸管集团有限公司董事长	冶博 2001
刁海章	鲁中冶金矿山公司党委书记	矿机 65
李成群	中国冶金矿业总公司党委书记	冶 72
邹　健	中国冶金矿业总公司总经理	选 77
施嘉良	新余钢铁公司董事长	机 70
张振纲	天津钢管公司董事长	钢 63
张建平	天津钢管公司党委书记	函授管理
顾强圻	舞阳钢铁公司总经理	冶 70
赵占华	陕西钢厂党委书记	铸 69
杨复强	合肥钢铁集团公司党委书记	轧 68
王庐嘉	合肥钢铁集团公司总经理	机 75
何建昌	华北冶金建设公司经理	矿 70
林仁杰	西安钢铁公司董事长	轧 66
杨福国	宁夏石咀山钢铁厂党委书记	轧 67
吴建民	吉林铁合金集团公司总经理	相 68
金树安	峨嵋铁合集团公司总经理	冶 74
张心健	锦州铁合金集团公司党委书记	高温 70
陈　明	十三冶金建设公司经理	机 64
王绍成	十九冶金建设公司党委书记	炉 68
程敏直	西安冶金机械厂党委书记	铸 70
鞠祖荣	扬州冶金机械厂厂长	轧 69
胡梓清	乐山冶金机械轧辊厂党委书记	铸 66
杨东升	邢台机械轧辊公司党委书记	冶 66
张勇钢	(无锡)西姆莱斯钢管公司总经理	相 73
宋　力	福建省烟草总公司总经理	机制 75
梁相钦	深圳自来水集团公司总经理	自 68
张清富	中国光大国际经济技术合作公司总经理	机 73
周伟坪	中国青年旅行社控股股份有限公司总经理	政教 78
王　东	北京金隅集团董事长、党委书记	矿机 82

九、曾在企业中担任主要领导职务现已离退休或调动的部分校友

姓　名	职　务	在校班级
李　成	太原钢铁公司总经理	轧 54

刘　琦	中国钢铁工贸集团公司党委书记	铁 61
杭永益	马鞍山钢铁公司总经理	铁 64
王满仓	成都飞机发动机公司党委书记	稀 63
马俊才	济南钢铁公司总经理	机 59
沈克林	中国重型机械总公司总经理	机 57
陈守勋	湘潭钢铁公司总经理	冶 61
林承模	舞阳钢铁公司总经理	相 65
侯树庭	上海第五钢铁厂厂长	函授冶 62
陈英栋	新余钢铁总厂党委书记	函授冶 64
王鸿锷	上海第一钢铁厂党委书记	成教管 89
田锡恩	唐山钢铁公司总经理	钢 63
李前煦	南京钢铁公司总经理	钢 61
刘建功	武汉钢铁公司总工程师	相 65
刘炳南	武汉钢铁公司副总经理	机 64
王跃祖	首钢总公司党委副书记	夜大 58
谢有润	首钢总公司副总经理	机 64
王宪固	西宁特殊钢公司党委书记	相 66
罗忠琳	陕西精密合金公司总经理	金物 66
董稼祥	中国冶金矿业总公司总经理	矿 61
吕聿信	长城特殊钢公司总经理	轧 66
孙公权	上海一钢集团总经理	冶 66
汪铁钢	上海矽钢片厂厂长	轧 57
潘世良	邯郸冶金矿山管理局党委书记	矿 65
赵如月	宝山钢铁集团公司纪委书记	铁 66
吴松春	浙江省中旅集团公司总经理	铁 67
冯国熙	北京自来水公司董事长	矿 66
吴玉林	石家庄钢铁有限责任公司党委书记	铁 67
高成涛	洛阳铜加工厂厂长	机 61
刘本仁	武钢集团公司董事长、总经理	自动化 73
张永昌	唐山钢铁公司党委书记	铸 69

十、荣获全国劳动模范称号的校友

姓　名	**获奖时工作单位**	**在校班级**
邓　键	上海斯米克焊材公司	物化 66
常纯哲	上海钢铁工艺技术研究所	机 60
单亦和	西宁特殊钢厂	冶 68
周惠敏	山东冶金科学研究院	材料 77
马俊才	济南钢铁集团公司	机 59

注：1. 所列校友排名不分先后；

2. 以上统计情况定有差错和疏漏，敬希广大校友补充、指正

2005年党发校发文件目录

2005年北京科技大学党发文件目录

校党发[2005]1号　关于尹怡欣等同志职务任免的通知
校党发[2005]6号　关于印发《学院党政领导班子换届实施意见的通知》
校党发[2005]7号　北京科技大学2005年工作要点
校党发[2005]8号　关于王道平等同志职务任免的通知
校党发[2005]9号　关于做好教代会暨工代会筹备工作的通知
校党发[2005]10号　关于印发《北京科技大学2005年党风廉政建设和反腐败工作主要任务分工》的通知
校党发[2005]11号　关于张文明等同志职务任免的通知
校党发[2005]12号　关于蒋宏潮同志职务任免的通知
校党发[2005]13号　关于机构调整及干部职务任免的通知
校党发[2005]14号　关于机构调整的通知
校党发[2005]15号　关于孙景宏等同志任职的通知
校党发[2005]16号　关于曹勇等同志任职的通知
校党发[2005]17号　2005年机关处级正职岗位干部竞聘上岗工作实施意见
校党发[2005]18号　关于党委组织部部长、人事处处长、党办校办主任竞聘上岗工作的通知
校党发[2005]19号　关于设立处级非领导职务的实施意见(试行)
校党发[2005]20号　关于薛庆国等同志任职的通知
校党发[2005]21号　关于北京科技大学第六届教职工暨第十四次工会会员代表大会选举结果的通知
校党发[2005]22号　北京科技大学新闻发布和新闻宣传工作管理暂行办法
校党发[2005]23号　北京科技大学校内突发事件新闻报道管理暂行办法
校党发[2005]24号　关于祝利克等同志任职的通知
校党发[2005]25号　关于进一步加强和改进大学生思想政治教育的实施意见
校党发[2005]26号　关于进一步加强和改进思想政治理论课的实施方案
校党发[2005]27号　关于切实做好贫困家庭学生资助工作的实施意见
校党发[2005]28号　关于加强和改进大学生心理健康教育的实施办法
校党发[2005]29号　关于加强和改进学生工作队伍建设的实施办法
校党发[2005]30号　关于推进《大学生素质拓展计划》的实施办法
校党发[2005]31号　关于成立机构及干部任职的通知

校党发[2005]32 号　关于成立机构及干部任免的通知
校党发[2005]33 号　关于建立机关处级领导干部学术休假制度的意见
校党发[2005]34 号　北京科技大学保密资格审查认证工作领导小组成员及分工
校党发[2005]35 号　关于机关五总支更名及干部任命的通知
校党发[2005]36 号　北京科技大学关于奥运场馆建设监督工作意见
校党发[2005]37 号　关于成立北京科技大学保持共产党员先进性教育活动领导小组及领导小组办公室的通知
校党发[2005]38 号　关于开展保持共产党员先进性教育活动的实施方案
校党发[2005]39 号　北京科技大学保持共产党员先进性教育活动第一阶段实施计划
校党发[2005]40 号　北京科技大学保持共产党员先进性教育活动领导责任制
校党发[2005]41 号　关于成立机构的通知
校党发[2005]42 号　北京科技大学党委领导班子保持共产党员先进性教育活动第一阶段学习计划
校党发[2005]43 号　关于马永春同志任职的通知
校党发[2005]44 号　北京科技大学保持共产党员先进性教育活动第二阶段实施计划
校党发[2005]45 号　北京科技大学党委领导班子参加党员先进性教育活动分析评议阶段计划
校党发[2005]46 号　关于彭庆红同志任职的通知
校党发[2005]47 号　关于对全校处级单位贯彻执行党风廉政建设责任制及校务公开情况进行检查的通知
校党发[2005]48 号　北京科技大学保持共产党员先进性教育活动第三阶段实施计划
校党发[2005]49 号　关于郭宇光同志任职的通知
校党发[2005]50 号　关于张跃等同志职务任免的通知
校党发[2005]51 号　关于开展保密资格审查认证工作的通知
校党发[2005]52 号　关于取消张同录等同志处级待遇的通知
校党发[2005]53 号　北京科技大学 2005 年机关处级干部竞聘上岗工作实施办法
校党发[2005]54 号　关于印发北京科技大学共产党员保持先进性的具体要求的通知
校党发[2005]55 号　北京科技大学关于贯彻落实《建立健全教育、制度、监督并重的惩治和预防腐败体系实施纲要》的实施意见
校党发[2005]56 号　北京科技大学保持共产党员先进性教育活动整改方案
校党发[2005]57 号　中共北京科技大学委员会议事规则
校党发[2005]58 号　关于做好 2005 年处级以上干部年度总结工作的通知
校党发[2005]59 号　关于学校机关部分处级正职干部任职的通知
校党发[2005]60 号　关于杨玲莉等同志职务任免的通知
校党发[2005]61 号　北京科技大学 2005 年工作总结

2005年北京科技大学校发文件目录

校发[2005]1 号　关于公布第三批“校级优秀课程”的通知
校发[2005]2 号　关于做好寒假、春节期间安全保卫工作的通知

校发[2005]10号	学生处分决定
校发[2005]11号	学生处分决定
校发[2005]12号	关于陈向明同志的任职通知
校发[2005]13号	关于翁海珊同志职务任免的通知
校发[2005]14号	学生处分决定
校发[2005]15号	关于博士学位授权学科、专业申报工作安排的通知
校发[2005]16号	北京科技大学本科教学考试违规处理条例
校发[2005]17号	学生处分决定
校发[2005]18号	关于做好学校规章制度类文件清理工作的通知
校发[2005]19号	北京科技大学机动车管理补充规定
校发[2005]20号	关于调整学校机动车停车占地费标准的通知
校发[2005]21号	北京科技大学学士学位授予工作补充规定
校发[2005]22号	北京科技大学教职工退休实施办法
校发[2005]23号	北京科技大学有关行政负责人经济责任及离任审计实施办法
校发[2005]24号	关于佘元冠等同志职务任免的通知
校发[2005]25号	关于停止使用科研代价券的通知
校发[2005]26号	北京科技大学本科生修读双学位、第二专业或辅修专业管理办法
校发[2005]27号	北京科技大学本科精品课程建设规划
校发[2005]28号	北京科技大学本科精品课程建设实施暂行办法
校发[2005]29号	北京科技大学教材建设基金管理办法
校发[2005]30号	北京科技大学教材编写启动费和教材编写补助费资助办法
校发[2005]31号	北京科技大学教材出版基金管理办法
校发[2005]32号	北京科技大学优秀教材和讲义评奖办法
校发[2005]33号	北京科技大学关于做好2005年硕士研究生录取工作的有关规定
校发[2005]34号	关于开展2004~2005学年度第二学期本科期中教学检查的通知
校发[2005]35号	关于认真做好“五一”期间安全保卫工作的通知
校发[2005]36号	北京科技大学优秀课程及精品课程奖励管理办法(试行)
校发[2005]37号	北京科技大学会计委派试行办法
校发[2005]38号	北京科技大学成人高等教育学士学位授予工作暂行规定
校发[2005]39号	关于郭景文等同志任职的通知
校发[2005]40号	北京科技大学关于与地方、企业合作建立联合研发机构管理办法
校发[2005]41号	关于公布第八届学位评定分委员会成员名单的通知
校发[2005]46号	北京科技大学关于做好2005年教育收费工作的实施方案
校发[2005]47号	关于公布北京科技大学第八届学位评定委员会成员名单的通知
校发[2005]48号	北京科技大学2005年度献血工作安排
校发[2005]49号	北京科技大学关于开展安全月活动的通知
校发[2005]50号	关于做好2005年度专业技术职务评聘工作的意见
校发[2005]51号	北京科技大学申请教师系列高级职务任职条件
校发[2005]52号	北京科技大学申请工程技术等系列高级职务任职条件
校发[2005]55号	关于成立北京科技大学自然科学基础实验中心的通知

校发[2005]56 号　北京科技大学 2005 年迎新工作计划
校发[2005]57 号　北京科技大学关于 2005 年计划外研究生收费的通知
校发[2005]58 号　北京科技大学院级科研管理工作条例
校发[2005]60 号　关于公布北京科技大学本科优秀毕业设计(论文)评选结果的通知
校发[2005]61 号　北京科技大学关于参加首都学生军训工作开展 20 周年纪念活动的通知
校发[2005]63 号　关于学校收发室并入后勤服务集团的决定
校发[2005]66 号　北京科技大学关于军工科研涉密人员保密津贴的管理办法
校发[2005]67 号　关于公布北京科技大学第三届"本科教学优秀奖"的通知
校发[2005]69 号　关于做好学校消防安全工作的紧急通知
校发[2005]70 号　北京科技大学研究生学籍管理规定(试行)
校发[2005]72 号　北京科技大学奥运场馆工程跟踪审计办法
校发[2005]73 号　北京科技大学本科生学籍管理办法(试行)
校发[2005]74 号　北京科技大学学生违纪处理规定(试行)
校发[2005]75 号　北京科技大学学生校内申诉管理办法(试行)
校发[2005]76 号　北京科技大学关于开展收费专项检查工作的通知
校发[2005]77 号　关于本科生进入毕业设计(论文)阶段资格审定及相关问题处理办法
校发[2005]78 号　关于认真做好"十一"期间安全稳定工作的通知
校发[2005]79 号　关于继续进行自行审核硕士授权点工作的通知
校发[2005]80 号　关于印发并执行实验室工作有关文件的通知
校发[2005]81 号　北京科技大学大型精密仪器、成套设备及批量设备采购管理暂行办法
校发[2005]83 号　关于成立北京科技大学实验教学示范中心建设领导小组的通知
校发[2005]84 号　北京科技大学关于"十一五"事业发展规划编制工作的通知
校发[2005]85 号　关于做好 2005 ~ 2006 学年度第一学期本科期中教学检查的通知
校发[2005]86 号　北京科技大学 2005 至 2006 年度冬季防火专项行动方案
校发[2005]87 号　北京科技大学 2006 届本科、专科、双学位毕业生就业工作实施意见
校发[2005]88 号　北京科技大学 2006 届研究生就业工作实施意见
校发[2005]89 号　关于北京科技大学资金管理内部控制制度的补充规定
校发[2005]90 号　关于加强工程建设(修缮)和仪器、设备、其他货物采购监督工作的补充规定
校发[2005]91 号　关于开展校园安全大检查工作的通知
校发[2005]92 号　关于公布北京科技大学"第六届优秀教材、第十届优秀讲义"的通知
校发[2005]93 号　关于"十五""211 工程"建设项目收尾及验收准备工作的近期安排
校发[2005]94 号　北京科技大学关于 2006 年研究生招生考试环境综合整治工作的规定
校发[2005]95 号　北京科技大学机关和直属单位收入、基金管理办法
校发[2005]96 号　关于增加离退休人员生活补贴及离退休费的通知
校发[2005]100 号　北京科技大学预算管理办法
校发[2005]101 号　北京科技大学各类人员编制与岗位管理暂行规定
校发[2005]102 号　北京科技大学岗位聘任和校内津贴制度实施办法
校发[2005]103 号　关于加强元旦春节期间安全工作的通知
校发[2005]104 号　关于成立本科教学评估工作办公室及干部任职的通知
校发[2005]105 号　关于实习经费包干到学院的办法

北京科技大学 2005 年大事记

一　月

6～8 日　举办校、处级干部学习十六届四中全会精神集中培训班。校党委书记罗维东、校长徐金梧等全体校领导和全校处级以上干部参加了学习和培训。

14 日　举行北京科技大学学生工作系统总结表彰大会，对 4 个“学生工作先进集体”和 16 个“学生工作先进个人”进行了表彰。

18 日　召开“2004 年度北京科技大学十大新闻评选”新闻发布会。“北京科技大学代表队获第三届全国大学生机器人电视大赛亚军”、“北京科技大学 5 项科技成果获国家科学技术奖”、“新生公寓 1、2、3 号楼落成”、“北京科技大学召开 2008 年奥运会柔道、跆拳道比赛馆建筑设计方案征集评审会”、“北京科技大学荣获北京市党建和思想政治工作先进校称号”、“全国政协副主席、中国工程院院长徐匡迪来北京科技大学主讲‘中国材料名师讲坛’”、“材料学院康永林教授获全国‘五一’劳动奖章”、“北京科技大学研制成功可调室内温度亮度的智能玻璃”、“北京科技大学第九次党代会召开”、“‘万秀园’开张——师生用餐的新去所”入选 2004 年度北京科技大学十大新闻。

20 日　召开中层正职以上干部会议，安排部署寒假、春节期间学校安全及供暖工作。

30 日～2 月 3 日　校长徐金梧、副校长张跃等一行四人访问香港科技大学，双方签订了“北京科技大学与香港科技大学合作协议”，标志着北京科技大学与香港科技大学的合作关系进入实质性阶段。

二　月

本月　2004 年度“国家精品课程”和“北京市精品课程”评选结果揭晓。北京科技大学《机械原理》课程荣获“国家精品课程”称号；《机械原理》与《管理信息系统》两门课程荣获“北京市精品课程”称号。

18 日　召开 2005 年寒假党委扩大工作会议。会议主要围绕学校 2005 年主要工作进行了研讨和部署。

25～26 日，学生系统举办首期学习中央 16 号文件培训班，全校 100 多名学生工作干部参加培训。

三　月

本月　以张济山教授为学术带头人，以“金属材料制备成形过程中组织性能精确控制技术基础研究”为研究方向的科研团队，入选教育部 2004 年度“长江学者和创新团队发展计划”，获得教育部为期三年，总额 300 万元人民币的资助。

本月　信息机电楼工程竣工，该工程建筑面积 33688 平方米，地上 12 层，地下 1 层。

本月　学院党政班子的换届调整工作启动。经过此次换届调整，共提任院长、副院长 15 人，调任院长、副院长 5 人，免职院长、副院长 8 人；提任学院党委书记 3 人，调任学院党委副书记 1 人，免职学院党委书记 2 人。

7 日　比利时鲁汶工程技术学院院长 Luc Geurts 教授、电子学 Luc Bienstman 教授来校访问。双方商讨了合作办学等事宜。

8日 与中国石化集团公司联合签订合作培养MBA协议。

16日 教育部与中央部门(单位)共建相关高校工作座谈会在北京科技大学召开。农业部、水利部、交通部、文化部、中国科学院等中央部门(单位),中国石油天然气集团公司、国家电网公司、上海宝钢集团公司等国内知名企业,北京科技大学、北京林业大学、中国石油大学、武汉理工大学等高校的90多位代表出席了座谈会。座谈会由教育部主持,教育部党组成员、副部长吴启迪出席并做重要讲话。

18日 召开"北京科技大学2005年党风廉政建设工作会议"。

21~23日 英国牛津大学高级学术代表团一行7人来校访问。访问期间,与北京科技大学冶金、材料专家进行了专场学术研讨;牛津大学材料科学与工程系与北京科技大学材料科学与工程学院签订了教育研究合作协议书。

24日 北京科技大学MEMS联合研发中心成立。

26日 北京科技大学女篮代表队在第七届CUBA联赛东北赛区半决赛中,以87∶85两分优势战胜中国人民大学女篮,从而以东北赛区前两名的身份首次进军全国总决赛(挺进全国八强)。

28日 2004年度国家科技奖励大会在人民大会堂隆重召开,北京科技大学两项科技成果受到表彰。孙祖庆教授、康永林教授等参与完成的"低碳铁素体/珠光体钢的超细晶强韧化与控制技术"获得国家科技进步一等奖,何积铨教授参与完成的"混凝土耐久性关键技术研究及工程应用"获得国家科技进步二等奖。

28日 与河南纳士科技股份有限公司签署"纳米复合稀土特种功能材料制备技术产业化"合作协议。根据协议,双方将组建有限责任高新技术公司促进"纳米复合稀土特种功能材料制备技术"的产业化。

四　月

本月 教育部公布,北京科技大学何维达、林均品、宋卫东、王新东、于广华、张波萍6位教授入选教育部2004年度"新世纪优秀人才支持计划"。

3日 举行北京科技大学2005届毕业生春季双选会。来自冶金、IT、金融、保险、教育、科研及其他行业的115家单位参加双选会,共有78位毕业生现场与用人单位签订了协议书。

3日 北京科技大学第63期学生业余党校预备党员培训班在学术报告厅开课,共有257名学员参加培训。

4日 举行新金属材料国家重点实验室电站金属材料寿命评估实验中心北京科技大学分部揭牌仪式。这个实验中心由中国广东核电集团出资,北京科技大学新金属材料国家重点实验室与中国广东核电集团、苏州热工研究院联合共建,旨在进一步深化对电站材料寿命预测、加强电站材料在使用运行过程中的科学管理。该中心将成为国内核电站和火力电厂金属材料寿命实验与评估的综合性开放式研究基地。

7日 举行北京科技大学"2005届春季研究生毕业典礼暨学位授予仪式"。2005届春季研究生毕业生中,共有博士生76名,硕士生1086名。全体校领导共同为毕业生颁发了学位证书。同时,党委书记罗维东宣读了49名优秀毕业生名单和55名优秀学位论文获得者名单,并和徐金梧校长一起为他们颁发了荣誉证书。

8日 第四届MPA研究生班开学,本届研究生班共招收学员65人。

12日 与德国汉诺威大学签订合作协议。根据协议,双方将在教学、科研、继续教育等方面展开全面合作。

15日 教育部批复,同意北京科技大学与广东珠江投资有限公司合作试办北京科技大学天津学院。北京科技大学天津学院位于天津市宝坻区,规划占地面积1500亩,建筑面积32万平方米,是以新的机制和模式举办的本科层次的独立学院。

15日 北京市海淀区委、区政府召开2004年海淀区科研院所大专院校及其他各级各类学校创建学习型组织先进单位表彰大会，包括北京科技大学在内的29所学校和科研院所受到表彰。

16～17日 北京科技大学篮球协会承办的“2004～2005李宁3vs3校园篮球挑战营”全国总决赛在北京科技大学举行，来自北京、上海等全国9个城市赛区的9支大学生冠军队参加比赛，代表北京市参赛的北京科技大学男子篮球队获得冠军。

17日 举行“北京科技大学校园开放日暨2005年高考咨询会”。

17日 举行北京科技大学第六届“我爱我师——我心目中最优秀的老师”评选大会。尹红、左鹏、申亚男、刘勤、许三星、许纪倩、陆俊、范玉妹、顾巍、王瑞平10位教师被评为公共课“我心目中最优秀的老师”。牟在根、金龙哲、苍大强、程树森、余永宁、吴杏芳、王立、于晓红、尤佳、吴并臻、邱宏、贾建华、李晓静、吴群芳、陈红薇15名教师被评为专业课“我心目中最优秀的老师”。

20日 举行“中关村留学人员企业精品项目推介会——北京科大留创园新材料专场”。推介会展示了中关村留学人员创业企业的14个项目和北京科技大学新材料领域的20个精品项目。包括科技部及北京市科委、教委有关领导，国内新材料领域的专家学者，新闻媒体代表在内的160余人参加了推介会。

22日 与太原钢铁（集团）有限公司签订合作协议。根据协议，太原钢铁（集团）有限公司在北京科技大学设立奖学金，对冶金、材料、机械等专业的优秀学生给予奖励；北京科技大学把太钢作为教学实习与社会实践基地以及研究生培养基地；北京科技大学为太钢在吸引本科与研究毕业生，人员进修、培训、继续教育等方面创造条件。协议同时明确，双方将根据实际需要，每年合作进行新产品或新技术的开发研究。

22日 举行“北京科技大学与首钢总公司共建研究生教育基地协议签字暨揭牌仪式”。北京科技大学与首钢将以教育基地为平台，联合培养研究生。

22日 北京科技大学第七届校园歌手大赛圆满落下帷幕，经过初赛和决赛，胡连涛、特里斯当（留学生）、段赟等10名学生入选“校园十大歌手”。

23日 举行“拥抱母校，共创辉煌明天——毕业二十周年纪念活动”，430多名校友重返母校，与师生欢聚一堂。

23日 举行第44届学生田径运动会。管理学院、信息学院、机械学院获男女团体前三名。在女子1500米跑比赛中，管理学院谢芳、徐宜娜打破了由李志梅在北京市第42届高校田径运动会上创造的4′29″4的校运动会纪录。

25日 与邯郸钢铁集团有限责任公司签署共建研究生教育科研基地协议。

27日 党校论坛暨63期业余党校结业典礼在学术报告厅举行。255名学员顺利结业。

28日 北京科技大学电教中心改组为“现代教育技术中心”，该中心为科级机构，隶属学校教务处。

28日 与中钢集团洛阳耐火材料研究院签署共建研究生教育科研基地协议；与北京冠亚时代科技研发中心签署“高海拔变压吸附制氧技术产业化”合作协议。

五　月

本月 在第43届首都高校田径运动会上，北京科技大学田径代表队共获得11枚金牌，6人次打破北京高校纪录，以332分的总成绩夺得亚军。

本月 北京科技大学天津学院启动招生工作。2005年，天津学院共在北京、天津、河北、山西、山东、四川、甘肃等9个省市招收本科生1920人，报到1315人。

本月 第十批全国博士学位授权学科申报工作启动。最终，北京科技大学新增博士一级学科3个，二级博士点18个。

11日 召开2005年本科教学工作会议，重点研讨了本科2005版培养计划的制订工作。

15日 举行“鞍钢—北科

大建立冶金技术研发中心及合作项目签字仪式”。根据协议,“鞍钢—北科大冶金技术研发中心”以研发项目为载体,双方根据经营发展需要共同提出研发项目。

20 日 北京科技大学“腐蚀、磨蚀与表面技术北京市重点实验室”通过北京市教委组织的专家组检查验收。

20 日 举行北京科技大学学生创业中心揭牌仪式。学生创业中心由北京科技大学科技园和团委共同成立,旨在培养大学生的创新意识、创新精神和创造性思维,培养和提高学生的实践能力和创造能力。

22 日 举行主题为“奥林匹克:机遇与挑战”的首届研究生英语演讲大赛。13 名参赛选手中,任建强获得一等奖,那幼超、管理学院甄紫金获得二等奖,张琛琛、陈庆、程丽华获得三等奖。

25 日 北京大学生篮球联赛(甲组)圆满落下帷幕。北京科技大学男子篮球队以不败战绩荣获冠军;女子篮球队获得第四名,并荣获“体育道德风尚奖”;男子篮球队教练李海涛被授予“优秀教练员”称号。

26 日 举行与江阴兴澄特种钢铁有限公司共建研究生教育科研基地协议签字暨揭牌仪式,双方将以教育基地为平台,联合培养研究生。

28～29 日 举行北京科技大学首届民间文化艺术节。

30 日 北京科技大学“北京市先进粉末冶金材料与技术”重点实验室通过北京市教委组织的专家组检查验收。

31 日 英国学术院院士、剑桥大学柯林·伦福儒受聘为北京科技大学名誉教授。

六　月

本月 在美国举行的世界第 20 届钢铁成功战略研讨会上,北京科技大学 29 岁青年教师左海滨荣获“威利·科夫杰出青年奖”,这是中国人首次获得该奖项。

本月 在第三届“挑战杯”首都大学生课外学术科技作品竞赛中,北京科技大学荣获一等奖 3 名,二等奖 6 名,三等奖 11 名。

2 日 北京科技大学自然科学基础实验中心成立。

3 日 举行中国材料名师讲坛第八讲。国务院学位委员会主任杨卫院士主讲了题为《多尺度与跨尺度模拟》的学术报告。

6～10 日 召开北京科技大学第六届教职工暨第十四次工会会员代表大会。大会审议通过了学校工作报告、财务工作报告、工会工作报告和第五届工会财务、经审工作报告;选举产生了由 19 人组成的北京科技大学工会十四届工会委员会,由 7 人组成的工会经费审查委员会。

8 日 与宁波市北仑区签署共建研究生教育基地协议。

9 日 召开大学生思想政治教育工作会议。校党委书记罗维东作了题为《进一步加强和改进大学生思想政治教育,培养新时期的合格建设者和可靠接班人》的重要讲话。

9 日 举行“全国大学生素质拓展计划网络管理系统管理与服务中心”揭牌暨北京科技大学首批拓展证书颁发仪式。

9 日 北京科技大学第 67 期学生业余党校暨 2001 级毕业生党员培训班开学。本期党校共有学员 283 名。

11 日 举行与鞍山钢铁集团公司共建研究生教育科研基地揭牌仪式。揭牌仪式后,举行了 2005 级鞍钢专业学位研究生班开班典礼,49 名鞍钢工程技术人员正式入学。

15 日 北京科技大学冶金工程研究院成立。

15 日 美国特拉华大学肖强博士受聘为北京科技大学客座教授。

16 日 召开中共北京科技大学机关党委第一次全体党员大会。经过大会无记名投票,选举王维才、曲雁、孙冬柏、何民庆、何柏芝、周永源、赵锋、祝利克、蔡嗣经 9 位同志为第一届机关党委委员会委员。在随后举行的第一届机关党委委员会第一次全体会议上,选举祝利克为机关党委书记,王维才、曲雁为机关党委副书记。

17～18 日 召开“十五”“211 工程”建设进展暨中期检查工作会议。

17 日 举行教育部长江

学者特聘教授、讲座教授授聘仪式。美国宾夕法尼亚州立大学陈龙庆教授、北京科技大学杨槐教授分别受聘为北京科技大学“教育部长江学者讲座教授”、“教育部长江学者特聘教授”。

29日 北京科技大学继续教育学院成立。

29日 召开中共北京科技大学离退休干部党委第四次党员代表大会。大会选举产生了由刘述耀、刘越生、曲祥生、张秀峰、赵文志、段凤英、胡尧和、徐国福、戴桂康9人组成的离退休干部党委委员会。

29日 举行中国石油集团科技发展部——北京科技大学合作协议签约仪式。根据协议,双方将本着“优势互补、互惠互利、联合开发、共同发展”的原则,在高新技术研究、技术开发和科技成果推广应用等方面开展合作。

30日 举行“北京科技大学2005届本科生毕业典礼暨学位授予仪式”。校党委书记罗维东、校长徐金梧等全体校领导出席典礼,为114名优秀毕业生和109名优秀学位论文获得者颁发了荣誉证书,为1982名毕业生颁发了学位证书。

七　月

4日 举行“2005年学生暑期社会实践出征仪式”,标志着2005年暑期社会实践活动正式开始。200多支实践团队奔赴祖国各地进行社会实践。

5日 根据工作需要,学校收发室并入后勤服务集团。

12日 机关五总支更名为离退休干部党委。

13日 文法学院“思想政治教育研究中心”及“高校学生事务研究中心”成立。

八　月

3日 冶金生态楼工程开工,该工程地上12层,地下1层,建筑面积16885.31平方米。

14~20日 由弈海方圆棋牌协会四位同学组成的北京科技大学代表队,勇夺在广东珠海举行的2005年中国大学生国际象棋大赛团体亚军。其中,杨钰婷同学荣获个人女子组冠军。

22~27日 在第四届全国大学生机器人电视大赛上,北京科技大学机器人代表队再次荣膺冠军,成功进入亚太地区机器人大赛总决赛,并获得亚军。

31日 举行保持共产党员先进性教育活动骨干培训,学校党委委员、二级党委委员、支部委员和党员中层干部共1000余人参加了培训。

九　月

本月 2005年度北京市科技新星计划选拔结果揭晓,北京科技大学5位教师获此殊荣。其中应用学院刘杰民、材料学院王学敏、冶金学院张梅获得A类科技新星称号;冶金学院于然波、新金属材料国家重点实验室叶丰获得B类科技新星称号。

本月 购买观澳园住房的教职工与宝晟住房股份有限公司签订购房合同。全校共购买观澳园住房155套。

1日 召开保持共产党员先进性教育活动学生党员、教职工党员动员大会,共5000余名党员参加。校党委书记罗维东在动员大会上发表了重要讲话。北京市委督导组组长毕孔彰、副组长张希文等领导同志出席会议并讲话。大会的召开标志着北京科技大学保持共产党员先进性教育活动正式启动。

2日 教育部2005年国家级教学成果奖评审结果揭晓,北京科技大学共有7个项目参评,其中3项获得国家教学成果二等奖,即“岩石力学与工程(教材)”、“机电类学生科技创新体系的建设与实践”、“机械基础课堂教学与实践教学的研究与实践”。

2日 举行纪念中国人民抗日战争暨世界反法西斯战争胜利60周年座谈会。座谈会邀请了学校19位参加过抗日战争的老战士、老英雄及部分学生代表参加。校党委书记罗维东、副书记李宝林、副校长武德昆出席座谈会。

6日 举行与包钢(集团)公司共建研究生教育科研基地

签字暨揭牌仪式。

9日 举行庆祝第21个教师节暨表彰先进大会，对2004至2005年度在教学、科研工作中表现突出的优秀教师进行了表彰。

9日 中国兵器工业第59研究所——北京科技大学“大气环境效应与防护联合实验室”成立。

10日 学生公寓二期4～7号楼竣工并投入使用，总建筑面积102051平方米。其中4号楼建筑面积2332.82平方米，地上16层，地下2层；5号楼建筑面积20090.04平方米，地上12层，地下2层；6号楼建筑面积16960平方米，地上10层，地下2层；7号楼建筑面积21902.90平方米，地上11层，地下1层。

15日 举行2005级新生开学典礼。2005年，学校共招收本科生3304名（其中港澳台学生4名），专科生100名，硕士研究生1818名，博士研究生455名。

18日 北京科技大学管理楼工程开工。该工程总建筑面积16400平方米，其中地下1层、地上12层。

19日 举行“中国材料名师讲坛”第九讲。原冶金工业部副部长、钢铁研究总院名誉院长、中国工程院殷瑞钰院士应邀作了题为《钢铁与工程科学》的讲座。

23日 举行“首钢总公司——北京科技大学全面合作暨汽车用钢联合研发中心启动仪式”。首钢总公司董事长朱继民、北京科技大学校长徐金梧分别代表双方签订《首钢总公司与北京科技大学全面合作协议书》、《首钢总公司与北京科技大学汽车用钢联合研发中心建设协议》、《首钢总公司与北京科技大学联合培养研究生协议书》，并共同为“首钢总公司——北京科技大学汽车用钢联合研发中心”揭牌。

24日 科技部组织专家组对首席科学家石力开总工主持的973项目“材料的先进制备、成形与加工的科学基础”进行验收。在本项目中，由北京科技大学负责的课题2项、参加的课题2项。其中，谢建新教授主持的课题“固态成形过程中组织性能的精确控制”和曲选辉教授主持的课题“粉末增塑成形技术的基础问题”都取得了重要的研究成果，顺利通过验收，并被评为优秀。

29日 举行北京科技大学保持共产党员先进性教育活动第一阶段总结暨第二阶段动员报告会。

30日 北京科技大学与廊坊腾达冶金助剂公司共同组建的SYP冶金助剂研究所正式成立。

十　月

本月 我国著名金属材料专家、中国工程院院士、北京科技大学新金属材料国家重点实验室主任陈国良教授，荣获美国金属学会颁发的杰出成就奖（ASM Fellow），成为目前中国大陆获此殊荣的第一位学者。

本月 北京科技大学留学人员创业园通过北京市人事局和北京市科委联合专家组的评审，被认定为“北京市留学人员创业园”。

本月 2005年全国大学生电子设计竞赛落下帷幕。北京科技大学13支参赛队中有9支获奖，其中国家一等奖3项，北京市一等奖4项、二等奖4项、三等奖1项。

11日 北京科技大学与顺义区人民政府签订全面合作协议。根据协议，北京科技大学将与顺义区人民政府在机械制造、微电子、冶金、新材料和新技术等行业领域，以及在科技招商、共建科技项目中试基地、共建高新技术产业化基地、大学生实习基地、人才培养、教师和研究生挂职锻炼、区域规划设计及诊断咨询等方面开展长期而广泛的合作。

16日 由学校180名学生组成的方队在校党委副书记陈曦的带领下赴丰台体育馆参加“首都庆祝学生军训20周年”大型庆典活动。庆典对开展学生军训工作的先进集体和个人进行了表彰，北京科技大学被授予“首都学生军训工作先进单位”称号。

18日 隆重举行北京科技大学体育馆暨2008北京奥运会柔道、跆拳道比赛馆开工典礼。北京市委常委、教育工委书记朱善璐，北京市副市长、北京市2008工程建设指挥部指挥刘志华,奥组委执行副主席、秘书长王伟,教育部发展规划司司长韩进等领导同志;教育部有关司局、北京市有关委办局、国家体育总局中国柔道协会、中国跆拳道协会以及北大、农大、北工大等高校的领导和嘉宾出席了开工典礼。该工程由主体育馆和游泳馆联体组成,建设用地约2.38公顷,总建筑面积24662平方米。

18日 美国凯斯—西保留地大学法学院院长 Gerald Korngold 教授一行来校参观访问,Korngold 教授为师生作了题为《美国二元结构法律体系》的学术报告。

18日 与抚顺罕王实业集团有限公司签署合作协议。根据协议,北京科技大学将为罕王特钢培养技术骨干和管理人才,选派专家到公司进行技术专题讲座和担任公司顾问;罕王特钢将为北京科技大学研究生的社会实践、实习和毕业设计提供场所和便利条件,并自2005年起在北京科技大学设立"罕王特钢奖学金",期限10年,奖学金总金额为200万元人民币。

20日 中共中央候补委员、北京市委副书记龙新民来校调研工作。市委副秘书长陈启刚、市委教育工委副书记刘建、市教委副主任张国华等陪同调研。

20日 举行北京科技大学国家大学科技园专家评审会。12月20日,科技部、教育部印发《关于认定北京科技大学科技园等8个大学科技园为国家大学科技园的通知》,正式认定北京科技大学科技园为国家大学科技园。

20日 北京科技大学自然科学基础实验中心(物理)通过北京市级实验教学示范中心专家组评审,并于12月正式被授予"北京高等学校实验教学示范中心"称号。

21日 在全国博士后表彰大会上,北京科技大学出站博士后林大泽被授予全国优秀博士后荣誉称号。

21日 举行"美国德克萨斯阿灵顿大学—北京科技大学2005届 EMBA 毕业典礼暨美国德克萨斯阿灵顿大学 EMBA 中国校友会成立大会"。2005年共有55名毕业生获得了 EMBA 学位证书和研究生学习证书。

21日 举行北京科技大学2005级新生文艺晚会。

27日 北京市委常委、教育工委书记朱善璐来校调研工作。市委教育工委副书记刘建、干部处处长刘宇辉、办公室主任刘勇、组织处副处长卢向红等陪同调研。校党委书记罗维东,副校长权良柱、张欣欣向朱善璐书记等领导同志汇报了学校有关工作。

27日 北京科技大学第十五期教职工入党积极分子培训班开班。本期培训班共有学员38名。

29~30日 组织学生献血活动,共有535名本科生和研究生进行了无偿献血。

29日 举行北京科技大学2005级新生运动会。管理学院、机械学院、材料学院分获男子团体前三名;管理学院、土环学院、应用学院分获女子团体前三名;管理学院、机械学院、土环学院分获男女团体前三名;信息学院、应用学院、机械学院、管理学院和外国语学院获得"精神文明奖"。

十一月

本月 经专家评议,北京科技大学2005年度"高等学校博士学科点专项科研基金"课题共有9项获得批准,其中材料学院5项,机械学院1项,冶金学院1项,应用学院1项,新金属材料国家重点实验室1项。

本月 北京科技大学材料学院康永林教授获得第五届通用汽车中国科技成就二等奖。

本月 北京科技大学代表队在全国第九届"挑战杯"竞赛中取得佳绩,参赛的三支队伍中两支荣获三等奖。

2日 德国亚琛工业大学副校长 Bleck 教授来校访问。

2日 学校新申请的"新能源材料与技术北京市重点实验室"通过北京市教委、北京市科委组织的专家组的论证评审,增列为北京市重点实验室。

4日 举行北京科技大学党员先进性教育活动领导班子民主生活会情况通报暨整改提高阶段工作部署会。党委书记罗维东通报了校党委领导班子民主生活会情况，全面回顾了分析评议阶段的整体情况，并对第三阶段工作进行了部署。

8 日 朝鲜教育省代表团一行来校参观访问。

10 日 韩国国立顺天大学金在基博士受聘为北京科技大学名誉教授。

11 日 举行中国材料名师讲坛第十讲暨陈国良院士荣获美国金属学会杰出成就奖颁奖仪式。陈国良院士作了题为“遵循科学发展观，不断开辟领域新方向”的讲座。

12 日 举行首届跆拳道、柔道文化节暨 2008 北京奥运会倒计时 1000 天揭牌仪式。

15 日 澳大利亚拉筹伯大学校长奥斯本教授和副校长佩雷斯教授来校访问。

15 日 美国明尼苏达州私立大学委员会访问团一行 14 人来校参观访问，并探讨合作事宜。

18 日 举行“我们身边的优秀学生党员”先进事迹报告会。谷启源、秦晓惠、孙超、蒋铭贞、赵靖、王玫、季明明、黄柯、冯帅、赵宝永、爱新觉罗·川、刘栋、蔡建芝 13 名优秀学生党员作了生动的事迹报告。

22 日 加拿大麦克麻斯特大学校长 Peter George、副校长 Luke Chan 和 Andrea Baumann 一行来校访问。双方就今后的交流与合作进行了友好会谈，并在学者交流、双语教师培训、本科生及研究生培训项目上达成共识。

22～26 日 日本北海道大学工学院院长 Tuneyoshi Nakayama 教授、材料学院 Somei Ohnuki 教授、Hiroshi Motoyoshi 秘书长来校访问。期间，举行了“北京科技大学与北海道大学互设国际交流办公室协议”签字仪式，并为“北海道大学国际交流办公室”揭牌。

23 日 举办学习贯彻党的十六届五中全会精神报告会，全体校领导及全校中层以上干部参加报告会。中宣部理论局副局长张西明博士作了题为《关于自主创新》的专题辅导报告。

23 日 2005“李宁杯”第八届 CUBA 北京预选赛在北京交通大学体育馆落下帷幕，北京科技大学男篮以 82:69 击败北京交通大学男篮，获得冠军。

24 日 举行首届研究生学术论坛暨十佳“学术之星”总结表彰大会。燕青芝等 10 名同学被评为十佳“学术之星”。

25 日 全国政协副主席、中国工程院院长、北京科技大学校友徐匡迪回母校看望师生。徐匡迪校友与学校领导班子全体成员进行了亲切座谈，并看望了魏寿昆和柯俊两位院士。

25～26 日 举行“第二届钢铁冶金新技术发展论坛”暨“北京科技大学——钢铁企业科技合作组织成立仪式”。国家发改委经济运行局局长贾银松，宝钢、鞍钢、武钢、首钢、马钢等国内 20 余家钢铁企业代表，校党委书记罗维东、校长徐金梧、副校长谢建新出席论坛。贾银松局长作了关于钢铁形势及发展趋势的报告。

27 日 北京科技大学和中国研究生人才网联合举办 2005 届毕业研究生供需见面会，近 100 家企业和 5000 余名学生参加了本次供需见面会。

30 日 举行“中国材料名师讲坛”第十一讲暨清华大学、北京科技大学、北京航空航天大学首届材料科学文化节论坛。北京科技大学中科院资深院士柯俊教授作了题为《材料学杂碎》的报告。

十二月

本月 北京科技大学文法学院 2002 级 MPA 学员邓俊撰写的硕士学位论文《北京市城市生活垃圾处理产业的市场机制研究》，被全国公共管理硕士（MPA）专业学位教育委员会评为 8 篇“首届全国 MPA 示范论文”之一。

6 日 举行北京科技大学保持共产党员先进性教育活动总结大会。

6 日 举行北京科技大学科学技术与文明研究中心理事会暨学术委员会成立大会。

7 日 召开 2005 年退伍学生欢迎会暨入伍学生欢送会。2005 年共有 3 名同学光荣入伍。

9 日 举行校园火炬接力赛。机械学院、材料学院、应用学院、管理学院分获比赛前四名，土环学院和外语学院获得精神文明奖。

10日 举行北京科技大学2006届毕业生首场双选会，共有183家单位参会，提供岗位3500多个，参会毕业生达4000多人。

12日 举行台湾问题与祖国和平统一报告会。中国人民解放军总参谋部三部高吉忠副局长应邀从我党对台方针政策的转变、台湾政局的发展变化、两岸关系的发展变化、解决台湾问题的外部环境四个方面阐述了台湾问题的走势。

13日 中国工程院公布2005年新当选院士名单。北京科技大学校友、太钢董事会规划委员会副主任、太钢公司原总工程师王一德当选为中国工程院化工、冶金与材料工程学部院士。

15日 依托北京科技大学建立，由北京科大科技园有限公司负责具体工作的"新材料北京市技术转移中心"经北京市教育委员会和北京市工业促进局授牌正式成立，成为首批认定的七家北京市技术转移中心之一。北京航空航天大学、北京理工大学、首钢总公司、北京伟豪铝业(集团)有限公司是中心的合作单位。

16日 举行第十五期青年教职工骨干党的知识培训班结业典礼，35名学员顺利结业。

21日 机关处级岗位竞聘工作正式启动。通过此次竞聘，提任处级正职干部4名，处级副职干部9名，取消8位同志的(正、副)处级待遇，7位原处级(副处级)干部改任非领导性职务。

22日 下发《北京科技大学岗位聘任和校内津贴制度实施办法》，北京科技大学新一轮人身分配制度改革正式启动。

29日 北京科技大学本科教学评估工作办公室成立。

2005 年毕业生名录

2005 年本科毕业生名单

土木与环境工程学院

罗　飞	徐登贴	姚　毅	蔡　光	陈　磊	迟　菲	窦　蕾	范　璐
范培培	付　雷	韩春媚	侯瑞荣	黄培坤	贾静波	李常亮	李盛泉
刘春雷	刘　丽	刘　序	吕春香	曲元峰	沈婷婷	宋小霞	汪　声
魏明明	辛玮光	徐　黄	于承迎	张　锰	张祺奥	张　荣	张雪婷
胡　荣	于海宝	张世亮	周　枫	艾　丽	崔富民	崔永强	韩东梅
姜　涛	蒋　晶	金书秦	赖　波	李　锋	李皎皎	李金兰	李黎杰
李　楠	李　锐	李香月	李彦博	李志军	刘　安	刘健超	刘　梦
钱文涛	任　璐	孙国振	孙　娟	徐　施	张　宾	张建强	章宏学
阿帕尔	蔡晓威	刚　刚	贡启辉	黄锦春	江　浩	李巍巍	李晓静
刘　枫	刘　敏	刘胜强	马晓翔	苗文凭	牛　伟	齐亚玲	施　燕
王　森	王　毅	吴　铁	吴誌玲	武　燕	相里军	叶　郴	余　佳
张　乐	张　悦	赵　馨	周　姗	张　超	陈　迟	代　静	邓　斌
符　欢	高晓谊	葛世友	谷　岩	黄中江	简明宇	李　丹	李彦华
刘　超	刘甜田	吕　洁	毛晓曼	牛大林	彭　沙	祁东升	钱　亮
陶　莎	王　珊	王　烁	许　永	闫建伟	张　娴	张小刚	张　雪
郑　李	周子龙	王艳玲	薛园园	陆婷婷	孙　媛	卫　皓	胡建伟
胡先友	刘　松	刘　鑫	屈凡江	姚人强	周大举	安志远	曹　楠
何敏超	姜　怀	裴孟德	任　韧	茹先姑	陶龙伟	佟子剑	王潇潇
王伊曼	王　燚	徐进军	许　佳	颜　岳	杨　昕	易　燕	游　杰
袁　旭	张　扬	周　剑	邹　政	王　涛	匡三毛	路　春	从　欧
刁　钰	丁淑庆	段伟强	谷笑楠	韩　旭	何　澎	姜琳婧	李发东
李金瑞	刘　杰	刘　娜	刘志祥	栾晓东	罗　飘	马崇伟	马洪素
沈建萍	陶　冶	王　刚	吴志勇	许　政	阳　升	赵志宏	周阳春
朱斯文	袁　方	陈　芳	高　伟	高晓法	贾金玮	李立明	李　莹
刘志娜	马彦东	汝　剑	宋立军	孙海燕	王晓月	韦吉相	俞　耀
翟修文	张　亚	章　阳	赵　帅	郑金涛	朱雪松	訾曙星	侯东伟
陈　黛	陈胜勇	陈永盛	高宇澄	郭维一	韩　喆	黄建忠	柯　技
黎东海	李　强	李　瑞	连春琦	刘丽梅	钱朝锋	乔增凯	秦　娜

孙　磊	王　涛	魏会秋	吴　琳	邢振宇	熊高良	杨天奎	袁尔东
曾　勇	翟文欣	张勤学	张延记	张彦克	曹思远	谌　钊	冯　博
高　姣	槐联国	季　强	荆杨铁	李　建	李全晓	牟小仪	宋洪勇
孙志杰	汪瑞敏	王长宇	王　飞	王媛媛	魏国昌	严成涛	杨　棋
俞　蓉	张甫铭	张　静	张文静	周金平	周耀东		

冶金工程学院

顾凯俊	万　亮	高　仲	韩晓杰	刘　敏	任成智	王　锋	王少波
温　瀚	张　辉	曾巧巧	戴　静	涂剑波	张汝望	张彦恒	安　邦
陈　驰	段世钰	高圣勇	韩丽娜	韩占光	和冠涛	胡　卫	黄帮福
黄良鹏	霍云波	李　锋	李晓辉	李志强	林　伟	芦永明	慎琪琦
孙　策	唐浩棚	王　琨	王　洋	吴菁琛	熊细伟	杨　静	杨新华
张红杰	张艳艳	张银强	赵丽苗	周丕富	韩建军	王　尚	陈银龙
杜　丽	高　峰	龚　鑫	何　晶	江承伟	凌　菡	刘　亮	卢帝维
买明·卡地尔		聂晓雪	裴　燚	任　军	孙雨婷	王　迪	王　强
王文超	王　优	杨　俊	杨　科	杨顺华	张　标	张临峰	赵　翀
周承毅	李忠辉	陈庆明	陈　兴	杜　祥	高　攀	郭　琼	李　彬
李庆洋	刘　婷	吕宪雨	罗海燕	马　珂	邱祥伟	任变变	王　波
王　冲	王海鸥	王红伟	王立昆	王燕红	吴狄峰	颜　滔	杨　亮
张金元	张开钧	张茂林	赵晓波	朱国峰	蒋　鹏	曹　猛	陈宇波
董艳娜	窦　磊	冯雨洁	高　峰	苟大伟	郭敏雷	韩天龙	李　兵
李三三	李威涛	刘　朋	马　宁	马秀梅	牛世杰	荣　超	孙仁宝
王　宝	谢兴军	徐道春	杨竹芳	姚　芳	张　彬	张　婷	郑万任
周　静	周孝云	李大海					

材料科学与工程学院

谭春波	朱新栋	曹　燕	陈　伟	龚　艺	郭　玮	何春帮	黄若霖
霍　亮	李靖年	李向旭	马朋亮	彭　聃	秦代丽	孙启凤	王柏楠
王焕波	王曾洁	吴时昌	吴夏玲	徐波军	徐　阳	薛　欢	于立硕
张建民	赵松山	钟　寒	周　翔	秦诗棋	王晓波	班永华	陈　鑫
崔雪松	高玉峰	顾宏伟	郭冠男	何进钰	李　蕊	李帅君	聂华俊
牛　涛	屈春花	邵俊峰	唐国红	万　维	王　欢	王继州	张芳芳
张宇光	张志远	赵　阳	朱警雷	戴从传	陈　刚	刘志刚	宋治刚
毕重武	程世嵘	崔　砚	丁　艳	耿永红	黄华平	蒋开云	李　鑫
连树民	刘　晶	刘　懿	吕　刚	马远征	苗傲宇	彭　冲	祁忠胤
史海波	王　恒	温金波	吴　静	咸　敏	闫蓓蓓	姚　谦	喻智晨
张锦锡	张笑川	赵　伟	刘　彬	冯　瑾	李　奎	白　涛	陈黎亮
程吉凤	邓　毅	富　爽	衡　阳	候陇刚	胡英杰	李　彬	李巨川
李昆吾	李　磊	李亚楠	林冰涛	刘艳平	马　柯	马书旺	秦　巍
任大峰	苏　醒	谢　珊	杨薇薇	张　瑞	郑春礼	左志军	张　芮

詹 尧	白 宁	毕中南	曹建平	曹瑞军	程 远	邓 锋	杜晨阳
胡大洪	黄 华	黄建平	蒋 渝	金 俊	孔玉莹	李 喆	刘 文
刘竹楠	马东哲	马秀萍	毛小东	田 建	田沛玉	王 彬	王 威
王小邓	文 伟	吴平松	闫 茹	赵晓伟	魏 巍	蔡陈水	曹宇奇
冯 芸	华 浩	江 帅	江 旭	黎安淼	李 彬	李 欣	李艳丽
李要辉	刘 彬	刘佩斯	刘 伟	宁 冶	潘可沐	全有勋	宋婧波
孙 波	孙 尧	孙 瑶	王 露	王 润	徐 欣	姚志强	尤 力
赵文博	周亚飞	朱英杰	阎 磊	陈 航	崔继峰	崔建利	杜 伟
古 特	郭 宁	郭小龙	国大鹏	韩绍华	何学彬	侯 捷	刘细兵
鲁新如	马凌霄	王思庆	魏立文	许 锐	原文娟	袁 磊	曾宏凯
章 愫	赵 洪	郅 青	周云羽	朱 琳	朱雨生	邹 扬	谢元凯
何 韧	边震宇	蔡双雨	曹 冉	陈宝华	陈 晨	陈 栋	陈 强
董 辰	杜栋梁	丰 涵	顾其德	蒋兴文	李 灼	马天右	秦树超
芮晓龙	覃文娟	陶 然	万强茂	王 蕾	王 勇	尉 磊	吴 博
吴昌洪	吴令萍	邢 烨	杨文静	尹聿海	张燕阳	刘 斌	何丕栋
罗 品	曾 锐	陈振鹏	崔 航	崔鑫炜	樊小刚	胡 楠	花 磊
霍乾名	金 川	金 兰	李 宁	李仁桂	李秀君	刘雪敬	麻 程
舒 玮	宋丽强	孙丽丽	王 劲	王 乐	王 雷	王玮琦	王晓翠
王学强	姚 璐	尹 楠	张 欣	张玉成	邹风雷	韩 铮	贾 婷
王 川	朱庆华	史 健	王凤钰	张春艳	丁 钰	何荣亮	林 久
刘洪金	刘 楠	刘永锋	马 建	孟 疌	邱 锦	邱丽莉	沈 薇
施仁斌	宋军军	唐光盛	陶安伟	王桂才	王嘉槐	王 轲	魏 征
燕君杰	于凌燕	袁燕岭	张瑞娟	张雅茹	赵 飞	赵仁华	周 涛
邸 晗							

机械工程学院

朱鹤群	马振雷	张珈铭	曹爱征	曹 波	陈古廷	何 潇	衡士伟
李 丽	刘健夫	孟祥宇	沈鹤然	王大明	王浩森	王 晶	王墨君
王荣华	王芫芫	魏徐亮	吴志勇	徐步菡	姚莉莉	张春醒	张 霖
张玲娟	郑天天	钟伟建	左华成	黄发牯	江文锋	李志鹏	叶振楠
于 洋	钱彩凤	彭 路	杜 洁	黄达毅	李 峰	孟 丽	张 昌
张建辉	魏彦彪	季 冲	丹巴达杰	罗 宠	宋任光	仰永华	陈立权
邓 勇	丁春雨	范木丽	金 程	李丹熹	梁 媛	刘 华	尼斯呼
祁 镡	唐 京	王 浩	王 琦	王秀玮	吴 鹏	徐 坚	叶 英
尹华奇	于 坤	张明华	张 萍	钟建军	周勇刚	魏臣隽	胡 蔚
陈 刚	邵 杰	郑 明	郑 毅	闫明辉	卜鑫鑫	曹永新	陈 强
丁 磊	贺文文	黄唯珉	黄以红	江 洋	李 崇	李建辉	李 晋
李 燕	刘胜华	宋 丹	宋书惠	孙 浩	孙建涛	王 利	王 宇
魏 韦	武建国	闫沁太	闫 伟	余 宁	张 蕊	张智宏	周钰亮
蔡昌达	王 尚	张津恺	程 辉	董 雷	董维刚	谷世群	过 跃

何川	何俊丽	侯雁	柯韩飞	李爽	刘飞	毛娜	孟凌燕
裴凤杰	齐杰斌	茹小琴	田淼	王会学	王凯	王全军	王莹
王宇浩	谢海鲸	徐伽诺	杨和进	元刚	袁博	曾耿耿	张德彪
周永文	朱光亮	侯俊	周新宇	陈少学	翟运浩	曹春华	陈柏联
陈鲲鹏	崔巍	邓晓宗	龚海鹏	郭炎红	郭志芳	霍峰	纪媛媛
李杰	李琳	李娜	林雨雷	刘巧	刘志斌	梅小明	米海亮
潘雯	庞豪	宋兆泉	孙文权	唐启松	王俊通	王龙龙	王硕凯
王站影	徐兴刚	叶海丽	周纪元	方雷	李袁守	张艳良	李雪峰
陈磊	崔宏雷	戴杰涛	韩冰	胡函	胡珊	李新强	林俊
刘辉	柳斌	罗大林	孟小鹿	施春燕	宋昊	王健	王磊
王庆衍	王权	徐杰	徐善君	杨涛	姚鸿贤	姚赟	詹振刚
张亮亮	张庭溢	赵巍	周葛	朱敏	皋凯	李锋	杨昆鹏
成梁	刘辉	赵洁	蔡嘉	蔡亚宁	蔡月日	车小波	戴志华
范康平	高晶	高铁桐	黄金诚	李斌	李磊	李苗	李若
李哲	林应学	刘军	刘向金	邵学智	苏荣芳	孙延龙	万川特
王斌	王晓峰	辛烁文	熊珊	杨洁	张磊	张尧	邹润生
张文超	郑家境	鲍俊	陈将俊	陈亚鹏	狄全奇	狄玄佳	高振宁
何彬	胡妍	霍东菊	季明明	姜磊	刘会	刘静	刘鹏飞
柳林	谭智桢	王锋	王帅	王巍	吴小鹏	伍朝澄	薛佳鑫
闫占磊	杨林邦	叶斌	张宇	赵宝华	赵然	周龙清	杨琳
张喆	陈鹤雳	丁皎	段宇	樊峻麟	冯锦平	高翔	葛荣宗
韩磊	华福祥	姜立峰	李芳文	李桂华	刘浩	刘连邦	龙海涛
穆树亮	唐有园	王鼎瑞	王留呆	温玥	武博	于阔沛	周敬华
周雨濛	朱希庆	高展	罗斐	崔宇	成龙	赖青	武宇亮
魏欣	蔡斌	陈灿林	陈昊	陈钧伟	陈平	邓娜	黄海兰
贾荣荣	李德君	柳翠翠	马成龙	任春晓	宋绍峰	孙志斌	唐宗辰
王松安	熊君霞	袁世丽	张建军	张杰	张培昆	张胜凯	赵洁
祖力皮卡尔		王爱国	董剑	董文敏	杜娟	冯双杰	郭华
韩启东	栗凤超	廖良良	刘方	刘家军	刘向坤	马达	逄宁
孙毅	王勇	肖歆昕	徐立昊	杨怡菲	于利标	于鹏	俞月光
张利琴	张世强	张霞	张晓锦	祖克热古丽		孙鹏飞	郑维
陈勇	房贤卓	谷捷	巨小虎	李浩	李利	李启博	李强
李清艳	李玥	刘桂芹	刘向亚	钱电生	孙宏佐	孙云峰	谭婧
王伟	吴松	薛桦	杨润	张福龙	张淑英	张微微	赵大庆
赵静	郑海薇	朱天春	左磊	龚勋	魏宁	陈希	褚霄
从琳	葛铭霞	匡松平	李升进	刘丽	刘阳	卢娇	任晓燕
史海涛	史艳峰	苏丹	田宝宝	童连喜	王昊	杨国萍	张健
张青娟	郑璐	朱文晓	付超				

信息工程学院

刘　颖	陈　锋	成　竹	邓可欣	敦文杰	高晓亮	葛文昕	耿彦婷
郭　磊	洪兆晖	季　鹏	李　琛	李东杰	李美捷	唐　宇	王爱华
王栋梁	魏大兵	吴　平	吴肖肖	许　浩	尹明学	赵　爽	赵威猛
赵　巍	郑树剑	戴晓华	徐爱明	安香子	代　敏	方　田	何　翔
侯建华	惠施华	姜权喜	李　骥	刘　影	舒　卓	孙筱倩	王思远
王　伟	王　宜	文　伟	徐　康	杨　伟	姚孙文	叶力多斯	张俊辉
张　琦	张　艳	张运铭	朱佳隽	霍玉豹	李司晨	王　锐	白云涛
王　昊	王　鑫	朱　迪	崔朝辉	邓　华	高　淇	韩晓旭	韩　勖
侯　喆	黄文东	雷　川	李　珊	李　圆	林　鋆	刘旌扬	刘启山
毛振杰	戚　颖	孙学伟	王　晨	王　绪	伍　彬	杨　征	姚　尧
尹　鹏	余彦林	张　娟	张雪婷	朱青青	阮　维	陈　魏	崔文利
范　茂	谷怡然	顾　涛	郭炎锋	贾　楠	李　东	李　实	刘　辉
聂　黎	饶晓丽	石晶明	孙　旺	王日彝	吴　衍	谢　坤	徐桢桢
郁　虎	张红娟	张　伟	赵婵媛	赵　毅	甄　龙	池　澄	徐　萌
赵立颖	魏　超	艾凤英	白　晨	陈俊伟	冯　睿	侯天资	兰　军
李　辉	李　南	李若飞	马灵智	马玉梅	潘　涛	屈妙淼	王璧涛
王　彬	王　飞	王淑玲	王　帅	王永顺	魏　彬	徐志昊	张黎丽
张　谦	周尧杰	朱伟勇	朱友启	邹道兵	张业贵	丁健华	董　鑫
黄　刚	贾雯娟	柯　瑜	李　梁	刘成龙	刘　莉	刘亚东	刘旨晋
卢春林	毛　婷	任　君	任　煜	司文丽	王世伟	魏　硕	谢　斐
谢幸初	许　攸	游家巍	于景意	俞　政	张媛媛	朱大鹏	朱明磊
邹伟华	高培杰	艾　京	毕维奇	蔡　昊	陈　曦	陈一民	陈振强
崔传章	付国亮	高　雯	郭建新	郭　喆	韩明明	何　杰	黄赟中
黄镇海	蓝勇斌	李　岩	路利刚	宋倩霞	唐　密	王　征	吴　芳
徐文学	杨　剑	赵晶晶	郑毓娟	周　铭	周　卓	鲍　伟	方　喆
胡超超	胡文斌	金　鑫	康佩锋	廖凤华	刘　高	刘　柳	卢维刚
罗　扬	任　佳	王宝亮	王科红	王思超	王　巍	王　玺	王　轩
王岩钊	卫　炜	徐　博	杨素萍	张珂铭	张志华	张智勇	周卫耀
王昭辉	汪棋良	谷　炜	韩辛亮	刘　建	关　勤	姜有哲	
艾合买提江·艾海提		储院生	范彦军	付士奇	付　宇	何　伟	何智文
胡　镔	黄芳益	李　由	刘国庆	罗贝贝	史　实	王长业	王杰勇
王　婧	王伟华	魏　铮	吴志辉	肖　晖	肖　鹏	徐经纬	薛　文
张　淇	郑圣珠	周美凯	安　碧	敖　楠	白亚丁	崔　鹏	杜　欣
冯明浩	冯　晓	耿　蕾	韩　冬	贾　铮	鞠大升	李恒頔	李习五
李　准	芦　磊	任明兴	石　岩	谭正海	王　良	吴　兵	阎玮蓉
张　磊	张　星	赵　华	赵燕东	赵月月	朱李桃	李慧娟	韦佳佳
毕晓菲	蔡东月	崔　芳	董　琳	何　周	黄凤琼	克依木·艾海提	
李　刚	刘　斐	刘晶晶	刘小涛	邱　岩	曲　杨	陶宏涛	田　贵
王思葶	王小川	王云鹏	吴　倚	肖　楠	许方平	杨　磊	杨永军

于建新	赵巍	周凌非	朱红阳	姜卫兵	马迎峰	武文	章育军
陈波	陈琳	黄城	李楚波	李东	李佳	李培娅	林赛群
刘磊	刘志龙	柳耀鹏	任宝宝	邵栋辉	王贵彬	王夏凌	王一鹏
魏冬邦	杨晋	姚广利	袁丹	翟天骄	张超	张会根	张吉海
张佳伟	张满	张琴	赵乾	常萌	张辉	何伟	陈旭光
程柯楠	代瑞	邓斯琼	冯硕	冯文亮	冯永鹏	韩天宇	康亚夫
刘泊伶	吕雪飞	彭伟	王迪	王刚	王守坤	韦一将	谢星艳
辛茹	徐要强	薛颖	燕小伟	杨铭	叶宜亮	曾梦良	张秋香
张毅宁	周治	李萌	孙鹏	吴边	陈静	陈鹏	李博
李皓	廖茂荣	林郁	刘旭	刘宇	刘元元	刘壮业	彭云峰
蒲东江	祁翼帆	卿三勇	隋昕	孙丰达	王彬	王志明	吴巍
奚杰	于德翠	于珂	余时利	袁玲玲	张涛	种衍雪	周正
贺广治	江文伟	徐晓洁	刘欢	白艳茹	陈辰	陈爽	陈懿
崔若冰	杜光伟	郭晓霞	韩健	黄晓东	李炜	廖兴华	刘晓光
刘秀兰	刘旸	鲁振	马肖锋	孙旭斌	王琦	魏冬波	吴琳
於星明	张明潇	张文亮	张新鸿	张铮	周建华	左仕俊	锁曙光
陈晨	曹鹏	常小微	陈哲立	董超	杜小婧	冯强兵	龚泰东
李芸芸	李志亮	梁欣欣	刘洪毅	刘亮	彭波	平超	唐斌辉
童韡	王彬	王超	王非	王菲菲	王兰芳	薛冠芬	闫鹏
张松	张雪松	赵旭	朱秉斌				

应用科学学院

李明霞	刘杰	张啸鸥	毕彩霞	陈海英	程爱国	崔馨	韩兴国
韩莹	李大鹏	李倩	李瑞宾	刘家磊	刘琪	龙应钊	欧阳灿彬
戚传梅	司诺	唐坤甜	吴健	吴利新	徐佳	鄢勇	张学铭
赵洁	周剑	朱中正	陈克伟	葛恒波	耿立	何益	侯俊杰
胡修伟	李丹	李晓晨	林艳兵	刘冰心	刘芸	孙宇	王芬
王朋	魏荣	肖露	赵康林	周小刚	周悦	安文君	汪铁星
王绍国	高志辉	蔡宣圣	车漾	陈伟	崔轩	段江永	耿博
顾博	郝文瑞	李红伟	李丽	李天勇	梁飞	梁磊	刘畅
刘竹沁	申斐斐	宋红翔	苏靖	涂巍	王玫	魏宏	吴春雪
肖磊	杨福府	张志华	赵冰	赵新	赵志明	郭瑜	李更煜
白琳	崔芳	杜立国	樊浪	付永昌	何伟	胡頔乐	来天际
刘超	刘冬	刘祎萌	刘田林	鲁希达	陆平	罗磊	马飞
孟丹	庞铮	钱毅	宋娟娟	宋永雷	孙明	唐志春	王迪
魏立斐	吴华	张春杨	张文山	张宗磊	赵拴	劳长福	刘赟青
田元辉	汪月	喻天剑	解峰	李平福	丁国建	任宁	杨涛
毕然	陈波	陈果	冯辉	高圆	胡佳	黄秀峰	姜德怀
焦旭男	李远	李祖维	卢志钢	吕学文	满福全	邵可杰	孙岩
王海莉	王佳宁	徐鸿钰	杨新娟	余瀚	张鸿飞	张学瑞	张真

祝　健	祖　帅	江忠胜	龙　海	石庆鑫	包明宇	成　涛	崔　彬
方海峰	金　兰	金　亮	李长江	李腾飞	刘科晓	刘翔宇	刘豫辉
宋　彬	孙玉磊	陶成君	田元元	佟亚军	巫锡光	吴平平	吴　炜
闫　丹	易泰民	张安乐	张师平	张亦农	赵云清	车全有	陈　才
高　飞	郭宏林	韩　曦	胡丽萍	黄　飞	黄怀清	江元龙	李铭禄
李　湘	李晓林	李　晔	李志乔	刘　杨	孟　旭	史彦康	孙　瑶
吴　曦	徐蓓俊	许　宁	张　斌	张　祎	张　潇	张雪颖	赵元军

管理学院

邓建瑛	蒋秋虹	王会娟	王昕馨	徐培平	孙　策	吴长熹	李昊昱
陈志芳	杜子君	方　华	付晓鸥	黄汉利	黄　卫	姜喜臣	柳　晓
吕　晶	吕明德	王　鹏	王彦春	杨　飞	杨丽君	余学斌	曾峰青
张小琴	张彦辉	宗美娜	刘冬阳	龙根星	朱　铭	蔡　芳	陈卡雷
陈　镇	关丹凤	胡婷婷	孔令岩	刘冰霜	麻　争	马建蕾	邵　昕
孙建玲	孙金富	王瑞志	王振华	杨文雄	余　涛	张立娜	张　强
赵新海	朱士松	李雨薇	刘　妍	王　星	房光传	李　宁	李　文
李宝磊	李虎柱	李振华	刘　洋	刘宏伟	马　天	孙　进	索晓疆
武　冰	徐　晗	许秋红	张　丹	张　鹏	张　泉	崔　勇	李　扬
刘　韬	白　尘	毕国杰	陈　静	陈莎莎	崔　跃	杜　玲	冯广飞
郭　强	郝　媛	黄　峰	康乃栋	李小黛	李小辉	刘　涛	骆升平
毛玮炜	苗　阳	平宗旭	齐彦伟	孙广秀	孙　慧	吴玲玉	吴雪亮
杨　磊	杨志新	于　瑜	张　倩	张正文	周嘉彦	周　伟	朱民山
封尚杰	栗　飞	侯　宇	王　薇	崔　颖	郭　伟	刘亚南	饶明锐
白伯纯	蔡建强	段继星	高向楠	韩　硕	焦　薇	李　力	刘继丹
刘　琪	刘　婷	吕铁柱	秦伟栋	任　海	孙　斌	孙大鹏	田　瑜
王　晨	王　鹏	王育春	王　钰	韦露莎	吴　双	吴英纯	谢路明
谢振中	徐　华	杨　娟	杨　磊	杨　洋	张雅男	赵　阳	郑玄轩
郭方莹	梁婵婵	张娟钰	陈锡鹏	马红樱	赵　杰	蔡　奕	高　雅
金哲峰	徐文俊	杨　冉	袁　媛	谭　媛	陈　琳	丁　洁	江小雪
沈　楠	冯　南	张　宏	郭　栋	樊　冰	龚亚娟	韩　畅	何志勇
贾蓓蓓	廖盈盈	刘　明	鲁　晓	潘晓滨	彭　莱	乔黎黎	曲振华
宋　为	孙位民	孙永先	万　宇	汪　培	王冬竹	王　伟	王　懿
杨　怡	杨莹省	姚　磊	岳　银	郑　浩	周一富	邹沫宇	许卓玲
张玮无	曹　巍	曹学名	丁　宁	方　磊	冯晓琦	付立春	高　利
韩　琳	郝雅琦	贾苏萌	李海斌	李滔滔	李　悦	马文怡	毛　雪
倪代荣	彭佳诚	邱　真	王　池	王　俊	王　艳	王一珅	魏　刚
翁　旸	吴　昊	夏文婷	肖　卫	杨　超	于　铭	郑婷婷	朱亚楠
张苊苊	张俊霞	安军山	段云晓	郭志刚	郝秋爽	黄树乾	黎　静
黎　荔	李　梅	刘　欣	刘彦耘	吕　玥	马　旭	秦冬艳	曲海娜
屈　平	孙　娜	陶　然	王华琨	王敏敏	向玉萍	薛　姗	姚晓炜

袁 媛	袁 征	张佳蕙	张 静	张笠恺	章 法	赵 迪	钟文祥
朱 霏	史峰学	曹大山	柴 希	常 乐	封 锐	谷济源	何 凡
侯 莉	花菊香	金 燕	李铁峰	刘兰芳	孟陶然	沈 杨	帅振威
司瑞雪	隋佩令	田敬德	王 晖	王梅兰	王雪峰	文 苑	闻 雄
翁立宁	谢小燕	许健美	许宇科	杨 茜	杨雅淇	杨 颖	张 萌
张 然	张晓娇	孙 熠					

文法学院

陈媛媛	孙玉伟	李 湘	马 琳	尚 莉	谢 金	杨 军	蔡娜省
韩 星	胡蓓蓓	李慧杨	李 震	刘 畅	刘 斐	刘思杨	刘 岩
吕 杨	孟 杰	潘 佳	时莉莉	孙 婧	孙立双	孙晓云	王 敏
王娅妮	杨 意	叶 红	张婧嫄	张孟春	张少飞	张 娴	张艳凤
赵秋影	赵 新	朱玛古丽	崔丽萍	迪丽拜尔	郭江涛	韩 宏	郝 曦
菅长龙	李 浡	李长虹	李梦龙	李潇潇	李孝忠	李 扬	李 颖
吕朝伟	梅 杨	孟 萌	孙 晶	孙 琪	田汶兵	王 跃	危 羽
协克来提	阎 瑾	杨媛媛	张晓娟	赵宝钢	赵秀蕊	周媛媛	朱 茜
艾麟雅	李 楠	王跃军	戴 娜	邓 鹏	高桦楠	高 永	高云鹏
郭 亮	郭艳菊	郭 渊	江润华	金 龙	李洪淑	李 婷	李雯雯
刘庆华	吕梦雅	梅雪峰	孟 虹	米小亚	牛璐璐	桑李娜	史立伟
孙长娟	王爱林	于大勇	张彬瑜	张恩惠	张晓晨	赵艳娜	陈 莹
冯 茜	王亚娟	魏德亮	张引弩	陈 皓	代鸿滨	戴玉伟	冯佳维
郭志恒	贾泽英	康 蕊	李佳琪	李 平	李小冰	刘淑惠	孙旌雯
王祎炜	王 宁	王文静	王晓钰	王秀玲	王 焱	王雨竹	魏轶彬
杨永亮	于媛宁	张宁宁	张 蓉	张少华	张晓娟	赵 琼	赵忠萍
陈 笛	陈冀周	程 宇	戴思嘉	董海军	郭双节	韩 伟	韩振兴
郝 媛	焦 静	孔 烁	李 竞	李文学	潘吉红	石 斌	宋博雅
吐尔干比	王 萌	文振华	吴炳楠	吴慧娟	肖永生	谢华娟	姚 翔
岳 强	张 擘	赵 倩	马晓磊	王 俣	田富丽	刘远扬	刘 皓
刘 雯	孙 萍	权 瑛	张 静	李成泉	李 颖	李 慧	苏 丹
陈公博	陈薇娜	孟 芳	胥绍武	费兴伟	赵建英	郝 青	徐 旻
秦 威	高春蕊	康 伟	康 凯	蒋 颖	韩 帆	魏素娟	魏 瑶
王忠民	王 丹	王连新	刘中锴	刘彦丹	刘 嘉	刘 璐	孙 剑
初 征	邵 钦	宋均启	李延津	杨燕勇	肖作民	陈隆钦	周 惠
呼全胜	郑宏伟	姜瑞军	施 泓	赵光烈	贾 岩	高 颖	梁丽霞
盖云峰	黄静宇	彭 伟	温婷婷	雷 诺	慕丽娜	颜 妍	刘 彬
方 京	王世文	卢晓江	司剑川	刘宏春	刘 佳	刘 珊	刘 磊
吕 琳	冷春晓	吴燕子	李文红	李玉华	李成华	李 林	李彦楠
李 旌	陈 楠	周 丽	周海峰	岳珊珊	郝丽坤	唐 琳	郭立峰
郭 楠	黄 浩	彭兴涛	彭 晶	谢安华	解 卫	邓和燕	

外国语学院

田　娟	姜　华	赵　煦	董鹤杰	解明嘉	宋晶晶	陈　丹	邓振平
刘子博	路小明	马　超	孟小羽	任吉蕾	任　婷	施赛金	舒　畅
孙超尔	孙东生	孙　桐	汤　轲	王　赫	王　琳	王　强	王　伟
王　星	吴　雄	易　灿	张百茵	张慧一	张　余	赵立华	赵　阳
郑晓非	安　娜	卜冬雪	才　隽	陈　效	陈义聪	范运增	韩　旭
何晨静	侯　佳	胡　睿	黄　蕾	李长龙	梁晓妃	梁　勇	卢　阳
马　宁	马瑞芝	聂宇琼	申晨昱	王　华	王　晋	王　爽	谢　峤
闫　丽	宋　颖	付　婷					

2005 年毕业并获得博士学位的研究生名单

姓　名	导　师	学科、专业
黄永章	乔芝郁	冶金物理化学
闫柏军	张家芸	冶金物理化学
赛音巴特尔	李文超	冶金物理化学
马芹永	蔡美峰	岩土工程
杨思安	张欣欣	热能工程
乐　恺	张欣欣	热能工程
钱　萍	陈难先	凝聚态物理
陈淑祥	倪　文	矿物加工工程
牛福生	倪　文	矿物加工工程
张宏忠	王淀佐	矿物加工工程
李浩然	王淀佐	矿物加工工程
周桂英	张　强	矿物加工工程
曹从荣	张　强	矿物加工工程
汪顺才	张　强	矿物加工工程
苏占东	杨炳儒	控制理论与控制工程
张　锋	余达太	控制理论与控制工程
李世平	李华德	控制理论与控制工程
付兴建	童朝南	控制理论与控制工程
谢永红	杨炳儒	控制理论与控制工程
周　颖	郑德玲	控制理论与控制工程
位耀光	郑德玲	控制理论与控制工程
王　英	郑德玲	控制理论与控制工程
孙德辉	穆志纯	控制理论与控制工程
丁武将	余达太	控制理论与控制工程
白　晶	李华德	控制理论与控制工程
蓝荣钦	余达太	控制理论与控制工程
安世奇	孙一康	控制理论与控制工程
曾广平	杨　扬	计算机应用技术
李桂芝	杨　扬	计算机应用技术

姓　名	导　师	学科、专业
庞　杰	杨　扬	计算机应用技术
封　筠	杨　扬	计算机应用技术
戴江波	陈先霖	机械设计及理论
边新孝	李谋谓	机械设计及理论
王会刚	臧　勇	机械设计及理论
贾生晖	陈先霖	机械设计及理论
梁治国	徐金梧	机械电子工程
王德胜	于亚伦	工程力学
谭　权	于亚伦	工程力学
李军财	蔡美峰	工程力学
杜　青	蔡美峰	工程力学
任奋华	蔡美峰	工程力学
沈立晋	汪旭光	工程力学
赵静波	于亚伦	工程力学
袁长迎	于亚伦	工程力学
龚　敏	于亚伦	工程力学
高荫桐	于亚伦	工程力学
张云鹏	于亚伦	工程力学
王树仁	蔡美峰	工程力学
陈　超	于亚伦	工程力学
甘德清	蔡美峰	工程力学
张立国	于亚伦	工程力学
刘明忠	李士琦	钢铁冶金
郭发军	苍大强	钢铁冶金
邱　剑	殷瑞钰	钢铁冶金
魏　军	蔡开科	钢铁冶金
王新江	傅　杰	钢铁冶金
郑宏光	陈伟庆	钢铁冶金
朱国森	王新华	钢铁冶金

续表

姓　名	导　师	学科、专业
常久柱	苍大强	钢铁冶金
杨素波	蔡开科	钢铁冶金
宗燕兵	苍大强	钢铁冶金
陆卫平	李士琦	钢铁冶金
季淑娟	李士琦	钢铁冶金
李永林	赵　沛	钢铁冶金
石向东	苍大强	钢铁冶金
贺东风	田乃媛	钢铁冶金
杨　珏	张文明	车辆工程
马　飞	方　湄	车辆工程
申焱华	张文明	车辆工程
马　铸	张文明	车辆工程
邹伟生	方　湄	车辆工程
甄龙信	张文明	车辆工程
杨耀东	张文明	车辆工程
李春民	李仲学	采矿工程
僧德文	李仲学	采矿工程
高清东	袁怀雨	采矿工程
苏　迅	袁怀雨	采矿工程
赵海云	李仲学	采矿工程
夏　青	李仲学	采矿工程
张顺堂	李仲学	采矿工程
陈　华	李晓刚	材料学
孙荣国	洪彦若	材料学
陈　峰	洪彦若	材料学
吴宏鹏	洪彦若	材料学
高惠菊	谢锡善	材料学
卜景龙	李福燊	材料学
涂军波	孙加林	材料学
刘开琪	洪彦若	材料学
韩　伟	何业东	材料学
马　静	何业东	材料学
冯　皓	吴荫顺	材料学
王洪斌	张济山	材料学
章荣会	洪彦若	材料学
贾晓林	钟香崇	材料学
郭世柏	曲选辉	材料学
侯　谨	孙加林	材料学
李　林	孙加林	材料学

续表

姓　名	导　师	学科、专业
李龙飞	杨王玥	材料学
刘建涛	刘国权	材料学
马小彦	李长荣	材料学
王瑞敏	褚武扬	材料物理与化学
黄　阀	朱逢吾	材料物理与化学
姚　远	乔利杰	材料物理与化学
王春明	吴杏芳	材料物理与化学
李宝河	朱逢吾	材料物理与化学
王　森	张　跃	材料物理与化学
张志豪	谢建新	材料加工工程
张凤泉	康永林	材料加工工程
李激光	康永林	材料加工工程
杨劲松	谢建新	材料加工工程
孙德勤	吴春京	材料加工工程
唐广波	康永林	材料加工工程
孙景宏	刘雅政	材料加工工程
何建中	刘雅政	材料加工工程
李连平	谢建新	材料加工工程
牟文恒	王先进	材料加工工程
杜翠凤	蔡嗣经	安全技术及工程
江　瀚	倪　文	安全技术及工程
张英华	倪　文	安全技术及工程
胡　伟	魏复盛	安全技术及工程
段小丽	魏复盛	安全技术及工程
刘　凯	宋存义	安全技术及工程
李天昕	宋存义	安全技术及工程
孙京敏	袁怀雨	安全技术及工程
韩剑宏	倪　文	安全技术及工程
常冠钦	宋存义	安全技术及工程
何绪文	宋存义	安全技术及工程
徐瑞银	宋存义	安全技术及工程
胡振玉	宋存义	安全技术及工程
周　佳	倪　文	安全技术及工程
王文才	蔡嗣经	安全技术及工程
谢振华	蔡嗣经	安全技术及工程
郭　宏	柯　俊	科学技术史
闵京基	柯　俊	科学技术史
柴丽俊	高俊山	管理科学与工程
刘文涛	张　群	管理科学与工程

（刘云清、张云仙）

2005 年毕业并获得硕士学位的研究生名单

姓　名	导　师	学科、专业
牛　珩	王民忠	马克思主义理论与思想政治教育
宋雪梅	杜晓智	马克思主义理论与思想政治教育
田洪星	陆　宁	马克思主义理论与思想政治教育
田丽娜	郑瑞琨	马克思主义理论与思想政治教育
田伟红	刘　莉	马克思主义理论与思想政治教育
阎　姝	李婉平	马克思主义理论与思想政治教育
张　甜	杜晓智	马克思主义理论与思想政治教育
林喜庆	陆　俊	马克思主义理论与思想政治教育
龙怡静	刘静珠	马克思主义理论与思想政治教育
陈　杰	王爱红	马克思主义理论与思想政治教育
开　芳	佟玉兰	马克思主义理论与思想政治教育
卢冬霜	刘　勤	马克思主义理论与思想政治教育
孙舒景	刘向英	马克思主义理论与思想政治教育
吴启忠	杜晓智	马克思主义理论与思想政治教育
许亚玲	周湘斌	马克思主义理论与思想政治教育
翟效颜	张北根	马克思主义理论与思想政治教育
赵瑞雪	杜晓智	马克思主义理论与思想政治教育
何君萍	杨英军	外国语言学及应用语言学
徐延飞	彭　漪	外国语言学及应用语言学
刘　杨	张敬源	外国语言学及应用语言学
曾广容	何　沂	外国语言学及应用语言学

姓　名	导　师	学科、专业
付桂芳	马万彪	应用数学
杜　鹃	范玉妹	应用数学
李　宏	李安贵	应用数学
秦殿云	闵乐泉	应用数学
权　莉	汪飞星	应用数学
陶　娟	廖福成	应用数学
汪　轶	孙仁济	应用数学
王　阅	张志刚	应用数学
杨　伟	陈明文	应用数学
赵卫华	范玉妹	应用数学
周敬华	廖福成	应用数学
华卫兵	张志宏	应用数学
金红伟	李安贵	应用数学
李志萍	张晓丹	应用数学
刘　建	申亚男	应用数学
马秋霞	许三星	应用数学
牛玉玲	徐　尔	应用数学
苏晓红	郑连存	应用数学
延二芳	申亚男	应用数学
岳宗敏	胡志兴	应用数学
朱淑芹	闵乐泉	应用数学
崔丽敏	廖福成	应用数学
范崇飞	潘礼庆	凝聚态物理
高艳清	吴　平	凝聚态物理
顾　刚	倪晓东	凝聚态物理
黄　燕	邱　宏	凝聚态物理
王　蕾	王凤平	凝聚态物理
张东波	陈难先	凝聚态物理
冯振华	田　跃	凝聚态物理
贾　琳	陈难先	凝聚态物理
李建茹	李　杰	凝聚态物理
陈忠奎	范慧俐	分析化学
李　娜	范慧俐	分析化学
史亚利	温美娟	分析化学
夏忠欢	鲁毅强	分析化学
侯红霞	温美娟	分析化学
康立训	范慧俐	分析化学
李诚炜	弓爱君	分析化学
刘永国	刘杰民	分析化学
曲冬梅	弓爱君	分析化学
王　慧	鲁毅强	分析化学

续表

姓　名	导　师	学科、专业
王卫华	温美娟	分析化学
赵泉林	鲁毅强	分析化学
刘兴德	倪　文	矿物学、岩石学、矿床学
张大陆	倪　文	矿物学、岩石学、矿床学
何　蒙	李建平	矿物学、岩石学、矿床学
黄晓娟	李秀辉	科学技术史
谢鹏飞	李延祥	科学技术史
韩　翔	尚新春	固体力学
刘洪波	陈章华	固体力学
刘灵灵	王建国	固体力学
汤中发	陈章华	固体力学
王令刚	吴兰鹰	固体力学
吴文奇	卢晋福	固体力学
袁锐文	刘冬青	固体力学
张海龙	尚新春	固体力学
陈宝山	龚　敏	工程力学
程晓东	王德胜	工程力学
崔　芳	倪　文	工程力学
何本贵	高　谦	工程力学
贾聚平	龚　敏	工程力学
李　莉	高　谦	工程力学
刘建鹏	蔡美峰	工程力学
任　涛	李长洪	工程力学
文　俊	李长洪	工程力学
杨玉娴	王金安	工程力学
于德水	乔　兰	工程力学
张　军	璩世杰	工程力学
郭中杰	贾志新	机械制造及其自动化
蒋国兴	滕向阳	机械制造及其自动化
李　焕	贾志新	机械制造及其自动化
刘丽梅	贾志新	机械制造及其自动化
史海涛	韩蕴秋	机械制造及其自动化
许　敬	韩蕴秋	机械制造及其自动化
谢欣荣	刘北英	机械制造及其自动化
刘乃胜	刘北英	机械制造及其自动化
王敏丽	程国全	机械制造及其自动化
刘永泉	陈　工	机械电子工程
蔡忠华	吕志民	机械电子工程
陈宝虹	马祥华	机械电子工程
邓　凯	苏兰海	机械电子工程
樊惠云	徐　科	机械电子工程
姜延柏	郗安民	机械电子工程
李会先	杨海波	机械电子工程
刘赟赟	张清东	机械电子工程
刘现翠	苏兰海	机械电子工程

续表

姓　名	导　师	学科、专业
牟善文	张　杰	机械电子工程
牛　巍	黄效国	机械电子工程
孙宏林	王长松	机械电子工程
王崇岳	徐　科	机械电子工程
吴太国	刘　颖	机械电子工程
武　鑫	郗安民	机械电子工程
夏经亮	张少军	机械电子工程
谢　红	李应强	机械电子工程
熊延飞	卞致瑞	机械电子工程
徐　明	尹忠俊	机械电子工程
薛　晓	刘鸿飞	机械电子工程
杨超亮	吕志民	机械电子工程
袁振文	闫晓强	机械电子工程
张孟剑	孙志辉	机械电子工程
张　强	徐金梧	机械电子工程
张小宇	王长松	机械电子工程
赵　亮	徐金梧	机械电子工程
周晓晖	刘鸿飞	机械电子工程
常宏杰	王长松	机械电子工程
崔乃忠	王邦文	机械电子工程
王春利	朱超甫	机械电子工程
陈正领	史小路	机械电子工程
崔玉杰	朱超甫	机械电子工程
管东方	黄效国	机械电子工程
贾侦华	郗安民	机械电子工程
蒋金燕	胡福泰	机械电子工程
马加梅	刘鸿飞	机械电子工程
农大一	朱超甫	机械电子工程
史正勇	王长松	机械电子工程
孙克文	张清东	机械电子工程
田　宇	刘　颖	机械电子工程
杨朝虹	杨　竞	机械电子工程
杨　芳	王长松	机械电子工程
张海源	许万凌	机械电子工程
张　旭	杨德斌	机械电子工程
朱晓晨	史小路	机械电子工程
曹　芳	张康生	机械设计及理论
崔占军	陈　键	机械设计及理论
董国胜	郗安民	机械设计及理论
高　波	万　静	机械设计及理论
侯发党	王　转	机械设计及理论
黄雪强	丁文英	机械设计及理论
贾　赦	李应强	机械设计及理论
李蒙蒙	李苏剑	机械设计及理论
李　伟	李　威	机械设计及理论

续表

姓　名	导　师	学科、专业
马　刚	王宝雨	机械设计及理论
马志新	王国华	机械设计及理论
欧阳芸	张　杰	机械设计及理论
乔　瑞	王长松	机械设计及理论
佘　斌	胡福泰	机械设计及理论
史海华	冯爱兰	机械设计及理论
孙　静	董绍华	机械设计及理论
王冰洁	李苏剑	机械设计及理论
王宏磊	韩建友	机械设计及理论
王乐乐	王　转	机械设计及理论
吴　军	杨海波	机械设计及理论
张海涛	张　杰	机械设计及理论
张　强	邱丽芳	机械设计及理论
张彦丽	尹常治	机械设计及理论
张永锋	尹忠俊	机械设计及理论
张志军	孙志辉	机械设计及理论
郑　辉	苏兰海	机械设计及理论
程从山	刘建平	机械设计及理论
宋　松	陶　晋	机械设计及理论
杨春彦	张少军	机械设计及理论
贺双喜	张少军	机械设计及理论
刘　铭	窦忠强	机械设计及理论
谭艳辉	许纪倩	机械设计及理论
闫国刚	李　威	机械设计及理论
赵俊明	丁文英	机械设计及理论
周西康	张清东	机械设计及理论
郑昌培	韩建友	机械设计及理论
程　亮	孙　刚	车辆工程
王树来	毛纪陵	车辆工程
高丽稳	周志鸿	车辆工程
王聪兴	冯茂林	车辆工程
许　超	王国彪	车辆工程
杨锁望	申焱华	车辆工程
赵东辉	冯茂林	车辆工程
周四民	刘　立	车辆工程
许同乐	周志鸿	车辆工程
郭丽芳	石博强	车辆工程
廖智麟	王国彪	车辆工程
司爱国	王国彪	车辆工程
聂文金	贺信莱	材料物理与化学
曹占锋	乔利杰	材料物理与化学
成美贞	杨善武	材料物理与化学
郭新秋	王　蓉	材料物理与化学
韩志华	曹　林	材料物理与化学
贺　建	顾有松	材料物理与化学

续表

姓　名	导　师	学科、专业
李鲲鹏	万发荣	材料物理与化学
李雪明	吴杏芳	材料物理与化学
王　芳	宿彦京	材料物理与化学
俞　芳	高克玮	材料物理与化学
闫梁臣	杨会生	材料物理与化学
柏明卓	柳得橹	材料物理与化学
耿翠玉	张正义	材料学
康胜哲	曲选辉	材料学
樊凤玲	唐伟忠	材料学
范本勇	陈　宁	材料学
傅晓亮	李长荣	材料学
高建峰	宋西平	材料学
高　玲	赵海雷	材料学
宫　丽	卢燕平	材料学
郭金彪	李辉勤	材料学
何素芳	陈国良	材料学
黑立富	唐伟忠	材料学
黄大鹏	贾成厂	材料学
黄启今	刘国权	材料学
冀　冰	高　瑾	材料学
蒋　恒	毛卫民	材料学
李发喜	仇卫华	材料学
李　辉	俞宏英	材料学
李惠青	李成明	材料学
李　君	李晓刚	材料学
李良坚	何业东	材料学
李　岩	屈祖玉	材料学
李艳萍	胡学晟	材料学
林同伟	曹文斌	材料学
蔺昭辉	贾成厂	材料学
刘晓光	孙加林	材料学
南　海	方玉诚	材料学
潘继岗	孙冬柏	材料学
饶　琼	周香林	材料学
石锗元	孟惠民	材料学
宋卫华	强文江	材料学
王洪涛	余永宁	材料学
王　辉	何业东	材料学
王体壮	徐利华	材料学
闻　达	龙　毅	材料学
吴嘉伟	曾燕屏	材料学
徐征宙	曲选辉	材料学
许用华	孙爱芝	材料学
杨　白	孙光飞	材料学
杨晓剑	杜振民	材料学

续表

姓　名	导　师	学科、专业
姚　伟	沈卓身	材料学
张绍强	张茂才	材料学
张秀华	赵海雷	材料学
张艳红	李福燊	材料学
赵　放	张丽英	材料学
周有良	陈广超	材料学
朱　磊	董建新	材料学
邹汉昌	周寿增	材料学
陈义庆	何业东	材料学
何胜平	沈卫平	材料学
李红云	贾成厂	材料学
刘会林	沈卫平	材料学
常代展	杨王玥	材料学
郭　峰	黄进峰	材料学
裴燕斌	果世驹	材料学
田　景	杨王玥	材料学
王少波	徐晓伟	材料学
于　军	徐桂英	材料学
张　迪	张济山	材料学
薄希辉	王自东	材料加工工程
董文超	康永林	材料加工工程
方　永	周　成	材料加工工程
冯万栋	刘雅政	材料加工工程
高松福	毛卫民	材料加工工程
何美凤	韩静涛	材料加工工程
贺　佳	赵志毅	材料加工工程
胡执虎	赵志毅	材料加工工程
黄作勤	谢建新	材料加工工程
姜素云	蔡庆伍	材料加工工程
康军艳	余　伟	材料加工工程
李　强	毛卫民	材料加工工程
刘书芹	刘　航	材料加工工程
刘小燕	唐　荻	材料加工工程
罗　超	康永林	材料加工工程
孟　晔	初元璋	材料加工工程
宋桂香	黄继华	材料加工工程
宋瑞涛	吴春京	材料加工工程
孙小军	唐　荻	材料加工工程
滕华湘	韩静涛	材料加工工程
万　丹	刘俊友	材料加工工程
王　璟	谢建新	材料加工工程
王春玲	王自东	材料加工工程
王　伟	任学平	材料加工工程
薛俊平	蔡庆伍	材料加工工程
张海滨	孙蓟泉	材料加工工程

续表

姓　名	导　师	学科、专业
张向葵	蔡庆伍	材料加工工程
张　亚	任学平	材料加工工程
赵　勇	王自东	材料加工工程
周志华	毛卫民	材料加工工程
陈雨来	唐　荻	材料加工工程
谷海容	康永林	材料加工工程
李洪翠	唐　荻	材料加工工程
刘津伟	康永林	材料加工工程
佘光达	吴春京	材料加工工程
常大勇	刘雅政	材料加工工程
陈　波	任学平	材料加工工程
陈　巍	孙蓟泉	材料加工工程
韩迪鸥	韩静涛	材料加工工程
万　云	黄继华	材料加工工程
张志超	孙建林	材料加工工程
刘美艳	谢建新	材料加工工程
熊雪英	康永林	材料加工工程
彭　波	周国治	冶金物理化学
王丽君	周国治	冶金物理化学
夏彬彬	郭兴敏	冶金物理化学
徐艳坤	乔芝郁	冶金物理化学
张　曦	朱鸿民	冶金物理化学
杨　颖	项长祥	冶金物理化学
罗志涛	宋　波	冶金物理化学
朴秀玉	张家芸	冶金物理化学
尚德礼	方克明	冶金物理化学
孙学义	林　勤	冶金物理化学
王　博	王新东	冶金物理化学
殷　浩	李联生	冶金物理化学
朱　骏	朱鸿民	冶金物理化学
赵　建	成国光	钢铁冶金
陈　宏	陈伟庆	钢铁冶金
程云霞	储少军	钢铁冶金
戴建华	高征铠	钢铁冶金
范　军	贾彦忠	钢铁冶金
高佳蓉	田乃媛	钢铁冶金
高　伟	成国光	钢铁冶金
郜　学	吴　铿	钢铁冶金
韩　静	陈伟庆	钢铁冶金
胡　皓	王新华	钢铁冶金
胡日君	程树森	钢铁冶金
贾　谡	高征铠	钢铁冶金
焦　兵	朱　荣	钢铁冶金
靳庆峰	许中波	钢铁冶金
李华龙	张家泉	钢铁冶金

续表

姓　名	导　师	学科、专业
李小华	吴胜利	钢铁冶金
李晓强	朱　荣	钢铁冶金
李修安	成国光	钢铁冶金
刘正波	郭汉杰	钢铁冶金
柳向椿	包燕平	钢铁冶金
娄娟娟	包燕平	钢铁冶金
卢春生	田乃媛	钢铁冶金
马洪斌	吴胜利	钢铁冶金
孟宪民	郭汉杰	钢铁冶金
莫志英	苍大强	钢铁冶金
青格勒吉	程树森	钢铁冶金
施　瑜	傅　杰	钢铁冶金
孙国军	吴　铿	钢铁冶金
孙天亮	程树森	钢铁冶金
王冬青	张建良	钢铁冶金
王　华	成国光	钢铁冶金
王良周	刘　青	钢铁冶金
王世宇	傅　杰	钢铁冶金
王训富	李士琦	钢铁冶金
王玉莲	储少军	钢铁冶金
魏　欣	吴　铿	钢铁冶金
温　娟	李　宏	钢铁冶金
吴　凯	刘　青	钢铁冶金
严晔楠	苍大强	钢铁冶金
杨荣光	王新华	钢铁冶金
杨太阳	王安仁	钢铁冶金
张莉霞	薛庆国	钢铁冶金
张　娜	高　斌	钢铁冶金
张培峰	包燕平	钢铁冶金
张　荣	苍大强	钢铁冶金
赵国燕	包燕平	钢铁冶金
陈思联	李士琦	钢铁冶金
戴观文	王新华	钢铁冶金
李红雨	薛庆国	钢铁冶金
孙金铎	吴胜利	钢铁冶金
田文杰	张建良	钢铁冶金
汪开忠	田乃媛	钢铁冶金
王文科	张炯明	钢铁冶金
文振国	贾彦忠	钢铁冶金
赵紫锋	李　宏	钢铁冶金
周　杰	包燕平	钢铁冶金
朱利斌	李京社	钢铁冶金
郝瑞华	王新华	钢铁冶金
李文英	陈伟庆	钢铁冶金
刘　杰	李士琦	钢铁冶金

续表

姓　名	导　师	学科、专业
宋军涛	苍大强	钢铁冶金
王和军	张家泉	钢铁冶金
魏　丽	杨世山	钢铁冶金
郄　芳	张炯明	钢铁冶金
徐少兵	吴胜利	钢铁冶金
薛颖健	李京社	钢铁冶金
王振文	卢惠民	有色金属冶金
高贵华	马瑞新	有色金属冶金
刘　斌	马瑞新	有色金属冶金
陈　燕	王　恒	工程热物理
勾宏图	郭鸿志	工程热物理
吴祥宇	夏德宏	工程热物理
于　泉	张欣欣	工程热物理
张省现	夏德宏	工程热物理
戴志刚	温　治	热能工程
江　波	张欣欣	热能工程
李　栋	王　恒	热能工程
王俊升	温　治	热能工程
朱小辉	冯俊小	热能工程
刘红艳	冯俊小	热能工程
陈　锦	杨　晶	制冷及低温工程
付永兴	李化治	制冷及低温工程
顾　静	冯俊小	制冷及低温工程
李　树	王　立	制冷及低温工程
李正强	王　立	制冷及低温工程
刘武彬	刘柏谦	制冷及低温工程
马晓梅	杨　晶	制冷及低温工程
齐炜炜	王　立	制冷及低温工程
周　峰	王　立	制冷及低温工程
朱彩兰	刘双科	制冷及低温工程
尚晓敏	于　帆	制冷及低温工程
李　霞	刘向军	制冷及低温工程
蔚　龙	李化治	制冷及低温工程
徐文亮	殷晓静	制冷及低温工程
赵　治	刘应书	制冷及低温工程
冯　震	周贤伟	通信与信息系统
吕　越	周贤伟	通信与信息系统
王　磊	周贤伟	通信与信息系统
王　冉	周贤伟	通信与信息系统
吴新丽	周贤伟	通信与信息系统
张扬柏	周贤伟	通信与信息系统
李　坤	高　海	控制理论与控制工程
蔡伟伟	刘贺平	控制理论与控制工程
陈佳科	刘冀伟	控制理论与控制工程
董　亮	童朝南	控制理论与控制工程

续表

姓　名	导　师	学科、专业
干思权	刘贺平	控制理论与控制工程
高　飞	王志良	控制理论与控制工程
韩忠涛	王志良	控制理论与控制工程
洪　雷	刘　克	控制理论与控制工程
黄明轩	石中锁	控制理论与控制工程
李晓建	刘贺平	控制理论与控制工程
李　政	杨　扬	控制理论与控制工程
蔺凤琴	王　京	控制理论与控制工程
刘鸿伟	刘　克	控制理论与控制工程
刘喜龙	石中锁	控制理论与控制工程
刘晓杰	尹怡欣	控制理论与控制工程
陆　俊	王　京	控制理论与控制工程
潘　诚	刘贺平	控制理论与控制工程
舒　云	徐正光	控制理论与控制工程
田　霖	童朝南	控制理论与控制工程
王春林	童朝南	控制理论与控制工程
王洪涛	王　京	控制理论与控制工程
王　敏	穆志纯	控制理论与控制工程
王　涛	尹怡欣	控制理论与控制工程
席德春	穆志纯	控制理论与控制工程
夏吉广	尹怡欣	控制理论与控制工程
杨天宁	穆志纯	控制理论与控制工程
张　东	王志良	控制理论与控制工程
张双江	李　擎	控制理论与控制工程
章　锐	穆志纯	控制理论与控制工程
常宇健	杨卫东	控制理论与控制工程
郭　强	王　京	控制理论与控制工程
刘书智	徐正光	控制理论与控制工程
王洪希	高　海	控制理论与控制工程
王新平	钟家桢	控制理论与控制工程
王　卓	付冬梅	控制理论与控制工程
丁媛媛	石中锁	控制理论与控制工程
董春红	石中锁	控制理论与控制工程
呼金柱	尹怡欣	控制理论与控制工程
胡　睿	徐正光	控制理论与控制工程
李　勤	李　擎	控制理论与控制工程
李庆萍	陈　明	控制理论与控制工程
刘承广	杨卫东	控制理论与控制工程
施博学	王志良	控制理论与控制工程
孙　新	刘　克	控制理论与控制工程
徐君丽	刘冀伟	控制理论与控制工程
于义庆	童朝南	控制理论与控制工程
张　覲	付冬梅	控制理论与控制工程
张利华	石中锁	控制理论与控制工程
张延虎	杨卫东	控制理论与控制工程

续表

姓　名	导　师	学科、专业
张永军	孟文博	控制理论与控制工程
王家庆	吴并臻	检测技术与自动化装置
杨　静	张朝晖	检测技术与自动化装置
姚明林	陈先中	检测技术与自动化装置
王　骞	吴并臻	检测技术与自动化装置
艾金慰	刘　克	系统工程
昌玉剑	张志刚	系统工程
陈奇伟	刘　克	系统工程
郭　群	王志良	系统工程
姜德宇	钟延炯	系统工程
雷　凌	王志良	系统工程
李　萍	刘　克	系统工程
孟　谦	王志良	系统工程
王　超	王志良	系统工程
王俊卿	杨　扬	系统工程
王丽君	刘　克	系统工程
温昌兵	杨　扬	系统工程
许小昱	汪飞星	系统工程
衣美丽	杨　扬	系统工程
印红云	王志良	系统工程
张　博	杨　扬	系统工程
邹仕顺	董　平	系统工程
赵根喜	胡志兴	系统工程
陈　雷	张志刚	系统工程
顾　江	李安贵	系统工程
郭　栋	王志良	系统工程
黄　康	钟延炯	系统工程
蒋小刚	郑连存	系统工程
孔凡清	周贤伟	系统工程
李　凌	郑连存	系统工程
吕　喆	周贤伟	系统工程
朴爱花	周贤伟	系统工程
祁　帅	穆志纯	系统工程
齐宏宇	王志良	系统工程
王　飞	王志良	系统工程
王　虎	王　沁	系统工程
王　华	周贤伟	系统工程
王晓芹	董　平	系统工程
杨　森	闵乐泉	系统工程
姚红串	廖福成	系统工程
张文轩	王志良	系统工程
张先华	闵乐泉	系统工程
张　园	董　平	系统工程
周　莉	范玉妹	系统工程
戴　巍	余达太	模式识别与智能系统

续表

姓 名	导 师	学科、专业
郭雅言	王 沁	计算机系统结构
贾朝阳	王昭顺	计算机系统结构
常辉辉	杨炳儒	计算机软件与理论
陈长春	王昭顺	计算机软件与理论
杜思祥	王成耀	计算机软件与理论
郭 建	李 恪	计算机软件与理论
贺彦军	王 沁	计算机软件与理论
洪钊岗	王 沁	计算机软件与理论
李拴林	王昭顺	计算机软件与理论
李元波	王昭顺	计算机软件与理论
芮雄健	王忠民	计算机软件与理论
涂 波	王忠民	计算机软件与理论
汪 洁	杨炳儒	计算机软件与理论
王 磊	李 恪	计算机软件与理论
王 敏	杨炳儒	计算机软件与理论
王 煜	王成耀	计算机软件与理论
文昌辞	王昭顺	计算机软件与理论
张明辉	王成耀	计算机软件与理论
张志祥	刘宏伟	计算机软件与理论
赵耀东	王成耀	计算机软件与理论
郑立云	刘宏伟	计算机软件与理论
宗 武	杨炳儒	计算机软件与理论
管 娟	刘宏伟	计算机软件与理论
黄厚军	刘 萍	计算机软件与理论
廖进华	王昭顺	计算机软件与理论
谭忠兵	杨炳儒	计算机软件与理论
王新颖	李 恪	计算机软件与理论
姚勇斌	王 沁	计算机软件与理论
杨海林	郑雪峰	计算机软件与理论
褚燕华	孙 义	计算机应用技术
孙福振	王忠民	计算机应用技术
畅 通	包 宏	计算机应用技术
陈彩霞	王秀美	计算机应用技术
陈松峰	姚 琳	计算机应用技术
董仕涛	涂序彦	计算机应用技术
高 征	夏克俭	计算机应用技术
葛莹歆	夏克俭	计算机应用技术
黄锦德	郝红卫	计算机应用技术
黄世荣	王 沁	计算机应用技术
蒋 戬	郑雪峰	计算机应用技术
蒋 韵	郑雪峰	计算机应用技术
孔小宝	王成耀	计算机应用技术
李 鹏	刘 萍	计算机应用技术
梁春花	王秀美	计算机应用技术
刘兰强	尹怡欣	计算机应用技术
刘 绚	郑雪峰	计算机应用技术
苗孝可	夏克俭	计算机应用技术
全 茜	郑雪峰	计算机应用技术
荣苏娟	王 沁	计算机应用技术
山 巍	王秀美	计算机应用技术
苏 斌	刘宏伟	计算机应用技术
孙成华	包 宏	计算机应用技术
孙海泉	刘宏伟	计算机应用技术
唐 志	王忠民	计算机应用技术
田 明	涂序彦	计算机应用技术
王蕾蕾	夏克俭	计算机应用技术
王立国	王 沁	计算机应用技术
王 权	涂序彦	计算机应用技术
王威伟	郑雪峰	计算机应用技术
王 玺	王秀美	计算机应用技术
王云生	郑雪峰	计算机应用技术
魏常辉	夏克俭	计算机应用技术
温天江	郝红卫	计算机应用技术
肖建华	涂序彦	计算机应用技术
邢群科	郝红卫	计算机应用技术
严 妍	刘宏伟	计算机应用技术
杨陈祥	尹怡欣	计算机应用技术
张春利	郑雪峰	计算机应用技术
张春生	王秀美	计算机应用技术
张冬霞	郝红卫	计算机应用技术
张立华	王秀美	计算机应用技术
张 韦	王忠民	计算机应用技术
张扬武	涂序彦	计算机应用技术
张 勇	孙 义	计算机应用技术
郑美良	刘 萍	计算机应用技术
周 晗	姚 琳	计算机应用技术
周 为	刘 萍	计算机应用技术
邹 刚	涂序彦	计算机应用技术
艾冬梅	涂序彦	计算机应用技术
高德福	刘贺平	计算机应用技术
何 冰	夏克俭	计算机应用技术
刘进昌	郑雪峰	计算机应用技术
刘羽飞	郑雪峰	计算机应用技术
马国武	尹怡欣	计算机应用技术
齐斯阳	尹怡欣	计算机应用技术
邱 琳	王昭顺	计算机应用技术
史 祥	郑雪峰	计算机应用技术
王 萍	郑雪峰	计算机应用技术
王晓波	包 宏	计算机应用技术
王 壮	王昭顺	计算机应用技术

续表

姓　名	导　师	学科、专业
谢佳麟	郑雪峰	计算机应用技术
邢书成	郑雪峰	计算机应用技术
严　婷	王　沁	计算机应用技术
于　鑫	王昭顺	计算机应用技术
周　政	郑雪峰	计算机应用技术
冯　洁	王秀美	计算机应用技术
何明华	刘　萍	计算机应用技术
李　珂	王成耀	计算机应用技术
牛震宇	周贤伟	计算机应用技术
杨建萍	周贤伟	计算机应用技术
周　游	包　宏	计算机应用技术
洪京民	涂序彦	计算机应用技术
李　革	王忠民	计算机应用技术
陶丽红	郑雪峰	计算机应用技术
郭　河	高永涛	岩土工程
丁余慧	乔　兰	岩土工程
黄秋林	王德胜	岩土工程
苏红玉	吴顺川	岩土工程
韦文兵	王金安	岩土工程
谢政平	宋卫东	岩土工程
雷　波	明世祥	岩土工程
马鹏姣	宋卫东	岩土工程
沙海飞	纪洪广	岩土工程
张丽英	李长洪	岩土工程
张　勤	璩世杰	岩土工程
李黎明	牟在根	结构工程
郦　亮	牟在根	结构工程
史明霞	纪洪广	结构工程
王文明	王树和	结构工程
谢勇锋	纪洪广	结构工程
徐　金	王树和	结构工程
徐　勇	王金安	结构工程
常为华	高　谦	结构工程
吕志锋	李长洪	结构工程
裴永刚	璩世杰	结构工程
王　剑	蔡美峰	防灾减灾工程及防护工程
余业雄	蔡美峰	防灾减灾工程及防护工程
李江峰	蔡美峰	防灾减灾工程及防护工程
李　伟	纪洪广	防灾减灾工程及防护工程
陈　婷	张景来	生物化工
成喜雨	倪　文	生物化工
顾田园	张景来	生物化工
李爱新	汪　莉	生物化工
李玲玲	夏　新	生物化工
沈　平	冯雅丽	生物化工

续表

姓　名	导　师	学科、专业
石晓东	张景来	生物化工
孙爱梅	倪　文	生物化工
孙　娟	孙体昌	生物化工
孙艳菊	孙体昌	生物化工
薛　珺	孙春宝	生物化工
赵辉芳	张　强	生物化工
赵荣志	夏　新	生物化工
朱益丹	钱大益	生物化工
查圣华	林　海	生物化工
高鹤永	弓爱君	生物化工
谢　智	李文军	应用化学
邓雁平	叶亚平	应用化学
李述华	管获华	应用化学
刘迎春	孙冬柏	应用化学
王新艳	李文军	应用化学
李庆斌	张树泉	矿产普查与勘探
潘　琳	谢玉玲	矿产普查与勘探
陈　瑶	张树泉	矿产普查与勘探
秦元萍	李克庆	矿产普查与勘探
汪海波	张树泉	矿产普查与勘探
闫　飞	李克庆	矿产普查与勘探
杨志明	谢玉玲	矿产普查与勘探
原　旭	徐九华	矿产普查与勘探
赵明章	徐九华	矿产普查与勘探
曹　亮	胡乃联	采矿工程
冯超东	杨　鹏	采矿工程
黄文彦	胡乃联	采矿工程
黄武胜	高永涛	采矿工程
刘国喜	高永涛	采矿工程
刘志强	高永涛	采矿工程
吕　辉	陈广平	采矿工程
谢　斌	陈广平	采矿工程
徐铁军	毛市龙	采矿工程
徐万才	蔡美峰	采矿工程
尹志军	刘胜富	采矿工程
余伟健	明世祥	采矿工程
战炤波	胡乃联	采矿工程
张延凯	陈广平	采矿工程
赵祺彬	刘胜富	采矿工程
钟　敏	明世祥	采矿工程
朱灵法	杨　鹏	采矿工程
陈学芳	高永涛	采矿工程
李伟庆	毛市龙	采矿工程
马　斌	李仲学	采矿工程
彭正勇	明世祥	采矿工程

续表

姓　名	导　师	学科、专业
邵延君	刘胜富	采矿工程
孙志伟	陈广平	采矿工程
武力聪	刘胜富	采矿工程
熊　磊	杨　鹏	采矿工程
杨继胜	明世祥	采矿工程
杨永霞	高　谦	采矿工程
钟长华	徐九华	采矿工程
朱敏荣	毛市龙	采矿工程
曹亚丽	张景来	矿物加工工程
陈俊士	王化军	矿物加工工程
冯　玮	肖宝清	矿物加工工程
郝娟玲	孙春宝	矿物加工工程
康维刚	林　海	矿物加工工程
王利红	王化军	矿物加工工程
谷为民	林　海	矿物加工工程
郭二民	宋存义	矿物加工工程
黄青华	王化军	矿物加工工程
李　明	宋存义	矿物加工工程
李伟涛	倪　文	矿物加工工程
王文熳	王化军	矿物加工工程
席海燕	张　强	矿物加工工程
夏俊林	孙体昌	矿物加工工程
杨常青	王化军	矿物加工工程
孙玉琪	杜翠凤	安全技术及工程
查春梅	杜翠凤	安全技术及工程
单国军	谢振华	安全技术及工程
郭　凯	杜翠凤	安全技术及工程
贺耀荣	汪　莉	安全技术及工程
赖忠孝	金龙哲	安全技术及工程
黎体发	蒋仲安	安全技术及工程
李　祥	汪　莉	安全技术及工程
梁　缙	金龙哲	安全技术及工程
梁瑞年	石博强	安全技术及工程
刘　庭	宋存义	安全技术及工程
罗吉敏	孙体昌	安全技术及工程
王敢锋	孙春宝	安全技术及工程
魏　巍	金龙哲	安全技术及工程
徐英峰	肖宝清	安全技术及工程
于光一	金龙哲	安全技术及工程
张雅景	杜翠凤	安全技术及工程
张予锋	杜翠凤	安全技术及工程
张　敬	宋存义	安全技术及工程
白慧卿	孙春宝	安全技术及工程
郭　丽	刘　立	安全技术及工程
李莉莉	蒋仲安	安全技术及工程

续表

姓　名	导　师	学科、专业
李　昕	杨　鹏	安全技术及工程
张百练	宋存义	安全技术及工程
张　冯	金龙哲	安全技术及工程
王　静	宋存义	环境科学
李秋华	孙春宝	环境工程
刘　晶	杨慧芬	环境工程
崔　巍	林　海	环境工程
于壮强	瞿国忠	管理科学与工程
曹伟伟	李铁克	管理科学与工程
崔焕荣	高学东	管理科学与工程
冯艾琴	高学东	管理科学与工程
金海燕	高学东	管理科学与工程
李俊芳	崔健双	管理科学与工程
穆大君	王道平	管理科学与工程
乔卫义	李铁克	管理科学与工程
闫春丽	李铁克	管理科学与工程
赵彩霞	高学东	管理科学与工程
车艳玉	武　森	管理科学与工程
陈　翔	戴淑芬	管理科学与工程
王　煦	高学东	管理科学与工程
高　峰	樊彩霞	会计学
李静怡	韩良智	会计学
刘晓宇	肖　明	会计学
王小力	樊彩霞	会计学
张　珺	樊彩霞	会计学
刘会斌	樊彩霞	会计学
王海珍	韩良智	会计学
郭宝红	鲍新中	会计学
曹秀容	何民庆	企业管理
邓　晖	王维才	企业管理
房红琳	杨玲莉	企业管理
何佩辉	贾建华	企业管理
侯巍伟	戴淑芬	企业管理
靳　磊	胡德旺	企业管理
景建武	王立民	企业管理
李春晓	王宾容	企业管理
李　峰	宋文力	企业管理
刘　东	佘元冠	企业管理
刘　东	高俊山	企业管理
刘丽娟	戴淑芬	企业管理
刘　敏	刘　澄	企业管理
刘培源	贾建华	企业管理
马彦琳	殷焕武	企业管理
孟　剡	刘　澄	企业管理
苗迎娜	李明英	企业管理

续表

姓　名	导　师	学科、专业
桑磊明	殷焕武	企业管理
王洪卿	潘永泉	企业管理
王雪晶	鲍新中	企业管理
王妍妍	胡德望	企业管理
吴　磊	张　群	企业管理
杨天庆	王维才	企业管理
易良民	宋文力	企业管理
于　立	高俊山	企业管理
张　辉	张莲英	企业管理
张静方	刘　澄	企业管理
郑　丽	贾建华	企业管理
朱昳雯	瞿国忠	企业管理
李　涛	肖　明	企业管理
马少慧	殷焕武	企业管理
毛　骏	吕殿平	企业管理
万亚琴	肖　明	企业管理
郑华梅	裴利芳	企业管理
沉　香	张　群	企业管理
辛允一	贾建华	企业管理
李惠玲	吕京生	行政管理
王　娜	王育杰	行政管理
王雅萱	陈闽红	行政管理
张静华	许　放	行政管理
周　畅	汪大海	行政管理
戴雅哲	王育杰	行政管理
高　琳	汪大海	行政管理
李　哲	何晓前	行政管理
秦志新	何晓前	行政管理
唐德龙	汪大海	行政管理
徐泽飞	陈闽红	行政管理
许　涛	吕京生	行政管理
陈景华	毛祖桓	教育经济与管理
郭艳琳	毛祖桓	教育经济与管理
李晓梅	杨晓明	教育经济与管理
刘　颖	李　梅	教育经济与管理
苗　莉	杨晓明	教育经济与管理
石　鸿	杨晓明	教育经济与管理
孙美丽	杨晓明	教育经济与管理
王　红	毛祖桓	教育经济与管理
雷著民	武德昆	教育经济与管理
冯江涛	李　梅	教育经济与管理
洪　歌	许　放	教育经济与管理
张　莉	毛祖桓	教育经济与管理
张秀云	权良柱	教育经济与管理
张长宝	王维才	工商管理硕士

续表

姓　名	导　师	学科、专业
邓建国	全　介	工商管理硕士
贾　峻	潘永泉	工商管理硕士
史贵财	孙　莹	工商管理硕士
孙卫华	高学东	工商管理硕士
孙永常	李明英	工商管理硕士
郑东阁	裴利芳	工商管理硕士
刘国栋	刘明珠	工商管理硕士
蔡升伦	刘　澄	工商管理硕士
蔡　霞	阚　红	工商管理硕士
陈晓燕	贾建华	工商管理硕士
陈　宇	瞿国忠	工商管理硕士
迟继东	曹　勇	工商管理硕士
崔伟光	胡德旺	工商管理硕士
董美香	王立民	工商管理硕士
范冬梅	曹　勇	工商管理硕士
冯　海	宋文力	工商管理硕士
耿　川	戴淑芬	工商管理硕士
韩建军	高俊山	工商管理硕士
何　浩	李明英	工商管理硕士
侯志强	佘元冠	工商管理硕士
黄　蓓	瞿国忠	工商管理硕士
霍　涛	李铁克	工商管理硕士
贾俊朴	李明英	工商管理硕士
姜春辉	刘　澄	工商管理硕士
靳宪勇	王道平	工商管理硕士
李　波	刘明珠	工商管理硕士
李建伟	李明英	工商管理硕士
李晓旭	佘元冠	工商管理硕士
李　艳	韩良智	工商管理硕士
李怡新	阚　宏	工商管理硕士
李　毅	李铁克	工商管理硕士
李　壮	王道平	工商管理硕士
梁　东	殷焕武	工商管理硕士
刘　东	瞿国忠	工商管理硕士
刘高云	瞿国忠	工商管理硕士
刘嘉南	肖　明	工商管理硕士
刘　伟	殷焕武	工商管理硕士
刘玉梅	吕殿平	工商管理硕士
陆向平	吕殿平	工商管理硕士
吕光强	吕殿平	工商管理硕士
吕　蕾	瞿国忠	工商管理硕士
吕　敏	宋文力	工商管理硕士
吕青松	樊彩霞	工商管理硕士
吕晓波	梅绍祖	工商管理硕士
毛锦华	贾建华	工商管理硕士

续表

姓　名	导　师	学科、专业
聂　威	贾建华	工商管理硕士
庞洪雷	何民庆	工商管理硕士
乔　虹	曹　勇	工商管理硕士
秦海斌	张莲英	工商管理硕士
屈全军	吕殿平	工商管理硕士
荣耀洲	刘　澄	工商管理硕士
尚晓飞	梅绍祖	工商管理硕士
邵军志	戴淑芬	工商管理硕士
施晨霞	王道平	工商管理硕士
王宝龙	戴淑芬	工商管理硕士
王炳成	刘明珠	工商管理硕士
王东衍	樊彩霞	工商管理硕士
王庆毅	李明英	工商管理硕士
王沙骋	高学东	工商管理硕士
王太春	武　森	工商管理硕士
文思捷	韩良智	工商管理硕士
吴世哲	吕殿平	工商管理硕士
夏冬梅	高俊山	工商管理硕士
夏　晶	李明英	工商管理硕士
颜　波	王维才	工商管理硕士
杨　城	戴淑芬	工商管理硕士
姚　波	刘　澄	工商管理硕士
姚　烨	刘明珠	工商管理硕士
易　妮	高俊山	工商管理硕士
应飞凤	裴利芳	工商管理硕士
俞正伟	贾建华	工商管理硕士
虞建军	肖　明	工商管理硕士
翟　刚	吕殿平	工商管理硕士
张春雨	瞿国忠	工商管理硕士
张光辉	刘　澄	工商管理硕士
张　静	殷焕武	工商管理硕士
张均东	刘　澄	工商管理硕士
张显伟	李铁克	工商管理硕士
张志斌	阚　宏	工商管理硕士
赵东青	韩良智	工商管理硕士
赵　扬	王宾容	工商管理硕士
郑世林	张　群	工商管理硕士
周海峰	梅绍祖	工商管理硕士
周洪明	李明英	工商管理硕士

续表

姓　名	导　师	学科、专业
庄　玉	鲍新中	工商管理硕士
程　军	鲍新忠	工商管理硕士
白少君	裴利芳	工商管理硕士
陈　平	谢　湲	工商管理硕士
程丽萍	刘志伟	工商管理硕士
邓美姝	肖　明	工商管理硕士
杜　涛	李明英	工商管理硕士
黄永林	裴利芳	工商管理硕士
靳　义	王维才	工商管理硕士
李　忺	武　森	工商管理硕士
李建军	张　剑	工商管理硕士
李建忠	殷焕武	工商管理硕士
李　庆	吕殿平	工商管理硕士
李树明	吕殿平	工商管理硕士
李旭胜	刘　澄	工商管理硕士
刘德峰	阚　宏	工商管理硕士
刘前进	瞿国忠	工商管理硕士
雒冬春	刘　澄	工商管理硕士
马圣亮	王立民	工商管理硕士
毛英慧	戴淑芬	工商管理硕士
孟文杰	何维达	工商管理硕士
牟永学	戴淑芬	工商管理硕士
邵球军	张　群	工商管理硕士
佘海南	佘元冠	工商管理硕士
沈延新	张　剑	工商管理硕士
王崇彩	李明英	工商管理硕士
王春风	戴淑芬	工商管理硕士
王海燕	刘　澄	工商管理硕士
温素霞	潘永泉	工商管理硕士
熊宏愿	佘元冠	工商管理硕士
杨永芳	王道平	工商管理硕士
昝东海	张　颖	工商管理硕士
张天骄	张莲英	工商管理硕士
张志刚	何维达	工商管理硕士
赵　勇	谢　湲	工商管理硕士
郑晓峰	张　颖	工商管理硕士
朱玉江	张　剑	工商管理硕士
左向阳	张　剑	工商管理硕士
殷　娟	戴淑芬	工商管理硕士

（刘云清、姜禾娇）

2005年获得学位的研究生或毕业的研究生名单

姓　名	导　师	学科、专业	备　注
吴　根	宋存义	安全技术及工程	获博士学位
张雪松	朱超甫	机械电子工程	博士生毕业
王久和	李华德	控制理论与控制工程	博士生毕业
赵　新	毛纪陵	车辆工程	获硕士学位
李　辉	储少军	钢铁冶金	获硕士学位
高　峰	金龙哲	安全技术及工程	获硕士学位
靳　哲	王邦文	机械设计及理论	硕士生毕业

（刘云清、姜禾娇、张云仙）

2005年以同等学力获得硕士学位的在职人员名单

姓　名	指导教师	专　业	学　位
金仁东	胡正寰	机械设计及理论	硕士
魏敬泽	王昭顺	计算机软件与理论	硕士
路　芳	包　宏	计算机软件与理论	硕士
王凤龙	包　宏	计算机软件与理论	硕士
王竟功	王成耀	计算机应用技术	硕士
李忠富	张清东	机械设计及理论	硕士
罗铁钢	曲选辉	材料学	硕士
夏文红	何　伟	外国语言学及应用语言学	硕士
张范斌	温　治	热能工程	硕士
史长彦	裴利芳	企业管理	硕士
左　宏	毛卫民	材料学	硕士
吴　斌	唐　荻	材料加工工程	硕士
宋　晏	郝红卫	计算机应用技术	硕士
王玉杰	毛祖桓	教育经济与管理	硕士
林　志	林均品	材料学	硕士
乔　祎	张茂才	材料学	硕士

（姜禾娇）

2005 年获得硕士专业学位的在职研究生名单

姓　名	导　师	专业、领域	学　位
鲍　伟	时立荣	公共管理	公共管理硕士
陈伶浪	许　放	公共管理	公共管理硕士
丛英莉	吕京生	公共管理	公共管理硕士
崔　忻	吕京生	公共管理	公共管理硕士
邓　俊	曹富国	公共管理	公共管理硕士
冯印辉	吕京生	公共管理	公共管理硕士
郭宗华	武德昆	公共管理	公共管理硕士
姜　威	何晓前	公共管理	公共管理硕士
蒋　杰	陆　宁	公共管理	公共管理硕士
金红娟	毛祖桓	公共管理	公共管理硕士
阚志慧	陆　宁	公共管理	公共管理硕士
康　兵	许　放	公共管理	公共管理硕士
李　辉	殷焕武	公共管理	公共管理硕士
李奎胜	何晓前	公共管理	公共管理硕士
李喜莲	陈闽红	公共管理	公共管理硕士
梁　峰	许　放	公共管理	公共管理硕士
刘毓香	吕京生	公共管理	公共管理硕士
刘悦镔	颜　锋	公共管理	公共管理硕士
吕海医	谢鲁江	公共管理	公共管理硕士
马丙丽	王育杰	公共管理	公共管理硕士
马士成	王育杰	公共管理	公共管理硕士
孟昭民	陈闽红	公共管理	公共管理硕士
南咏梅	陈闽红	公共管理	公共管理硕士
牛合体	宁　骚	公共管理	公共管理硕士
牛育新	周湘斌	公共管理	公共管理硕士
潘鸿涛	孙雍君	公共管理	公共管理硕士
任鸣晨	汪大海	公共管理	公共管理硕士
沈荣彬	吕京生	公共管理	公共管理硕士
史艳光	王育杰	公共管理	公共管理硕士
宋建军	孙雍君	公共管理	公共管理硕士
孙育强	吕京生	公共管理	公共管理硕士
田文琰	陈闽红	公共管理	公共管理硕士
王爱忠	谢鲁江	公共管理	公共管理硕士
王　兵	陈闽红	公共管理	公共管理硕士
温　震	汪大海	公共管理	公共管理硕士
吴春晓	吕京生	公共管理	公共管理硕士
吴选辉	宁　骚	公共管理	公共管理硕士
吴永雷	孙耀唯	公共管理	公共管理硕士
闫宝峰	冯　英	公共管理	公共管理硕士
于广华	时立荣	公共管理	公共管理硕士

续表

姓　名	导　师	专业、领域	学　位
余　政	冯　英	公共管理	公共管理硕士
张宁静	曹富国	公共管理	公共管理硕士
张宇光	周　元	公共管理	公共管理硕士
赵宏伟	曹富国	公共管理	公共管理硕士
赵庆军	张北根	公共管理	公共管理硕士
郑铁男	吕京生	公共管理	公共管理硕士
朱广玉	颜　锋	公共管理	公共管理硕士
曹晓新	毛祖桓	公共管理	公共管理硕士
陈海榕	宁　骚	公共管理	公共管理硕士
陈吉彬	周湘斌	公共管理	公共管理硕士
陈立贤	吴群芳	公共管理	公共管理硕士
陈书伟	陆　宁	公共管理	公共管理硕士
陈　歆	王列生	公共管理	公共管理硕士
董磊石	宁　骚	公共管理	公共管理硕士
高　宇	张　跃	公共管理	公共管理硕士
韩　伟	许　放	公共管理	公共管理硕士
韩永利	王育杰	公共管理	公共管理硕士
何凤华	曹富国	公共管理	公共管理硕士
黄安明	陆　宁	公共管理	公共管理硕士
黄　磊	黄震云	公共管理	公共管理硕士
蒋　雷	徐月高	公共管理	公共管理硕士
蒋晓晖	时立荣	公共管理	公共管理硕士
焦宗辉	佟玉兰	公共管理	公共管理硕士
靳翰博	王维才	公共管理	公共管理硕士
李红兵	谢鲁江	公共管理	公共管理硕士
刘传国	冯　英	公共管理	公共管理硕士
刘　锐	冯　英	公共管理	公共管理硕士
刘兴甲	冯　英	公共管理	公共管理硕士
刘元朝	宁　骚	公共管理	公共管理硕士
刘忠远	许　放	公共管理	公共管理硕士
龙永坚	许　放	公共管理	公共管理硕士
陆　斌	王维才	公共管理	公共管理硕士
满河军	曹富国	公共管理	公共管理硕士
门立峰	吕京生	公共管理	公共管理硕士
聂伟迅	谢鲁江	公共管理	公共管理硕士
欧阳强国	何晓前	公共管理	公共管理硕士
荣　建	徐月高	公共管理	公共管理硕士
桑国平	汪大海	公共管理	公共管理硕士
孙安剑	许　放	公共管理	公共管理硕士
谭永祥	宁　骚	公共管理	公共管理硕士
王海波	曹富国	公共管理	公共管理硕士
王建华	殷焕武	公共管理	公共管理硕士
王卫军	吕京生	公共管理	公共管理硕士

续表

姓　名	导　师	专业、领域	学　位
王一飞	刘向英	公共管理	公共管理硕士
魏德样	谢鲁江	公共管理	公共管理硕士
吴　波	汪大海	公共管理	公共管理硕士
吴正刚	陆　宁	公共管理	公共管理硕士
项海波	颜　锋	公共管理	公共管理硕士
熊学峰	王维才	公共管理	公共管理硕士
闫力斌	宁　骚	公共管理	公共管理硕士
杨　森	左　鹏	公共管理	公共管理硕士
张　华	郭立峰	公共管理	公共管理硕士
张玲玲	时立荣	公共管理	公共管理硕士
张　宁	王列生	公共管理	公共管理硕士
张　强	陈闽红	公共管理	公共管理硕士
张　曦	王列生	公共管理	公共管理硕士
赵建优	时立荣	公共管理	公共管理硕士
赵仁渤	吕京生	公共管理	公共管理硕士
赵　毅	汪大海	公共管理	公共管理硕士
周伯逊	宁　骚	公共管理	公共管理硕士
朱建民	孙耀唯	公共管理	公共管理硕士
朱文双	陈闽红	公共管理	公共管理硕士
宗成伟	时立荣	公共管理	公共管理硕士
郭昌继	樊彩霞	工商管理	工商管理硕士
权　惠	贾建华	工商管理	工商管理硕士
杜月明	高学东	工商管理	工商管理硕士
关晓博	佘元冠	工商管理	工商管理硕士
包阿荣汗	王道平	工商管理	工商管理硕士
柴　华	高学东	工商管理	工商管理硕士
从一蓬	刘　澄	工商管理	工商管理硕士
纪旭东	王道平	工商管理	工商管理硕士
金　樱	殷焕武	工商管理	工商管理硕士
康　迪	贾建华	工商管理	工商管理硕士
李　菜	王道平	工商管理	工商管理硕士
李嘉龙	张　颖	工商管理	工商管理硕士
李晋阳	王道平	工商管理	工商管理硕士
李耀文	贾建华	工商管理	工商管理硕士
李志军	殷焕武	工商管理	工商管理硕士
骆　俊	梅绍祖	工商管理	工商管理硕士
裴　光	孙　莹	工商管理	工商管理硕士
苏彩霞	武　森	工商管理	工商管理硕士
田文平	李铁克	工商管理	工商管理硕士
王　畯	曹　勇	工商管理	工商管理硕士
王玉生	宋文力	工商管理	工商管理硕士
吴永春	戴淑芬	工商管理	工商管理硕士
肖红卫	刘明珠	工商管理	工商管理硕士

续表

姓　名	导　师	专业、领域	学　位
许晓晨	高俊山	工商管理	工商管理硕士
杨　静	裴利芳	工商管理	工商管理硕士
云燕平	樊彩霞	工商管理	工商管理硕士
张全明	张　群	工商管理	工商管理硕士
赵　海	李铁克	工商管理	工商管理硕士
董晓民	瞿国忠	工商管理	工商管理硕士
李创新	佘元冠	工商管理	工商管理硕士
杜秀亭	高学东	工商管理	工商管理硕士
刘惠琪	戴淑芬	工商管理	工商管理硕士
黄　睿	阚　宏	工商管理	工商管理硕士
丁雪松	王立民	工商管理	工商管理硕士
郭留仁	张润明	工商管理	工商管理硕士
胡　松	佘元冠	工商管理	工商管理硕士
王景胜	高俊山	工商管理	工商管理硕士
杨亚宁	殷焕武	工商管理	工商管理硕士
张玉庄	吕殿平	工商管理	工商管理硕士
邹焕春	李铁克	工商管理	工商管理硕士
曹　蜻	李明英	工商管理	工商管理硕士
柴国显	殷焕武	工商管理	工商管理硕士
韩金顺	曹　勇	工商管理	工商管理硕士
贾　云	李明英	工商管理	工商管理硕士
李合超	裴利芳	工商管理	工商管理硕士
廖齐月	刘明珠	工商管理	工商管理硕士
马　键	曹　勇	工商管理	工商管理硕士
司联社	韩良智	工商管理	工商管理硕士
宋　凯	瞿国忠	工商管理	工商管理硕士
孙跃峰	佘元冠	工商管理	工商管理硕士
王　宏	张　群	工商管理	工商管理硕士
王华伟	杨建华	工商管理	工商管理硕士
王群芳	崔建双	工商管理	工商管理硕士
王自嵩	李铁克	工商管理	工商管理硕士
张发粱	殷焕武	工商管理	工商管理硕士
张　宏	佘元冠	工商管理	工商管理硕士
张志勇	刘　澄	工商管理	工商管理硕士
晁鹤鸣	刘明珠	工商管理	工商管理硕士
孙晓昆	刘明珠	工商管理	工商管理硕士
辛　江	刘志伟	工商管理	工商管理硕士
曹　宇	吕殿平	工商管理	工商管理硕士
陈伟明	裴利芳	工商管理	工商管理硕士
段卫东	鲍新中	工商管理	工商管理硕士
郭彦明	刘明珠	工商管理	工商管理硕士
黄其华	瞿国忠	工商管理	工商管理硕士
黄修起	樊彩霞	工商管理	工商管理硕士

续表

姓　名	导　师	专业、领域	学　位
姜　波	肖　明	工商管理	工商管理硕士
李欣蓓	何维达	工商管理	工商管理硕士
李云慷	张　剑	工商管理	工商管理硕士
梁庆海	肖　明	工商管理	工商管理硕士
刘　宜	王维才	工商管理	工商管理硕士
柳　杰	崔建双	工商管理	工商管理硕士
罗先学	王道平	工商管理	工商管理硕士
马宏伟	王道平	工商管理	工商管理硕士
王　山	裴利芳	工商管理	工商管理硕士
王绍平	韩良智	工商管理	工商管理硕士
温东睿	王宾容	工商管理	工商管理硕士
訾东明	杨建华	工商管理	工商管理硕士
张利红	张　剑	工商管理	工商管理硕士
张琼煜	贾建华	工商管理	工商管理硕士
邹　瑾	王道平	工商管理	工商管理硕士
陈学军	孙　莹	工商管理	工商管理硕士
高美玲	马风才	工商管理	工商管理硕士
胡振鸿	宋文力	工商管理	工商管理硕士
李立华	马风才	工商管理	工商管理硕士
廉　江	孙　莹	工商管理	工商管理硕士
刘建成	曹　勇	工商管理	工商管理硕士
马万宝	宋文力	工商管理	工商管理硕士
齐俊杰	梅绍祖	工商管理	工商管理硕士
田凤霞	马风才	工商管理	工商管理硕士
徐景峰	王宾容	工商管理	工商管理硕士
闫　耀	韩良智	工商管理	工商管理硕士
杨朝霞	张莲英	工商管理	工商管理硕士
姚　宇	韩良智	工商管理	工商管理硕士
尹　琪	李铁克	工商管理	工商管理硕士
张志春	武德昆	工商管理	工商管理硕士
单　捷	李铁克	工商管理	工商管理硕士
邓慧晨	杨建华	工商管理	工商管理硕士
刘俊峰	高俊山	工商管理	工商管理硕士
吴绍金	胡德旺	工商管理	工商管理硕士
李军希	孙加林	材料工程	工程硕士
王德武	张　跃	材料工程	工程硕士
张丽英	李晓刚	材料工程	工程硕士
张尕玲	孟惠民	材料工程	工程硕士
韩国祥	李晓刚	材料工程	工程硕士
马贵文	王燕斌	材料工程	工程硕士
徐宝志	张　跃	材料工程	工程硕士
张　红	李晓刚	材料工程	工程硕士
姜淑芹	孟惠民	材料工程	工程硕士

续表

姓　名	导　师	专业、领域	学　位
潘　伟	张　跃	材料工程	工程硕士
戚　欣	王燕斌	材料工程	工程硕士
方立华	尚成嘉	材料工程	工程硕士
徐　辉	乔利杰	材料工程	工程硕士
崔敬东	赵志毅	材料工程	工程硕士
司兆平	乔利杰	材料工程	工程硕士
曹建伟	赵志毅	材料工程	工程硕士
王　岚	乔利杰	材料工程	工程硕士
王志彬	何业东	材料工程	工程硕士
李修业	何业东	材料工程	工程硕士
王更国	尚成嘉	材料工程	工程硕士
胡贵平	王燕斌	材料工程	工程硕士
蔡宏涛	李长荣	材料工程	工程硕士
张　庆	刘雅政	材料工程	工程硕士
李祥胜	吴春京	材料工程	工程硕士
黄　镇	任学平	材料工程	工程硕士
范海东	刘国权	材料工程	工程硕士
曹　亮	唐　荻	材料工程	工程硕士
李　英	刘雅政	材料工程	工程硕士
王　权	毛卫民	材料工程	工程硕士
吴章忠	赵志毅	材料工程	工程硕士
赵　强	刘雅政	材料工程	工程硕士
张丽萍	刘雅政	材料工程	工程硕士
路义山	孙建林	材料工程	工程硕士
刘　鸣	孙蓟泉	材料工程	工程硕士
仝丽珍	刘　靖	材料工程	工程硕士
石军强	赵志毅	材料工程	工程硕士
张长宏	毛卫民	材料工程	工程硕士
秦　东	吴春京	材料工程	工程硕士
王　伟	尚成嘉	材料工程	工程硕士
蒋海涛	董建新	材料工程	工程硕士
高荣庆	周　成	材料工程	工程硕士
董福全	李晓刚	材料工程	工程硕士
袁鹏举	孙建林	材料工程	工程硕士
冯　伟	康永林	材料工程	工程硕士
张　静	卢燕平	材料工程	工程硕士
戴　辉	孙加林	材料工程	工程硕士
唐晓海	刘雅政	材料工程	工程硕士
涛　雅	赵志毅	材料工程	工程硕士
秦延庆	吴春京	材料工程	工程硕士
于全成	孙蓟泉	材料工程	工程硕士
董晓红	何业东	材料工程	工程硕士
宋绪松	刘　立	车辆工程	工程硕士

续表

姓　名	导　师	专业、领域	学　位
郭桂彬	李化治	动力工程	工程硕士
孙凯红	王　恒	动力工程	工程硕士
杨海龙	韩蕴秋	工业工程	工程硕士
毕耜友	卞致瑞	工业工程	工程硕士
贾忠宇	胡福泰	工业工程	工程硕士
葛锡杰	卞致瑞	工业工程	工程硕士
王竹民	张少军	工业工程	工程硕士
李家良	张清东	工业工程	工程硕士
贾广如	臧　勇	工业工程	工程硕士
徐雅丽	孙志辉	工业工程	工程硕士
唐贤军	王长松	工业工程	工程硕士
赵丽丽	刘　颖	工业工程	工程硕士
赵山绩	王长松	工业工程	工程硕士
吴明立	马祥华	工业工程	工程硕士
宋兰会	刘　颖	工业工程	工程硕士
尹进鸣	陈　工	工业工程	工程硕士
臧传宝	郗安民	工业工程	工程硕士
刘宝松	史小路	工业工程	工程硕士
赵新波	陈　工	工业工程	工程硕士
王俭龙	郗安民	工业工程	工程硕士
刁建华	马祥华	工业工程	工程硕士
刘继安	许万凌	工业工程	工程硕士
祝仰勇	许万凌	工业工程	工程硕士
王丰祥	史小路	工业工程	工程硕士
张世建	陈　工	工业工程	工程硕士
周羲明	史小路	工业工程	工程硕士
李有宇	刘鸿飞	工业工程	工程硕士
张明山	王长松	工业工程	工程硕士
王兴璞	马祥华	工业工程	工程硕士
杨士岭	朱超甫	工业工程	工程硕士
刘长生	刘鸿飞	工业工程	工程硕士
潘忠民	郗安民	工业工程	工程硕士
宋国栋	朱超甫	工业工程	工程硕士
葛云杰	刘鸿飞	工业工程	工程硕士
杨成召	刘　颖	工业工程	工程硕士
王兴强	朱超甫	工业工程	工程硕士
白劲东	李铁克	工业工程	工程硕士
安　锋	戴淑芬	工业工程	工程硕士
楚绍国	高学东	工业工程	工程硕士
王　琳	裴利芳	工业工程	工程硕士
张卫锋	王维才	工业工程	工程硕士
孟志权	李铁克	工业工程	工程硕士
李　震	杨建华	工业工程	工程硕士

续表

姓　名	导　师	专业、领域	学　位
时维华	宋文力	工业工程	工程硕士
杨　旭	王维才	工业工程	工程硕士
郭秀莉	王宾容	工业工程	工程硕士
朱雪松	李明英	工业工程	工程硕士
李学佳	裴利芳	工业工程	工程硕士
卢　杰	高学东	工业工程	工程硕士
王家策	裴利芳	工业工程	工程硕士
董　阳	李铁克	工业工程	工程硕士
于宝新	王宾容	工业工程	工程硕士
刘　军	王维才	工业工程	工程硕士
王义栋	王维才	工业工程	工程硕士
倪翀奕	李明英	工业工程	工程硕士
杨铁龙	张　群	工业工程	工程硕士
李　东	张莲英	工业工程	工程硕士
车成伟	肖　明	工业工程	工程硕士
薛占强	武　森	工业工程	工程硕士
娄　岩	高学东	工业工程	工程硕士
谷丽丽	高学东	工业工程	工程硕士
常建华	胡德旺	工业工程	工程硕士
路永利	杨建华	工业工程	工程硕士
曲圣昱	高学东	工业工程	工程硕士
张　杰	马祥华	机械工程	工程硕士
焉永刚	卞致瑞	机械工程	工程硕士
姚永新	朱超甫	机械工程	工程硕士
栗　娜	马祥华	机械工程	工程硕士
黄　超	董绍华	机械工程	工程硕士
吴　楠	苏兰海	机械工程	工程硕士
黄海波	尹忠俊	机械工程	工程硕士
孙树青	史小璐	机械工程	工程硕士
常在晨	郗安民	机械工程	工程硕士
高元红	史小路	机械工程	工程硕士
郑贤峰	郗安民	机械工程	工程硕士
陈建民	朱超甫	机械工程	工程硕士
王志彦	刘　颖	机械工程	工程硕士
许秋胜	朱超甫	机械工程	工程硕士
梁　韬	王长松	机械工程	工程硕士
熊中祥	郑雪峰	计算机技术	工程硕士
张祁斌	刘增良	计算机技术	工程硕士
陈和顺	刘增良	计算机技术	工程硕士
郭庆勇	刘增良	计算机技术	工程硕士
黄春敏	刘贺平	计算机技术	工程硕士
王亦军	王　沁	计算机技术	工程硕士
仲丽敏	刘贺平	计算机技术	工程硕士

续表

姓　名	导　师	专业、领域	学　位
王劲松	刘贺平	计算机技术	工程硕士
赵忠泰	刘贺平	计算机技术	工程硕士
郭华竹	王成耀	计算机技术	工程硕士
费学梅	夏克俭	计算机技术	工程硕士
毛永琦	王昭顺	计算机技术	工程硕士
张　飙	刘贺平	计算机技术	工程硕士
李维权	王成耀	计算机技术	工程硕士
高永忠	夏克俭	计算机技术	工程硕士
孔拥军	王昭顺	计算机技术	工程硕士
敖旭光	王昭顺	计算机技术	工程硕士
张秀云	王成耀	计算机技术	工程硕士
焦　杨	郑雪峰	计算机技术	工程硕士
尹贵军	郑雪峰	计算机技术	工程硕士
裴育海	夏克俭	计算机技术	工程硕士
江　波	孙　义	计算机技术	工程硕士
吕文海	郑雪峰	计算机技术	工程硕士
杨皓珅	夏克俭	计算机技术	工程硕士
惠秦川	李　恪	计算机技术	工程硕士
谷守河	李　恪	计算机技术	工程硕士
宋海洋	穆志存	计算机技术	工程硕士
陆新年	王昭顺	计算机技术	工程硕士
孟红莉	石中锁	控制工程	工程硕士
田丽文	穆志纯	控制工程	工程硕士
屈国胜	石中锁	控制工程	工程硕士
王俊青	石中锁	控制工程	工程硕士
石洪勋	郑德玲	控制工程	工程硕士
郭国旗	陈　明	控制工程	工程硕士
付培众	徐正光	控制工程	工程硕士
付革红	钟家桢	控制工程	工程硕士
曾庆亮	李华德	控制工程	工程硕士
李亚杰	尹怡欣	控制工程	工程硕士
张应辉	穆志纯	控制工程	工程硕士
傅宇浩	董　平	控制工程	工程硕士
夏金瑞	明世祥	矿业工程	工程硕士
蒋文利	王化军	矿业工程	工程硕士
梅智学	明世祥	矿业工程	工程硕士
高　烈	陈广平	矿业工程	工程硕士
李兰彬	陈广平	矿业工程	工程硕士
卢文川	陈广平	矿业工程	工程硕士
孙效先	明世祥	矿业工程	工程硕士
周鲁生	李仲学	矿业工程	工程硕士
毛爱香	吴胜利	冶金工程	工程硕士
邓增广	王福明	冶金工程	工程硕士

续表

姓　名	导　师	专业、领域	学　位
邱卫锋	李京社	冶金工程	工程硕士
黄礼伟	许中波	冶金工程	工程硕士
胡　浪	姜均普	冶金工程	工程硕士
丘文生	许中波	冶金工程	工程硕士
林钢生	贾彦忠	冶金工程	工程硕士
钟忆生	张家泉	冶金工程	工程硕士
陈娟英	包燕平	冶金工程	工程硕士
温志红	郭汉杰	冶金工程	工程硕士
彭和跃	朱　荣	冶金工程	工程硕士
李安军	吴　铿	冶金工程	工程硕士
徐东良	张建良	冶金工程	工程硕士
沈惠国	吴胜利	冶金工程	工程硕士
朱惠刚	成国光	冶金工程	工程硕士
郑桂芸	李士琦	冶金工程	工程硕士
潘　辉	张家泉	冶金工程	工程硕士
李亚波	李联生	冶金工程	工程硕士
常福华	郭汉杰	冶金工程	工程硕士
王洪军	朱　荣	冶金工程	工程硕士
孙永喜	李京社	冶金工程	工程硕士
郭颖韬	刘建华	冶金工程	工程硕士
王建景	薛庆国	冶金工程	工程硕士
刘剑辉	朱　荣	冶金工程	工程硕士
杨　军	郭兴敏	冶金工程	工程硕士
夏春学	许中波	冶金工程	工程硕士
周　平	李联生	冶金工程	工程硕士
朱伟华	王福明	冶金工程	工程硕士
韩永生	李　宏	冶金工程	工程硕士
吴小林	王福明	冶金工程	工程硕士
杨再春	傅　杰	冶金工程	工程硕士
张　江	王新华	冶金工程	工程硕士

（姜禾娇）

附 录

北京科技大学校董会组成

（2002年4月）

名誉主席：

王光英　全国人大常务委员会副委员长
刘　淇　中共中央政治局委员、北京市委书记
徐匡迪　中国工程院院士，全国政协副主席，中国工程院院长、党组书记
吕　东　中国工业经济协会会长、原国家经委主任
师昌绪　中国科学院院士、中国工程院院士、原中国工程院副院长

主　席：

钱伟长　全国政协副主席

副主席：

吴溪淳　中国钢铁工业协会会长
刘　玠　中国工程院院士、鞍山钢铁（集团）公司总经理
罗冰生　中国钢铁工业协会常务副会长、原首钢（集团）公司董事长
刘本仁　原武汉钢铁（集团）公司总经理
刘汉章　原邯郸钢铁（集团）公司董事长
徐乐江　上海宝钢（集团）公司总经理
白葆华　中国钢铁工贸（集团）公司总裁
杨长恒　中国冶金建设集团公司董事长
刘建平　天津大学党委书记
罗维东　北京科技大学党委书记
徐金梧　北京科技大学校长（常务副主席）

特邀董事：（以下按姓氏笔划为序）

才鸿年　中国工程院院士、中国兵器装备集团公司顾问
马仲才　原山东省人大常委会副主任
马锡广　宁夏回族自治区常务副主席
王永明　浙江省人民政府副省长
王汀明　湖南省政协副主席
王守祯　山西省煤炭管理局局长

王宏民	江苏省人大常委会副主任、原南京市市长
王崇愚	中国科学院院士、北京钢铁研究总院教授
付双建	河北省副省长
冯炯华	宁夏回族自治区副主席
叶恒强	中国科学院院士、原中国科学院金属研究所所长
孙本先	四川省攀枝花市人大常委会主任
孙建群	河北省廊坊市市委书记
关　杰	中国工程院院士、西安重型机械研究所副总工程师
朱新均	全国政协委员、原国家教委党组成员、原国家语言文字工作委员会党组书记
应文华	原国内贸易部副部长
吴自良	中国科学院院士、中科院上海微系统与信息技术研究所研究员
张永汕	美国工程科学院院士、威斯康辛大学教授
张兴钤	中国科学院院士、中国工程物理研究院研究员
张吾乐	中纪委常委、原甘肃省省长
李克成	中国石油天然气集团总公司监事会主席
李克清	深圳科技电镀公司总经理
李依依	中国科学院院士、原中科院金属研究所所长
李登柱	中纪委常委、原中直机关工委书记
沈国俊	中纪委委员,四川省委常委、纪律检查委员会书记
陆　江	原国内贸易部副部长
陆叙生	原冶金部副部长、原中国华通物产企业集团董事长
邹世昌	中国科学院院士、中科院上海微系统与信息技术研究所研究员
单亦和	中国保利集团公司董事长、党组书记
周邦新	中国工程院院士、上海大学教授
周荣昌	原内蒙古自治区人大常委会副主任
范维唐	中国工程院院士、原煤炭工业部副部长
柯　伟	中国工程院院士
郝振贤	四川省政协常务副主席
钟　掘	中国工程院院士、中南大学教授
赵公卿	重庆市副市长
桂中岳	陕西省人大常委会副主任
袁　隐	国务院办公厅(副部级)
殷瑞钰	中国工程院院士、北京钢铁研究总院名誉院长
徐祖耀	中国科学院院士、上海交通大学教授
涂铭旌	中国工程院院士、四川大学教授
贾锡太	福建省副省长
龚世萍	全国政协常委、辽宁省人大副主任
崔　崑	中国工程院院士、华中科技大学教授
雷廷权	中国工程院院士、哈尔滨工业大学教授
楼大鹏	国际田联副主席、中国田协主席、奥运会组委会体育主任

靳善忠 山西省副省长

常务董事:(以下按姓氏笔划为序)

马鸿烈 酒泉钢铁(集团)公司总经理
毛小兵 中国西部矿业公司董事长
王天义 唐山钢铁(集团)公司董事长
白葆华 中国钢铁工贸(集团)公司总裁
刘 玠 中国工程院院士、鞍山钢铁(集团)公司董事长
刘本仁 原武汉钢铁(集团)公司总经理
刘汉章 原邯郸钢铁(集团)公司董事长
刘建平 天津大学党委书记
朱昌逑 马鞍山钢铁股份有限公司总经理
沈文荣 江苏沙钢集团有限公司董事长、总裁
李长顺 济南钢铁集团总公司总经理
何季麟 中国工程院院士、宁夏东方钽业股份有限公司董事长
吴溪淳 中国钢铁工业协会会长
张志祥 唐山建龙实业有限公司董事长
杨长恒 中国冶金建设集团公司董事长
杨天钧 国务院学位委员会委员、原北京科技大学校长
陈川平 太原钢铁(集团)有限公司董事长
林东鲁 包头钢铁(集团)有限责任公司董事长、党委书记
罗冰生 中国钢铁工业协会常务副会长、原首钢(集团)公司董事长
罗泽中 攀枝花钢铁(集团)公司总经理
俞 兵 联想集团有限公司高级副总裁
赵 沛 北京钢铁研究总院副院长
施 设 北京钢铁设计研究总院院长
徐乐江 宝钢集团公司总经理
屠海令 北京有色金属研究总院院长
董晓民 内蒙烟草专卖局(公司)局长
魏 新 方正集团董事长

董事:(以下按姓氏笔划为序)

王 檀 河北省冶金工业办公室主任
王长勇 昆明钢铁集团有限责任公司党委副书记、总经理
王剑志 四川川投长城特殊钢股份有限公司副总经理
王新国 原中国第一冶金建筑公司副总经理
冯炳文 原广东韶钢(集团)公司副总经理
史济春 安阳钢铁集团公司副董事长、总经理
孙纪本 邯郸纵横钢铁公司董事长
乔贵祥 宣化钢铁集团公司董事长、总经理
刘 宇 大连钢铁集团有限责任公司副书记、副总经理、总工程师
刘 铭 西安冶金机械有限公司副总经理

刘克忠	承德钢铁集团有限公司董事长兼总经理
刘同有	原金川有色金属公司副总经理
刘明忠	新兴铸管集团公司董事长
宋　力	福建省烟草专卖局(公司)局长
吴仁宝	华西集团董事长、党委书记
吴健民	中国铁合金工业协会会长、原吉林铁合金集团公司董事长
张　俊	中国华北冶建总公司副总经理
张振纲	天津钢管公司董事长
李　健	北京冶金设备研究院副院长
邹　健	中国冶金矿业公司总经理
邹世昌	中国科学院院士、原中国科学院上海冶金研究所所长
陈人贞	宝钢集团常州冶金机械厂厂长
沈克林	原中国重型机械总公司总经理
周　方	新冶高科技集团有限公司副总经理
周　康	冶金自动化研究院院长
周荣阁	吉林省油田管理局副局长
罗忠琳	陕西精密合金股份有限公司董事长
胡清熊	宝鸡钛业股份有限公司董事长
施嘉良	新余钢铁有限责任公司总经理
赵　侠	新疆八一钢铁(集团)公司总经理
赵永和	南京钢铁集团有限公司副总经理
赵克斌	重庆钢铁设计研究院院长、党委书记
饶绮麟	北京矿业研究总院副院长
党　歌	长治钢铁(集团)有限公司董事长、党委书记
唐飞来	南昌钢铁有限责任公司副董事长、总经理
唐民伟	重庆钢铁(集团)有限责任公司董事长、党委书记
殷文忠	衡阳钢管厂厂长、党委书记
龚桂生	中国冶金设备总公司党委书记
袁世臻	邢台钢铁股份有限公司董事长
顾强圻	舞阳钢铁有限责任公司总经理
高　崇	北钢集团有限责任公司、北满特殊钢股份有限公司董事长兼党委书记
高成涛	原洛阳铜加工厂厂长
曹俊江	陕西钢厂党委副书记
曹慧泉	湘潭钢铁集团有限公司常务副总经理、总工程师
梁林宝	江苏沿山实业集团总公司董事长
阎胜科	石家庄钢铁有限责任公司董事长兼总经理
董中浩	香港明彩控股有限公司集团主席
董文军	冶金部建筑研究总院院长
谢裕生	中国科学院工程研究所学位委员会主任、原所长
赖潮泰	香港合俊控股有限公司董事长

魏佑山　莱芜钢铁集团有限公司副总经理

秘书长：

李宝林　北京科技大学党委副书记

常务副秘书长：

蔡希亮　原北京科技大学副校长

副秘书长：

谢　辉　北京科技大学副校长

办公室主任：

刘　晋　北京科技大学统战部副部长

北京科技大学校友会组织机构及人员组成

（2002年4月）

名誉会长：王　润　刘少华　李　文　李静波　戚以新　符　荣　魏寿昆　赵续生

会　　长：杨天钧

副 会 长：李宝林　蔡希亮　谢　辉

办公室主任：刘　晋

北京科技大学校友分会及联系人

序号	校友分会	联系人	工作单位
1	上　海	孙公权	上钢一厂
2	广　东	吴大梅	广东工业大学图书馆
		罗　飞	华南理工大学自动化学院
3	白　银	魏卓林	甘肃白银市市委宣传部
4	甘　肃	石秀英	甘肃省信息中心研究室
5	新　疆	夏云安	新疆钢铁设计院设计二室
6	安　徽	许永贵	安徽工业大学
7	洛　阳	雷华梧	中国一拖工程机械联营公司齿轮分厂
8	太　重	郝军荣	太原重型机械（集团）有限公司技术中心
9	包　头	刘　祯	包头钢铁公司初轧厂
10	唐　秦	高云旺	唐山钢铁集团公司
11	天　津	高树良	天津市冶金规划设计院
12	柳　州	程吉强	柳钢技术中心材料及应用技术研究室
13	广　西	刘永芳	广西冶金厅
14	武　汉	姜春芳	武汉钢铁（集团）公司中兴所
15	宁　波	纪　松	浙江宁波百丈东路东端五二研究所
16	涟　钢	安家强	湖南娄底市涟源钢铁公司

续表

序号	校友分会	联系人	工　作　单　位
17	株　州	蔡　达	湖南株州硬质合金厂
18	成　都	梁锦唐	四川成都西南交通大学出版社
19	二十冶	郑　军	上海宝山区盘古路77号中国二十冶技术处信息科
20	福　州	王　江	福建省冶金设计院
21	深　圳	许　明	深圳市自来水集团公司
22	哈尔滨	朱丽芳	哈尔滨市环保局
23	宝　鸡	邓惟德	陕西宝鸡有色金属加工厂
24	鞍　山	徐继昌	鞍山热能研究院
25	廊　坊	范振昌	河北省廊坊市人民政府
26	南　京	陆启龙	南京市南湖育英村39号
27	武　安	梅开新	河北武安中国新兴铸管有限公司生产部
28	水　城	石嘉铨	水城钢铁公司经理办
29	西　安	张多三	西安冶金机械厂
30	连云港	李　畅	江苏省连云港职业技术学院
31	徐　州	刘肃人	徐州市江苏省机电研究所
32	秦皇岛	赵立志	秦皇岛市冶金矿山设计院
33	攀枝花	张晓明	第十九冶建公司企管处
34	开　封	姜鸿昌	河南开封汽车配件厂
35	大　连	宗先泰	大连钢铁公司奥凯气体公司
36	承　德	王春鹏	河北承德钢铁厂设计室
37	济　南	陈五升	山东省济钢设计院
38	宣　化	张月惠	河北省宣化钢铁公司技术中心
39	邯　郸	郑义全	河北省邯郸钢铁公司原料部
40	安　阳	刘　楠	安阳钢铁集团股份有限公司供应处
41	烟　台	胡兆奎	烟台冷冻机总厂活塞制冷机厂
42	长　钢	沈剑峰	四川江油市长城特钢证券投资部
43	浙　江	陈朝中	浙江省冶金研究院
44	海　南	王　越	海口市秀英港2区海南广播电视大学
45	苏　州	赵凤桐	苏州市盘门外里新村3幢106室
46	舞　阳	常跃峰	舞阳钢铁公司科技部
47	河　北	祁化昆	河北石家庄钢铁公司
48	山　东	周惠敏	山东济南市七里河路北段一号开发区产学研基地七号楼
49	鞍　钢	林滋泉	鞍山钢铁公司
50	江　西	赵国权	江西省冶金集团公司资产运营部
51	山　西	樊中业	太原钢铁公司太钢电视台
52	香　港	邓旭洋	香港京泰集团实业公司
53	北　美	马春野	
54	越　南	李建南	

与北京科技大学建立合作关系的国外及港澳台学校及科研机构（截至2005年12月）

序号	学校/科研机构	国家或地区	建立时间
1	亚琛工业大学(*Aachen Technical University*)	德　国	1979
2	东京工业大学(*Tokyo Institute Technology*)	日　本	1980
3	麦克麻斯特大学(*Mcmaster University*)	加拿大	1982
4	里海大学(*Lehigh University*)	美　国	1982
5	宾夕法尼亚大学(*University of Pennsylvania*)	美　国	1982
6	九州工业大学(*Kyushu University of Technology*)	日　本	1984
7	皇家工学院(*Royal Institute of Technology*)	瑞　典	1984
8	律尼奥大学(*Lulea University*)	瑞　典	1984
9	神奈川大学(*Kanagawa University*)	日　本	1985
10	乌龙冈大学(*University of Wollongong*)	澳大利亚	1985
11	北海道大学(*Hokkaido University*)	日　本	1986
12	西里西亚工业大学(*Silesian Technical University*)	波　兰	1986
13	保尔·萨巴蒂大学(*Paul Sabatier University*)	法　国	1986
14	冈山理科大学(*Okayama University of Science*)	日　本	1987
15	蒙特利尔工学院(*Ecole Polytechnique Montreal*)	加拿大	1987
16	加利福尼亚大学(*Califonia University*)	美　国	1987
17	多特蒙德大学(*University of Dortmund*)	德　国	1987
18	玛丽皇后学院(*Queen Mary College*)	英　国	1988
19	利物浦大学(*University of Livepool*)	英　国	1988
20	密西根工业大学(*Michigan Technical University*)	美　国	1989
21	莫斯科钢与合金学院(*Moscow Institute of Steel & Alloy*)	俄罗斯	1989
22	顺天国立大学(*Sunchon National University*)	韩　国	1993
23	密道尔赛克斯大学(*Middlesex University*)	英　国	1994
24	河内百科大学(*Honoi University of Technology*)	越　南	1996
25	台北技术学院(*Taipei Institute of Technology*)	中国台湾	1996
26	巴拉那联邦大学(*Universidade Fderal do Parana*)	巴　西	1996
27	昌原国立大学(*Changwon National University*)	韩　国	1997
28	弗赖贝格矿业技术大学(*Technische Universitat Bergakademie Freiberg*)	德　国	1997
29	鲁汶工程技术学院(*Louvain Institute of Technology*)	比利时	1997
30	拉塞雷纳大学(*The University of La Serena*)	智　利	1997
31	九州大学(*Kyushu University*)	日　本	1997
32	皇家墨尔本理工学院(*The Royal Melbourne Institute of Technology*)	澳大利亚	1998
33	南洋理工大学(*Nangang Technological University*)	新加坡	1998
34	国立塔什干理工大学(*Tashkent State Technical University*)	乌兹别克斯坦	1998
35	朝阳科技大学(*Chaoyang University of Technology*)	中国台湾	2001
36	昆山科技大学(*Kun Shan University*)	中国台湾	2002
37	德克萨斯大学阿灵顿分校(*University of Texas at Arlington*)	美　国	2002

续表

序号	学校/科研机构	国家或地区	建立时间
38	东北大学(*Tohoku University*)	日　本	2002
39	浦项工业大学(*Pohang University of Science and Technology*)	韩　国	2004
40	室蘭工业大学(*Muroran Institute of Technology*)	日　本	2004
41	橡树岭国家实验室(*Oak Ridge National Laboratory*)	美　国	2004
42	韩国浦项产业科学研究院(*Research Institute of Industrial Science & Technology*)	韩　国	2004
43	乌迪内大学(*University of Udine*)	意大利	2004
44	香港科技大学(*HongKong University of Science and Technology*)	中国香港	2005
45	牛津大学材料系(*Department of Materials, The University of Oxford*)	英　国	2005
46	汉诺威大学（*Universitaet Hannover*）	德　国	2005
47	维多利亚大学（*Victoria University*）	澳大利亚	2005
48	凯斯－西保留地大学（*Case Western Reserve University*）	美　国	2005
49	杜维嘉大学（*University of Tor Vergata*）	意大利	2005

与北京科技大学建立全面合作关系的国内政府机关、企事业单位（截至2005年12月）

序号	单位名称	合　作　内　容	签订时间
1	上虞市人民政府	科技开发与成果转化、技术咨询与服务、人才培养等	1999.10
2	北京市宣武区	科技、经济、社会诸方面开展全面合作	2000.01
3	江苏华西集团公司	建立华西集团—北科大冶金工程技术冶金所；建立人才培训基地；共同申报科研课题及成果等	2000.05
4	包头钢铁公司	技术合作、科技攻关、人才培养等、	2000.06
5	青海省人民政府	科技开发与成果转化、技术咨询与服务、干部培训和人才培养等	2000.06
6	宁夏回族自治区人民政府	科技开发与成果转化、技术咨询与服务、干部培训和人才培养等	2000.06
7	青海大学	学科建设、人才培养、学术与工作交流等	2000.10
8	北京有色金属研究总院	科技开发、成果转化、人才培养、信息交流等	2000.12
9	包头钢铁学院	学科建设、科技攻关、人才培养等	2001
10	二重机械(集团)公司	技术合作、科技攻关、人才培养等	2001
11	济南钢铁(集团)公司	技术合作、科技攻关、人才培养等	2001
12	江苏八菱集团公司	技术合作、科技攻关、人才培养等	2001
13	长治钢铁(集团)有限公司	科技攻关、教学实习、人才培养等	2003.01
14	唐山建龙实业有限公司	厂方在学校设立建龙奖学金并提供教学实习、实践基地；学校为厂方提供人才培养、技术支持、进行科技合作等	2003.04
15	海南力气大实业投资有限公司	双方共同组建稀土超磁致伸缩材料有限责任公司	2003.06
16	山东墨龙特钢有限公司	技术合作、人才交流、教学实习等	2003.06
17	石家庄钢铁有限责任公司	双方共同建立汽车用钢(棒材)研究中心	2003.07
18	邯郸纵横钢铁有限公司	资金、人才、技术等方面的交流与合作	2003.10

续表

序号	单位名称	合　作　内　容	签订时间
19	中国工商银行北京市分行	银行为学校提供贷款，学校为银行提供科技开发、人才培训、技术支持等	2003.12
20	黄冈源昌石政石材有限公司	共同组建公司推进“各向异性粘结钕铁硼技术”产业化	2003.12
21	抚顺罕王实业集团有限公司	人才培养、新技术应用和新产品开发等	2004.02
22	武警北京指挥学院	人才培养、教学实习等	2004.03
23	教育部	教育部与四大钢铁公司共建北京科技大学	2004.03
24	上海宝钢集团公司		
25	鞍山钢铁集团公司		
26	武汉钢铁集团公司		
27	首钢集团总公司		
28	安徽省马鞍山市政府	共建新材料产业化基地	2004.04
29	苏州建兴置业有限公司	共同组建公司，推进“金属粉末注射成形技术”产业化	2004.04
30	第二炮兵	学校每年为第二炮兵输送优秀毕业生；第二炮兵在学校设立国防奖学金，并对学校的有关教学科研工作和国防教育给予支持	2004.05
31	广州南沙开发区建设指挥部	共建研究生教育培养基地	2004.07
32	北京伟豪集团公司	共同组建公司推进“智能玻璃制备技术”产业化	2004.06
33	贵州省贵阳市人民政府	共建研究生教育培养基地	2004.09
34	厦门市湖里区人民政府	科技合作、人才交流等	2004.10
35	中国银行北京市分行	银行为学校提供贷款，学校为银行提供科技开发、人才培训、技术支持等	2004.12
36	深圳市东恒投资发展有限公司	共同组建公司，推进“电容器用纳米钽粉制备技术”产业化	2004.12
37	河南纳士科技股份有限公司	共同组建公司，推进“纳米复合稀土特种功能材料制备技术”产业化	2005.03
38	太原钢铁（集团）公司	技术合作、科技攻关、人才培养等	2005.04
39	北京冠亚时代科技研发中心	共同组建公司，推进“高海拔变压吸附制氧技术”产业化	2005.04
40	邯郸钢铁集团有限责任公司	共建研究生教育科研基地	2005.04
41	中钢集团洛阳耐火材料研究院	共建研究生教育科研基地	2005.04
42	首钢总公司	共建研究生教育科研基地	2005.04
43	江阴兴澄特种钢铁有限公司	共建研究生教育科研基地	2005.05
44	宁波市北仑区人民政府	联合培养冶金材料专业工程硕士学位研究生	2005.06
45	包钢（集团）公司	共建研究生教育科研基地	2005.09
46	首钢总公司	科学研究、技术开发、教学实习、人才培养、科技公关、成果转化等；共同建设汽车用钢联合研发中心；联合培养研究生	2005.09
47	北京市顺义区人民政府	科技合作、技术支持、成果转化、学生实习、挂职锻炼等	2005.10
48	重庆科技学院	人员交流、人才培养、科研帮扶等	2005.11
49	金隅通达耐火技术公司	共建研究生教育科研基地	2005.12
50	唐山建龙实业有限公司	设立“北京科技大学建龙基金”、人才培养、学术交流和科研合作	2005.12